福建省高职高专土建大类十三五规划教材

交通土建工程安全风险评估与控制

（第二版）

主　编◎俞素平　肖　冰

编写者◎俞素平　肖　冰

池传树　钟婉婷

主　审◎宁金成　王文清

厦门大学出版社
XIAMEN UNIVERSITY PRESS
国家一级出版社
全国百佳图书出版单位

图书在版编目(CIP)数据

交通土建工程安全风险评估与控制/俞素平,肖冰主编.—2 版.—厦门:厦门大学
出版社,2022.4
ISBN 978-7-5615-8568-9

Ⅰ.①交⋯　Ⅱ.①俞⋯　②肖⋯　Ⅲ.①道路工程—土木工程—安全评价—高等职
业教育—教材　②道路工程—土木工程—安全风险—风险管理—高等职业教育—教材
Ⅳ.①U41

中国版本图书馆 CIP 数据核字(2022)第 063218 号

出 版 人	郑文礼
总 策 划	宋文艳
责任编辑	眭　蔚
美术编辑	李嘉彬
技术编辑	许克华
出版发行	厦门大学出版社
社　　址	厦门市软件园二期望海路 39 号
邮政编码	361008
总　　机	0592-2181111　0592-2181406(传真)
营销中心	0592-2184458　0592-2181365
网　　址	http://www.xmupress.com
邮　　箱	xmup@xmupress.com
印　　刷	三明市华光印务有限公司

开本	787 mm×1 092 mm　1/16
印张	19.5
字数	476 千字
版次	2022 年 4 月第 2 版
印次	2022 年 4 月第 1 次印刷
定价	45.00 元

厦门大学出版社
微信二维码

厦门大学出版社
微博二维码

福建省高等职业教育土建大类十三五规划教材

编审委员会

内容提要

　　本书为福建省高职高专土建大类十三五规划教材,主要介绍公路桥梁、隧道和高边坡及城市轨道交通土建工程的施工安全风险评估与控制方法。全书分为九章,分别为绪论、工程项目安全风险识别、工程项目安全风险分析、工程项目安全风险评价、工程项目安全风险应对与控制、工程保险和工程担保、公路工程安全风险评估、城市轨道交通土建工程施工安全风险管理、公路工程总承包项目风险管理。

　　本书可作为道路桥梁工程技术、城市轨道交通工程技术、建设工程监理及建设工程管理等专业的教材,也可供工程项目建设领域从事安全风险管理的各类管理人员和工程技术人员学习参考。

第二版前言

本书第二版是在第一版的基础上,主要依据交通运输部公路水运工程实施安全风险评估的新要求,结合作者近几年在工程项目安全风险管理领域的研究成果进行修订和完善。修订和完善的内容主要有:

(1)根据住房和城乡建设部《危险性较大的分部分项工程安全管理规定》(住建部〔2018〕37号令)和交通运输部《公路工程标准施工招标文件(2018年版)》对相关内容进行全面修订。

(2)删除第一版"2.4工程项目进度、质量和投资风险识别"、"6.3其他几种工程保险介绍"和"7.3公路桥梁和隧道设计安全风险评估方法"3节内容。

(3)依据中华人民共和国交通运输行业标准《公路水运工程施工安全风险评估指南 第1部分:总体要求》(JT/T 1375.1-2022)将"7.2公路桥梁和隧道安全风险评估制度"修改为"7.2公路水运工程施工安全风险评估制度",并对"7.2.1概述"进行全面修订。

(4)"4.2工程项目风险评价技术"增加"4.2.9突变级数法"。

(5)"4.3应用案例"增加"4.3.8基于风险矩阵法的公路高边坡风险评估"和"4.3.9基于突变级数法的高速公路路堑高边坡施工安全风险评价"2个应用案例。

(6)增加"7.6公路桥梁施工安全风险评估实例"。

本书由福建船政交通职业学院俞素平教授、肖冰高级工程师主编,具体撰写分工如下:俞素平撰写第一章、第二章,第四章的4.1节、4.2.1~4.2.4节、4.3节,第五章,第七章7.3~7.5节,第九章;肖冰编写第六章,第七章的7.1节、7.2节、7.6节;福建船政交通职业学院池传树编写第四章4.2.5~4.2.9节、第八章;福建船政交通职业学院钟婉婷编写第三章;河南交通职业技术学院宁金成教授、福建省工大工程设计(咨询)有限公司王文清高级工程师担任本书主审。

在本书撰写过程中,参考了许多专家和学者的有关论文、著作,吸收了其中的成果,在此向原作者表示诚挚的谢意。由于工程项目施工安全风险评估涉及的学科领域广泛,加上编著者水平有限,书中会存在不足和疏漏之处,敬请读者批评指正。

作　者

2022年4月

前　言

安全生产重在预防。开展安全风险评估能增强安全风险意识,提高施工现场安全预控有效性,有效降低施工风险,促进安全生产形势长期稳定,是贯彻落实党的十八届三中全会提出的"深化安全生产管理体制改革,建立隐患排查治理体系和安全预防控制体系,遏制重特大安全事故"的具体举措。

本书是在福建省交通运输厅科技发展项目"基于本质安全的公路施工风险评估研究"(项目编号:201334)成果的基础上,融合作者近年来在工程项目安全风险管理领域的研究成果和工程实践,吸收公路和城市轨道交通等行业施工安全风险管理实践的新成果编写而成的。以工程项目安全风险管理的过程为主线,重点讨论了风险识别、风险分析、风险评价和风险应对四个步骤的基本概念、基本方法和实用技术工具。同时,以公路工程项目为依托,兼顾城市轨道交通工程,对施工安全风险评估方法做了详细的介绍。本书的特色在于理论联系实际,深入浅出,案例翔实,以便读者更好地理解和掌握。

本书由福建船政交通职业学院俞素平教授主编,具体撰写分工如下:俞素平撰写第一章,第二章,第四章的4.1节、4.2.1~4.2.4节、4.3节,第五章,第七章,第九章;福建船政交通职业学院池传树编写第四章的4.2.5~4.2.8节、第八章;福建船政交通职业学院钟婉婷编写第三章;厦门中平工程监理咨询有限公司洪炼治高级工程师撰写第六章。河南交通职业技术学院宁金成教授、福建省交通建设工程监理咨询有限公司王文清高级工程师担任本书主审。

在本书的撰写过程中,参考了许多专家和学者的有关论文、著作,吸收了其中的成果,在此向原作者表示诚挚的谢意。由于工程项目施工安全风险评估涉及的学科领域广泛,加之编著者水平有限,书中定会存在不足和疏漏之处,敬请读者批评指正。

作　者

2017 年 12 月

前　言

目 录

第一章　绪　论

1.1　工程项目风险与安全风险

1.1.1　风险基本概念

1. 风险的定义

在人们的日常生活和社会经济活动中,经常谈论和涉及风险(risk)一词。"风险无处不在,风险无时不有",指出了风险的客观性和普遍性,但要从理论的角度对风险下一个科学的定义并不容易。目前,关于风险的定义有许多种,例如:

美国学者威特雷认为,风险是关于不愿意发生的事件发生的不确定的客观体现。其含义有三层:第一,风险是客观存在的现象;第二,风险的本质与核心具有不确定性;第三,风险事件是人们主观所不愿发生的。

美国经济学家奈特对风险与不确定性作出了明确区分,指出风险是可测的不确定性,认为不论是当前的风险还是未来的风险,都存在着一定的统计规律。风险事件发生的不确定性可以用概率或可能性大小来表示。他的观点为现代保险学的研究奠定了理论基础。

日本学者武井勋在吸收前人研究成果的基础上对风险的概念作出了新的表述,认为风险是在特定环境和特定期间内自然存在的导致经济损失的变化。该定义包括三个要素:第一,风险与不确定性有差异;第二,风险是客观存在的;第三,风险可以被测量。

台湾学者郭明哲认为:"风险是指决策面临的状态为不确定性产生的结果。"

美国韦氏(Webster)认为:"风险是遭受损失的一种可能性。"

我国学者卢有杰认为:"风险就是活动或事件消极的、人们不希望的后果发生的潜在可能性。"

黄华明认为:"风险是在特定的客观情况下,在特定的期间内,某种损失发生的可能性。"

杜端甫认为:"风险是损失发生的不确定性,是人们未来行为的决策及客观条件的不确定性而可能引起的后果与预测目标发生多种负偏离的综合。"

上述对风险的定义可分为两种。第一,把风险定义为不确定的事件。这种学说从风险管理与保险关系的角度出发,以概率的观点对风险进行定义,其代表人物是美国学者威利特。他将风险定义为"客观的不确定性"。哈迪则给风险定义为"风险是费用、损失或与损失有关的不确定性"。第二,把风险定义为预期与实际的差距。这种学说的典型代表人物是威廉姆斯和汉斯。他们认为:"风险是在一定条件下、一定时期内可能产生结果的变动。"这种变动越大,风险就越大。这种变动就是预期结果与实际结果的差异或偏离。

我国的风险管理学界主流的风险定义是把这两种定义结合起来,既强调不确定性,又强调这种不确定性带来的损害。该风险定义分为两个层次:首先强调风险的不确定性,其次强调风险对人们带来的损害。对这两个方面,可分别用不同的指标来衡量。对第一层次的风险含义,可以用概率来衡量风险的不确定性;对第二层次的风险含义,则可以用风险度来衡量风险的各种结果差异给风险承担主体带来的损失。

本书采用国际标准化组织(International Organization for Standardization,ISO)《ISO Guide 73:2009 风险管理——术语》中风险的定义:"Effect of uncertainty on objectives",即"不确定性对目标的影响"。

要全面理解风险的定义,应注意以下几点:

(1)风险是一种影响,该影响可能是正面的,也可能是负面的,即风险具有"二重性"。正面的影响意味着机会和收益,负面的影响则意味着威胁和损失。例如,新产品研发的风险,可能成功,带来新的竞争力;也可能失败,导致现金流短缺而倒闭。

(2)风险是对目标而言。没有目标,就谈不上风险。这些目标是具体的而不是抽象的,如项目目标、产品目标、财务目标、健康安全目标等。

(3)风险常具有潜在事件和后果或二者结合的特征。风险具有"事件性",事件是风险的载体。在风险评估的风险识别中,必须识别潜在事件。没有潜在事件就谈不上后果的可能性,也就无从对风险进行研究和计量。

(4)风险经常用一个事件的后果(包括情况变化)和对应发生的可能性这二者的结合来表示。在风险管理实践中,人们常用后果及其可能性的"乘积"表示风险的大小。风险的大小也称为"风险等级"。

(5)不确定性是对一个事件、后果或发生可能性相关信息缺乏或者部分缺乏了解或认识的状态。也就是说,不知道或不清楚某个事件会不会发生;不知道或不清楚某个事件发生的后果怎样,程度有多大;不知道或不清楚该后果发生的可能性有多大,等等。

2. 风险三要素

风险的构成要素不仅决定风险所表现出来的特征,也影响风险产生、存在和发展。为进一步掌握风险的概念及本质,必须明确理解构成风险的三要素:风险因素、风险事故、风险损失以及三者间的关系。

(1)风险因素。风险因素是指产生、诱发风险的条件或潜在原因,是造成损失的直接或间接的原因。不同领域的风险因素的表现形态各异。根据风险因素的性质,可将风险因素分为物理风险因素、道德风险因素、心理风险因素三种。

(2)风险事故。风险事故是指造成生命财产损失的偶发事件、导致损失的原因或媒介物。

(3)风险损失。风险损失是指非正常的、非预期的经济价值减少,通常以货币衡量,必须同时满足"非预期"和"经济价值减少"两个条件才能称为风险损失。

解释三要素关系的理论有两种:一是亨利希的骨牌理论,该理论认为风险因素、风险事故和风险损失这三张骨牌之所以倾倒,主要是人的错误所致;二是哈同的能量释放理论,该理论强调造成风险损失是因为事物承受了超过其能容纳的能量所致,物理因素起主要作用。虽然这两种理论在引起风险的主要原因上观点不同,但二者都认为风险因素引发风险事故,而风险事故又导致损失。风险因素、风险事故和风险损失三者之间存在有机的联系,组成一条因果关系链条(图 1-1),即风险因素的产生或增加,造成了风险事故的发生,风险事故发生则又成为导致损失的直接原因。认识风险作用的因果关系链及其内在联系对预防风险、降低风险损失有着十分重要的意义。

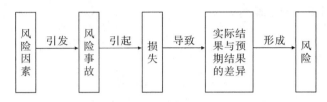

图 1-1　风险作用因果关系链

3. 风险的特征

风险作为项目中存在的普遍现象,主要有如下特征:

(1)客观性。风险是一种客观存在,即它的存在与否是人类所无法决定的,也就是说,它是不以人的意志为转移的。就像我们所熟知的自然灾害、意外事故、生老病死、决策失误等风险,虽然我们知道这些风险的存在,也能够部分地控制它们,但我们无法完全消除它们,即风险是无法完全被控制和排除的。尽管风险是无法完全被控制与排除的,但就风险的发生而言,它是有一定规律性的,而这种规律性又为我们提供了认识风险、评估风险和进行风险管理,从而有将风险所造成的损失降到最低的可能性。

(2)普遍性。风险的普遍性是指风险"事事有、时时有"的特征,即风险无处不在,无时不有。在人们的日常生活中,在企业的生产经营中,人身伤亡、经营破产、自然灾害等经常发生。

(3)偶然性。风险虽然客观存在,但就某一具体风险而言,风险事故的发生是偶然的,或者说是随机的。在发生之前,人们难以准确预测风险何时会发生以及发生的后果。风险发生的偶然性还意味着其在时间上具有突发性,在后果上往往具有灾难性。"天有不测风云"这句话就是对风险偶然性的概括。

(4)必然性。从宏观的角度来看,一定时期内一定风险的发生概率与其造成的经济损失程度具有一种必然性。从微观的角度来看,个别风险事故的发生是偶然的、无序的,然而运用统计方法去处理大量相互独立的偶发风险事故资料,就可以比较准确地发现风险的规律性。大量风险发生的必然性和规律性,使人们利用数理统计方法去计算其发生概率和损失幅度成为可能。大量的随机风险事件的发生表现出某种统计规律,这说明了风险的必然性。

(5)可变性。风险的可变性是指风险会受到各种因素的影响,在一定条件下可转化的特性,如风险性质变化、风险破坏程度变化、新风险产生等。

(6)不确定性和可测性。不确定性是风险的最基本特性,降低风险就是限制和减少可能造成损失的不确定性,减少不确定性对风险主体目标的影响。尽管风险具有不确定性,但风险是可以测量的,人们可以根据统计资料或主观判断对风险发生的概率及造成的损失程度进行分析,风险的这种可测性是风险分析的理论基础。风险管理理论和保险科学的发展正是得益于风险的可测性。

(7)相对性。主体的地位和拥有资源的不同,对风险的态度和能够承担的风险就会有差异,拥有的资源越多,所承担风险的能力就越大。另外,对于不同地位的主体,风险的含义也会大相径庭。

1.1.2　工程项目风险的概念

1. 工程项目风险的含义

工程项目都是在一定的约束条件(时间、费用、质量等)下,为实现特定目标而进行的由一系列具有明确起点、终点的协调和控制活动所构成的唯一过程。工程项目设计、施工、竣工验收等各个阶段都可能遭到不同种类的风险。结合工程特点和工程项目管理的基本含义,根据风险的基本含义,工程项目风险可定义为:工程项目风险是一种不确定的事件或条件,一旦发生,就会对一个或多个项目目标造成积极或消极的影响,如进度、成本、质量等。

2. 工程项目风险的特点

工程项目风险与工程项目全寿命过程紧密相关。同其他一般产品生产过程相比,工程项目的施工工艺和施工流程是非常复杂的,相关因素也很多,因而期间潜伏的工程风险就具有不同于一般风险的特殊属性,具体表现在如下四个方面。

(1)工程风险管理对工程方面的专业知识要求较高。要识别工程建设中出现的风险,首先需要具备建筑安装方面的专业知识,如土方工程中经常发生的挖方边坡滑坡、塌方、基地扰动、回填土沉陷、填方边坡塌方、冻胀、融陷、出现橡皮土等情况,只有具备了建筑安装工程的基础知识,才能凭借工程专业经验识别出这些风险。其次,工程风险的估计和评价更需要工程专业知识,这样才能比较准确地估计风险发生概率的大小以及风险可能给整体工程造成的风险损失。此外,对基础工程、钢筋混凝土结构工程、钢结构、砌体工程、建筑幕墙等施工过程可能出现的风险,皆需要具备深厚的建筑工程专业知识和经验,才能发现和解决工程建设中出现的问题,实施有效的工程风险管理。

(2)工程风险发生频率高。由于建筑安装工程建设周期长,施工工艺复杂,施工现场的危险因素也很多,因而一些危险因素相互集结,最终形成危害整体项目管理目标实现的风险。在一些工程项目,尤其是大型工程的施工过程中,人为原因和自然原因造成的工程事故频发。施工期内经常出现建筑工人意外伤亡及建筑材料和设备丢失损坏的事故,工程施工设计或现场管理不当也成为导致工程缺陷或事故的人为风险源。此外,地震、洪水和其他不可抗力自然风险源引发的工程风险事故的发生频率也是比较高的。

(3)工程风险的承担者具有综合性。当一项工程风险的发生给工程整体造成损失时,一般按照谁造成损失谁负责的原则,由责任方承担相应的损失责任。在判定责任时,需要辨识和分析风险源、风险转化的条件等,据此来判断是谁造成的风险损失。由于建筑安装工程项目的施工过程往往涉及众多责任方参与,如建筑材料和构件由供应商供给,施工机械由承包商提供,施工图由设计单位提供,工程施工由若干承包商参与施工,业主负责采购,有些项目还涉及提供贷款的银行、担保公司等。因此,一项工程风险事故的责任可能涉及业主、承包商、分包商、设计方、材料设备供应商等多方。例如,工程工期延误了,可能是业主资金或物资不到位造成的,可能是承包商施工组织不利造成的,也可能是供应商供货延期造成的,或者是这些原因共同造成的。总之,一项工程风险事故的发生通常有多个风险承担者。

(4)工程风险造成的损失具有关联性。由于工程建设涉及面较广,同步施工和接口协调问题比较复杂,各分部分项工程之间关联度很高,所以各种风险相互关联形成了相关分布的灾害链,使得建筑安装工程产生特有的风险组合。

3. 工程项目风险的成因

(1)信息不完备。工程项目风险主要由不确定性事件造成,而很多不确定事件又是由信息不完备造成的,即由人们无法充分认识一个项目未来的发展和变化而造成的。从理论上说,项目的这种信息不完备情况能够通过努力得到改善,但是毕竟风险具有客观性,无法通过主观努力完全消除。这主要有人们的认识能力有限和信息本身的滞后特性两方面的原因。

(2)工程环境的不确定性。各环境因素的不确定性和变化也常常是产生工程风险的原因,是风险分析不可缺少的部分。只有认真地研究工程、环境及两者之间的关系,才能全面、充分地识别工程面临的风险。工程的环境主要有政治环境、法律环境、经济环境、自然环境、社会环境等。

(3)工程参与主体之间的利益冲突。工程参与主体包括业主、设计方、监理方、承包商、供货商等。一方面,工程各参与方之间是利益相关者,各方的活动和行为都会影响工程目标的实现。因此,工程参与方具有共同的利益取向,即成功完成建筑产品。只有这一利益目标实现后,才能实现各方"共赢"。另一方面,工程各参与方存在利益冲突,这是由于工程参与各主体的项目管理目标存在差异。在信息不对称的情况下,一方可能以损害合同另一方利益为代价,实现自身利益的最大化。在工程中,参与主体利益之间的对立统一关系长期存在,造成工程行为主体风险。

1.1.3　工程项目风险的分类

1. 按风险后果划分

按照风险后果的不同,风险可划分为纯粹风险和投机风险。

(1)纯粹风险。纯粹风险是指不能带来机会、无获利可能的风险,这种风险只有两种可能的后果:造成损失和不造成损失。纯粹风险造成的损失是绝对的损失。活动的主体蒙受了损失,全社会也跟着蒙受损失。

(2)投机风险。投机风险是指既有损失可能又有获利机会的风险,这种风险有三种可能的后果:造成损失、不造成损失和获得利益。投机风险可能使活动的主体蒙受损失,但全社会不一定也跟着蒙受损失;反之,其他人有可能因此而获得利益。

2. 按风险产生的原因划分

工程项目风险按产生的原因或来源可分为自然风险和人为风险。

(1)自然风险

自然风险是指自然界存在的危险因素,诸如洪水、地震、台风、海啸、恶劣天气等引发的风险,可能危及人类的生命财产安全。例如,公路工程施工中发生的洪水或地震而造成的工程损害、材料和施工机械损失及人员伤亡。

（2）人为风险

人为风险是指由人的活动而带来的风险,可分为行为风险、经济风险、技术风险、政治风险、信用风险、组织风险等。

①行为风险。行为风险是指由个人或组织的过失、疏忽、侥幸、恶意等不当行为造成财产损毁、人员伤亡的风险。

②经济风险。经济风险是指在人们从事的经济活动中,由经营管理不善、市场预测失误、价格波动、供求关系发生变化、通货膨胀、汇率变动等所导致经济损失的风险。

③技术风险。技术风险是指由一些技术条件的不确定性带来的风险,如勘察资料未能全面正确反映或解释工程的地质情况,采用新技术,设计文件、技术规范的失误等。

④政治风险。政治风险是指由工程项目所在地的政局变化、政权更迭、罢工、战争等引起社会动荡而造成财产损失和损害及人员伤亡的风险。

⑤信用风险。信用风险是指由于合同一方的业务能力、管理能力、财务能力有缺陷或者没有圆满履行合同而给另一方带来的风险。

⑥组织风险。组织风险是指由项目有关各方关系不协调以及其他不确定性而引起的风险。

3. 按照风险后果的承担者划分

按项目风险后果的承担者来划分,有项目业主风险、政府风险、承包商风险、设计单位风险、监理单位风险、供应商风险、担保方风险、保险公司风险等,这样划分有助于合理分配风险,提高项目对风险的承受能力。

4. 按照风险影响范围划分

按照影响范围划分,风险可以分为局部风险和总体风险。局部风险是指在某一局部范围内存在的风险,总体风险是一种涉及全局、牵扯面很大的风险。局部风险和总体风险也是相对的,但项目管理组织应特别注意总体风险。例如,工程项目所有的工序(活动)都有进度拖延的风险,但是处于关键线路上的工序(活动)一旦延误,就要推迟整个项目的完成日期,形成总体风险,而非关键线路上工序(活动)的延误在许多情况下是局部风险。

除上述风险分类以外,还有许多其他的风险分类方法,如按风险是否可管理分为可管理风险和不可管理风险;按风险的可预测性分为已知风险、可预测风险、不可预测风险,等等。

1.1.4 安全风险相关概念

1. 安全与危险

安全是一种状态,即免除了不可接受的风险的状态。古语"无危则安,无缺则全"即安全二字的含义;而现代人说,安全是一种确保人员和财产不受损害的状态。工程上的安全性,是用概率表示近似客观量,用以衡量安全的程度。

危险是指系统处于容易受到损害或伤害的状态。从危险的概念来看,危险是人们对事物的具体认识,必须明确对象,如危险环境、危险条件、危险物质、危险因素等。

安全和危险是一对互为存在前提的术语。安全的实质就是防止事故,消除导致死亡、伤害、急性职业危害及各种财产损失事件发生的条件。

2. 事故

事故是人们在实现目的的行动过程中,突然发生的、迫使其有目的行动暂时或永远终止的一种意外事件,指造成人员死亡、伤害、职业病、财产损失或其他损失的意外事件。

公路工程安全领域的事故主要是指可能造成工程发生人员伤亡、经济损失、环境影响、工期延误、工程耐久性降低等不利的事件。

3. 安全风险

国家标准《职业健康安全管理体系要求》(GB/T 28001-2011)对安全风险的定义是:"发生危险事件或有害暴露的可能性,与随之引发的人身伤害或健康损害的严重性的组合。"

本书采用交通运输部《公路桥梁和隧道工程施工安全风险评估指南》中安全风险的定义:"某一事故发生的可能性与严重程度的组合。"

4. 危险源与风险源

目前国内对安全风险的研究提出了危险源和风险源两种定义。

我国石油、化工、矿山、职业健康管理等领域广泛应用"危险源"一词,如《职业健康安全管理体系要求》(GB/T 28001-2011)中将危险源定义为"可能导致人身伤害和(或)健康损害的根源、状态或行为,或其组合"。对于危险源,一般较为直观地将其理解为危害,在《生产过程危险和有害因素分类与代码》(GB/T 138611-2009)中将危险源按其特性分为六大类:物理性危害性因素、化学性危害性因素、生物性危害性因素、心理性危害性因素、行为性危害性因素和其他危害性因素。

我国交通建设领域广泛应用"风险源"一词。《公路桥梁和隧道工程设计安全风险评估指南》给出风险源的定义:"可能导致风险事件发生的因素。"风险事件指可能造成工程发生人员伤亡、经济损失、环境影响、工期延误、工程耐久性降低等不利的事件。《公路桥梁和隧道工程施工安全风险评估指南》中也给出了风险源的定义:可能是导致事故发生的直接因素,如施工方案、作业活动、施工设备、危险物质、作业环境等,也可称为致险因子。

本书使用"风险源"一词。

1.2 工程项目安全风险管理基础

1.2.1 项目风险管理的内涵

1. 项目风险管理的含义

项目风险管理既是一门新兴的管理科学,又是项目管理的一个重要分支,更是项目经理们必备的一项与企业生命攸关的决策技术。在现代项目管理中,风险的管理问题已成为研究的热点之一。它已成为项目管理的一大职能,作为项目管理知识体系(project management body of knowledge,PMBOK)第五版的十大知识体系之一。

不同的专家对项目风险管理有不同的认识,不同的组织或机构在开展风险管理工作时,也给风险管理下定义,举例如下。

王家远认为："所谓风险管理,是指对风险从认识、分析至采取防范措施和处理措施等一系列过程。"

沈建明认为："项目风险管理是指项目管理组织对项目可能遇到的风险进行规划、识别、估计、评价、应对、监控的过程,是以科学的管理方法实现最大安全保障的实践活动的总称。"

项目管理知识体系(PMBOK)第五版中对风险管理的定义为"包括规划风险管理、识别风险、实施风险分析、规划风险应对和控制风险等各个过程"。

国际标准化组织《ISO Guide 73:2009 风险管理——术语》对风险管理的定义是："针对风险所采取的指挥和控制组织的协调活动。"从该定义可以看出,风险管理的对象是"风险",协调的内容是"指挥和控制","指挥"意味着领导角色和承担的责任,"控制"主要是指改变风险的措施。

《建设工程项目管理规范》指出："项目风险管理指对项目的风险所进行的识别、评估、响应和控制的活动。"

2. 风险管理原则

风险管理通过考虑不确定性及其对目标的影响,采取相应的措施,为组织运营和决策及有效应对各类突发事件提供支持。风险管理可以应用于整个组织,包括在组织内和各种区域和层级,在任何时间或者特定的职能、项目、活动等。在国际标准化组织《ISO31000:2009 风险管理——原则与指南》中提供了风险管理的 11 项原则,组织实施并落实这些风险管理原则,将会使组织获得有效的风险管理。

为有效管理风险,组织在实施风险管理时,应在所有层次上遵循下列原则:

(1)风险管理创造并保护价值。

(2)风险管理是组织所有过程整体性的一部分。

(3)风险管理是决策的一部分。

(4)风险管理清晰地阐明不确定性。

(5)风险管理是系统的、结构化的和适时的。

(6)风险管理基于最可利用的信息。

(7)风险管理是定制的。

(8)风险管理考虑人文因素。

(9)风险管理是透明的、包容的。

(10)风险管理是动态的、往复的,并对变化保持响应。

(11)风险管理促进组织的持续改进。

3. 与项目风险管理有关的几个基本概念

(1)风险管理框架。风险管理框架是为设计、实施、监测、评审和持续改进整个组织的风险管理而提供基础和组织安排的一组构成。"基础"包括方针、目标以及对管理风险的授权与承诺;组织的"安排"包括计划、相互关系、责任、过程和活动。风险管理框架不是一个脱离组织经营管理活动的孤立的框架,而需要将其"嵌入组织的所有战略、运营策略及实践中"。

(2)风险管理计划。项目风险管理计划就是制定风险识别、风险分析、风险应对策略,确定风险管理的职责,为项目的风险管理提供完整的行动纲领。

(3)风险事件。风险事件是一组特定情况的发生。一个事件可以是一件或多件事情,统称为一个事件,并且诱发事件发生的原因也可能有很多种。也可将未发生的一些事情称为事件,这是一种"潜在事件"。对有负面影响的事件,可将其称为"不良事件"或"事故"。还要注意事件的特殊情况,也就是说,一个事件还没有产生后果,但它具备造成负面影响的可能性。

(4)风险准则。风险准则是评价风险重要性的参照依据。组织在建立风险准则之前,应充分考虑自身制定的目标,以及组织所处的内、外部环境。风险准则不能只关注组织内部的需要,还要考虑来自外部的标准、法律、政策和其他要求(如外部利益相关方的要求)。

(5)风险沟通。风险沟通是指项目决策者和其他利益相关者之间交换或分享关于项目风险的信息。这些信息可能是风险的存在情况、自然特性、形态、概率、严重程度、可接受程度、处理措施及风险的其他方面。

(6)风险评估。风险评估是指对项目各个方面的风险和关键性技术过程的风险进行识别、分析和评价的全过程,其目的是促进项目更有把握地实现其总体目标。风险评估包括风险识别、风险分析、风险评价三个步骤。

(7)风险等级。风险等级是以结果与其可能性的结合表示的一个风险或组合风险的大小或量级。以结果与其可能性的"结合"表示风险的大小或量级,并不特指乘积关系,也可以是"加",或者是其他函数关系。在风险管理实务中,常用半定量方法估算风险等级,也就是把后果的等级与可能性的等级相乘估算风险的大小。

(8)风险应对。风险应对是改变风险的过程,其工作内容包括选择风险应对方式和实施风险应对方式两个方面。

(9)风险控制。风险控制是指用于改变风险的措施,包括任何程序、政策、设备、实践,或其他改变风险的活动。

(10)风险监控。风险监控是跟踪已识别的风险,监测残余风险,识别新的风险,保证风险计划的执行,并评价这些计划对减轻风险的有效性的一个项目管理过程。风险监控还用于记录与应急计划执行相关联的风险量度。风险监控是项目整个生命周期中的一个持续进行的过程。随着项目的进展,风险会不断变化,可能会有新的风险出现,也可能预期的风险会消失。

1.2.2　工程项目风险管理

1. 工程项目风险管理的概念

任何领域的项目都有风险,工程项目也不例外。由于工程项目具有单件性、体积大、生产周期长、价值高及易受社会、经济、自然灾害、地质条件、水文条件等影响的特点,所以工程项目面临的风险要大于一般项目面临的风险。

将工程项目风险作为考虑的对象,工程项目风险管理可被定义为:工程项目的管理组织通过对工程项目风险的识别、分析、评价、应对和监控,以最少的成本,在最高程度上保证项目总体目标实现的协调活动的总称。

2. 工程项目风险管理的作用

进行工程风险管理的研究,对工程组织具有重要的现实指导意义。其作用主要体现在以下几个方面：

(1)能促进工程决策的科学化、合理化,降低决策风险。

(2)能提供安全的运作环境。

(3)能保证工程目标的顺利实现。

(4)能促进工程经济效益的提高。

3. 动态工程风险管理思想

从现代工程项目管理的角度来看,工程项目风险管理应该以一定的技术手段对项目实施过程中有可能出现的使项目目标(投资、进度、质量、安全等)出现偏差的风险进行动态的系统管理。从动态工程风险管理周期来看,工程风险管理主要经历两个阶段:第一个阶段是风险管理计划的制定,第二个阶段是风险管理计划的实施与调整。这两个阶段是前后衔接、互相影响的,最终构成了动态工程风险管理过程的闭环循环系统。工程风险管理从计划的制定开始,经历风险管理计划的实施、控制、调整等过程。在风险管理计划实施过程中,根据实施过程反馈的信息,进行风险控制或调整风险管理计划,然后再实施、再反馈、再调整,直至实现预定的工程风险管理目标后该动态管理系统将终止循环。

4. 工程风险管理的目标

在规划和实施管理任务过程中,首先必须订立目标,只有目标明确了,才能使组织的每个成员都向着目标努力,形成同方向的合力,最终取得预期的效果。工程风险管理尤其如此。

一般情况下,工程风险和项目密切相关,工程风险管理的对象通常是一些规模或大或小的工程项目,因此工程风险管理应在工程项目背景下来研究。在项目背景下的工程风险即工程项目风险可以被描述为"任何可能影响项目在预算范围内按工期和质量顺利地完成的因素"。通常的工程项目目标包括费用目标、进度目标、质量目标和安全目标。在工程项目中,各种风险因素是影响上述四项目标实现的重要障碍,必须进行有效的风险管理才能保证项目目标的实现。因此,工程风险管理的主要目标应该与项目管理的目标一致。由于各种工程项目的风险环境、风险属性等因素不同,所以每个具体的工程风险管理的目标也不同。

5. 工程项目风险管理与工程项目管理的关系

工程项目风险管理是工程项目管理的一个有机组成部分,目的是保证工程项目总目标的实现。工程项目风险管理与工程项目管理有着密切的联系,其关系如下:

(1)风险管理是项目管理的一种手段。

目前,人们已认识到风险管理是项目综合管理的一种极其重要的手段,其任务是要弄清费用风险、进度风险和质量风险的相互关系,其目的是使参与项目工作的一切人员都能建立风险意识,在项目全寿命周期的各个阶段考虑风险问题。

(2)风险管理与项目管理的目标一致。

从工程项目的成本、进度和质量目标来看,风险管理与项目管理目标一致。只有通过风险管理降低项目的风险成本,项目的总成本才能降下来。项目风险管理把风险导致的各种不利后果减少到最低程度,符合项目各有关方在成本、进度和质量方面的要求。

(3)风险管理为项目变更管理提供决策数据。

建设项目在实施过程中,出现各种各样的变更是不可避免的。变更之后,会带来某些新的不确定性,风险管理正是通过风险评估来识别、分析和评价这些不确定性,为项目变更管理提供决策数据。

(4)风险管理为制定项目计划提供依据。

建设项目在实施之前,必须制定合理的计划,这样,项目人员才能够按计划规定的内容进行工作,最终完成项目。项目计划考虑的是未来,而未来充满着不确定性因素,这些不确定性因素直接影响项目按计划实施的质量。项目风险管理的职能之一就是减少整个建设过程中的不确定性,因此,风险管理工作显然对提高项目计划的准确性和可行性有极大帮助。

(5)风险管理是项目成本管理的重要组成部分。

项目风险管理通过风险分析,指出有哪些可能的意外费用,并估计出意外费用的多少。对不能避免但是能够接受的损失也计算出数量,列为一项目成本。这就为在项目预算中列入必要的应急费用提供了重要依据,从而增强了项目成本预算的准确性和现实性。因此,风险管理是项目成本管理的一部分,没有风险管理,项目成本管理则不完善。

6. 安全风险管理

通过识别生产经营活动中存在的危险、有害因素,并运用定性或定量的统计分析方法确定其风险严重程度,进而确定风险控制的优先顺序和风险控制措施,以达到改善安全生产环境、减少和杜绝安全生产事故的目标。为达到以上目的而采取的一系列措施及制定的一系列规定称为安全风险管理。

工程风险管理目标与项目管理目标是一致的,而项目施工阶段最主要的目标是顺利施工和保证安全,因此风险管理的重点应放在安全上,以控制安全事故为主要管理目标。安全风险管理针对的是人们生产、生活过程中的安全问题,是为了消除安全风险或将其控制在可接受的水平。安全风险管理是风险管理科学的一个重要分支,因此,风险管理的相关理论和知识也适用于安全风险管理。

1.2.3　工程项目风险管理的过程

1. 风险管理过程概述

风险管理过程是组织管理整体的有机组成部分,被嵌入组织的文化和实践当中,可被调整以适应组织的业务过程或经营过程。国际标准化组织《ISO31000:2009　风险管理——原则与指南》描述的风险管理过程由沟通与咨询、建立环境、风险评估、风险应对、监测与评审五个活动构成,如图 1-2 所示。

由图 1-2 可知以下信息:

第一,风险管理过程的主循环流程由"建立环境→风险评估→风险应对→监测与评审"构成。该循环过程的起点为建立环境,终点为监测与评审。组织依据监测与评审的结果,决定是否开始下一轮循环。

第二,风险评估由风险识别、风险分析、风险评价三个步骤组成,循序渐进。

第三,建立环境、风险评估、风险应对三个过程要经常和沟通与咨询及监测与评审保持联系。

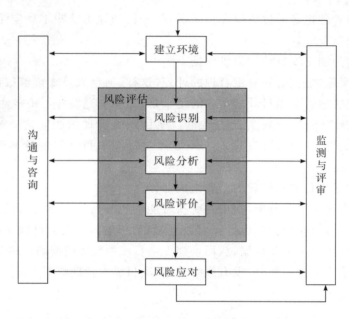

图 1-2 风险管理过程

（1）沟通与咨询

沟通与咨询是组织关于管理风险所实施的提供、共享、获取信息，以及利益相关方从事对话的持续和往复的过程。组织在风险管理过程中的所有阶段，都应与内部和外部的利益相关方进行沟通和咨询，制定沟通与咨询计划。沟通与咨询计划应阐明与风险本身有关的各种问题、风险原因、风险后果（如已知）等，以及对其所采取的各种应对措施。沟通与咨询应促进真实、相关、准确和易于理解的信息交流，并将保密和个人诚信因素考虑在内。

（2）建立环境

建立环境是在管理风险及为风险管理方针设定范围和风险准则时，设定被考虑的外部和内部参数的过程。建立环境的意义有以下三个方面：可以清晰地表达目的；可以设定在管理风险时需考虑的内、外部参数；可以为风险管理的后续过程设定范围和风险准则。

建立环境可以从四个方面入手：建立外部环境、建立内部环境、建立风险管理过程环境、建立风险准则。

①建立外部环境。外部环境是组织力图实现其目标而处的外部环境。为保证在制定风险准则时能充分考虑外部利益相关方的目标和关注点，理解外部环境非常重要。

外部环境包括但不限于：

——文化、社会、政治、法律、法规、金融、技术、经济、自然和竞争环境，无论是国际的、国内的、区域的或本地的；

——对组织目标有影响的关键驱动因子和趋势；

——与外部利益相关方的关系以及他们的感知和价值观。

②建立内部环境。内部环境是组织力图实现其目标而处的内部环境。风险管理过程应与组织的文化、结构和战略相匹配，内部环境是组织内部可能影响管理风险方式的任何事情。

内部环境包括但不限于：

——治理、组织结构、角色、责任；

——方针、目标，以及实现它们的战略；

——能力，对资源和知识的理解（如资本、时间、人员、过程、系统、技术）；

——信息系统、信息流、决策过程（包括正式的和非正式的）；

——与内部利益相关方的关系，以及他们的感知和价值观；

——组织的文化；

——组织所采用的标准、指南和模型；

——契约关系的形成和程度。

③建立风险管理过程的环境。在风险管理过程被应用的地方，组织应建立各项活动的目标、战略、范围和参数，或者它们的一部分。风险管理过程的环境随组织的需求而变化。

风险管理过程的环境包括但不限于：

——设定风险管理活动的目的和目标；

——在风险管理过程中，为风险管理过程确定职责；

——确定实施风险管理活动的范围、深度和广度，包括明确的内涵和外延；

——按照时间和地点确定活动、过程、职能、项目、产品、服务或资产；

——确定组织的特殊项目、过程或活动与其他项目、过程或活动之间的关系；

——确定风险评估方法；

——确定在风险管理中评价绩效和有效性的方式；

——识别和明确必须要做的决定；

——识别、审视或构建所需的研究、它们的程度和目标以及各种研究所需的资源。

④确定风险准则。风险准则是评价风险重要性的参照依据，是风险管理的核心内容，没有风险准则，风险评估就无从谈起，风险等级就无法确定。因此，风险准则需体现组织的风险承受度，应反映组织的价值观、目标和资源。有些风险准则直接或间接反映了法律和法规要求或其他需要组织遵循的要求。风险准则应当与组织的风险管理方针一致，并应在任何风险管理过程开始之前确定，并持续不断地检查和完善。

确定风险准则时要考虑以下因素：

——风险原因的性质和类型，可能出现的后果及如何对其进行测量；

——如何确定可能性；

——可能性和后果的时限；

——如何确定风险等级；

——利益相关方的观点或意见；

——风险可接受或可容忍的等级；

——考虑是否需要组合多个风险，如需要，应考虑如何组合和哪些组合方式。

（3）风险评估

风险评估包括风险识别、风险分析、风险评价三个步骤（或三个子过程）。

①风险识别。风险识别是指发现、承认和描述项目风险的过程。

②风险分析。风险分析是理解风险本性和确定风险等级的过程。风险分析包括风险估计，即对后果严重程度的估计和可能性大小的估计。

③风险评价。风险评价是将风险分析结果与风险准则相比,以决定风险及(或)其大小是否可接受或可容忍的过程。

(4)风险应对

风险应对是指选择并执行一种或多种改变风险的措施,包括改变风险事件发生的可能性或后果的措施。风险应对是风险管理过程的一个重要子过程,是风险评估的目的之一。组织对一个风险评估完成后,会对其做出风险是否需要应对的决定。某风险被评估后,如果其风险等级在组织的可接受或可容忍的范围之内,就不用启动风险应对,直接进入监测与评审过程。否则,就要设计、选择、实施风险应对。风险应对方式包括规避风险、增大风险(针对正面的机会风险)、消除风险、改变可能性、改变后果、分担风险、保留风险等方式。

(5)监测与评审

监测与评审是风险管理过程中一个被计划的部分,包括日常的检查或监督,包括对建立环境、风险评估、风险应对等子过程的监测与评审。

组织对风险管理过程实施监测与评审,其目的是:保证各种控制措施在设计和运行两个方面都是有效力和有效率的;可以改善风险评估而获得进一步的信息;可以从事件、变化、趋势、成功和失败中分析并获取经验教训;可以发现外部和内部的环境变化,包括风险准则和风险本身的变化;可识别正在显露的风险。

为了保证监测与评审的客观性和准确性,组织需要组建专门队伍完成这项工作,并清晰确定相关职责。在企业里,一般由风险管理部门或审计监察部负责此项工作。

监测与评审可以定期实施,也可以临时实施,还可以专门对风险管理过程的某一子过程实施,如对风险评估子过程进行监测与评审。

(6)记录风险管理过程

在风险管理过程中,记录是实施和改进整个风险管理过程的基础。组织应该为风险管理过程建立各种详细的记录,创建记录时应考虑记录的目的和相关要求,还要考虑记录所用的方法与工具、记录的存储介质、访问控制、保留期限、回收处理等因素。关于记录创建的决定具体应考虑以下内容:

——组织在持续学习方面的需求;

——为管理目的而重复使用信息的益处;

——创建和维护记录所需的成本与努力;

——法律、法规、运营等对记录的需求;

——访问记录的方法、回收的轻松性和储存介质;

——保留期限;

——信息的敏感性。

2. 工程项目风险管理的过程

项目风险管理过程一般由若干主要阶段组成,这些阶段不仅相互作用,而且与其他项目管理区域也互相影响,每个风险管理阶段的完成都需项目管理人员的努力。

对项目风险管理过程的认识,不同的组织或个人的划分方法是不一样的。

项目管理知识体系(PMBOK)第五版中将风险管理过程描述为规划风险管理、识别风险、实施定性风险分析、实施定量风险分析、规划风险应对、控制风险六个部分。

沈建明主编的《项目风险管理》(第 2 版)将风险管理过程分为风险规划、风险识别、风险估计、风险评价、风险应对、风险监控六个阶段或环节。

　　本书重点讨论工程项目风险管理过程中的风险评估、风险应对两大环节以及风险识别、风险分析、风险评价和风险应对四大步骤。

第二章 工程项目安全风险识别

2.1 风险识别概述

2.1.1 风险识别的含义

工程项目风险识别是发现、承认和描述工程项目风险的过程,包括对风险源、风险事件、风险原因及其潜在后果的识别。

工程项目风险识别是风险管理最基础的环节,也是风险管理工作中最重要的阶段。由于项目在其全寿命周期中均存在风险,所以,项目风险识别是一项贯穿于项目实施全过程的风险管理工作,是基于全局性的、动态性的工作。

进行风险识别后,至少应该建立以下信息:

(1)风险源,即风险来源,对导致风险具有内在可能性的元素或元素的结合。

(2)风险事件,给项目带来积极或消极影响的事件。

(3)风险原因,产生风险的直接原因。

(4)潜在后果,影响项目目标的一个事件的结果。该结果可能是确定的或不确定的,且对目标可能有正面或负面的影响,可定性或定量表示。

2.1.2 风险识别的特点

工程项目风险识别具有如下一些特点:

1. 全员性

项目风险的识别是项目组全体成员参与并共同完成的任务,不只是项目经理或项目组个别人的工作。因为每个项目组成员的工作都会有风险,所以每个项目组成员都有各自的项目经历和项目风险管理经验。

2. 系统性

项目风险无处不在,无时不有,决定了风险识别的系统性,即项目寿命期过程中的风险都属于风险识别的范围。

3. 动态性

风险识别并不是一次性的,在项目计划、实施甚至收尾阶段都要进行风险识别。根据项目内部条件、外部环境以及项目范围的变化情况适时、定期进行项目风险识别是非常必要和重要的。

4. 信息性

风险识别需要做许多基础性工作,其中重要的一项工作是收集相关的项目信息。信息的全面性、及时性、准确性和动态性决定了项目风险识别工作的质量及其结果的可靠性和精确性。

5. 综合性

风险识别是一项综合性较强的工作,除了在人员参与上、信息收集上和范围上具有综合性特点外,风险识别的工具和技术也具有综合性,即风险识别过程中要综合应用各种风险识别的技术和工具。

2.1.3　风险识别的基本原则

工程项目风险识别的全面性和真实性直接影响风险管理的后续工作,因此工程风险管理者应遵循一定的原则,做好工程项目风险识别工作。

1. 完整性原则

工程项目风险识别的完整性原则是指在工程风险计划制定阶段应全面完整地识别出工程项目所潜在的风险。不能因为风险管理者的主观原因而遗漏某些工程风险,尤其是一些重要的工程风险。为了保证风险识别的完整性,可以采用多种风险识别方法,从多个角度进行分析和识别。工程风险识别的方法很多,各种方法之间具有相互补充的作用,可以根据工程项目的具体情况选取其中的几种配合使用。多角度的工程风险识别也可以避免遗漏风险。工程风险识别可以选取的角度包括时间角度、空间角度等。

工程风险识别的时间角度是指按照工程施工各个阶段的风险环境、施工特点等因素进行工程风险的识别。从时间角度来看,工程风险识别主要分为三个阶段:第一阶段是工程施工准备中的风险识别;第二阶段是工程施工中的风险识别;第三阶段是工程竣工试运行阶段的风险识别。

工程风险识别的空间角度是指从不同的标段、不同的分部工程或者分项工程识别工程风险。

总之,多种方法和多个角度变换和交叉的结果有助于全面而无遗漏地识别工程风险。

2. 系统性原则

工程风险识别的系统性原则就是要求在工程风险计划的制定阶段,从工程全局的角度系统地识别工程风险。工程风险识别的系统性主要表现为按照工程的内在施工工艺顺序和内在结构关系识别风险。为了实现系统地识别工程风险,风险管理人员应深入了解工程设计和施工工艺,清楚工程施工流程和施工进度,按照工程项目施工系统的自然发展过程进行工程风险识别。

3. 重要性原则

重要性原则是指工程风险识别应有所侧重。侧重点应放在两个方面:一是风险属性,着力把一些重要的工程风险,即预期损失较大的风险识别出来,对影响较小的风险可以忽略,不必花费太多的时间和人力、物力进行风险分析,这样有利于节约成本,保证工程风险识别的效率;二是风险载体,那些对整体工程项目都有重要影响的结构,必然是工程风险识别的重点。

在风险识别过程中,系统性原则与重要性原则是一对紧密联系在一起的重要的风险识别原则。在系统性原则指导下,还应按照重要性原则有所侧重地识别风险。只有系统性原则与重要性原则相互结合,才能保证风险识别的效果和效率。

系统性原则保证了工程风险识别的效果,而重要性原则保证了工程风险识别的效率。从工程项目的总体目标来说,工程风险识别的效率或效果都必不可少,不能偏弃任何一方。

2.1.4 风险识别的依据

项目风险识别的主要依据包括风险管理计划、项目规划、项目文件与历史资料、风险种类、制约因素与假设条件。

1. 风险管理计划

风险管理计划是项目管理计划的组成部分,描述将如何安排与实施风险管理活动。从项目风险管理计划中可以确定:

(1)风险识别的范围。

(2)信息获取的渠道方式。

(3)风险管理计划中每个活动的领导者和支持者,以及风险管理团队成员的分工和责任分配。

(4)项目风险管理将使用的方法、工具及数据来源。

(5)资金预算。

(6)在项目寿命周期中实施风险管理过程的时间和频率。

(7)风险识别结果的形式、信息通报和处理程序。

因此,项目风险管理计划是项目进行风险识别的首要依据。

2. 项目规划

项目规划包括项目管理计划中项目的目标、任务、范围、成本、进度、质量、人力资源管理计划,资源供应与采购计划,项目承包商、业主方和其他利益相关方对项目的期望值等。

3. 项目文件和历史资料

本项目文件成果及其他类似项目实际发生风险的历史资料,为识别现有项目的风险提供了非常重要的依据和参考。

4. 风险种类

项目风险的种类为项目风险识别提供了一个总的框架。项目风险主要包括技术风险、质量风险、经济风险、管理风险、组织风险、环境风险等。

5. 项目环境因素

项目必然处于一定的环境中,受到内外多种因素的制约,这些制约因素中隐藏着风险。

2.1.5 风险识别的步骤

工程项目风险识别过程一般可以分为以下五个步骤:

（1）确定目标。不同的工程项目，由于项目的性质、类型的差异，项目偏重的目标可能各不相同，项目风险管理的目标自然也不完全相同。

（2）确定最重要的参与者。项目风险识别需要项目组集体共同参与，因此项目经理不仅要了解项目的工程信息，还要了解项目涉及的人员信息，明确最重要的参与者。这些参与者应具有经营及技术方面的知识，了解项目的目标及面临的风险，应具备沟通技巧和团队合作精神，及时沟通和分享信息，这对项目风险识别来说是非常重要的。

（3）收集资料。对于工程项目来讲特别应注重收集三个方面的资料：工程项目环境方面的数据资料、类似工程的有关数据资料，以及工程的设计文件、投标文件。

（4）估计项目风险形势。风险形势估计就是要明确项目的目标、战略、战术以及实现项目目标的手段和资源，以确定项目及其环境的变数。项目风险形势估计还要明确项目的前提和假设。通过项目风险形势估计可以找出项目规划时没有被意识到的前提和假设。明确了项目的前提和假设可以减少许多不必要的风险分析工作。

（5）根据直接或间接的"症状"将潜在的项目风险识别出来，并用一定的形式对其描述和记录。

2.2　风险识别技术

在工程项目风险识别过程中一般要借助一些技术和工具，这样不但识别风险的效率高而且操作规范，不容易发生遗漏。在具体应用过程中，要结合工程项目的具体情况应用这些技术工具。

2.2.1　专家调查法

专家调查法以专家为索取信息的重要对象，利用各领域专家的专业理论和丰富的实践经验，找出各种潜在的风险并对后果做出分析和估计。专家调查法的优点是在原始资料缺乏足够统计数据的情况下，可以做出定量的估计，缺点主要表现为易受心理因素的影响。

专家调查法中被调查的专家主要分为两类：一类是从事标的工程项目风险管理的技术人员和管理人员，另一类是从事与工程项目相关领域研究的工作人员。通过对多位相关专家的反复咨询、反馈，确定影响项目目标的主要风险因素，然后制成项目风险因素估计调查表，再由专家和相关工作人员对各风险因素在项目建设期内出现的可能性以及风险因素出现后对项目目标的影响程度进行定性估计，最后通过对调查表的统计整理和量化处理获得各风险因素的概率分布和对项目目标可能产生的影响结果。

专家调查法主要包括德尔菲法和头脑风暴法。

1. 德尔菲法

（1）概述

德尔菲法是依据一套系统的程序在一组专家中取得可靠共识的技术，其根本特征是专家单独、匿名表达各自的观点，即在讨论过程中，团队成员之间不得互相交流，只能与调查人员沟通。通过让团队成员填写问卷来集结意见，并对其进行整理和共享，周而复始，最终获取共识。

无论是否需要专家的共识,德尔菲法都可以用于风险管理过程或系统生命周期的任何阶段。

德尔菲法起源于 20 世纪 40 年代末期,最初由美国兰德公司首先使用,很快就在全世界盛行起来。现在此法的应用已遍及经济、社会、工程技术等各个领域。

用德尔菲方法进行项目风险预测和识别的过程是由项目风险小组选定与该项目有关的专家,并与这些适当数量的专家建立直接的函询联系,通过函询收集专家意见,然后加以综合整理,再匿名反馈给各位专家,再次征询意见,再集中,再反馈。这样反复多次,逐步使专家的意见趋向一致,作为最后预测和识别的根据。

(2)过程

使用半结构化问卷对一组专家进行提问。专家无须会面,保证其观点具有独立性。

具体步骤如下:

——组建专家团队,可能是一个或多个专家组。

——编制第一轮问卷调查表。

——将问卷调查表发给每位专家组成员,要求定期返回。

——对第一轮答复的信息进行分析、对比和汇总,并再次下发给专家组成员;让专家比较自己同他人的不同意见,修改或完善自己的意见和判断;在此过程中,只给出各种意见,并不提供发表意见的专家姓名。

——专家组成员重新做出答复;

——循环以上过程,直到达成共识。

其过程可简单表示如下:

匿名征求专家意见→归纳、统计→匿名反馈→归纳、统计……若干循环后,停止。

(3)优点及局限

德尔菲法的优点包括:

——由于观点是匿名的,所以成员更有可能表达出那些不受欢迎的看法;

——所有观点都获得相同的重视,以避免某一权威占主导地位和话语权的问题;

——便于展开,成员不必一次聚集在某个地方。

局限:

——费力、耗时。

2. 头脑风暴法

(1)概述

头脑风暴法是指激励一群知识渊博的人员畅所欲言,以发现潜在的失效模式及相关危害、风险、决策准则及(或)应对办法。头脑风暴法这个术语经常用来泛指任何形式的小组讨论。在此类技术中,有效的引导非常重要,其中包括:在开始阶段创造自由讨论的氛围;会议期间对讨论进程进行有效控制和调节,使讨论不断进入新的阶段;筛选和捕捉讨论中产生的新设想和新议题。

头脑风暴法可以与其他风险评估方法一起使用,也可以单独使用来激发风险管理过程任何阶段的想象力。头脑风暴法可以用作旨在发现问题的高层次讨论,也可以用作更细致的评审或是特殊问题的细节讨论。

（2）过程

头脑风暴法可以是正式的,也可以是非正式的。正式的头脑风暴法组织化程度很高,其中参与人员需要提前进行充分准备,而且会议的目的和结果都很明确,有具体的方法来评价讨论思路;非正式的头脑风暴法则组织化程度较低,通常针对性更强。

在一个正式的过程中,应至少包括以下环节:

——讨论会之前,主持人准备好与讨论内容相关的一系列问题及思考提示。

——确定讨论会的目标并解释规则。

——引导员首先介绍一系列想法,然后大家探讨各种观点,尽量多地发现问题。此时无须讨论是否应该将某些事情记在清单上或是某句话究竟是什么意思,因为这样做会妨碍思绪的自由流动。一切输入都要接受,不要对任何观点加以批评;同时,小组思路快速推进,使这些观点激发出大家的横向思维。

——当某一方向的思想已经充分挖掘或是讨论偏离主题过远,此时引导员可以引导与会人员进入新的方向。其目的在于收集尽可能多的不同观点,以便进行后续分析。

（3）优点及局限

头脑风暴法的优点包括:

——激发了想象力,有助于发现新的风险和找到全新的解决方案;

——让主要的利益相关方参与其中,有助于进行全面沟通;

——速度较快并易于开展。

局限包括:

——参与者可能缺乏必要的技术及知识,无法提出有效的建议;

——由于头脑风暴法相对松散,因此较难保证过程及结果的全面性;

——可能会出现特殊的小组状况,导致某些有重要观点的人保持沉默而其他人成为讨论的主角。

2.2.2 检查表法

1. 概述

检查表是一个危险、风险或控制故障的清单,而这些清单通常是凭经验(要么是根据以前的风险评估结果,要么是因为过去的故障)进行编制的。按此表进行检查,以"是/否"进行回答。

用途:检查表法可用来识别潜在危险、风险或者评估控制效果,适用于产品、过程或系统生命周期的任何阶段。它可以作为其他风险评估技术的组成部分进行使用。

2. 过程

具体步骤如下:

——组成检查表编制组,确定活动范围;

——依据有关标准、规范、法律条款及过去经验,选择或设计一个能充分涵盖整个范围的检查表;

——使用检查表的人员或团队应熟悉过程或系统的各个因素,同时审查检查表上的项目是否有缺失;

——按此表对系统进行检查。

3. 优点及局限

检查表的优点包括：

——简单明了,非专业人士也可以使用；

——如果编制精良,可将各种专业知识纳入便于使用的系统中；

——有助于确保常见问题不会被遗漏。

局限包括：

——只可以进行定性分析；

——可能会限制风险识别过程中的想象力；

——鼓励"在方框内画钩"的习惯；

——往往基于已观察到的情况,不利于发现以往没有被观察到的问题。

4. 检查表法案例

【案例一】施工安全检查表。

安全检查表可以用于施工过程中影响施工安全的风险因素的调查,达到既可以判断风险是否存在,又可以在发生事故后帮助查找事故原因的目的。安全检查表的编制程序一般分为四个步骤:将工程风险系统分解为若干子系统;运用事故树,查出引起风险事件的风险因素,将其作为检查表的基本检查项目;针对风险因素,查找有关控制标准或规范;根据风险因素的风险程度,依次列出问题清单。最简单的安全检查表由四个栏目组成,包括序号栏、检查项目栏、判断栏(以"是"或"否"来回答)和备注栏(与检查项目有关的需说明的事项)。一张简单的安全检查表如表 2-1 所示。

表 2-1　安全检查表

序号	安全检查项目	是或否	备注
1	建筑工人是否有很强的风险防范意识		
2	现场施工人员和管理人员是否戴安全帽		
3	龙门架是否由专业人员装拆		
4	采购来的建筑材料是否经过严格的验收		
5	施工现场布置是否安全合理		
6	施工现场是否有安全防护设施		
7	是否建立健全了施工安全责任制		

【案例二】某隧道初步设计阶段安全风险源检查表。

以某隧道初步设计阶段的安全风险评估为例,说明检查表的编制。

(1)收集工程基础资料:评估小组先进行现场查看,收集工程基础资料。所收集的资料包括:类似工程事故资料;拟建隧道设计文件;工程区域内水文、地质、自然环境等资料;工程规划、可行性研究、工程地质勘查报告等资料;其他与评估对象相关的资料。

(2)列出风险源普查表:根据对同一区域内同类隧道工程存在的风险源的归纳总结,参考《公路桥梁和隧道工程设计安全风险评估指南(试行)》,列出风险源普查表(表 2-2)。

表 2-2　公路隧道风险源普查表

序号	典型风险源		风险源所处阶段			描述
			设计阶段	施工阶段	营运阶段	
1	建设条件	地表水系	★	★	★	处理不当易引起洞口失稳,营运期间出现暴雨天气易产生灾害
		地形偏压	★	★		设计施工不当,易引起洞口失稳、塌方
		岩性及风化程度	★	★		软弱围岩地段施工不当易引起洞口失稳、塌方
		构造	★	★		塌方、岩爆
		地下水	★	★	★	突水
		顺层	★	★		顺层开挖,易引起边仰坡失稳、塌方
		滑坡	★	★		处理不当易引起洞口失稳
		岩堆	★	★		处理不当易引起洞口失稳、塌方
		岩溶	★	★		塌方、突水涌泥
		煤层及采空区	★	★		塌方、突水涌泥、瓦斯爆炸
		周边环境	★	★	★	环境保护风险
2	结构方案	常规设计	★			设计不当引起各类风险
		特殊设计	★			设计不当引起各类风险
		监控量测设计	★	★		设计不当,无法动态设计施工
		断面大小	★			大断面隧道增大洞口失稳、塌方、大变形等风险
		埋深	★			埋深大,可能产生岩爆、大变形
		长度	★		★	特长隧道对通风和防灾救援的要求较高
		辅助坑道设计	★	★		设计不当引起各类风险
3	施工技术	施工工法	★	★		工法不当,引起洞口失稳、塌方
		施工辅助措施	★	★		措施不当,增大洞口失稳、塌方、突水等风险
4	营运管理	平纵面线形	★			线形不当影响车辆视距,易造成交通事故
		通风方案	★			设计不当,影响正常营运和事故救援
		防灾救援方案	★			设计不当,影响事故救援

注:(1)"典型风险源"栏为同类隧道工程所存在风险源的归类总结;(2)"★"表示该风险源对风险事件有影响。

(3)分析隧道地质、设计等情况:分析本隧道工程地质、水文地质、周边环境、工程建设要求等情况,具有以下工程特点及难点。

①隧道长度 8.038 千米,为特长公路隧道,工程规模较大,对通风和防灾救援的要求较高;随着隧道长度的增加,施工中发生各种安全风险的概率也有所增加。

②隧道为三车道断面隧道,开挖跨度大于 15 米。隧道跨度增加后,开挖后对围岩扰动增大,作用于衬砌支护上的荷载相应增加,洞口失稳、塌方、突水突泥等风险也随之增大。

③断层等地质构造出现频率较高。隧道穿越 7 条断层破碎带,对隧道工程的建设均存在不同程度的影响,因此隧道在建设过程中发生塌方事故的风险较高。

④隧道洞口存在不同程度的偏压,增大了隧道进洞的风险。

⑤隧道的埋深较大,最大埋深 634 米,隧道穿过的围岩为微风化凝灰质砂砾岩,为坚硬岩,且完整性较好,可能发生岩爆。由于岩爆发生具突然性,对建设人员和隧道本身的安全都具有极大的威胁。

(4)风险识别

通过对隧道地质、设计等情况的分析,得出该隧道存在的风险源,填写完成检查表(表 2-3)。

表 2-3 某隧道风险源检查表

序号	检查项目		是否存在该风险源	存在方式	产生的影响
1	建设条件	地表水系	√	出口左侧存在一条天然冲沟,汇水面积不大	无影响
		地形偏压	√	左洞进口地形偏压较严重(横向倾角约 30°)	洞口失稳
		岩性及风化程度	√	围岩为强风化晶屑凝灰熔岩,岩土结构松散	洞口失稳、塌方、岩爆
		构造	√	7 条断层破碎带	塌方
		地下水	√	总体贫乏,部分构造富水性、导水性较好	突水
		顺层	×		
		滑坡	×		
		岩堆	×		
		岩溶	×		
		煤层及采空区	×		
		周边环境	√	弃渣、施工引起水位下降	环境保护风险
2	结构方案	常规设计	√		设计不当可引起各类风险
		特殊设计	√		设计不当可引起各类风险
		监控量测设计	√		洞口失稳、塌方
		断面大小	√	三车道	洞口失稳、塌方
		埋深	√	最深 634 米	岩爆
		长度	√	8.038 千米	通风防灾
		辅助坑道设计	√	横洞、通风斜井	设计不当引起各类风险

续表

序号	检查项目		是否存在该风险源	存在方式	产生的影响
3	施工技术	施工工法	√		洞口失稳、塌方
		施工辅助措施	√		洞口失稳、塌方、突水涌泥
4	营运管理	平纵面线形	√	线形组合不当	交通事故
		通风方案	√	全纵向射流风机＋斜井送排式通风	通风防灾
		防灾救援方案	√	通风方案、横通道设置及交通监控、指示设施，制定防灾求援措施	通风防灾

由风险源检查表可知，该隧道存在的主要风险事件为洞口失稳、塌方、结构风险、突水涌泥、岩爆、营运安全、环境保护等。

2.2.3　故障树分析法

1. 概述

故障树分析法（fault tree analysis，简称 FTA）是用来识别和分析造成特定不良事件（称作顶事件）的可能因素的技术。造成故障的原因可通过归纳法进行识别，也可以将特定事故与各层原因之间用逻辑门符号连接起来并用树形图进行表示。树形图描述了故障原因及其与重大事件的逻辑关系。

故障树可以用来对故障（顶事件）的潜在原因及途径进行定性分析，也可以在掌握原因事项概率的相关数据之后，定量计算重大事件的发生概率。故障树可以在系统的设计阶段使用，以识别故障的潜在原因并在不同的设计方案中进行选择；也可以在运行阶段使用，以识别重大故障发生的方式和导致重大事件的各类路径的相对重要性；故障树还可以用来分析已出现的故障，以便通过图形来显示不同事项如何共同作用造成故障。

故障树分析法主要是以树状图的形式表示所有可能引起主要事件发生的次要事件，揭示风险因素的聚集过程和个别风险事件组合可能形成的潜在风险事件。在构造事故分析树时，被分析的风险事件在树的顶端，树的分支是考虑到的所有可能的风险因素，同一层次的风险因素用"门"与上一层次的风险事件相连接。"门"存在"与门"和"或门"两种逻辑关系。"与门"表示同一层次的风险因素之间是"与"的关系，只有这一层次的所有风险因素都发生，它们上一级的风险事件才能发生。"或门"表示同一层次的风险因素之间是"或"的关系，只要其中的一个风险因素发生，它们上一级的风险事件就能发生。

2. 过程

建构故障树的步骤包括：

——界定分析对象系统和需要分析的各对象事件（顶事件）。

——从顶事件入手,识别造成顶事件的直接原因或失效模式。

——调查原因事件,对每个原因/失效模式进行分析,以识别造成故障的原因(设备故障、人员失误、环境不良因素等)。

——分步骤地识别不良的系统操作方式,沿着系统自上而下地分析,直到进一步分析不会产生任何成效为止,处于分析中系统最低水平的事项及原因称作基本事件。

——定性分析,按故障树结构进行简化,求出最小割集和最小径集,确定各基本事件的结构重要度。

——定量分析,找出各基本事件的发生概率,计算出顶事件的发生概率,计算出概率重要度和临界重要度。对每个控制节点而言,所有的输入数据都必不可少,并足以产生输出事项。对于故障树中的逻辑冗余部分,可以通过布尔代数运算法则来进行简化。

3. 优点及局限

故障树分析法(FTA)的优点包括:

——它提供了一种系统、规范的方法,同时有足够的灵活性,可以对各种因素进行分析,包括人际交往、客观现象等;

——运用简单的"自上而下"方法,可以关注那些与顶事件直接相关故障的影响;

——FTA 对具有许多界面和相互作用的分析系统特别有用;

——图形化表示有助于理解系统行为及其所包含的因素;

——对故障树的逻辑分析和对分割集合的识别有利于识别高度复杂系统中的简单故障路径。

局限包括:

——如果基础事件的概率有较高的不确定性,计算出的顶事件的概率的不确定性也较高;

——有时很难确定顶事件的所有重要途径是否都包括在内;

——故障树是一个静态模型,无法处理时序上的相互关系;

——故障树只能处理二进制状态(有故障/无故障);

——虽然定性故障树可以包括人为错误,但是一般来说,各种程度或性质的人为错误引起的故障无法包括在内;

——分析人员必须非常熟悉对象系统,具有丰富的实践经验。

2.2.4 工作-风险分解法

1. 概述

工作-风险分解法(work breakdown structure-risk breakdown structure,WBS-RBS 法)是将工作分解构成 WBS 树,风险分解构成 RBS 树,然后用工作分解树和风险分解树交叉构成的 WBS-RBS 矩阵进行风险识别的方法。

(1)工作分解结构(work breakdown structure,简称 WBS):项目管理中的一种基本方法,是一种在项目全范围内分解和定义各层次工作包的方法。它按照项目发展的规律,依据一定的原则和规定,进行系统化的相互关联和协调的层次分解。结构层次越往下,则项目组成部分的定义越详细。WBS 最后构成一份清晰的 WBS 清单,可以作为组织项目实施的具体工作依据。WBS 可以有不同的表达形式,可按物理结构、产品类型、项目功能、实施过程、实施组织等进行分解。常用的有层次结构图和锯齿列表,如图 2-1 所示。

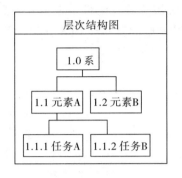

图 2-1　工作分解结构(WBS)的表达形式

(2)风险分解结构(risk breakdown structure,简称 RBS):按照风险类别及其子类别排列的一种层级结构,用以表示潜在风险所属的领域和产生的原因。RBS 有助于项目团队在识别风险的过程中发现有可能引起风险的多种原因。不同的 RBS 适用于不同类型和项目。图 2-2 为风险分解结构示例,图中列出了一个典型项目中可能发生的风险类别及其子类别。

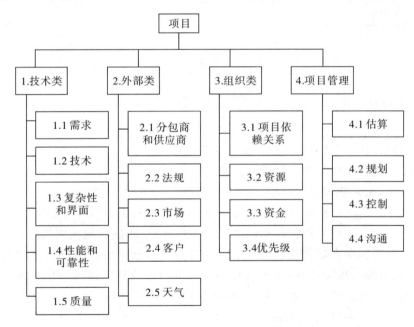

图 2-2　风险分解结构(RBS)示例

2. 过程

用 WBS-RBS 法进行风险识别主要分为三个步骤:一是工作分解;二是风险分解;三是套用 WBS-RBS 矩阵判断风险是否存在。

工作分解是为了形成工作分解树。分解时主要依据总工程项目与子工程以及子工程之间的结构关系和施工流程进行工作分解。工作分解树如图 2-1 所示。

风险分解是为了形成风险分解树,即建立风险事件与风险因素之间的因果关系模型。风险分解树如图 2-2 所示。

在工作分解(WBS)与风险分解(RBS)完成之后,将工作分解树与风险分解树交叉,构建风险辨识矩阵,即 WBS-RBS 矩阵。WBS-RBS 矩阵的行向量是工作分解到最底层形成的基本工作包,矩阵的列向量是风险分解到最底层形成的基本子因素。风险识别过程是按照矩阵元素逐一判断某一工作是否存在该矩阵元素横向对应的风险。表 2-4 为以表格表示的 WBS-RBS 矩阵示例。

表 2-4　公路工程施工安全风险识别表

工程项目 风险因素			路基工程 E_1			...	隧道工程 E_4				
			路基 土石方	滑坡和 高边坡处理	挡土墙		洞口 工程	洞身 开挖	洞身 衬砌	隧道 路面	交通 工程
			E_{11}	E_{12}	E_{13}		E_{41}	E_{42}	E_{43}	E_{44}	E_{45}
自然 环境 风险 R_1	地质灾害	R_{11}									
	地震灾害	R_{12}									
	水文灾害	R_{13}									
	气象灾害	R_{14}									
⋮	⋮	⋮									
填表说明			请在左列风险因素影响顶部工程项目的相应空格中打"√"								

3. 优点及局限

(1)优点

①符合风险评估的系统性原则。在运用 WBS-RBS 法进行风险评估时,首先要按照各项作业在施工工艺和工程结构上的关系进行分解,建立作业分解树,风险因素会逐级地呈现在作业分解树上,从而使重要的风险因素不被遗漏。

②满足风险评估的权衡原则。在作业分解形成决策树的过程中,可以估计出各层次作业的相对权重。这样就可以根据作业的相对重要程度,有所侧重地识别风险。

③与其他风险识别方法相比,WBS-RBS 法对风险因素进行归类和层层划分,使得分析过程更加清晰、系统。WBS-RBS 矩阵的作业分解树和风险分解树的初始状态较细化,在一定程度上规避了其他方法笼统地凭借主观判断识别风险的弊病,便于风险规划应对、数据处理、评价分析、经验积累等。

总之,WBS-RBS 法是一种既把握风险主体的全局,又能深入风险管理的具体细节的风险识别方法。WBS-RBS 法虽然是一种定性的风险识别方法,却以定量的思维将工作层层分解细化,可以更系统、全面地识别风险。

(2)局限

①由于该方法构建的 WBS-RBS 矩阵是以 WBS 最底层的作业包集合作为矩阵的列,以 RBS 最底层的风险因素集合为矩阵的行,是一个大而全的 WBS-RBS 矩阵。所以工作量大,过程烦琐。

②虽然 WBS-RBS 法的思路趋向于定量分析模式,但它仍然只是定性分析方法。

4. WBS-RBS 法案例

【案例】公路工程施工安全风险识别。

(1)对工程进行工作分解,构建 WBS。项目结构的分解,既要考虑项目的特点、施工安全风险的特点,又要充分考虑施工安全风险的分布情况。根据《公路水运工程安全生产监督管理办法》第二十三条所规定的施工中危险性较大的工程,参照《公路工程质量检验评定标准》(JTG F80),结合风险评估需要,将公路工程项目分解至分部工程并进行编号,具体见表 2-5。

表 2-5 公路工程项目分解

单位工程	分部工程
路基工程 E_1	路基土石方 E_{11}、滑坡和高边坡处理 E_{12}、挡土墙 E_{13}
路面工程 E_2	路面工程 E_2
桥梁工程 E_3	基础工程 E_{31}、下部结构 E_{32}、上部结构预制和安装 E_{33}、上部结构现场浇筑 E_{34}、桥面系和附属工程 E_{35}
隧道工程 E_4	洞口工程 E_{41}、洞身开挖 E_{42}、洞身衬砌 E_{43}、隧道路面 E_{44}、交通工程 E_{45}

(2)对公路工程施工安全的风险进行分解,构建 RBS。风险识别是施工安全风险评估的首要环节,根据公路工程的特点,在分析相关文献的基础上对风险因素进行分解,将风险分为自然环境风险、周边环境风险、技术风险、组织管理风险四大类。各类风险包括的具体风险因素见表 2-6。

表 2-6 公路工程施工安全风险分类表

风险类别	风险因素
自然环境风险 R_1	地质灾害 R_{11}、地震灾害 R_{12}、水文灾害 R_{13}、气象灾害 R_{14}
周边环境风险 R_2	地形地貌条件 R_{21}、地下构造物 R_{22}、交通状况 R_{23}、其他(周边居民、与铁路公路交叉等)R_{24}
技术风险 R_3	勘测设计不足 R_{31}、设计方案 R_{32}、工程规模 R_{33}、施工工艺成熟度 R_{34}
组织管理风险 R_4	安全管理人员配备 R_{41}、作业人员经验 R_{42}、机械设备配置及管理 R_{43}、专项施工方案 R_{44}

(3)用 WBS-RBS 法识别公路工程施工安全风险因素。通过上述 WBS 和 RBS 的构建,可以对各个工程项目进行风险因素识别。在识别过程中采用专家调查法,可参照表 2-4 格式对工程项目的风险进行识别。

2.3 工程项目安全风险识别

2.3.1 安全风险识别相关概念

1. 危险源

危险源是指生产和释放有害能量的物质、设备、设施、场所等。它是两类危险源中的第一类危险源,是危险物质及其载体类的实体。危险源决定了发生事故的严重程度。它们具有的能量越多,发生事故的后果可能越严重。同样,它们包含的危险物质越多,发生事故时危险性越大。

2. 危险因素

危险因素是指造成人员伤亡,造成物件突发性损坏,或影响人的身体健康,导致疾病,造成物件慢性损坏的因素。它属于两类危险源中的第二类危险源,是诱发能量物质及其载体造成事故的因素。危险因素包括人的不安全行为、物的不安全状态、环境因素和管理因素四个方面。危险因素往往是一些围绕危险源而随机发生的现象,它们出现的情况决定了事故发生的可能性。

3. 危险

危险是可能导致伤害的潜在根源与状态。此定义将危险归于危险源和危险因素综合的范畴。危险事件出现的概率和严重程度的综合,就是危险的表征,称为风险。所有的风险都是由危险导致的,危险是风险的前提,没有危险就谈不上风险。

4. 安全风险识别

系统的安全风险识别是对系统进行危险(危险源和危险因素)识别和分析,也就是对系统的能量物质及其载体(即危险源)如何在各种危险因素诱发下造成事故的过程进行识别和分析。

2.3.2 危险源的构成与分类

1. 危险源的构成要素

危险源由三个要素构成:潜在危险性、存在条件和触发因素。

(1)潜在危险性,是指一旦触发事故,可能带来的危害程度或损失大小,或者说危险源可能释放的能量强度或危险物质量的大小。

(2)危险源的存在条件,是指危险源所处的物理、化学状态和约束条件状态,包括:储存条件,如堆放方式、数量、通风、隔离等;理化性能,如温度、压力、燃点、爆炸极限、有毒特性、有害特性等;设备状态完好程度,如缺陷、维护保养、使用年限等;防护条件,如防护措施、故障处理措施、安全装置及标志等;操作条件,如操作技术水平、操作失误率等;管理条件,如组织、指挥、协调、控制、计划等。

（3）触发因素，包括：人为因素，如不正确操作、粗心大意、漫不经心、心理因素、生理因素等；管理因素，如不正确管理、不正确的训练、指挥失误、判断决策失误、设计差错、错误的组织安排等；自然因素，包括引起危险源转化的自然条件及其他变化，如气温、气压、湿度、温度、风速、雷电、雨雪、振动、地震等。触发因素虽然不属于危险源的固有属性，但它是危险源转化为事故的外因，而且每一类型的危险源都有相应的敏感触发因素。因此，一定的危险源总是与相应的触发因素相关联。在触发因素的作用下，危险源转化为危险状态，继而转化为事故。

2. 危险源的分类

在系统安全研究中，认为危险源的存在是事故发生的根本原因，防止事故就是消除、控制系统中的危险源。危险源为潜在的可能导致人员伤害或财物损失事故的不安全因素。按此定义，生产、生活中的许多不安全因素都是危险源。

根据危险源在事故发生、发展中的作用，把危险源划分为两大类，即第一类危险源和第二类危险源。

（1）第一类危险源

能量和危险物质的存在是危害产生的最根本的原因，通常把可能导致意外释放的能量（能量源或能量载体）或危险物质称作第一类危险源。

在施工项目中危险源主要以下面几种形式出现：提供生产活动能量的装置、设备；使人体或物体具有较高势能的装置、设备、场所，如高空作业环境、塔吊等；拥有能量的人、物或场所，如各类机械设备、挖开的基坑；具有化学能的危险物质，如各种有毒、有害、可燃烧、易爆炸的物质等。

（2）第二类危险源

第二类危险源是导致第一类危险源约束、限制能量和危险物质措施失控的各种不安全因素的统称，主要包括人的不安全行为和物的不安全状态。具体表现形式：人的失误，指人的行为的结果偏离了预定的标准，如汽车司机驾车失误，撞到路边的树上；物的故障，指设备、装置、元件等由于性能低下不能实现预定功能的现象，如电线绝缘损坏发生漏电，管路破裂使其中的有害有毒物质泄漏等；不良环境，包括物理环境、软环境（管理缺陷）等。

伤亡事故的发生往往是两类危险源共同作用的结果。第一类危险源是伤亡事故发生的能量主体，决定事故后果的严重程度。第二类危险源是第一类危险源造成事故的必要条件，决定事故发生的可能性。两类危险源相互关联、相互依存。第一类危险源的存在是第二类危险源出现的前提，第二类危险源的出现是第一类危险源导致事故的必要条件。因此，危险源辨识的首要任务是辨识第一类危险源，在此基础上再辨识第二类危险源。

2.3.3　安全风险识别程序

安全风险识别实质上就是危险源的识别。不同行业的危险源，虽然其分布和存在形式有很大的差别，但其识别程序大致相同，如图 2-3 所示。

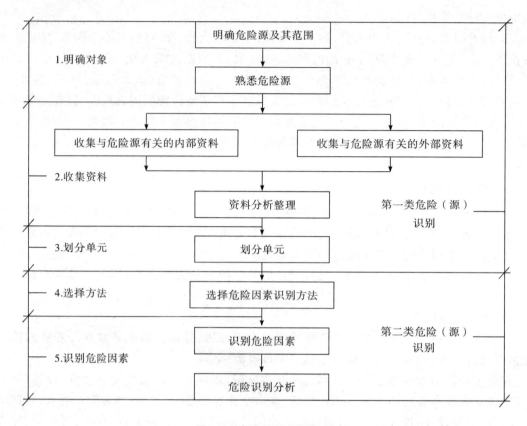

图 2-3　危险源的识别程序

1. 明确对象

在进行危险源识别时,首先应明确识别的对象,确定识别的范围,对要识别的对象进行调查、熟悉。

2. 收集资料

在熟悉识别对象和范围的基础上,收集相关的组织内部和外部资料。收集方式可以是上网查询、专家座谈、现场调查等。

收集资料是十分重要的阶段,由于识别对象不同,所要收集和调查的内容也可能不一样。收集和调查的内容主要有如下几种。

（1）生产工艺及材料和设备的情况,包括工艺布置,设备名称,性能参数（温度、压力、容积、重量、功率、速度等）,工艺设备的固有缺陷,所使用材料的种类、性质和危害,所使用的能量类型和强度等。

（2）作业环境情况,包括安全通道情况、作业空间布置等。

（3）操作情况,包括操作过程中的危险、操作人员接触危险源的频繁程度等。

（4）事故情况,包括过去事故及危害状况、事故应急处理的方法、故障处理的措施等。

（5）安全防护的情况,包括危险场所有无安全防护措施、有无安全标志,使用危险物质时有无安全措施等。

3. 划分单元

划分单元就是要划分危险源的范围,其目的是更好地进行危险源识别。在实际工作中,常常将产生或具有能量的物质及其载体,如设备、设施和场所作为危险区域单元。在危险源识别中,首先应了解危险源所在的系统,即危险源所在的区域和场所,按照系统的方法有序地划分单元,将整个系统分解为若干个子系统,一个一个地进行识别,这样才能保证整个系统危险源识别不被遗漏。

在划分单元,确定危险源区域时,可以采用下列方法界定:按系统功能结构界定,按危险作业场所划分危险源区域,按危险设备所处位置划分,按能量形式划分,按危险源是点源还是线源划分,按危险源固定或移动界定。不论采用什么样的划分方法,都应坚持生产过程相对独立、空间相对独立、事故范围相对固定、结构具有明显界限等原则。

4. 选择危险因素识别方法

危险因素的识别方法很多,各种方法均有其各自的特点和局限性,都有其适用范围。在识别过程中,仅使用一种方法往往不足以全面识别存在的危险因素,而必须综合运用两种或两种以上的方法。危险因素的识别方法可粗略地分为经验对照法和系统安全分析两大类。

(1)经验对照法。经验对照法是一种基于经验的方法,是对照有关标准、法规、检查表,借助于分析人员的经验和判断能力直观地识别危险的方法。这种方法是风险识别中常用的方法,其优点是简便易行,缺点是受人员知识、经验和所掌握信息资料的限制,可能会出现遗漏。为了弥补个人判断的局限性,常采用头脑风暴法,以召开相关专家会议的方式,相互启发、交换意见,集思广益,使风险识别不致遗漏。

常用的经验对照法有询问交谈、现场观察、测试分析、查阅有关记录、获取外部信息、工作任务分析、头脑风暴法、专家调查法、情景分析法、安全检查表、作业危险分析法等。

(2)系统安全分析。系统安全分析是以系统工程的观点识别生产过程中可能导致事故的危险因素。系统安全分析常常被用来识别复杂系统或新开发、没有事故经验的系统的危险因素的识别。常用的系统安全分析方法有预先危险性分析(preliminary hazard analysis,PHA)、危险和可操作性研究(hazard and operability study,HAZOP study)、故障模式及影响分析(failure mode and effect analysis,FMEA)、故障树分析(FTA)、事件树分析(event tree analysis,ETA)等。

5. 危险因素的识别

在选择危险因素识别方法的基础上,利用专家的经验、科学的分析方法,对系统的危险因素进行识别。如前所述,按照物的因素、人为因素、环境因素和管理因素四个方面进行识别。其中,物的因素和环境因素是直接危险因素,是直接影响危险源而引起事故的危险因素,是危险源存在的条件;而人为因素和管理因素则是间接危险因素,是激发直接危险因素而引起事故的危险因素。一定数量的危险物质及其载体(危险源),由于存在条件不同,所显现的危险性也不一样,被激发而转换为事故的可能性也不相同,因此,存在条件和激发因素是危险因素识别的基础。

6. 危险识别分析

危险识别分析即对识别出的危险源和危险因素进行分析。危险识别分析主要分两方面:危险源等级的划分和潜在危险性分析。

(1)危险源等级的划分。危险源的等级是按照其在危险因素的作用下诱发危险源事故的可能性和后果严重程度划分的。危险源危险等级的划分实质上是对危险源进行评价。按照事故出现可能性的大小,可将危险源划分为频繁发生、经常发生、有时发生、很少发生、极少发生和不大可能发生,根据事故后果严重程度可将危险源分为轻微的、临界的、危急的和灾难性的。不同行业和不同企业采取的划分方法也不相同,可根据具体情况进行划分,划分的原则是突出重点,便于控制管理。

(2)潜在危险性分析。危险因素诱发危险源而引起事故,其表现为危险物质和能量的释放,因此危险源的潜在危险性可用能量的大小和危险物质的多少来表征。能量包括电能、机械能、化学能、核能等。危险源能量越大,其潜在危险性也越大。危险物质主要包括有毒危险物质和易燃易爆危险物质两大类。可根据使用的危险物质的数量来衡量危险源的危险性。

2.3.4 重大危险源、危险性较大工程

1. 重大危险源

《中华人民共和国安全生产法》指出:重大危险源,是指长期地或者临时地生产、搬运、使用或者储存危险物品,且危险物品的数量等于或者超过临界量的单元(包括场所和设施)。

施工项目的重大危险源目前尚未有明确标准和定义。在建设工程领域,一般称重大危险源是指有可能引发建筑施工重大生产安全事故的危险性较大的分部分项工程。为进一步规范和加强对危险性较大的分部分项工程安全管理,积极防范和遏制建筑施工生产安全事故的发生,住房和城乡建设部颁发了《危险性较大的分部分项工程安全管理规定》(住建部〔2018〕37号令),并指出:危险性较大的分部分项工程(以下简称"危大工程")是指房屋建筑和市政基础设施工程在施工过程中,容易导致人员群死群伤或者造成重大经济损失的分部分项工程。

《公路桥梁和隧道施工安全风险评估指南》称危险源为风险源,并对重大风险源和一般风险源做了定义:重大风险源指风险源相对比较复杂,存在较大的不可预见性,引发的事故严重性较大,必须从结构设计、环境因素、施工方法、安全管理等角度进行控制和防范的风险源;一般风险源是指风险源相对简单,影响因素间关联性较低,运用一般知识与经验即可防范的风险源。

2. 关于危险性较大工程范围的规定

(1)《危险性较大的分部分项工程安全管理规定》

第八条指出:建设单位应当按照施工合同约定及时支付危大工程施工技术措施费以及相应的安全防护文明施工措施费,保障危大工程施工安全。

第十条指出:施工单位应当在危大工程施工前组织工程技术人员编制专项施工方案。实行施工总承包的,专项施工方案应当由施工总承包单位组织编制。危大工程实行分包的,专项施工方案可以由相关专业分包单位组织编制。

第十二条指出:对于超过一定规模的危大工程,施工单位应当组织召开专家论证会对专项施工方案进行论证。实行施工总承包的,由施工总承包单位组织召开专家论证会。专家

论证前专项施工方案应当通过施工单位审核和总监理工程师审查。

（2）危大工程范围和超过一定规模的危大工程范围

为贯彻实施《危险性较大的分部分项工程安全管理规定》，进一步加强和规范房屋建筑和市政基础设施工程中危险性较大的分部分项工程安全管理，住房城乡建设部办公厅颁发了《〈危险性较大的分部分项工程安全管理规定〉有关问题的通知》（建办质〔2018〕31号），并以两个附件的形式明确了危险性较大的分部分项工程范围和超过一定规模的危险性较大的分部分项工程范围。

附件1

危险性较大的分部分项工程范围

一、基坑工程

（一）开挖深度超过3 m（含3 m）基坑（槽）的土方开挖、支护、降水工程。

（二）开挖深度虽未超过3 m，但地质条件、周围环境和地下管线复杂，或影响毗邻建、构筑物安全的基坑（槽）的土方开挖、支护、降水工程。

二、模板工程及支撑体系

（一）各类工具式模板工程：包括滑模、爬模、飞模、隧道模等工程。

（二）混凝土模板支撑工程：搭设高度5 m及以上，或搭设跨度10 m及以上，或施工总荷载（荷载效应基本组合的设计值，以下简称设计值）10 kN/m²及以上，或集中线荷载（设计值）15 kN/m及以上，或高度大于支撑水平投影宽度且相对独立无联系构件的混凝土模板支撑工程。

（三）承重支撑体系：用于钢结构安装等满堂支撑体系。

三、起重吊装及起重机械安装拆卸工程

（一）采用非常规起重设备、方法，且单件起吊重量在10 kN及以上的起重吊装工程。

（二）采用起重机械进行安装的工程。

（三）起重机械安装和拆卸工程。

四、脚手架工程

（一）搭设高度24 m及以上的落地式钢管脚手架工程（包括采光井、电梯井脚手架）。

（二）附着式升降脚手架工程。

（三）悬挑式脚手架工程。

（四）高处作业吊篮。

（五）卸料平台、操作平台工程。

（六）异型脚手架工程。

五、拆除工程

可能影响行人、交通、电力设施、通信设施或其他建、构筑物安全的拆除工程。

六、暗挖工程

采用矿山法、盾构法、顶管法施工的隧道、洞室工程。

七、其他

（一）建筑幕墙安装工程。

（二）钢结构、网架和索膜结构安装工程。

（三）人工挖孔桩工程。

（四）水下作业工程。

（五）装配式建筑混凝土预制构件安装工程。

（六）采用新技术、新工艺、新材料、新设备可能影响工程施工安全，尚无国家、行业及地方技术标准的分部分项工程。

附件 2

超过一定规模的危险性较大的分部分项工程范围

一、深基坑工程

开挖深度超过 5 m（含 5 m）基坑（槽）的土方开挖、支护、降水工程。

二、模板工程及支撑体系

（一）各类工具式模板工程：包括滑模、爬模、飞模、隧道模等工程。

（二）混凝土模板支撑工程：搭设高度 8 m 及以上，或搭设跨度 18 m 及以上，或施工总荷载（设计值）15 kN/m² 及以上，或集中线荷载（设计值）20 kN/m 及以上。

（三）承重支撑体系：用于钢结构安装等满堂支撑体系，承受单点集中荷载 7 kN 及以上。

三、起重吊装及起重机械安装拆卸工程

（一）采用非常规起重设备、方法，且单件起吊重量在 100 kN 及以上的起重吊装工程。

（二）起重量 300 kN 及以上，或搭设总高度 200 m 及以上，或搭设基础标高在 200 m 及以上的起重机械安装和拆卸工程。

四、脚手架工程

（一）搭设高度 50 m 及以上的落地式钢管脚手架工程。

（二）提升高度在 150 m 及以上的附着式升降脚手架工程或附着式升降操作平台工程。

（三）分段架体搭设高度 20 m 及以上的悬挑式脚手架工程。

五、拆除工程

（一）码头、桥梁、高架、烟囱、水塔或拆除中容易引起有毒有害气（液）体或粉尘扩散、易燃易爆事故发生的特殊建、构筑物的拆除工程。

（二）文物保护建筑、优秀历史建筑或历史文化风貌区影响范围内的拆除工程。

六、暗挖工程

采用矿山法、盾构法、顶管法施工的隧道、洞室工程。

七、其他

（一）施工高度 50 m 及以上的建筑幕墙安装工程。

（二）跨度 36 m 及以上的钢结构安装工程，或跨度 60 m 及以上的网架和索膜结构安装工程。

（三）开挖深度 16 m 及以上的人工挖孔桩工程。

（四）水下作业工程。

（五）重量 1000 kN 及以上的大型结构整体顶升、平移、转体等施工工艺。

（六）采用新技术、新工艺、新材料、新设备可能影响工程施工安全，尚无国家、行业及地方技术标准的分部分项工程。

第三章 工程项目安全风险分析

3.1 概述

3.1.1 风险分析的定义和目的

1. 风险分析的定义

风险识别阶段仅仅是"发现、描述"风险,但还没有对这些风险的原因、特性等进行深入"理解",更没有对其后果和可能性大小进行估计,这部分工作就留在风险分析阶段完成。

风险分析是理解风险本性和确定风险等级的过程,包括风险估计,即对后果大小的估计和可能性大小的估计。

2. 风险分析的目的

风险分析的主要目的有二:其一是揭示对风险的理解,其二是为风险评价和风险应对决策提供依据。

3.1.2 风险分析的工作内容和过程

1. 风险分析的工作内容

风险分析主要完成以下两项工作:

(1)进一步理解风险的特性。要考虑导致风险的原因和风险源,同时还要考虑现有的风险应对措施及其有效性。在理解风险特性时,要注意一个事件可能有多个后果,可能会影响多个目标。

(2)估计风险的大小和等级。估计各种风险事件的影响后果,包括正面和负面的后果,和估计这些结果可能性的大小,以确定风险等级。

2. 风险分析的过程

风险分析的具体过程如图 3-1 所示。

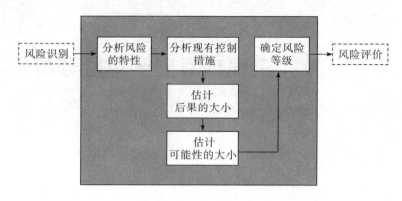

图 3-1　风险分析过程

3.1.3　风险分析方法

根据风险本身的特性、分析的目的,以及可用的信息、数据和资源,风险分析可以是定性的、半定量的、定量的或以上方法的组合。一般情况下,首先采用定性风险分析,初步了解风险等级,揭示主要风险,必要时再进行更仔细的定量风险分析。

1. 定性风险分析

定性风险分析可通过"高、中、低"这样的表述来界定风险事件的后果、可能性和风险等级,然后将后果和可能性结合起来,并与定性的风险准则相比较,即可评估最终的风险等级。

2. 半定量风险分析

半定量风险分析是利用数字分级尺度来测度风险的可能性,得出风险等级。常见的有四分量表、五分量表、七分量表,表 3-1 为五分量表示例。

表 3-1　半定量风险分析五分量表

后果 ＼ 可能性	1	2	3	4	5
1					
2					
3					
4					
5					

3. 定量风险分析

定量风险分析则可估计风险后果及其可能性的实际数值,并结合具体情况,计算出风险等级的数值。由于相关信息不够全面、缺乏数据、人为因素等的影响,或是因为定量分析难以开展或没有必要,全面的定量分析未必都是可行的或值得的。在此情况下,由经验丰富的专家对风险进行半定量或者定性的分析可能已经足够有效。

还应注意到,定量分析所获得的风险等级值也只是估计值,还应注意确定其精度不可与所使用的原始数据及分析方法的精度之间存在偏差。

风险等级应当用与风险类型最为匹配的术语表达,以利于后续的风险评价,如安全风险等级、财务方面的风险等级等,它们在分析计量时拥有不同的量纲。风险的大小则可以通过风险后果与其发生可能性的结合来表达。

3.1.4　控制措施评估

风险的等级水平(或风险的大小)不仅取决于风险本身,还与现有风险控制措施的充分性和有效性密切相关。在进行控制措施评估时,需要解决的问题包括:

(1)对于一个具体的风险,现有的控制措施是什么?

(2)这些控制措施是否足以应对该风险,是否可以将该风险控制在可接受的水平?

(3)在实际工作中,控制措施是否以预定方式正常运行? 当需要时能否证明这些控制措施是有效的?

对于特定的控制措施或一套相关的控制措施的有效性水平,可以用定性、半定量或定量的方式来表示。但在大多数情况下,难以保证其高度的精确性。即使如此,对风险控制效果的测量进行表述和记录仍然是有价值的,因为在对现有控制措施进行改进或实施不同的风险应对措施时,这些信息将有助于决策者进行比较和判断。

3.1.5　风险后果分析

通过假设特定事件、情况或环境已经出现,后果分析可确定风险影响的性质和类型。某个事件可能会产生一系列不同程度的影响后果,也可能影响到一系列目标和不同利益相关方。所以,在建立环境、明确环境信息时,就应确定所需要分析后果的类型和受影响的利益相关方。

后果分析可以有多种形式,如对结果的简单描述,或制定详细的数量模型等。后果分析方式的选择应视组织的实际需要和实际资源而定。

风险后果分析包括:

(1)考虑现有的后果控制措施,并关注可能影响后果的相关因素。对现有控制措施的分析是风险评估的必做事项,否则只会得到固有风险,然而固有风险并没有体现组织的管理能力和水平。

(2)将风险后果与最初目标联系起来,因为风险的定义是"不确定性对目标的影响"。

(3)对马上出现的后果和经过一段时间后可能出现的后果这两种情况要同等重视。

(4)不能忽视次要后果,即那些影响附属系统、活动、设备或组织的次要后果。随着时间的推移,内外部环境会发生变化,这些变化将可能使一些次要后果演变成重要后果。

3.1.6　风险可能性分析

主要使用三种方法来估计风险可能性,这些方法可单独使用,也可组合使用。

（1）利用相关历史数据来识别那些过去发生的事件或情况，借此推断出它们在未来发生的可能性。此时，所使用的数据应当与正在分析的系统、设备、组织或活动的类型密切相关。但是，如果某些事件历史上发生频率很低，则可能无法估计其可能性。

（2）利用故障树、事件树等技术来预测可能性。当历史数据无法获取或不够充分时，有必要通过分析系统、设备、组织或活动及其相关的失效或成功状况来推断风险的可能性。

（3）系统化和结构化地利用专家观点来估计可能性。使用这种方法时，专家判断应利用一切现有的相关信息，包括历史、具体系统、具体组织、实验及设计等方面的信息。获得专家判断的方法很多，常用方法包括德尔菲法、层次分析法等。值得注意的是，专家不一定非得是组织外部的，组织内部的业务骨干及技术专家等也是组织进行风险分析时应重视的资源。

3.1.7 风险初步分析

在分析风险后果及其发生可能性之后，应该对风险事件进行全面的筛选，以识别出最重大的风险，或者排除不太重要和次要的风险，以便做进一步分析，由此确保组织集中应对最严重的风险。在进行筛选时，应注意不要漏掉频繁发生且有重大累积效应的次要风险。

根据初步分析的结果，组织可能采取以下某个行动方案：

（1）对重大风险立即进行风险应对。

（2）搁置暂无须处理的轻微风险。

（3）对中间状态的风险继续进行更细致的风险评价。

风险初步分析发生在全面的风险评价之前，相当于风险评价的"初评"，是风险评估过程中的重要一环，要把最初的假定及初步分析的结果记录在案，以便后续评价。

3.2 工程项目安全风险估计

3.2.1 风险估计的含义

工程项目风险估计是指根据工程项目风险的特点，通过定性或定量方法，估测各种风险发生的概率和可能造成损害（损失）程度的工作。

从工程项目的风险管理周期来看，风险识别是风险管理的基础，通过风险识别将工程中可能存在的风险定性地识别出来。但仅仅知道风险载体可能存在的风险还不够，还要掌握风险发生的可能性的大小、风险一旦发生可能造成的损害程度等。这些问题需要风险估计来解决，因而风险估计是工程风险管理量化和深化的过程，也是工程风险管理不可或缺的环节。

3.2.2 风险估计的原则

工程项目风险估计必须遵循一定的原则。一是系统性原则：本着系统性原则进行风险估计,主要从已识别出的风险的整体考虑,保证既能全面地估计风险,又有重点地估计风险。二是谨慎性原则:风险估计的结论将影响风险应对措施的选择,因而风险估计很重要,应慎重估计,不要不合理地低估风险。三是相对性原则:多数风险估计方法得出的结论是相对的,即一种风险的大小是相对本风险系统内的其他风险因素对风险目标的影响程度而言的。四是定性估计与定量估计相结合原则:风险估计结果既可用绝对数或相对数等确定量表示,也可以用大、较大等模糊量表示。不同的风险评估方法将得到不同形式的风险评估结果,综合使用多种风险评估方法有助于从不同侧面反映风险状态。

3.2.3　风险估计的主要内容

工程项目风险估计的主要内容包括以下四个方面:

1. 风险事件发生可能性的估计

工程项目风险估计的首要任务是分析和估计风险事件发生的概率,即风险事件发生可能性的大小,这是工程项目风险分析估计最为重要的一项工作,而且常常也是最困难的一项工作。主要原因在于两方面:一是和风险事件相关的系列数据的收集相当困难;二是不同工程项目差异性较大,用类似工程项目数据推断当前工程项目风险事件发生的概率,其误差可能较大。

一般来讲,如果风险管理人员有足够的数据和历史资料,可直接根据这些数据资料确定风险事件的概率分布。否则,可以利用理论概率分布或主观概率来进行风险估计。

2. 风险事件后果严重程度估计

在工程项目实施的过程中,经常会有这样的情况:风险事件发生的概率不一定很大,但一旦发生,其后果是十分严重的。只有综合考虑了风险发生概率和后果严重程度后,才能根据风险等级和风险接受准则制定风险应对策略。

3. 风险事件影响范围的估计

风险事件影响范围的估计包括估计风险事件对当前工作和其他相关工作的影响、对项目利益相关各参与方的影响等。在工程项目实施过程中,某些风险事件发生的概率和本身造成的后果都可能不是很大,但一旦发生会影响到工程项目的各个方面,此时,就非常有必要对其进行严格的控制。

4. 风险事件发生时间的估计

估计项目风险事件的发生时间,即风险事件出现的时间,也是工程项目风险事件分析估计中的重要工作。主要出于两方面考虑:一是风险控制是根据风险事件发生的时间先后进行控制的,一般情况下,对早发生的风险应优先采取控制措施,而对相对迟发生的风险,则可通过对其进行跟踪和观察,并抓住机遇进行调节,以降低风险控制成本;二是在工程项目实施中,对某些风险事件,完全可以通过时间上的合理安排来降低其发生的概率或减轻其可能带来的后果。例如,对于大体积混凝土的施工,在其他施工条件相同的情况下,夏季施工和冬季施工相比,夏季施工出现温度裂缝的风险要大。

3.2.4　风险估计过程

工程项目风险估计过程如图 3-2 所示。

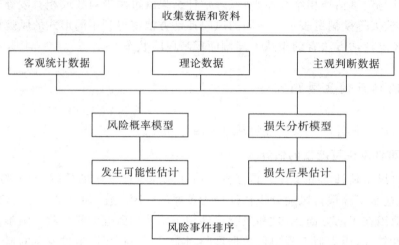

图 3-2　工程项目风险估计过程

1. 收集数据和资料

工程项目风险估计的第一步是收集和风险事件相关的数据和资料,有完整的数据和资料才能得到好的评估结果。数据和资料可以从各种书籍、期刊、统计年鉴等文献资料中取得,可以从过去类似项目的经验总结或记录中取得,也可以从建设市场和工程项目实际实施过程中取得,还可以从一些勘测和试验数据中取得。所收集的数据和资料要求客观、真实,最好具有可统计性。

由于工程项目具有单件性、固定性、一次性等特点,在某些情况下,可供使用的、有价值的数据和资料不一定十分完备。此时,可采用问卷调查、专家调查等方法获得具有经验性的主观评价资料。

2. 建立风险模型

在取得有关工程项目风险事件的数据和资料基础上,对风险事件发生的可能性和可能出现的结果给出明确的量化描述,即建立风险模型。该模型又分为风险概率模型和损失分析模型,分别描述不确定因素与风险事件发生概率的关系及不确定因素与可能产生损失的关系。

3. 风险发生的概率和损失后果的估计

根据所建立的风险模型,结合工程项目的特点和所收集的有关资料,风险分析人员可用适当的方法估计每一风险事件发生的可能性;可能的损失后果则可用成本的超支、进度的滞后、质量的缺陷、安全事故的发生等方面来表示。

4. 风险事件排序

对工程项目的各项风险进行量化,并按照量化结果对风险事件潜在危险大小进行初步排序。然后,根据该风险事件发生的频率和损失时间的分布对排序结果进行调整,得到修正后的风险事件排序。

3.2.5　风险事件发生概率的估计方法

确定风险事件发生的概率和概率分布是风险估计的基础。概率是度量某一事件发生的可能性大小的量,是随机事件的函数。概率分布是显示各种结果发生概率的函数,在风险评估中,概率分布用来描述损失原因所导致的各种损失可能性大小的分布情况。

确定风险事件的概率分布一般有四种方法:根据历史资料确定、理论概率分布法、主观概率法和综合推断法。一般来讲,风险事件的概率分布应当根据历史资料来确定,但当项目管理人员没有足够的资料时,也可以利用理论概率分布法或主观概率法进行风险估计。

1. 根据历史资料确定风险事件概率分布

当工程项目某些风险事件或其影响因素积累了较多的数据资料时,就可通过对这些数据资料进行分析,找出风险因素或风险事件的概率分布。数据资料的统计分析一般形成频率直方图或累计频率分布图,据此可找到形状接近的函数分布曲线,进而就可得到对应的期望值、方差、标准差等信息。这是分析事件发生概率的重要途径。

2. 理论概率分布法

在工程项目建设实践中,有些风险事件的发生是一种较为普遍的现象,已有很多专家学者做了许多这方面的研究,并总结出这些风险事件发生的分布规律。对这种情况,就可以利用已知的理论概率分布,并根据工程项目的具体情况去求解风险事件发生的概率。

工程项目风险估计中常用的理论概率分布有三角形分布、均匀分布、正态分布、指数分布等形式。

3. 主观概率法

由于工程项目具有明显的一次性和单件性,各工程项目的可比性较差,工程项目的风险来源和风险特性往往也相差很明显,根本就没有或很少有可以利用的历史数据和资料。在这种情况下,项目风险管理人员或专家就只能根据自己的经验估测风险事件发生的概率或概率分布,这个概率就是主观概率。

所谓主观概率,就是在一定条件下,对未来风险事件发生可能性大小的一种主观相信程度的度量。主观概率和客观概率的主要区别在于:主观概率无法用试验或统计的方法来检验其正确性。主观概率反映的是特定的个体对特定事件的判断,在某种程度上,主观概率反映了个体在一定情况下的自信程度。

用主观概率估计风险因素或风险事件发生概率的方法主要有等可能法、主观测验法和专家估计法。这里介绍常用的专家估计法。

个体对风险因素或风险事件发生概率的判断由于主观性较大,所以为避免个体行为的偏差,使估计结果更符合客观实际,常充分利用专家们的集体智慧,由专家集体确定风险因素或风险事件的发生概率。

专家估计法是指请若干个专家,分别对风险因素或风险事件发生概率作出估计,然后由项目风险者加以综合。由于每个专家的学识、经历和经验不一,所以,对每位专家的意见赋以不同的权重,然后计算加权平均结果,作为对风险因素或风险事件发生概率的估计值。

4. 综合推断法

综合推断法是利用已有数据并将其与主观分析判断相结合的一种综合的项目风险发生概率的估计方法。综合推断法又可分前推法、后推法和旁推法。

(1)前推法

前推法就是根据历史经验和数据来推断风险发生的概率。例如,兴建一个化肥厂,需要考虑大雨成灾的风险。为此,可根据这一地区水灾事件的历史记录进行前推,这里也有各种可能性。例如,如果历史记录呈现出明显的周期性,那么外推可认为是简单的历史重现,也就是将历史数据序列投射到未来,作为未来风险的估计;有时不能预见水灾发生的确切时间,只能根据历史数据估计出重现期的概率;有时由于历史数据往往是有限的,或者看不出什么周期性,可认为已获得的数据只是更长的关于水灾历史数据序列的一部分,这一序列又假设它服从某一曲线或函数再进行外推。

有时需要根据逻辑上或实践上的可能性去推断过去未发生过的事件在将来发生的可能性。这是因为历史记录往往有失误或不完整的地方,气候和环境也在变化。另外,对历史事件的解释也可能掺进某些个人的意见。因此,必须考虑历史上未发生事件在未来发生的可能性。实际上如果将历史数据看作更长数据序列的一部分,亦有可能推断出历史上未曾发生的事件。在进行这一推断工作时,要采用各种方法,从简单的统计到复杂的曲线拟合和物理系统的分析,这要用到个人或集体经验外推的某些形式。

前推法经常使用的方法包括移动平均法、指数平滑法、线性回归等,这些方法的原理及其应用可参见统计学相关参考资料。

(2)后推法

如果没有直接的历史经验数据可供使用,可以采用后推的方法,即把未知想象的事件及后果与某一已知的事件及其后果联系起来。也就是把未来风险事件归算到有数据可查的造成这一风险事件的一些起始事件上,在时间序列上也就是由前向后推算。例如,如果没有关于水灾的直接的历史数据,可将水灾的数据与降水量的历史数据、该地区已有的排水条件联系考虑,对水灾出现的可能性作出估计。

(3)旁推法

旁推法就是利用类似的其他地区或工程项目的数据对本地区或本工程项目进行外推。例如,可以收集一些类似地区的水灾数据以增加本地区的数据量,或者使用类似地区一次大雨的情况来估计本地区水灾出现的可能性等。

应当说,旁推法在我国工程界早已被采用。例如,在水文分析中的"水文比拟法"。在进行风险较大的工程项目时,如果采用新的建筑材料或新的工程结构,常采用"试点",即"由点到面"的方法,这是工程中较为典型的一种旁推法。用某一项目取得的数据,去预测其他工程项目的状态,这是工程项目风险估计常用的方法之一。

3.2.6　风险损失估计

工程项目风险损失估计是风险估计的一个重要方面,其估计的精度直接影响项目决策或项目风险应对措施的选择。

1. 风险损失的内容

工程项目风险损失就是项目风险一旦发生后，将会对工程项目目标的实现形成不利的影响。这种影响对象，即损失的标的，一般包括下列四个方面。

(1)进度(工期)拖延：反映在各阶段工作的延误或工程工期的滞后，如因恶劣的气候条件导致施工中断，处理质量事故要求暂停施工等。

(2)费用超支：反映在项目费用的各组成部分的超支，如价格上涨，引起材料费超出计划值，处理质量事故使费用增加等。

(3)质量事故或技术性能指标严重达不到要求：质量严重不符合有关标准的要求，这种情况下一般要求返工，造成经济损失或工期的延误。

(4)安全事故：在工程建设活动中，由操作者的失误、操作对象的缺陷以及环境因素等，或它们相互作用所导致的人身伤亡、财产损失、第三者责任等。

上述四类损失分属不同的性质。例如，超支用货币来衡量，而进度则属时间的范畴，质量事故和安全事故既涉及经济，又可导致工期的延误，显得更加复杂。但在工程项目风险管理中，质量和安全的影响问题常可归结为费用和进度的问题。在某些场合还可进一步将工程项目的进度问题归结为费用的问题去分析处理。

2. 进度损失的估计

对一般工程项目活动持续时间不确定性的进度损失问题的估计，主要分两个步骤展开。

(1)风险事件对工程项目局部进度影响的估计

风险事件对工程局部进度影响的估计是分析风险事件引起工程项目进度损失的基础。这项分析既要确定影响局部进度风险事件的发生时间，又要确定局部施工活动延误的时间。

对于影响局部进度风险事件发生的时间，可根据工程整体的进度计划和工程建设环境的发展变化作出分析判断。

对风险事件发生后对局部施工活动延误时间的计算，要根据工程实际情况进行分析。例如，工程项目施工阶段发生了一个较大的质量事故，这个质量事故对局部施工活动延误时间的计算应包括质量事故调查分析所要的时间、质量事故处理所要的时间、质量事故处理后验收所需要的时间等。

(2)风险事件对整个工程项目工期影响的估计

当风险事件对局部施工活动延误的时间确定后，就可借助关键线路法进行分析，以确定风险事件发生后对工程项目工期的影响程度。一般而言，对关键线路上的活动，其时间上的滞后即为工程项目工期滞后的时间；对非关键线路上的活动，其时间上的滞后对工期是否有影响要作具体分析。一般来说，对非关键线路上的某一些活动，其完成时间虽有滞后，但对工程项目的正常完成可能没有影响。

3. 费用损失的估计

费用损失的估计和风险发生概率的估计相比，在风险管理中占有同样重要的地位，特别是在风险决策分析中，费用损失估计不准，可能会导致相反的结果，以致选择完全不同的方案。对风险管理者而言，费用损失估计需要估计风险事件带来的一次性最大损失和对工程项目产生的总损失。

(1)一次性最大损失的估算

风险事件的一次性最大损失是指风险事件发生后在最坏情况下可能导致的最大损失额。这一指标往往很重要,因为数额很大的损失若一次落在某一个工程项目上,项目很可能因流动资金不足而终止,永远失去该项目可能带来的机会;而同样数额的损失,若是在较长的时间里,分几次发生,则项目班子可能会设法弥补,使工程项目能进行下去。

一次最大损失应包括在同一时段发生的各类风险引起的损失之和,包括费用、工期、质量、安全、第三者责任等引起的损失。

(2)对项目整体造成损失的估计

工程项目风险发生后,经常会马上出现损失,这就是一次性的损失。有些风险除出现在这一次性损失外,对后阶段项目的实施还会有影响,即还会有损失。因此,在进行风险决策、风险控制方案选择时常常不仅需要估计项目风险事件发生后一次性的损失费用,还要估计这种风险事件对后阶段项目实施带来的损失费用。

(3)各种不同类型风险损失的具体估算

①因经济因素而增加费用的估算。因经济因素而引起费用的增加,可直接用货币的形式来表现。这些因素包括价格、汇率、利率等的波动。

②因赶项目工程进度而增加费用的估计。工程进度和经济问题密切相关,由赶工程进度而引起的费用增加包括两个方面:

一是资金的提前支付,由于资金具有时间价值,会带来利率方面的经济损失;

二是赶工的额外支出,为赶进度而增加的成本,包括建筑材料供应强度增加而增加的费用、工人加班而增加的人工费、机械使用费和管理费等的增加等。

③处理质量事故而增加费用的估算。质量事故导致的经济损失包括直接经济损失,以及返工、修复、补救等过程发生的费用和第三者的责任损失。具体可分为下列全部或若干项:建筑物、构筑物或其他结构倒塌或报废所造成的直接经济损失;修补措施的费用;返工费用;工期拖延引起的损失;工程永久性缺陷对使用功能引起的损失;第三者责任引起的损失。

④处理安全事故而增加费用的估算。处理安全事故而引起的损失包括:伤亡人员的医疗或丧葬费用以及补偿费用;财产损失费用,包括材料、设备等的损失费用;工期延误带来的损失;为恢复正常施工而发生的费用;第三者责任引起的损失。

(4)工程项目风险损失的估计应注意的问题

工程项目风险损失是否科学合理直接影响到风险评价或风险决策的结果。在工程项目风险损失估计时一般应注意下列问题:

①有关工程损失费用的计算和原工程估价的计算口径最好要一致,包括基础单价标准、费率标准、工程的计量方法等。

②当产生计算工程进度损失、质量和安全事故的费用损失时,一方面要考虑到直接损失和间接损失,另一方面要紧密结合工程的实际情况。因为不同工程的差异性很大,同样或类似的风险事件,对不同的施工条件或不同的工程结构来说,其经济损失相差甚远。

③在工程项目风险决策或风险控制措施选择等问题上,在计算不同方案的风险损失时,其方法要一致,在计算参数选择、工程计量方法、基础单价标准等方面要统一,这样才有可比性,所得方案才是满足优化目标的方案。

第四章　工程项目安全风险评价

4.1　概述

4.1.1　风险评价的含义

国际标准化组织《ISO Guide 73:2009　风险管理——术语》对风险评价的定义是:"把风险分析结果与风险准则相比,以决定风险和/或其大小是否是可接受的或可容忍的过程。"

风险评价的目的是协助决策。风险评价利用风险分析过程中所获得的对风险的认识,对未来的行动进行决策。这些决策包括:某个风险是否需要应对,风险应对的优先次序,是否开展某项应对活动,对选择的应对活动应该采取哪种途径去实施。

风险评价的主要内容包括:检查风险分析的结果,并把得到的风险等级与风险准则相比较;决定是否需要风险应对;对需要风险应对的风险按优先次序进行排序。

4.1.2　风险准则

1. 风险准则的定义

风险准则又称风险接受准则,是组织可接受的安全水平,是评价风险重要性的参照依据。要分析风险的大小和评价风险的重要性,就必须建立分析和评价的依据,然后按照依据对各个风险进行分析和评价,这些依据就是"风险准则"。具体的风险准则应尽可能在实施风险评估前制定,并随着风险管理的进程不断地检查和完善。

确定风险准则时要考虑以下因素:

(1)可能发生的后果的性质、类型和度量;

(2)可能性的度量;

(3)可能性和后果的时限;

(4)风险的度量方法;

(5)风险等级的确定;

(6)利益相关方可接受的风险或可容许的风险等级;

(7)多种风险组合的影响。

2. 风险准则的特点

(1)相对性。风险准则的相对性是指世界上没有绝对的安全,人们不能以风险损失为

零作为可接受的安全水平,通常只能用"可忽略的、轻度的、中度的、严重的、灾难的"和
"不可能、极少、有时、很可能、频繁"等相对含糊的语言来描述风险严重程度的高低和损
失可能性的大小。面对同样的风险,不同的人群、不同的个体可能具有不同的"可接受的
安全水平"。

(2)阶段性。风险准则的阶段性是指在社会发展的不同阶段,对风险准则具有不同的理
解。由于人类对安全生产和生活环境的要求在不断提高,对风险及其后果的承受能力在不
断降低,所以可接受的风险水平是随着社会的进步而降低的。

(3)行业性。风险准则的行业性是指风险源和风险因素与特定的行业有关。不同的行
业,事故发生的概率和严重程度不同,对社会的影响也不一样,人们对可接受的安全水平也
有不同的要求。

4.1.3 风险评价结果

最简单的风险评价结果仅将风险分为两种:需要处理的与无须处理的。这样的处理方
式无疑简单易行,但是其结果通常难以反映出风险估计时的不确定性因素,而且两类风险界
限的准确界定也绝非易事。常见的方法是将风险划分为如下3个区域。

(1)不可接受区域:在该区域内无论相关活动能带来哪些利益,其风险等级都是无法容
忍的,因此,必须不惜代价进行风险应对(包括规避和放弃机会)。

(2)中间区域:在这个区域的风险,一般要考虑实施风险应对的成本与收益,并权衡机遇
与潜在结果对目标的影响。对这部分风险的管理是风险管理的核心任务之一。

(3)广泛可接受区域:该区域风险的风险值都很小,一般无须采取风险应对措施,保持监
测即可。

安全工程领域的"最低合理可行原则"(as low as reasonable possible,ALARP)即遵循
了这一风险分级方式。

风险评价的结果应满足风险应对的需要,风险评价的结果要有足够的可信性(准确性、
完整性、及时性),否则,应做进一步分析。

4.1.4 工程项目风险评价的作用和步骤

1. 风险评价的作用

(1)通过风险评价,确定风险大小的先后次序。对工程项目中各类风险进行评价,根据
它们对项目目标的影响程度及风险出现的概率和后果,以确定它们的先后次序,为风险控制
先后和风险控制措施的选择提供依据。

(2)通过风险评价,确定各风险事件间的内在联系。工程项目中各种各样的风险事件乍
看是互不相干的,但当进行详细分析后,便会发现某一些风险事件的风险源是相同的或有着
密切的关联。例如,某工程项目由于使用了不合格的材料,承重结构强度严重达不到规定
值,引发了不可预见的重大质量事故,造成了工期拖延、费用失控、工程技术性能或质量达不

到设计要求等多种后果。对这种情况,从表面上看,工程进度、费用和质量均出现了风险,但其根源只有一个,即材料质量控制不严格,在以后的管理中只要注重材料质量控制,就可消除此类风险。

(3)通过风险评价,可进一步认识已估计的风险发生的概率和引起的损失,降低风险估计过程中的不确定性。当发现原估计和现状出入较大,必要时可根据工程项目进展现状,重新估计风险发生的概率和可能的后果。

(4)风险评价是风险决策的基础。风险决策是指决策者在风险决策环境下,对若干备选行动方案,按照某种决策准则(包括决策者的风险态度),选择最优或满意的决策方案的过程。因此,风险评价是风险决策的基础。

例如,承包商对工程项目施工总承包,和分项施工承包相比,存在较大的不确定性,即具有较大的风险性,如对某些子项目没有施工经验。但如果承包商把握机会,将部分不熟悉的施工子项目分包给某一个有经验的专业施工队伍,对总包而言,这可能会挣得更多的利润。当然还要注意到,原认为是机会的东西,在某些条件下也可能会转化为风险。

2. 风险评价的步骤

工程项目风险评价一般可按下列步骤进行:

(1)确定项目风险评价标准。工程项目风险评价标准就是工程项目主体针对不同的项目风险,确定的可以接受的风险率。一般而言,对单个风险事件和工程项目整体风险均要确定评价标准,可分别称为单个评价标准和整体评价标准。

(2)确定评价时的工程项目风险水平,包括单个风险水平和整体风险水平。工程项目整体风险水平是综合了所有风险事件之后确定的。确定工程项目整体风险水平后,总是要和工程项目的整体评价标准相比较,因此,整体风险水平的确定方法要与整体评价标准确定的原则和方法相适应,否则两者就缺乏可比性。

(3)比较,即将工程项目单个风险水平与单个评价标准以及将整体评价标准和整体风险水平进行比较,进而确定它们是否在可接受的范围之内,或者考虑采取什么样的风险应对措施。

4.2　工程项目风险评价技术

工程项目风险评价是在进行风险识别和估计之后对工程项目风险进行的系统分析工作,该项工作与工程项目风险管理的有效性、科学性密切相关,对风险应对、风险监控有重要影响。风险评价方法可以分为定性、定量、定性与定量相结合三类,或分别称为经验风险评价、概率风险评价、相对风险评价。对项目进行风险评价的方法很多,常用的有主观评分法、风险矩阵法、层次分析法、模糊综合评价法、灰色综合评价法、网络分析法、集对分析法、可拓法等。

4.2.1 主观评分法

1. 方法概述

主观评分法,又称调查打分法,是一种最常用、最简单且易于应用的风险评价技术。该方法主要包括三部分的工作内容:(1)识别出工程项目可能遇到的所有风险,并列出风险表;(2)将列出的风险表提交给有关专家,利用专家的经验,对可能的风险因素的重要性进行评估;(3)收集专家对风险的评估意见,对专家评估结果做计算分析,综合整个项目风险概况并确定主要风险因素。

2. 主要步骤

(1)针对风险识别的结果,确定每个风险因素的权重,以表征其对项目的影响程度。

(2)确定每个风险因素的等级值。等级值按很大、比较大、中等、不大、较小分为五个等级,分别以 1.0、0.8、0.6、0.4、0.2 打分。等级值数量的划分和赋值也可以根据实际的需要做出调整。

(3)将每项风险因素的权重与相应的等级值相乘,求出该项风险因素的得分。得分越高的风险因素对项目影响越大,因此,在此基础上可以确定出主要风险因素。得分的计算公式如下:

$$\gamma_i = \sum_{j=1}^{m} w_{ij} S_{ij} \tag{4-1}$$

式(4-1)中,γ_i——风险因素 i 的得分;

$\qquad$ w_{ij}——j 专家对风险因素 i 赋的权重;

$\qquad$ S_{ij}——j 专家对风险因素 i 赋的等级值;

$\qquad$ m——参与打分的专家数。

(4)将各项风险因素的得分相加得出工程项目风险因素的总分,总分越高,风险越大。总分计算公式如下:

$$R = \sum_{i=1}^{n} \gamma_i \tag{4-2}$$

式(4-2)中,R——项目总风险得分;

$\qquad$ γ_i——风险因素 i 的得分;

$\qquad$ n——风险因素的个数。

这种方法的一个明显缺点是,将不同专家的意见等同对待,未考虑不同专家在不同方面的专长。为了规范这种方法,可根据各位专家的经验,以及其对所评估项目的了解程度、知识领域等,对各位专家评分的权威性确定相应的权重值。权威性权重值的设定主要考虑下列因素:

①进行工程承包和工程项目管理工作的经验;

②对有关工程项目投标的市场环境、社会环境、政治环境、经济环境等方面的了解程度;

③对有关工程项目实施技术的掌握程度;

④对风险管理方法的认识程度。

这样,具体风险因素的最后风险得分值则为每位专家评定的风险得分与该专家的权威性权重值的乘积的总和,可用下面公式表示:

$$\gamma_i = \sum_{j=1}^{m} w_{ij} S_{ij} a_j \tag{4-3}$$

式(4-3)中,γ_i——风险因素 i 的得分;

$\quad w_{ij}$——j 专家对风险因素 i 赋的权重;

$\quad S_{ij}$——j 专家对风险因素 i 赋的等级值;

$\quad m$——参与打分的专家数;

$\quad a_j$——j 专家的权威性权重值。

项目的总风险得分仍然按式(4-2)计算。

主观评分法的优点是简便且容易使用;缺点是可靠性取决于项目管理人员和专家的经验与水平,分析结果往往受组织者、参加者的主观因素影响,可能存在偏差。

4.2.2 风险矩阵法

1. 概述

风险矩阵(risk matrix)法是一种将定性或半定量的后果分级及其发生可能性的等级相结合来描述风险大小的方法。它是一种简单、实用的风险评价方法。

《ISO Guide 73:2009 风险管理——术语》对风险矩阵的定义为:"一种通过定义后果和可能性的范围,对风险进行展示和排序的工具。"该定义指出:

(1)风险矩阵是一种工具,该工具用于展示风险,并对风险进行排序。

(2)风险矩阵的关键是确定两个要素,即风险发生的后果及其可能性。

(3)使用这种工具时,需要定义后果和可能性的范围。该范围可以是定性的,也可以是定量的。

风险矩阵可根据风险等级对风险进行评价和排序。它通常作为一种筛查工具,以确定哪些风险此时无须进一步考虑,哪些风险需要更细致的分析,或是应首先处理哪些风险,或需要将哪些风险提到一个更高层次去管理。风险矩阵也可根据各风险在矩阵中所处的区域,决定指定的风险是否被接受。

风险矩阵格式及其适用的定义取决于使用背景和使用条件,关键是要在相应的情况下使用合适的设计。在工程项目风险管理实践中,一般将风险的可能性等级列为矩阵的纵向标度,将风险的后果等级列为横向标度。

2. 风险矩阵法的优点和局限

(1)风险矩阵法的优点包括以下几项:

①便于使用;

②可以有多种变形应用,如定性的、半定量的、定量的应用;

③可以获得组织、项目或系统的整体风险分布情况;

④可以快速判断风险的重要性水平。

（2）风险矩阵法的局限包括以下几项：

①运用风险矩阵法进行风险评价需要设计出一个适合具体情况的矩阵，但事实上很难有一个适用于组织各种相关环境的通用指标体系。

②很难清晰地界定等级，尤其是在定性描述中。

③具有较强的主观色彩，不同的分级或评估者之间结果有时会有明显的差别。

④无法对风险进行总计（例如，人们无法对不同的定性或半定量的风险等级进行数学运算或逻辑运算，从而获得不同风险等级的总风险；也无法确定多少个"低风险"相当于一个"中等风险"）。

3. 风险矩阵法应用过程

（1）风险发生的可能性与后果严重程度的评估

对风险发生可能性的大小、后果严重程度的高低评估有定性、定量等方法。

定性方法是直接用文字描述风险发生可能性的大小、后果严重程度高低，如"极低""低""中等""高""极高"等。

定量方法是对风险发生可能性的大小、后果严重程度高低用具有实际意义的数量描述，如对风险发生可能性的大小用概率来表示，对后果严重程度高低用损失金额来表示。等级标度可以为任何数量的分级，常见的有 3、4 或 5 个等级，但各点定义应尽量避免含混不清。

后果严重程度应涵盖需分析的各类不同结果（如经济损失、安全、环境或其他取决于背景的参数）。

国家标准 GB/T 27921-2011《风险管理　风险评估技术》给出了对风险发生可能性和风险对目标的影响程度的定性、定量评估标准及其相互对应关系，供实际操作时参考，见表 4-1 和表 4-2。

表 4-1　风险发生可能性的评价标准

定量方法一	评分	1	2	3	4	5
定量方法二	一定时期发生的概率	10%以下	10%～30%	30%～70%	70%～90%	90%以上
定性方法	文字描述一	极低	低	中等	高	极高
	文字描述二	一般情况下不会发生	极少情况下才发生	某些情况下发生	较多情况下发生	常常会发生
	文字描述三	今后 10 年内发生的次数可能少于 1 次	今后 5～10 年内可能发生 1 次	今后 2～5 年内可能发生 1 次	今后 1 年内可能发生 1 次	今后 1 年内至少发生 1 次

表 4-2　风险对目标影响程度的评价标准

<table>
<tr><td rowspan="7">适用于所有行业</td><td>定量方法一</td><td colspan="2">评分</td><td>1</td><td>2</td><td>3</td><td>4</td><td>5</td></tr>
<tr><td>定量方法二</td><td colspan="2">企业财务损失占税前利润的百分比(%)</td><td>1%以下</td><td>1%～5%</td><td>6%～10%</td><td>11%～20%</td><td>20%以上</td></tr>
<tr><td rowspan="5">定性方法</td><td colspan="2">文字描述一</td><td>极轻微的</td><td>轻微的</td><td>中等的</td><td>重大的</td><td>灾难性的</td></tr>
<tr><td colspan="2">文字描述二</td><td>极低</td><td>低</td><td>中等</td><td>高</td><td>极高</td></tr>
<tr><td rowspan="3">文字描述三</td><td>日常运行</td><td>不受影响</td><td>轻度影响(造成轻微的人身伤害,情况立刻受到控制)</td><td>中度影响(造成一定程度的人身伤害,需要医疗救援,需要外部支持才能控制情况)</td><td>严重影响(企业失去一些业务能力,造成严重人身伤害,情况失控,但无致命影响)</td><td>重大影响(重大业务失误,造成重大人身伤亡,情况失控,给企业带来致命影响)</td></tr>
<tr><td>财务损失</td><td>较低的财务损失</td><td>轻微的财务损失</td><td>中等的财务损失</td><td>重大的财务损失</td><td>极大的财务损失</td></tr>
<tr><td>企业声誉</td><td>负面消息在企业内部流传,企业声誉没有受损</td><td>负面消息在当地局部流传,企业声誉轻微损害</td><td>负面消息在某区域流传,企业声誉中等损害</td><td>负面消息在全国各地流传,对企业声誉造成重大损害</td><td>监管机构进行调查,公众关注,对企业声誉造成无法弥补的损害</td></tr>
</table>

国家标准 GB 50652-2011《城市轨道交通地下工程风险管理规范》也给出了城市轨道交通地下工程风险发生可能性与损失的评价等级标准,见表 4-3 和表 4-4。该规范将风险损失分为人员伤亡、环境影响、经济损失、工期延误和社会影响五类,并给出了相应的损失等级标准,使用时可查阅该规范。

表 4-3　城市轨道交通地下工程风险发生可能性等级标准

等级	1	2	3	4	5
可能性	频繁的	可能的	偶尔的	罕见的	不可能的
概率或频率值	>0.1	0.01～0.1	0.001～0.01	0.0001～0.001	<0.0001

表 4-4　城市轨道交通地下工程风险损失等级标准

等级	A	B	C	D	E
严重程度	灾难性的	非常严重的	严重的	需考虑的	可忽略的

（2）建立风险评价矩阵，确定风险等级

根据风险发生的可能性和风险损失等级，建立风险分级评价矩阵（简称风险评价矩阵）以确定项目风险等级。表 4-5 为城市轨道交通地下工程风险等级标准。

表 4-5　城市轨道交通地下工程风险等级标准

损失等级 可能性等级		A 灾难性的	B 非常严重的	C 严重的	D 需考虑的	E 可忽略的
1	频繁的	Ⅰ级	Ⅰ级	Ⅰ级	Ⅱ级	Ⅲ级
2	可能的	Ⅰ级	Ⅰ级	Ⅱ级	Ⅲ级	Ⅲ级
3	偶尔的	Ⅰ级	Ⅱ级	Ⅲ级	Ⅲ级	Ⅳ级
4	罕见的	Ⅱ级	Ⅲ级	Ⅲ级	Ⅳ级	Ⅳ级
5	不可能的	Ⅲ级	Ⅲ级	Ⅳ级	Ⅳ级	Ⅳ级

（3）确定风险处置原则和控制方案

针对不同等级的风险，采用不同的风险处置原则和控制方案。城市轨道交通地下工程建设不同等级风险的接受准则和相应控制方案如表 4-6 所示。

表 4-6　城市轨道交通地下工程风险接受准则

等级	接受准则	处置原则	控制方案	应对部门
Ⅰ级	不可接受	必须采取风险控制措施以降低风险，至少应将风险降低至可接受或不愿接受水平	应编制风险预警与应急处置方案，或进行方案修正、调整等	政府主管部门、工程建设各方
Ⅱ级	不愿接受	应实施风险管理以降低风险，且风险降低的所需成本不应高于风险引起的损失	应实施风险防范与监测，制定风险处置措施	
Ⅲ级	可接受	宜实施风险管理，可采取风险处理措施	宜加强日常管理与监测	工程建设各方
Ⅳ级	可忽略	可实施风险管理	可开展日常审视检查	

4.2.3　层次分析法

层次分析法（analytic hierarchy process，AHP）是美国数学家 A.L.Saaty 在 20 世纪 70 年代提出的一种定性分析和定量分析相结合的评价方法。该方法运用灵活，易于理解，能将主、客观因素有机结合起来，在经济学、管理学中得到了广泛的应用。这种方法也可有效地应用在工程项目风险评价方面。该方法的特点是：可细化工程项目风险评价因素体系和权重体系，使其更为合理；对方案评价，采用两两比较法，可提高评价的准确程度；还可对结果进行分析处理，对评判结果的逻辑性、合理性进行辨别和筛选。层次分析法处理问题的基本步骤是：

1. 构造递阶层次结构模型

用层次分析法评价工程项目风险,首先是确定评价的目标,再明确方案评价的准则和各指标,然后把目标、评价准则连同各方案构成一个层次结构模型,如图4-1所示。

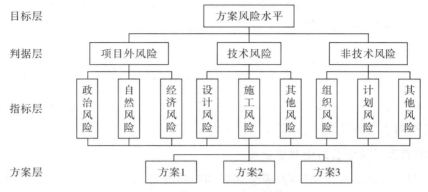

图 4-1　风险递阶层次结构模型

(1)递阶层次结构模型的构造一般分为3个层次:

①第一层,总目标层,是最高层次,反映的是最终需要达成的总目标。

②第二层,分目标层、判据层(准则层)、指标层等。判据层(准则层)是用以判别目标结果的标准,指标层反映参与评估的各种风险因素。

③第三层,方案层(措施层),是解决问题的方案或相应措施。

(2)AHP所建立的层次结构一般有3种类型:

①完全相关性结构,即上一层的每一要素与下一层的所有要素完全相关;

②完全独立结构,即上一层的每一要素都各自独立,都有各不相关的下层要素;

③混合结构,是上述两种结构的混合,即一种既非完全相关又非完全独立的结构。

2. 对各指标因素两两比较评分,建立判断矩阵

对各评价指标进行两两比较决定其重要性,对比较结果进行评分。在层次分析法中,一般采用1~9标度方法(表4-7)来确定分值,以表示其重要性。经评分可得若干两两判断矩阵(表4-8)。

表 4-7　重要性描述分值表

分值 a_{ij}	定　　义
1	i 因素与 j 因素同样重要
3	i 因素比 j 因素稍微重要
5	i 因素比 j 因素明显重要
7	i 因素比 j 因素强烈重要
9	i 因素比 j 因素极端重要
2,4,6,8	相邻判断的中间值
倒数	j 与 i 两因素比较结果是 i 与 j 两因素重要性比较结果的倒数

表 4-8　两两判断矩阵表

H_S	A_1	A_2	$\cdots$	A_n
A_1	a_{11}	a_{12}	$\cdots$	a_{1n}
A_2	a_{21}	a_{22}	$\cdots$	a_{2n}
$\vdots$	$\vdots$	$\vdots$	$\vdots$	$\vdots$
A_n	a_{n1}	a_{n2}	$\cdots$	a_{nn}

H_S 为因素 $A_1,A_2,\cdots,A_n$ 上一层次某一准则；元素 a_{ij} 表示从判断准则 H_S 角度考虑，因素 A_i 与 A_j 相对重要程度的分值，其中，$a_{ii}=1$，$a_{ij}=1/a_{ji}$，$a_{ij}>0$。

3. 确定项目风险要素的相对重要度

应用 AHP 进行评价和决策时，需要知道判断矩阵各因素 A_i 关于 H_S 的相对重要度，即 A_i 关于 H_S 的权重。计算程序如下所示。

(1)求判断矩阵每行所有元素的几何平均值 $\overline{w_i}$：

$$\overline{w_i}=\sqrt[n]{\prod_{j=1}^{n}a_{ij}} \tag{4-4}$$

式(4-4)中，$\prod_{j=1}^{n}a_{ij}$ 为每一行元素的乘积。

(2)将 $\overline{w_i}$ 归一化，计算 w_i：

$$w_i=\frac{\overline{w_i}}{\sum_{i=1}^{n}\overline{w_i}} \tag{4-5}$$

(3)计算判断矩阵的最大特征值 $\lambda_{\max}$：

$$\lambda_{\max}=\frac{1}{n}\sum_{i=1}^{n}\frac{(Aw)_i}{w_i} \tag{4-6}$$

式(4-6)中，$(Aw)_i$ 为向量 (Aw) 的第 i 个元素。

4. 一致性检验

在计算出 $\lambda_{\max}$ 后，可计算一致性指标 CI，进行一致性检验，其公式如下：

$$CI=\frac{\lambda_{\max}-n}{n-1} \tag{4-7}$$

式(4-7)中，n 为判断矩阵阶数，根据表 4-9，查随机性指标 RI，并计算一致性比率 $CR=CI/RI$。当 $CR<0.1$ 时，判断矩阵一致性达到了要求，权重向量可以接受；否则重新进行判断，写出新的判断矩阵。

表 4-9　RI 取值表

n	1	2	3	4	5	6	7	8	9
RI	0	0	0.58	0.90	1.12	1.24	1.32	1.41	1.45

5. 计算综合重要度

在计算各层因素对上一级 H_S 的相对重要度后,即可从最上层开始,自上而下地求出各层因素关于系统总体的综合重要度,对所有项目风险因素(备选方案)进行优先排序。其分析计算过程如下:

设第二层为 A 层,有 m 个因素 $A_1,A_2,\cdots,A_m$,它们关于系统总体的重要度分别为 $a_1,a_2,\cdots,a_m$。第三层为 B 层,有 n 个因素 $B_1,B_2,\cdots,B_n$,它们关于 a_i 的相对重要度分别为 $b_1^i,b_2^i,\cdots,b_n^i$,则 B 层的因素 B_j 的综合重要度为:

$$b_j = \sum_{i=1}^{m} a_i b_j^i \quad j=1,2,\cdots,n \tag{4-8}$$

即下层 j 因素的综合重要度是以上层因素的综合重要度为权重的相对重要度的加权和。

【例 4-1】 现有一小型国有企业重组方案:中外合资和改造成股份制。该项目已识别出三种风险:经济风险、技术风险和社会风险。经济风险主要指国有资产流失,技术风险指企业重组后生产新产品技术上的把握性,社会风险指原来的在职和退休职工的安排问题等。要求决策者利用层次分析法分析哪个方案的风险大。

解:(1)构造递阶层次结构模型。根据所给的信息及决策目标、评价准则构建本项目的递阶层次结构模型,如图 4-2 所示。

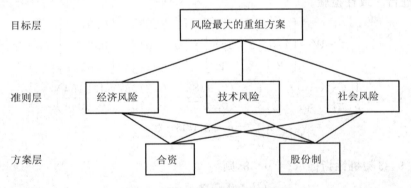

图 4-2　项目的递阶层次结构模型

(2)构造判断矩阵 A。根据两两比较标度,确定各层次不同因素的重要性权数。对于评价准则层,该层有经济风险、技术风险和社会风险三种因素,评价者根据评价目标"风险最大的重组方案",将这三个因素的重要性两两相比,得到判断矩阵 A。

$$A = \begin{bmatrix} 1 & 5 & 1/2 \\ 1/5 & 1 & 1/8 \\ 2 & 8 & 1 \end{bmatrix}$$

再分析方案层。该层有两个方案:合资和股份制。对两方案的"经济风险""技术风险"和"社会风险"进行两两比较,得到判断矩阵 A_1、A_2、A_3。

$$A_1 = \begin{bmatrix} 1 & 4 \\ 1/4 & 1 \end{bmatrix} \quad A_2 = \begin{bmatrix} 1 & 1/5 \\ 5 & 1 \end{bmatrix} \quad A_3 = \begin{bmatrix} 1 & 5 \\ 1/5 & 1 \end{bmatrix}$$

(3)计算各判断矩阵的特征向量。按照式(4-5),分别计算矩阵 A、A_1、A_2 和 A_3 的特征向量,分别用 W、W_1、W_2 和 W_3 表示。下面以特征向量 W 为例介绍用方根法计算特征向量的步骤。

①求判断矩阵每行所有元素的几何平均值。

$$\overline{w_1}=\sqrt[3]{1\times5\times1/2}=1.3572,\overline{w_2}=0.2924,\overline{w_3}=2.5198$$

②将$\overline{w_i}$归一化，计算w_i。

$$w_1=\frac{\overline{w_1}}{\sum_{i=1}^{n}\overline{w_i}}=\frac{1.3572}{1.3572+0.2924+2.5198}=0.3255,w_2=0.0701,w_3=0.6044$$

得到矩阵A的特征向量W：

$$W=\begin{bmatrix}0.3255\\0.0701\\0.6044\end{bmatrix}$$

至于判断矩阵A_1、A_2和A_3的特征向量W_1、W_2和W_3，按照上面同样的步骤进行计算，结果如下：

$$W_1=\begin{bmatrix}0.8\\0.2\end{bmatrix},W_2=\begin{bmatrix}0.1667\\0.8333\end{bmatrix},W_3=\begin{bmatrix}0.8333\\0.1667\end{bmatrix}$$

（4）计算判断矩阵的最大特征值λ_{max}，并进行一致性检验。对于判断矩阵A，先求最大特征值，再进行一致性检验。

$$A\cdot W=\begin{bmatrix}1&5&1/2\\1/5&1&1/8\\2&8&1\end{bmatrix}\cdot\begin{bmatrix}0.3255\\0.0701\\0.6044\end{bmatrix}=\begin{bmatrix}0.9783\\0.2108\\1.8164\end{bmatrix}$$

$$\lambda_{max}=\frac{1}{3}\sum_{i=1}^{3}\frac{(Aw)_i}{w_i}=\frac{1}{3}\times\left(\frac{0.9783}{0.3255}+\frac{0.2108}{0.0701}+\frac{1.8164}{0.6044}\right)=3.006$$

$$CI=\frac{\lambda_{max}-n}{n-1}=\frac{3.006-3}{3-1}=0.003$$

查表4-9，得随机性指标$RI=0.58$，则

$$CR=\frac{CI}{RI}=\frac{0.003}{0.58}=0.0052<0.1$$

所以判断矩阵A的一致性符合要求，可以接受。

而判断矩阵A_1、A_2和A_3，由于是二阶矩阵，满足一致性要求，不必检验。

（5）计算综合重要度。特征向量W_1、W_2和W_3分别从"经济风险""技术风险"和"社会风险"的角度比较了合资和股份制两种方案，但只是给出了其相对重要度，并没有得出两个方案的整体风险水平和系统总体重要性。因此，必须进行综合重要度计算。

$$B=(W_1,W_2,W_3)=\begin{bmatrix}0.8&0.1667&0.8333\\0.2&0.8333&0.1667\end{bmatrix}$$

$$W_f=B\cdot W=\begin{bmatrix}0.8&0.1667&0.8333\\0.2&0.8333&0.1667\end{bmatrix}\cdot\begin{bmatrix}0.3255\\0.0701\\0.6044\end{bmatrix}=\begin{bmatrix}0.7757\\0.2243\end{bmatrix}$$

矩阵W_f表明，从评价目标"风险最大的重组方案"的整体角度出发，即综合了"经济风险""技术风险"和"社会风险"三个方面之后，合资方案的风险比股份制方案大，决策者应选

择风险小的方案,即选用股份制方案。

4.2.4　模糊综合评价法

1. 模糊综合评价法的原理

在客观世界中,存在着大量的模糊概念和模糊现象。一个概念和与其对立的概念无法划出一条明确的分界线,它们是由量变逐渐过渡到质变的。例如,"年轻与年老""高与矮""胖与瘦""美与丑"等没有确切界限的一些对立概念都是所谓的模糊概念。凡涉及模糊概念的现象被称为模糊现象。现实生活中的绝大多数现象,存在着中介状态,并非非此即彼,而是表现出亦此亦彼,存在着许多,甚至是无穷多的中间状态。

模糊性是事件本身状态的不确定性,或者说是某些事物或者概念的边界不清楚,这种边界不清楚,不是由人的主观认识达不到客观实际所造成的,而是事物的一种客观属性,是事物的差异之间存在着中间过渡状态的结果。

模糊数学就是一门试图利用数学工具解决模糊现象的学科,由美国学者扎德(Zadeh)于1965年提出。如今,模糊数学得到了迅速发展,已被广泛应用于自然科学、社会科学和管理科学的各个领域,其有效性已得到了充分的验证。

工程项目中潜在的各种风险很大一部分难以用数字来准确地定量描述,这种难以定量或精确描述的特性就是模糊性。在风险评价实践中,可以利用历史经验或专家知识,用语言生动地描述风险的性质及其可能的影响结果。因而,对工程项目风险的综合评价,可以根据模糊数学原理来进行。

模糊综合评价是借助模糊数学的一些概念,对实际的综合评价问题提供一些评价的方法。具体地说,模糊综合评价就是以模糊数学为基础,应用模糊关系合成的原理,将一些边界不清、不易定量的因素定量化,通过多个因素对被评价事物隶属等级状况进行综合性评价的一种方法。

模糊综合评价的基本原理是:首先确定被评判对象的因素(指标)集和评价(等级)集;再分别确定各个因素的权重及它们的隶属度向量,获得模糊判断矩阵;最后把模糊判断矩阵与因素的权向量进行模糊运算并归一化,得到模糊评价综合结果。

2. 模糊综合评价法的步骤

(1)确定评价指标(因素),构成评价指标集(因素集)。

(2)根据评价目标要求,划分等级,建立评价集(等级集)。

(3)对各种风险要素进行独立评价,建立判断矩阵。

(4)根据各风险要素影响程度确定其相应的权重。在工程项目风险评价中,常采用层次分析法(AHP)来确定各权重。

(5)运用模糊数学运算方法,确定综合评价结果。

(6)根据计算分析结果,确定项目风险水平。

3. 基于 AHP 的模糊综合评价法

基于 AHP 的模糊综合评价法的基本思想是:将风险评价指标体系分成递阶层次结构,运用 AHP 确定各指标的权重,然后分层次进行模糊综合评价,最后综合出总的评价结果。

其具体步骤为：

（1）指标体系结构设计。根据指标体系的构建原则，建立评价指标体系。表 4-10 为公路工程总承包项目投标风险评价指标体系。

表 4-10　公路工程总承包项目投标风险评价指标体系

目标层	主准则层	次准则层
公路工程总承包项目投标风险评价	总承包商方面的风险 U_1	贸然进入市场风险 U_{11}
		联合体合作伙伴的选择风险 U_{12}
		总承包商的技术与管理风险 U_{13}
		商务报价的风险 U_{14}
	项目与招标条件方面的风险 U_2	项目定义不准确风险 U_{21}
		合同风险 U_{22}
		项目技术风险 U_{23}
		业主的信誉风险 U_{24}
		业主的管理风险 U_{25}
	环境风险 U_3	政策法律风险 U_{31}
		经济环境风险 U_{32}
		自然环境风险 U_{33}
		竞争对手风险 U_{34}

上面设计的公路工程总承包项目投标风险评价体系是一个二级三层结构的指标体系。这些评价指标大多具有模糊性，因此，根据模糊理论，把次准则层对主准则层的评判看成第一级评判，把主准则层对目标层的评判看成第二级评判，从而构成一个二级三层模糊综合评价模型。

（2）建立风险评价因素集。风险评价因素集是一个以影响评判对象的各种因素为元素组成的普通集合，通常用 U 表示，即

$$U = \{u_1, u_2, \cdots, u_m\}$$

各元素 $u_i (i=1,2,\cdots,m)$ 代表各影响因素，这些因素通常具有不同程度的模糊性。

（3）建立项目风险评价集。项目风险评价集是由评判者对评判对象作出的各种可能的评判结果所组成的集合，通常用 V 表示，即

$$V = \{v_1, v_2, \cdots, v_n\}$$

其中各元素 $v_i (i=1,2,\cdots,n)$ 代表各种可能的评判结果。模糊综合评判的目的就是在综合考虑所有影响因素的基础上，从评价集中得出一最佳的评判结果。

（4）用 AHP 建立权重集。一般说来，各因素在评判中具有的重要程度不同，因而必须对各个元素 $u_i (i=1,2,\cdots,m)$ 按其重要程度给出不同的权重数 $w_i (i=1,2,\cdots,m)$。权重数 $w_i (i=1,2,\cdots,m)$ 可用 AHP 确定。由各权重数组成的因素权重集 $\boldsymbol{W}$ 是因素集 U 上的模糊子集，可用模糊向量表示为

$$W = \{w_1, w_2, \cdots, w_m\}$$

其中各权重数 $w_i(i=1,2,\cdots,m)$ 是因素 u_i 对 W 的隶属度,即反映了各个因素在综合评判中所具有的重要程度,应满足归一化和非负条件,即

$$\sum_{i=1}^{m} w_i = 1, w_i \geqslant 0$$

　　(5)单因素模糊评判。单独对一个影响因素进行评判,以确定评判对象对评价集元素的隶属程度,称为单因素模糊评判。设评判对象按因素集中的第 i 个因素 u_i 进行评判时,对评价集中第 j 个元素 v_j 的隶属度为 r_{ij},则单因素评价集可以表示为

$$R = \begin{bmatrix} r_{11} & r_{12} & \cdots & r_{1n} \\ r_{21} & r_{22} & \cdots & r_{2n} \\ \vdots & \vdots & & \vdots \\ r_{m1} & r_{m2} & \cdots & r_{mn} \end{bmatrix}$$

R 称为单因素判断矩阵。

　　(6)模糊综合评判。单因素模糊综合评判仅反映了一个因素对评判对象的影响,这显然是不够的。我们的目的是要综合考虑所有因素的影响,得出正确的评判结果,这就是模糊综合评判。

　　如何考虑所有因素的影响呢?从单因素判断矩阵 R 的性质可以看出:R 的第 i 行反映了第 i 个因素影响评判对象取各个评价集元素的程度;R 的第 j 列则反映了所有因素影响评判对象取第 j 个评价集元素的程度。可用每列元素之和来反映所有因素的综合影响,即

$$R_j = \sum_{i=1}^{m} r_{ij} \quad (j=1,2,\cdots,n) \tag{4-9}$$

　　但式(4-9)未涉及各元素的重要程度。如果各项作用乘以相应权数 $w_i(i=1,2,\cdots,m)$,便能合理反映所有因素的综合影响。因此,模糊综合评判可表示为:

$$B = W \cdot R \tag{4-10}$$

权重集 W 可视为一行 m 列的模糊矩阵,式(4-10)可按模糊矩阵法运算,即:

$$B = W \cdot R = (w_1, w_2, \cdots, w_m) \cdot \begin{bmatrix} r_{11} & r_{12} & \cdots & r_{1n} \\ r_{21} & r_{22} & \cdots & r_{2n} \\ \vdots & \vdots & & \vdots \\ r_{m1} & r_{m2} & \cdots & r_{mn} \end{bmatrix} = [b_1, b_2, \cdots, b_n]$$

　　B 称为模糊综合评判集;$b_j(j=1,2,\cdots,n)$ 称为模糊综合评判指标。b_j 的含义是:在综合考虑所有影响因素的情况下,评判对象对评价集 V 中第 j 个元素的隶属度。模糊综合评判集 B 也应是评价集 V 上的模糊子集。

　　(7)评判指标的处理。得到模糊综合评判指标 $b_j(j=1,2,\cdots,n)$ 之后,便可按照最大隶属度原则来确定评判对象的具体结果。

4.2.5　灰色综合评价法

　　在控制论中,人们常用颜色的深浅形容信息的明确程度。用黑表示信息未知,用白表示信息完全明确,用灰表示部分信息明确、部分信息不明确。相应地,信息完全明确的系统称

为白色系统,信息未知的系统称为黑色系统,部分信息明确、部分信息不明确的系统称为灰色系统。

灰色系统理论是我国著名学者邓聚龙教授于 1982 年提出的,是一种研究少数据、贫信息不确定性问题的新方法。它的研究对象是"部分信息已知,部分信息未知"的"少数据""贫信息"不确定性系统。运用灰色系统方法和模型技术,通过对部分已知信息的挖掘,提取有价值的信息,实现对系统运行行为、演化规律的正确描述和有效监控。与模糊数学不同,灰色系统理论着重研究"外延明确,内涵不明确"的对象。

灰色系统理论经过 30 多年的发展,现已基本建立起一门新兴学科所具有的结构体系,本书主要讨论基于白化权函数的灰色聚类综合评价方法。

1. 相关概念

(1)灰数:只知道大概范围而不知道其确切值的数称为灰数。在应用中,灰数实际上是指在某一个区间或某一个一般的数集内取值的不确定数。灰数是灰色系统理论的最基本要素,是研究灰色系统数量关系的基础。

(2)白化权函数:对灰数或灰类内各元素取值的可能性大小的函数表达形式,用来描述一个灰数或灰类对其取值范围内不同数值的"偏爱"程度。一般来说,一个灰数(灰类)的白化权函数是研究者根据已知信息设计的,以定量描述的方式刻画各数据点隶属于该灰数或灰类的程度,没有固定的程式。函数曲线的起点和终点取值应根据实际情况确定。

(3)阈值:白化权函数转折点的值称为阈值。取得阈值的方法有两种:一是按照准则或经验用类比的方法,这种方法取得的阈值称为客观阈值;二是从样本矩阵中寻找最大、最小和中等值,分别将其称为上限、下限和中等值,这种方法取得的阈值称为相对阈值。

(4)灰色聚类:根据灰色关联矩阵或灰数的白化权函数将所考察的观测指标或观测对象分成若干个可定义类别的方法。一个灰类就是属于同一类的观测指标或观测对象的集合。按聚类对象划分,灰色聚类可分为灰色关联聚类和基于白化权函数的灰色聚类。

灰色关联聚类主要用于同类因素的归并,以使复杂系统简化。通过灰色关联聚类,我们可以考察许多因素中是否有若干因素大体上属于同一类,以便能使用这些因素的综合平均指标或其中的某一个因素来代表这若干因素而使信息不受严重损失。这属于系统变量删减问题。在进行大面积调研之前,通过典型抽样数据的灰色关联聚类,可以减少不必要数据的收集,节省时间和经费。

基于白化权函数的灰色聚类主要用于考察观测对象是否属于事先设定的不同类别,根据拟划分的灰类和对应的聚类指标,事先设定白化权函数和不同聚类指标权重并据其计算综合聚类系数,以确定评价对象所属类型。

2. 基于白化权函数的灰色聚类综合评价步骤

基于白化权函数的灰色聚类综合评价需要根据划分的灰类和对应的聚类指标,事先设定白化权函数和不同聚类指标的权重并据其计算综合聚类系统。

(1)白化权函数的构造

第一步:按照评估要求所需划分的灰类数 s,将各个指标的取值范围相应地划分为 s 个灰类,如将 j 指标的取值范围 $[a_1, a_{s+1}]$ 划分为 s 个小区间:

$$[a_1, a_2], \cdots, [a_{k-1}, a_k], [a_{s-1}, a_s], [a_s, a_{s+1}]$$

其中,$a_k(k=1,2,\cdots,s,s+1)$的值一般可根据实际评估要求或定性研究结果确定。

第二步:确定与$[a_1,a_2]$和$[a_s,a_{s+1}]$对应的灰类 1 和灰类 s 的转折点 λ_j^1、λ_j^s,同时计算各个小区间的几何中点:

$$\lambda_j^k=(a_k+a_{k+1})/2,k=1,2,\cdots,s \tag{4-11}$$

第三步:对于灰类 1、灰类 $k(k\in 2,3,\cdots,s-1)$ 和灰类 s,构造相应的白化权函数。白化权函数表达式分别为:

$$f_j^1(x)=\begin{cases}0,x\notin[a_1,\lambda_j^2]\\1,x\in[a_1,\lambda_j^1]\\ \dfrac{\lambda_j^2-x}{\lambda_j^2-\lambda_j^1},x\in[\lambda_j^1,\lambda_j^2]\end{cases} \tag{4-12}$$

$$f_j^k(x)=\begin{cases}0,x\notin[\lambda_j^{k-1},\lambda_j^{k+1}]\\ \dfrac{x-\lambda_j^{k-1}}{\lambda_j^k-\lambda_j^{k-1}},x\in[\lambda_j^{k-1},\lambda_j^k]\\ \dfrac{\lambda_j^{k+1}-x}{\lambda_j^{k+1}-\lambda_j^k},x\in[\lambda_j^k,\lambda_j^{k+1}]\end{cases} \tag{4-13}$$

$$f_j^s(x)=\begin{cases}0,x\notin[\lambda_j^{s-1},a_{s+1}]\\ \dfrac{x-\lambda_j^{s-1}}{\lambda_j^s-\lambda_j^{s-1}},x\in[\lambda_j^{s-1},\lambda_j^s]\\ 1,x\in[\lambda_j^s,a_{s+1}]\end{cases} \tag{4-14}$$

对于指标 j 的一个观测值可分别由式(4-12)~式(4-14)计算出相应的值 $f_j^1(x)$、$f_j^k(x)$ 和 $f_j^s(x)$。

(2)计算综合聚类系数

首先确定各指标的权重 $w_j(j=1,2,\cdots,m)$,然后计算评估对象 $i(i=1,2,\cdots,n)$ 关于灰类 $k(k=1,2,\cdots,s)$ 的综合聚类系数:

$$\sigma_i^k=\sum_{j=1}^m f_j^k(x_{ij})\cdot w_j \tag{4-15}$$

式(4-15)中,$f_j^k(x_{ij})$ 为 j 指标 k 子类白化权函数。

(3)判断评估对象对应的灰类。

由 $\max\limits_{1\leqslant k\leqslant s}\{\sigma_i^k\}=\sigma_i^{k*}$,判断对象 i 属于灰类 k^*。

4.2.6　网络分析法

网络分析法(analytic network process,ANP)是美国匹兹堡大学的 T.L.Saaty 教授于 1996 年提出的一种适应非独立的递阶层次结构的决策方法,它是一种在 AHP 的基础上发展而形成的新的实用决策方法,是复杂化的 AHP,能够应用在更加广泛的领域中。也可以说 AHP 是 ANP 的一个特例。AHP 和 ANP 的共同点是能够处理不易定量化的多准则问题,可以将定性的判断用数量的形式进行表达和处理。AHP 和 ANP 的不同点在于,AHP 处理的层次结构的内部元素是独立的,在同一层次间的任意两个元素不存在支配和从属关系;不相邻的两个层次之间的任意两个元素也不存在支配和从属关系,是简单的递阶层次结构。ANP 的结构相对于 AHP 更为复杂,ANP 虽然也存在递阶层次结构,但是 ANP 的层次结构之间存在循环和反馈,并且每一层结构内部存在内部依存和相互支配的关系。

1. ANP 相关概念

(1)结构分析

ANP 的网络结构相对于 AHP 递阶层次来讲,显然更为复杂,但它更能合理地反映复杂系统的功能特点。ANP 将系统元素划分为两大部分。第一部分称为控制元素层,包括问题目标及决策准则。所有的决策准则均被认为是彼此独立的,且只受目标元素的支配。控制元素层中可以没有决策准则,但至少有一个目标。控制层次就是一个典型 AHP 递阶层次结构,所有的准则彼此独立,下一个准则只受上一个准则支配,每个准则的权重均可用传统的 AHP 获得。第二部分为网络层,它是由所有受控制层支配的元素组成的,元素之间相互依存、相互支配,元素和层次间内部不独立。递阶层次结构的每个准则支配的不是一个简单的内部独立的元素,而是一个相互依存、反馈的网络结构。控制层和网络层组成了典型的 ANP 层次结构,如图 4-3 所示。

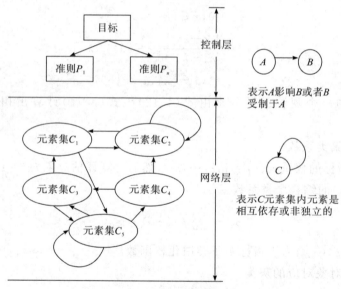

图 4-3　ANP 的典型递阶层次

(2)优势度

AHP 的一个重要步骤就是在一个准则下,对受支配元素进行两两比较,由此获得判断矩阵。但在 ANP 中,被比较元素之间可能不是独立的,而是相互依存的,这种比较将以两种方式进行。

①直接优势度:给定一个准则,在重要程度方面对两元素进行比较。这种比较适用于元素间互相独立的情形。

②间接优势度:给定一个准则,对两个元素在该准则下进行第三个元素(称为次准则)的影响程度方面的比较。例如,要比较甲、乙两成员对商品营销能力的优势度,方法之一为通

过比较他们对董事长所采取的营销策略的影响力而间接获得。这种比较适用于两元素间互相依存的情形。

（3）超矩阵与加权矩阵

设 ANP 的控制层中有元素 $p_1,\cdots,p_n$。在控制层下,网络层有元素组 $C_1,\cdots,C_N$,其中 C_i 中有元素 $e_{i1},\cdots,e_{in_i}$,其中 $i=1,\cdots,N$。以控制层元素 $P_s(s=1,\cdots,m)$ 为准则,以 C_j 中元素 $e_{jl}(l=1,\cdots,n_j)$ 为次准则,对元素组 C_i 中的元素按其对 e_{jl} 的影响力大小进行间接优势度比较,即构造判断矩阵:

e_{jl}	$e_{i1},e_{i2},\cdots,e_{in_i}$	归一化特征向量
e_{i1}		$w_{i1}^{(jl)}$
e_{i2}		$w_{i2}^{(jl)}$
$\vdots$		$\vdots$
e_{in_i}		$w_{in_i}^{(jl)}$

并由特征根法得到排序向量 $(w_{i1}^{(jl)},\cdots,w_{in_i}^{(jl)})'$,记 W_{ij} 为:

$$W_{ij}=\begin{bmatrix} w_{i1}^{(j1)} & w_{i1}^{(j2)} & \cdots & w_{i1}^{(jn_j)} \\ w_{i2}^{(j1)} & w_{i2}^{(j2)} & \cdots & w_{i2}^{(jn_j)} \\ \vdots & \vdots & & \vdots \\ w_{in_i}^{(j1)} & w_{in_i}^{(j2)} & \cdots & w_{in_i}^{(jn_j)} \end{bmatrix}$$

这里 W_{ij} 的列向量就是 C_i 中元素 $e_{i1},\cdots,e_{in_i}$ 对 C_j 中元素 $e_{j1},\cdots,e_{jn_j}$ 的影响程度排序向量。若 C_j 中元素不受 C_i 中元素的影响,则 $W_{ij}=0$。这样最终获得 P_s 下超矩阵 W。

$$W=\begin{array}{cc} & \begin{array}{cccc} 1\cdots n_1 & 1\cdots n_2 & \cdots & 1\cdots n_N \end{array} \\ \begin{array}{c} 1 \\ \vdots \\ n_1 \\ 1 \\ \vdots \\ n_2 \\ \vdots \\ 1 \\ \vdots \\ n_N \end{array} & \begin{bmatrix} W_{11} & W_{12} & \cdots & W_{1N} \\ & & & \\ W_{21} & W_{22} & \cdots & W_{2N} \\ & & & \\ \vdots & \vdots & & \vdots \\ & & & \\ W_{N1} & W_{N2} & \cdots & W_{NN} \end{bmatrix} \end{array}$$

这样的超矩阵共有 m 个,它们都是非负矩阵,超矩阵的子块 W_{ij} 是列归一化的,但 W 却不是列归一化的。为此以 P_s 为准则,对 P_s 下各组元素进行准则 $C_j(j=1,\cdots,N)$ 的重要性方面的比较,可得:

C_j	$C_1 \cdots C_N$	归一化特征向量（排序向量）
C_1		a_{1j}
$\vdots$	$\vdots \ j=1,\cdots,N$	
C_N		a_{Nj}

与 C_j 无关的元素组对应的排序向量分量为零，由此得到加权矩阵

$$A = \begin{bmatrix} a_{11} & \cdots & a_{1N} \\ \vdots & & \vdots \\ a_{N1} & \cdots & a_{NN} \end{bmatrix}$$

对应超矩阵 W 的元素加权，得到 $\overline{W}=(\overline{W_{ij}})$，其中 $\overline{W_{ij}}=a_{ij}W_{ij}$，$i=1,\cdots,N$，$j=1,\cdots,N$。

$\overline{W}$ 就为加权超矩阵，其列和为 1，称为列随机矩阵。

(4)极限相对排序向量

设(加权)超矩阵为 W 的元素为 w_{ij}，则 w_{ij} 的大小反映了元素 i 对元素 j 的一步优势度。i 对 j 的优势度还可以通过 $\sum_{k=1}^{N} w_{ik}w_{kj}$ 得到，称为二步优势，它就是 W^2 的元素，W^2 仍然是列归一化的。当 $W^{\infty}=\lim_{t\to\infty}W^t$ 存在时，W^{∞} 的第 j 列就是在 P_s 下网络层中各元素对应元素 j 的极限相对排序向量。

2. 基于 ANP 的综合评价步骤

(1)分析问题

对决策问题进行系统的分析、组合，形成元素和元素集，这是非常重要的一步，归类要正确，即"物以类聚"，主要分析判断元素层次是否内部独立，是否存在依存和反馈。分析问题的方法基本类同于 AHP，可以通过会议讨论、专家填表等形式和方法进行。

(2)构造 ANP 结构

首先是构造控制层次。先界定决策目标，再界定决策准则，这是问题的根本，各个准则相对决策目标的权重由 AHP 得到。

其次是构造网络层次。要归类确定每一个元素集，分析其网络结构和相互影响关系，分析元素之间的关系可以采取多种方法进行。一种是内部独立的递阶层次结构，即层次之间相对对立；一种是内部独立，元素之间存在着循环的 ANP 网络层次结构；还有一种是内部依存，即元素内部存在循环的 ANP 网络层次结构。这几种情况都是 ANP 的特例。

(3)构造 ANP 的超矩阵

设控制层中相对应目标层 A 的准则为 $B_1,\cdots,B_N$，网络层有元素集 $C_1,\cdots,C_N$，C_i 中有元素 $e_{i1},\cdots,e_{in_i}(i=1,\cdots,N)$，则第 i 层所有元素对 j 层的影响作用矩阵为

$$W = \begin{array}{c} \\ 1 \\ \vdots \\ n_1 \\ 1 \\ \vdots \\ n_2 \\ \vdots \\ 1 \\ \vdots \\ n_N \end{array} \begin{array}{cccc} 1 \cdots n_1 & 1 \cdots n_2 & \cdots & 1 \cdots n_N \\ \left[\begin{array}{cccc} W_{11} & W_{12} & \cdots & W \\ & & & \\ W_{21} & W_{22} & \cdots & W_{2N} \\ & & & \\ \vdots & \vdots & & \vdots \\ & & & \\ W_{N1} & W_{N2} & \cdots & W_{NN} \end{array}\right] \end{array}$$

（4）计算权重

ANP 赋权的核心工作即解超矩阵，是一个非常复杂的计算过程，手工运算几乎不可能。实际应用中一般都用计算机软件进行，如 Super Decision 等软件。

4.2.7　集对分析法

集对是由存在一定联系的两个集合组成的基本单位，也是集对分析和联系数学中最基本的概念，由赵克勤在 1989 年正式提出。集对分析（set pair analysis，SPA）是一种在一定的问题背景下，对集对中两个集合的确定性与不确定性以及确定性与不确定性的相互作用所进行的系统和数学分析。通常包括对集对中两个集合的特性、关系、结构、状态、趋势以及相互联系模式所进行的分析。这种分析一般通过建立所论两个集合的联系数进行，有时也可以不借助联系数进行分析。

不确定性理论是集对分析的本质，主要观点是：确定性和不确定性是构成一个系统的两个元素，且一个系统中仅有这两个元素。集对分析是一种对确定与不确定问题进行同异反定量分析以及处理不精确、不完整的信息的理论。集对分析理论的原理就是：在特定的情景下，对所论述的这两个集合的特性进行相同、相异、相反性分析并加以定量，进行检释，得到相应的联系度表达式，由此进行系统的关联、决策、控制、评价等一系列问题的深入研究。

1. 集对分析相关概念

集对是指具有某种关系的两个集合组成的一个对子，可由 $W = (A, B)$ 表示。集对分析的本质是将确定、不确定系统从同、异、反三方面分析事物的联系和转化。其中建立在问题背景下的两个集合同、异、反联系度 μ 计算公式如下：

$$\mu = a + bi + cj = \left(\frac{N_1}{N}\right) + \left(\frac{N_2}{N}\right) + \left(\frac{N_3}{N}\right)j \tag{4-16}$$

在式（4-16）中，N、N_1、N_2 和 N_3 分别表示集对中两集合的总特征数、共同具有特征数、相互对立特征数和既不共同也不对立特征数，其中 $N = N_1 + N_2 + N_3$，也要求 $a + b + c = 1$，a、b 和 c 分别称为所论集合在指定问题背景下的同一度、差异度和对立度，反映了集对中各集合的正、反和不确定趋势，i 表示差异度系数，数值范围为 $[-1, 1]$；j 为对立度系数，规定 $j \equiv -1$。这种刻画事物确定与不确定的定量描述，从事物的同（同一）、异（差异）、反

（对立）三个方面反映不确定性，因此又称为三元联系数。

对式(4-16)中的a、b、c数值大小进行比较和状态排序，称为同、异、反态势排序，相应的排序结果用$[0.1,1]$之间的数字表达，称为态势度，如表4-11所示。通过态势度的大小可以表征问题的状态程度。

表4-11　集对势的等级和次序关系

序号	集对势	a、b、c的大小关系	态势度
1	准同势	$a>c,b=0$	1.0
2	强同势	$a>c,c>b>0$	0.9
3	弱同势	$a>c,a>b\geq c$	0.8
4	微同势	$a>c,b\geq a$	0.7
5	准均势	$a=c,b=0$	0.6
6	强均势	$a=c,a>b>0$	0.5
7	弱均势	$a=c,b=a$	0.4
8	微均势	$a=c,b>a$	0.4
9	准反势	$a<c,b\geq c$	0.3
10	强反势	$a<c,c\geq b\geq a$	0.3
11	弱反势	$a<c,a>b>0$	0.2
12	微反势	$a<c,b=0$	0.1

在系统综合评价中，有时候需要将论域的评价等级划分为4个、5个或更多的等级，这时可采取多元联系数，其一般形式为

$$\mu=a+b_1i_1+b_2i_2+\cdots+b_ni_n+cj \qquad (4\text{-}17)$$

在式(4-17)中，要求：$a,b_1,\cdots,b_n,c\in[0,1]$且需要满足$a+b_1+\cdots+b_n+c=1$。$i_1,i_2,\cdots,i_n$为差异度系数，在$[-1,1]$内根据不同情况取值，$j\equiv-1$。一般当$n=k$时，称为$k+2$元联系数，当$k\geq2$时称为多元联系数。

2. 基于集对分析的综合评价步骤

(1)确定评价指标与评价等级

设Q个待评价对象$x_1,x_2,\cdots,x_Q$构成空间$X=\{x_1,x_2,\cdots,x_Q\}$，表征待评价对象属性的各指标构成指标集$I=\{I_1,I_2,\cdots,I_m\}$，评价标准等级集为$V=\{v_1,v_2,\cdots,v_n\}$，其中$v_1,v_2,\cdots,v_n$构成属性的一个有序分割类，且$v_1<v_2<\cdots<v_n$，每个指标的评价标准都是已知的，可以写成评价标准矩阵：

$$\begin{array}{c} \quad\quad v_1 \quad\quad v_2 \quad\quad \cdots \quad\quad v_m \\ \begin{array}{c} I_1 \\ \vdots \\ I_2 \\ \vdots \\ I_m \end{array} \begin{bmatrix} a_{11} & a_{12} & \cdots & a_{1n} \\ \vdots & \vdots & & \vdots \\ a_{p1} & a_{p1} & \cdots & a_{pn} \\ \vdots & \vdots & & \vdots \\ a_{m1} & a_{m2} & \cdots & a_{mn} \end{bmatrix} \end{array}$$

在评价矩阵中,要满足:$a_{p1} < a_{p2} < \cdots < a_{pn}$ 或者 $a_{p1} > a_{p2} > \cdots > a_{pn}$。

根据待评价对象 x_q 的各指标实测值 $x_q = (t_{q1}, t_{q2}, \cdots, t_{qm})$ 判断评价对象属于哪一个评价类,判断 x_q 的各指标 I_p 属于哪一个综合评价类。

(2)各指标综合评价 n 元联系数的确定

定义评价对象 x_q 指标 I_p 的综合评价 n 元联系数为:

$$\mu_p = r_{p1} + r_{p2}i_1 + r_{p3}i_2 + \cdots r_{p(n-1)}i_{n-2} + r_{pn}j \tag{4-18}$$

式(4-18)中 $r_{pl} \in [0,1]$ $(1 \leqslant p \leqslant m, 1 \leqslant l \leqslant n)$ 是评价指标 I_p 相对 V_l 等级的联系度分量。

设指标 I_p 的测量值为 t_p,$a_{p1} < a_{p2} < \cdots < a_{pn}$,则

① 当 $t_p \leqslant a_{pl}$ 时

$$\mu_p = 1 + 0i_1 + 0i_2 + \cdots 0i_{n-2} + 0j \tag{4-19}$$

② 当 $t_{p1} \leqslant t_p \leqslant a_{p2}$ 时

$$\mu_p = \frac{|t_p - a_{p2}|}{|a_{p1} - a_{p2}|} + \frac{|t_p - a_{p1}|}{|a_{p1} - a_{p2}|}i + 0i_2 + \cdots + 0i_{n-2} + 0j \tag{4-20}$$

③ 当 $a_{ps} \leqslant t_p \leqslant a_{p(s+1)}$ $(s = 2, 3, \cdots, n-2)$ 时

$$\mu_p = 0 + \cdots + \frac{|t_p - a_{p(s+1)}|}{|a_{ps} - a_{p(s+1)}|}i_{s-1} + \frac{|t_p - a_{ps}|}{|a_{ps} - a_{p(s+1)}|}i_s + \cdots + 0i_{n-2} + 0j \tag{4-21}$$

④ 当 $a_{p(n-1)} \leqslant t_p \leqslant a_{pn}$ 时

$$\mu_p = 0 + \cdots + 0i_{n-3} + \frac{|t_p - a_{pn}|}{|a_{p(n-1)} - a_{pn}|}i_{n-2} + \frac{|t_p - a_{p(n-1)}|}{|a_{p(n-1)} - a_{pn}|}j \tag{4-22}$$

⑤ 当 $a_{pn} \leqslant t_p$ 时

$$\mu_p = 0 + 0i_1 + 0i_2 \cdots + 0i_{n-2} + 1j \tag{4-23}$$

显然,在上述 5 种情形中,r_{pl} 都满足 $\sum_{l=1}^{n} r_{pl} = 1$。

(3)确定总指标的 n 元联系数

类似地,可以定义总指标的综合评价 n 元联系数为

$$\mu = r_1 + r_2i_1 + r_3i_2 + \cdots r_{n-1}i_{n-2} + r_nj \tag{4-24}$$

在式(4-24)中,$r_l = \sum_{p=1}^{m} w_p r_{pl}$ $(1 \leqslant p \leqslant m, 1 \leqslant l \leqslant n)$,$w_p$ 是评价指标 I_p 在指标体系中的权重,满足 $\sum_{p=1}^{m} w_p = 1$。

(4)综合评价

根据待评价对象综合评价 n 元联系数,可得评价对象属于各个等级的程度。由于评价等级有序,故可以采取置信度识别准则,对评价结果进行识别。

令 $k_0 = \min_k \left\{ \sum_{i=1}^{k} u_i \geqslant \lambda, 1 \leqslant \lambda \leqslant n \right\}$,通常 $\lambda = 0.8$,可以得到评价对象的评价等级为 k_0。

4.2.8　可拓法

可拓学是由中国学者蔡文提出的一门原创性横断学科,它探讨事物拓展的可能性及开

拓创新的规律与方法,以形式化模型处理矛盾问题,提供定性和定量相结合的可操作工具。

可拓学的基本理论是可拓论,包括基元理论、可拓集理论、可拓逻辑三大支柱。在可拓学中,为了形式化描述物、事和关系,建立了物元、事元和关系的概念,它们是可拓学的逻辑细胞,统称为基元。可拓集描述的是事物的可变性,它既可描述事物"是"与"非"的相互转化,又可描述事物具有某种性质的程度,即既可描述事物质变的过程,又可描述事物量变的过程。可拓集的提出,为把人们解决问题的过程定量化、形式化和理论化提供了理论依据。

1. 可拓学相关概念

(1)物元

根据可拓物元理论,把待评价事物 N 及特征 C 和特征的量值 V 构成的有序三元组 $R=(N,C,V)$ 称为待评价事物 N 的基本元,也称为一维物元,N、C、V 称为物元 R 的三要素。

如果事物 N 以其 n 个特征 $C_1,C_2,\cdots,C_n$ 和各个特征对应的量值 $V_1,V_2,\cdots,V_n$ 描述,则所构成的阵列:

$$R=\begin{bmatrix} N & C_1 & V_1 \\ & C_2 & V_2 \\ & \vdots & \vdots \\ & C_n & V_n \end{bmatrix}=(N,C,V)$$

称为 n 维物元。

(2)事元

物与物的相互作用称为事,事以事元来描述。将动词 d、动词的特征名 b 及相应的量值 u 构成的有序三元组作为描述事的基本元,称为一维事元,记作:

$$I=(动词,动词的特征名,量值)=(d,b,u)$$

与物元类似,称 (b,u) 为事元的特征元。对动词而言,它的基本特征名有支配对象、施动对象、接受对象、时间、地点、程度、方式、工具。动词 d 的 n 个特征 $b_1,b_2,\cdots,b_n$ 和 d 关于 $b_1,b_2,\cdots,b_n$ 取得的量值 $u_1,u_2,\cdots,u_n$ 构成的阵列 I 称为事元,其中 I 可以写为:

$$I=\begin{bmatrix} d & b_1 & u_1 \\ & b_2 & u_2 \\ & \vdots & \vdots \\ & b_n & u_n \end{bmatrix}=(d,B,U)$$

(3)关系元

某一物、事与其他的物、事之间可能有不同的关系,这些关系之间又相互作用,相互影响。因此,对应的物元、事元也与其他物元一样应能描述这样的关系及其相互作用。关系元就是描述这类现象的形式化工具。

以关系词或关系符(亦称关系名)s、n 个特征 $a_1,a_2,\cdots,a_n$ 和相应的量值 $w_1,w_2,\cdots,w_n$ 构成的 n 维阵列 Q 用于描述 w 的关系,称为关系元,其中 Q 可以写为:

$$Q=\begin{bmatrix} s & a_1 & w_1 \\ & a_2 & w_2 \\ & \vdots & \vdots \\ & a_n & w_n \end{bmatrix}=(s,A,W)$$

（4）关联度

设 x_0 为实数域中的任何一点，$X_0 = \langle \alpha, \beta \rangle$ 为实数域上的任何一个区间，称 $\rho(x_0, X_0)$ 为点 x_0 与区间 $X_0 = \langle \alpha, \beta \rangle$ 的距，其中 $\rho(x_0, X_0)$ 为：

$$\rho(x_0, X_0) = \left| x_0 - \frac{\alpha + \beta}{2} \right| - \frac{\beta - \alpha}{2} \tag{4-25}$$

一般地，设 $X_0 = \langle \alpha, \beta \rangle$，且 $X = \langle \alpha', \beta' \rangle$，$X_0 \subset X$，则点 x 关于区间 X_0 和 X 组成的区间套的位置规定为：

$$D(x, X_0, X) = \begin{cases} \rho(x, X) - \rho(x, X_0), & x \notin X_0 \\ -1, & x \in X_0 \end{cases} \tag{4-26}$$

$D(x, X_0, X)$ 就描述了点 x_0 与 X_0 和 X 组成的区间套的位置关系。

可以定义关联函数为：

$$K(x) = \frac{\rho(x, X_0)}{D(x, X_0, X)} \tag{4-27}$$

式（4-27）中，$\rho(x, X_0)$ 为点 x 与区间 $X_0 = \langle \alpha, \beta \rangle$ 的距；$D(x, X_0, X)$ 表示 x 关于区间 X_0 和 X 组成的区间套位置的关系；当 X_0 和 X 取相同的区间时，$K(x)$ 在 $(0,1)$ 间取值，这时的关联度表征着 x 与标准取值区间 X_0 的关联程度。

2. 基于可拓学的综合评价步骤

（1）确定经典域、节域和待评物元矩阵

根据分析积累的数据资料，选择评价指标，并确定其相应的变化范围，确定待评价事物的经典域和节域，并确定待评价事物的物元矩阵。

设事物的名称为 N，关于特征 c 的量值为 v_0。如果事物 N 有 n 个特征，记作 $c_1, c_2, \cdots, c_n$，相应量值记作 $v_1, v_2, \cdots, v_n$，则物元记为：

$$R = \begin{bmatrix} N & c_1 & v_1 \\ & c_2 & v_2 \\ & \vdots & \vdots \\ & c_n & v_n \end{bmatrix} = \begin{bmatrix} R_1 \\ R_2 \\ R_3 \\ R_4 \end{bmatrix}$$

①确定经典域：

$$R_j = (N_j, c_j, x_{ji}) = \begin{bmatrix} N & c_1 & x_{j1} \\ & c_2 & x_{j2} \\ & \vdots & \vdots \\ & c_n & x_{jn} \end{bmatrix} = \begin{bmatrix} N_j & c_1 & \langle a_{j1}, b_{j1} \rangle \\ & c_2 & \langle a_{j2}, b_{j2} \rangle \\ & \vdots & \vdots \\ & c_n & \langle a_{jn}, b_{jn} \rangle \end{bmatrix}$$

N_j 表示所划分的 j 个等级效果（$j = 1, 2, \cdots, m$），c_i 表示效果等级 N_j 的特征（$i = 1, 2, \cdots, n$），x_{ji} 为 N_j 关于 c_i 所规定的量值范围，即各效果等级关于对应特征所取得数值方位-经典域。

②确定节域：

$$R_p = (P, c_i, x_{pi}) = \begin{bmatrix} P & c_1 & x_{p1} \\ & c_2 & x_{p2} \\ & \vdots & \vdots \\ & c_n & x_{pn} \end{bmatrix} = \begin{bmatrix} P & c_1 & \langle a_{p1}, b_{p1} \rangle \\ & c_2 & \langle a_{p2}, b_{p2} \rangle \\ & \vdots & \vdots \\ & c_n & \langle a_{pn}, b_{pn} \rangle \end{bmatrix}$$

P 表示效果等级的全体，x_{pi} 为 P 关于 c_i 所规定的量值范围。

③确定待评物元矩阵：对待评标的物，把所检测到的数据或者分析的结果用物元 R_0 表示，称为标的物的待评物元。

$$R_0=(P_0,c_i,x_i)=\begin{bmatrix} P_0 & c_1 & x_1 \\ & c_2 & x_2 \\ & \vdots & \vdots \\ & c_n & x_n \end{bmatrix}$$

P_0 表示标的物，x_i 为 P_0 关于 c_i 的量值，即待评标的物检测所得到的具体数值。

（2）计算关联度

①确定关联度函数，第 i 个指标数值域属于第 j 个等级的关联度函数为：

$$K_j(x_i)=\begin{cases} \rho(x_i,x_{ji})/[\rho(x_i,x_{pi})-\rho(x_i,x_{ji})],x_i\in x_{ji} \\ -\rho(x_i,x_{ji})/|x_{ji}|,x_i\notin x_{ji} \end{cases} \quad (4\text{-}28)$$

其中：

$$\rho(x_i,x_{ji})=\left|x_i-\frac{a_{ji}+b_{ji}}{2}\right|-\frac{1}{2}(b_{ji}-a_{ji}) \quad (4\text{-}29)$$

$$\rho(x_i,x_{pi})=\left|x_i-\frac{a_{pi}+b_{pi}}{2}\right|-\frac{1}{2}(b_{pi}-a_{pi}) \quad (4\text{-}30)$$

②计算关联度：

$$K_j(P_0)=\sum_{i=1}^{n}w_{ij}K_j(x_i) \quad (4\text{-}31)$$

称 $K_j(P_0)$ 为待评标的物 P_0 关于等级 j 的关联度，其中 w_{ij} 为其关联函数对应的权重。

（3）确定评价等级

$$K_j=\max K_j(P_0)(j=1,2,\cdots,m) \quad (4\text{-}32)$$

则标的物的评价等级为 K_j。

4.2.9　突变级数法

1. 突变理论模型

突变理论是 1972 年由法国数学家勒内·托姆（Rene Thom）创立的，它是在系统结构稳定性理论、拓扑学和奇点理论等基础上发展起来的，考察某些系统或过程从一稳定状态到另一稳定状态的跃进，用于研究有不连续和突变现象的数学模型。

（1）势函数

突变模型的研究对象是系统的势函数，势函数有两类变量：一类变量是状态变量，它表示系统的行为状态；另一类变量是控制变量，此类变量是引起系统突变的原因。势函数通过系统的状态变量和控制变量来描述系统的行为。一般地，当控制变量数目不大于 4 时，突变理论有 7 种初等突变模型，每一种突变模型由一个势能函数决定，详见表 4-12。

表 4-12　突变理论模型势函数

突变名称	状态变量数目	控制变量数目	势函数
折叠突变	1	1	$f(x)=x^3+ux$
尖点突变	1	2	$f(x)=x^4+ux^2+vx$
燕尾突变	1	3	$f(x)=x^5+ux^3+vx^2+wx$
蝴蝶突变	1	4	$f(x)=x^6+ux^4+vx^3+wx^2+tx$
双曲脐点	2	3	$f(x,y)=x^3+y^3+uxy-vx-wy$
椭圆脐点	2	3	$f(x,y)=\dfrac{1}{3}x^3-xy^2+u(x^2+y^2)-vx-wy$
抛物脐点	2	4	$f(x,y)=x^4+x^2y+ux^2+vy^2-wx-ty$

（2）分歧集方程

折叠突变、尖点突变、燕尾突变和蝴蝶突变这 4 个模型的状态变量数目均为 1 个，比较简单，为了能清楚地了解突变模型分歧集的性质和作用，仅对这 4 种模型进行详细的介绍。突变模型中，势函数 $f(x)$ 的所有临界点集合成一平衡曲面，通过对 $f(x)$ 求一阶和二阶导数，令其为 0，得到平衡曲面的奇点集 S，通过联立求解

$$\begin{cases} f'(x)=0 \\ f''(x)=0 \end{cases} \tag{4-33}$$

消去 x，可得到反映状态变量和各控制变量之间关系的分解形式的分歧方程。

当控制变量满足分歧集方程时，系统产生突变。

（3）各类突变模型归一化公式

单纯依靠突变模型的分歧集方程是无法进行系统评价的，需要对其进行归一化后方能进行系统评价，即把模型中的状态变量和控制变量的取值控制在 0～1 之间，得到突变模型的归一化公式，详见表 4-13。

表 4-13　突变模型的归一化公式

突变名称	状态变量数目	控制变量数目	归一化公式
折叠突变	1	1	$x_u=\sqrt{u}$
尖点突变	1	2	$x_u=\sqrt{u}$，$x_v=\sqrt[3]{v}$
燕尾突变	1	3	$x_u=\sqrt{u}$，$x_v=\sqrt[3]{v}$，$x_w=\sqrt[4]{w}$
蝴蝶突变	1	4	$x_u=\sqrt{u}$，$x_v=\sqrt[3]{v}$，$x_w=\sqrt[4]{w}$，$x_t=\sqrt[5]{t}$

2. 突变级数评价法

（1）突变级数评价法原理

突变级数评价法是以突变理论为基础，通过对于对象系统的多层次矛盾分解，并根据指标的突变类型和适用的归一化方法，逐层次计算突变级数，最终形成对象系统总突变级数

值,从而进行多目标评价和多准则决策。该方法是一种重要的综合评价方法,它无须计算指标权重,从而减少主观性而又不失科学性、合理性,特别适用于风险事件的发生具有突变性特征的对象系统的综合评价问题,如桥梁的倒塌、岩石的破裂、边坡的失稳等。

路堑高边坡失稳具有突变特性,引起失稳的因素可以作为控制变量,建立高边坡施工风险评价的势函数,可以运用突变理论来分析高边坡的突变起动特征。

(2)突变级数评价法的主要步骤

①建立突变评价指标体系。突变级数评价法在构建递阶层次结构过程中,与层次分析法类似,即把复杂问题分解,形成目标层、准则层和最底层,形成不同层次。同一层次的元素作为准则,对下一层次的某些元素起支配作用,同时它又受到上一层次元素的支配。

②确定指标体系各层次的突变类型。突变级数评价法的突变类型最常见的是折叠突变、尖点突变、燕尾突变和蝴蝶突变 4 种。若一个指标可细分为 2 个子指标,该系统为尖点突变系统;细分为 3 个子指标,该系统可视为燕尾突变系统。如图 4-4 所示。

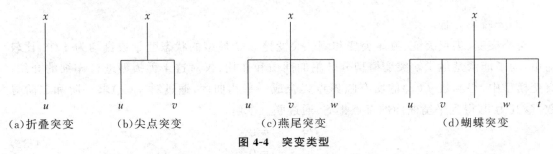

(a)折叠突变　　(b)尖点突变　　　　(c)燕尾突变　　　　　　　(d)蝴蝶突变

图 4-4　突变类型

③对最底层指标(控制变量)进行原始数据标准化。各评价指标的取值范围不同,单位量纲不同,而突变级数评价法要求控制变量的取值范围在 0～1,因此要将获取到的原始数据全部转化为 0～1 的无量纲可比较数值。对于越大越好正向型指标:

$$x_{ij}' = \frac{x_{ij} - x_{\min}}{x_{\max} - x_{\min}} \tag{4-34}$$

对于越小越好逆向型指标:

$$x_{ij}' = \frac{x_{\max} - x_{ij}}{x_{\max} - x_{\min}} \tag{4-35}$$

式中,$x_{\max}$ 和 $x_{\min}$ 分别代表评价指标的最大值和最小值。

④利用归一化公式进行综合评价。根据相应归一化公式进行求解,先进行最底层指标的归一化求解,而后逐层运算突变级数,最后求出总突变级数,得出目标层的评价值。在各层次突变级数求解过程中,遵循"互补"和"非互补"原则,即各控制变量存在相互关联作用时,采取"互补"原则,系统的突变级数为所有控制变量归一化数据的平均值;反之,采取"非互补"原则,按照"大中取小"的方式进行系统突变级数的计算。

⑤与评价准则相比较,确定评价等级。

4.3 应用案例

4.3.1 基于主观评分法的公路施工风险评价

以某高速公路施工风险评价为例,说明主观评分法的实际应用过程。

利用主观评分法对公路工程施工风险进行评价的主要思路是:

第一,通过问卷调查和阅读有关资料,识别公路工程施工中可能存在的风险因素,并对其进行分类。

第二,设计调查打分表,并将其提交给工地的有关专家,专家根据工程项目的实际情况和经验,对可能的风险因素的重要性进行评估。

第三,收集专家的评估意见,对专家评估结果做计算分析,对整个项目风险因素进行排序分析。

1. 调查问卷的设计

调查问卷采用打分的形式,设计的风险调查打分表如表 4-14 所示。表中的"可能性"表示该风险因素在本项目发生的概率大小;"严重性"表示该风险因素如发生后,对本项目的质量、工期、成本等目标的影响程度;"可控性"表示该风险因素发生后,可以控制的难易程度。

专家根据风险打分矩阵表(表 4-15),对表 4-14 所示各项风险因素的可能性、严重性、可控性进行打分,并计算出风险级别得分(风险级别＝可能性×严重性×可控性),得分最高的风险因素排第一。风险级别得分越高的风险因素,对项目目标造成的影响越大,应引起人们的重视。

表 4-14 工程项目施工阶段风险调查打分表

工程名称:　　　　　　　　　　　合同段:

被访人员姓名:　　　　　　　　　被访人员所属单位:

风险类别		风险因素	风险编号	可能性	严重性	可控性	风险级别
项目施工环境风险(R_1)	自然风险(R_{11})	不利的气象条件	R_{111}				
		不利的水文条件	R_{112}				
		不利的地质条件	R_{113}				
	社会环境风险(R_{12})	人工工资提高、建筑材料涨价	R_{121}				
		政策、法规变更	R_{122}				
		周边居民干扰	R_{123}				
		社会治安不良	R_{124}				

续表

风险类别		风险因素	风险编号	可能性	严重性	可控性	风险级别
项目法人或业主风险（R_2）	技术（R_{21}）	对工程标准提出过高要求	R_{211}				
		增加新的项目	R_{212}				
	经济（R_{22}）	合同条款含糊不清	R_{221}				
		工程款项不能及时支付	R_{222}				
	管理（R_{23}）	业主非程序地干预工程	R_{231}				
		工作拖延（检查、指令、批复等程序）	R_{232}				
		施工协调不得力	R_{233}				
		施工场地未及时提供	R_{234}				
		项目管理组织不当	R_{235}				
	其他可能风险（R_{24}）		R_{241}				
勘测设计风险（R_3）	技术（R_{31}）	供设计采用的地质勘查资料不详细	R_{311}				
		工程设计错误或缺陷	R_{312}				
		设计变更频繁	R_{313}				
	经济（R_{32}）	可能存在的风险	R_{321}				
	管理（R_{33}）	图纸供应不及时	R_{331}				
		设计变更签批程序滞后	R_{332}				
	其他可能风险（R_{34}）		R_{341}				
监理风险（R_4）	技术（R_{41}）	过分频繁苛刻检查	R_{411}				
		下达指令错误	R_{412}				
	经济（R_{42}）	支付不及时	R_{421}				
		变更、索赔费用确定不合理	R_{422}				
	管理（R_{43}）	关键监理岗位人员更换频繁	R_{431}				
		监理工作效率低	R_{432}				
	其他可能风险（R_{44}）		R_{441}				

续表

风险类别		风险因素	风险编号	可能性	严重性	可控性	风险级别
施工承包方风险(R_5)	技术(R_{51})	施工方案不当	R_{511}				
		施工人员生产效率低	R_{512}				
		施工工艺不合理或落后	R_{513}				
		不熟悉设计图纸,不了解设计意图	R_{514}				
		一般技术人员的素质不过硬	R_{515}				
	经济(R_{52})	成本控制措施不当	R_{521}				
	管理(R_{53})	施工管理人员、技术人员和工人责任心不强	R_{531}				
		施工现场管理不当	R_{532}				
		项目分包不适当或分包商有问题	R_{533}				
		建筑材料供应不及时或不合格	R_{534}				
		机械设备效率低或经常出现故障	R_{535}				
		出现质量或安全事故	R_{536}				
	其他可能风险(R_{54})		R_{541}				

表 4-15 风险打分矩阵表

风险发生的可能性									
极不可能		←←←		可能		→→→		极有可能	
1	2	3	4	5	6	7	8	9	10
风险发生的严重性									
极不严重		←←←		严重		→→→		极严重	
1	2	3	4	5	6	7	8	9	10
风险发生的可控性									
可控		←←←		可控		→→→		不可控	
1	2	3	4	5	6	7	8	9	10

2. 调查问卷的发放对象

就公路建设项目而言,风险大量出现在施工阶段,因此本调查仅收集施工阶段的风险情况。调查选定正在施工的浦南高速和泉三高速泉州段两个项目。就项目参与方而言,本调查选取的是建设项目最重要的参与方,即业主、设计方、监理方和施工方。

本问卷主要通过 E-mail 发出,部分为现场发放并收回。问卷共发放 35 份,收回 26 份,回收率为 74.3%。

3. 项目背景描述

浦南高速公路是国家高速公路规划网中北京至台北、长春至深圳高速公路的组成部分，是福建省目前在单个设区市境内建设里程最长、投资最大的项目，被交通部列入全国第一批公路勘察设计典型示范工程，在我省高速公路工程建设中首次采用大标段、合同总价包干施工总承包方式建设和"业主＋项目建设管理服务单位"的管理模式。建设里程 244.4 km，同步建设武夷山连接线二级公路 1.877 km，交通部批复投资概算 98.03 亿元。双向四车道标准建设，其中村桥至石陂段 66.92 km 和五夫至新桥段 61.463 km 设计速度 100 km/h，路基宽度 26 m；其余路段 116.01 km 设计速度 80 km/h，路基宽度 24.5 m。全线共有桥梁 163 座，隧道 25 座；沿线设 6 个服务区、12 个一般互通、1 个枢纽互通、3 个预留枢纽互通和 1 个预留一般互通；全线设有 13 个收费站、1 个监控分中心、1 个通信监控所、5 个养护工区和 5 个隧道管理站。

泉三高速公路泉州段全长 128 km。项目概算总投资为 76.6 亿元。起点至永春互通立交段 63 km，采用双向六车道标准，设计速度 100 km/h，路基宽度 33.5 m；永春互通立交至三明交界处 52 km，采用双向四车道标准，设计速度 80 km/h，路基宽度 24.5 m；德化连接线 13 km，采用双向四车道标准，设计速度 80 km/h，路基宽度 21.5 m。项目概算总投资约 76.6 亿元，全线共有大桥 16786.7 m/62 座，中桥 647.7 m/10 座，隧道 17079 m/20 座，全线设置 10 处互通立交，设置 2 处服务区。

4. 调查问卷分析

对收回的调查打分表，分别计算相应的风险级别得分值，并按回收的份数取平均值，据此得出前 10 位风险因素的风险级别排序，如表 4-16 所示。

表 4-16　公路工程项目施工风险因素排序表

风险因素	风险编号	风险级别分值	排序	风险类别
人工工资提高、建筑材料涨价	R_{121}	497	1	社会环境风险 R_{12}（项目施工环境风险 R_1）
不利的气象条件	R_{111}	355	2	自然风险 R_{11}（项目施工环境风险 R_1）
不利的水文条件	R_{112}	336	3	自然风险 R_{11}（项目施工环境风险 R_1）
不利的地质条件	R_{113}	305	4	自然风险 R_{11}（项目施工环境风险 R_1）
施工现场管理不当	R_{532}	280	5	管理风险 R_{53}（施工承包方风险 R_5）
周边居民干扰	R_{123}	264	6	社会环境风险 R_{121}（项目施工环境风险 R_1）
政策、法规变更	R_{122}	239	7	社会环境风险 R_{121}（项目施工环境风险 R_1）
工程款项不能及时支付	R_{222}	210	8	经济 R_{22}（项目法人或业主风险 R_2）
项目分包不适当或分包商有问题	R_{533}	180	9	管理风险 R_{53}（施工承包方风险 R_5）
成本控制措施不当	R_{521}	179	10	经济风险 R_{52}（施工承包方风险 R_5）

从表 4-16 中可以看出,排在前 10 位的风险因素中有 6 项属于项目施工环境风险(R_1),3 项属于施工承包方风险(R_5),1 项属于业主风险 R_2。排在第一位的风险因素是工资提高、建筑材料涨价,因此承包商在投标报价时应充分考虑施工时物价上涨给工程的实际成本带来的影响,应考虑适当的风险应急费用。对其他风险因素的风险管理策略和应对措施可以参照表 4-17 采用。

表 4-17　风险管理策略及应对措施

风险因素	风险管理策略	风险应对措施
工资提高、建筑材料涨价	风险自留	投标报价时考虑应急费用
不利的气象条件	风险自留	索赔、预防措施
不利的水文条件	风险自留	索赔
不利的地质条件	风险转移	在合同条件中分清责任
施工现场管理不当	风险自留、风险控制	制定预防措施、严格规章制度
周边居民干扰	风险自留	加强协调工作
政策、法规变更	风险自留	索赔
工程款项不能及时支付	风险自留、风险转移	索赔、严格合同条件
项目分包不适当或分包商有问题	风险转移、风险规避	履约保函、进行资格预审
成本控制措施不当	风险自留、风险控制	制定预防措施、严格规章制度

4.3.2　基于 AHP 的公路工程设计施工总承包项目投标风险模糊综合评价

某高速公路建设项目的招标范围包括工程勘察、初步设计、技术设计(如需要)、施工图设计和工程施工以及投资参股项目公司。按《中华人民共和国公司法》及其他相关法律和政策规定,中标人与招标人共同组建项目建设、经营等管理企业(即项目公司)并依法办理公司注册。项目公司代表中标人和各投资参股东对项目的策划、资金筹措、勘察设计管理、建设工程施工管理、运营管理、养护维修、债务偿还和资产管理实行全过程负责,自主经营,自负盈亏,并在协议规定的特许经营期满后,将该项目及其全部设施无偿移交给政府指定的机构。

在对该高速公路项目投标阶段的风险识别基础上,运用基于 AHP 的模糊综合评价法对该项目进行投标阶段的风险评价。

1. 指标体系结构设计

针对该项目的特殊情况,在表 4-10 的基础上,增加"项目经营风险 U_4"主准则层,相应的次准则层为不可抗力风险 U_{41}、市场风险 U_{42}、政府公共管制风险 U_{43}、项目公司内部经营风险 U_{44}。

2. 确立因素集

第一级评判因素:$U = \{U_1, U_2, U_3, U_4\}$。

第二级评判因素：$U_1 = \{U_{11}, U_{12}, U_{13}, U_{14}\}$，$U_2 = \{U_{21}, U_{22}, U_{23}, U_{24}, U_{25}\}$，$U_3 = \{U_{31}, U_{32}, U_{33}, U_{34}\}$，$U_4 = \{U_{41}, U_{42}, U_{43}, U_{44}\}$。

3. 确定评价集

将每个风险因素的风险程度等级定为"很大""较大""一般""较小""很小"5个等级，即评价集为：$V = \{很大, 较大, 一般, 较小, 很小\} = \{V_1, V_2, V_3, V_4, V_5\}$。

4. 确定各级指标权重，建立权重集

采用层次分析法（AHP）确定各级指标权重，具体计算用现代综合评软件包（MCE）来进行，也可用其他软件（如 MATLAB 软件）计算。经计算，本项目各级指标的权重如下：

$W = \{0.2909 \quad 0.5173 \quad 0.1314 \quad 0.0604\}$

$W_1 = \{0.4714 \quad 0.0962 \quad 0.2533 \quad 0.1791\}$

$W_2 = \{0.5095 \quad 0.1470 \quad 0.2246 \quad 0.0480 \quad 0.0709\}$

$W_3 = \{0.2638 \quad 0.5057 \quad 0.1642 \quad 0.0663\}$

$W_4 = \{0.0857 \quad 0.5673 \quad 0.1146 \quad 0.2324\}$

5. 单因素评价

请评估小组（共10位专家）成员分别就每个风险评判因素属于哪个等级发表意见，专家评估表见表4-18。

表 4-18　项目投标风险指标模糊评判表

风险项目：总承包商方面的风险（U_1）　　　　专家姓名：　　　　　　评判日期：

等级　　　　　　　风险评判因素	很大	较大	一般	较小	很小
贸然进入市场风险 U_{11}		√			
联合体合作伙伴的选择风险 U_{12}			√		
总承包商的技术与管理风险 U_{13}				√	
商务报价的风险 U_{14}				√	

注：请在空格内打√。

然后，分别对某一因素的10名专家的评估结论进行汇总，以便得到评估小组对单因素评估的结论，如对总承包商方面的风险（U_1）下各风险评判因素的评估结果见表4-19。

表 4-19　指标 U_1 评估结果

风险评判因素	评估等级（次数）				
	很大	较大	一般	较小	很小
贸然进入市场风险 U_{11}	0	1	4	5	0
联合体合作伙伴的选择风险 U_{12}	0	0	4	4	2
总承包商的技术与管理风险 U_{13}	0	0	6	4	0
商务报价的风险 U_{14}	0	3	5	2	0

得到指标 U_1 的模糊判断矩阵,用同样方法可得到指标 U_2、U_3、U_4 的模糊判断矩阵:

$$R_1 = \begin{bmatrix} 0 & 0.1 & 0.4 & 0.5 & 0 \\ 0 & 0 & 0.4 & 0.4 & 0.2 \\ 0 & 0 & 0.6 & 0.4 & 0 \\ 0 & 0.3 & 0.5 & 0.2 & 0 \end{bmatrix} \qquad R_2 = \begin{bmatrix} 0.1 & 0.4 & 0.5 & 0 & 0 \\ 0 & 0.1 & 0.5 & 0.4 & 0 \\ 0 & 0 & 0.6 & 0.4 & 0 \\ 0 & 0 & 0.3 & 0.7 & 0 \\ 0 & 0 & 0.3 & 0.6 & 0.1 \end{bmatrix}$$

$$R_3 = \begin{bmatrix} 0 & 0.1 & 0.3 & 0.6 & 0 \\ 0.1 & 0.2 & 0.5 & 0.2 & 0 \\ 0 & 0.2 & 0.5 & 0.3 & 0 \\ 0 & 0 & 0.3 & 0.5 & 0.2 \end{bmatrix} \qquad R_4 = \begin{bmatrix} 0 & 0 & 0.6 & 0.4 & 0 \\ 0 & 0 & 0.4 & 0.5 & 0.1 \\ 0 & 0 & 0.2 & 0.4 & 0.4 \\ 0 & 0 & 0.2 & 0.6 & 0.2 \end{bmatrix}$$

6. 对投标风险进行模糊综合评判

(1)进行第一级模糊综合评价。

$$B_1 = W_1 \cdot R_1 = \{0 \quad 0.1009 \quad 0.4686 \quad 0.4113 \quad 0.0192\}$$
$$B_2 = W_2 \cdot R_2 = \{0.0521 \quad 0.2224 \quad 0.5084 \quad 0.2131 \quad 0.0040\}$$
$$B_3 = W_3 \cdot R_3 = \{0.0506 \quad 0.1604 \quad 0.4340 \quad 0.3418 \quad 0.0132\}$$
$$B_4 = W_4 \cdot R_4 = \{0 \quad 0 \quad 0.3477 \quad 0.5032 \quad 0.1491\}$$

按最大隶属度原则可知,以上各评价结果除指标 U_4 对评语集中 V_4 的隶属度最大外,其余均对评语集中 V_3 的隶属度最大。因此,该项目投标阶段"总承包方面的风险""项目与招标条件方面的风险""环境风险"的风险程度评价为 V_3(一般),"项目经营风险"的风险程度评价为 V_4(较小)。

(2)对投标风险进行第二级综合评价,得出结论。

$$R = \begin{bmatrix} B_1 \\ B_2 \\ B_3 \\ B_4 \end{bmatrix} = \begin{bmatrix} 0 & 0.1009 & 0.4686 & 0.4113 & 0.0192 \\ 0.0521 & 0.2224 & 0.5084 & 0.2131 & 0.0040 \\ 0.0506 & 0.1604 & 0.4340 & 0.3418 & 0.0132 \\ 0 & 0 & 0.3477 & 0.5032 & 0.1491 \end{bmatrix}$$

$$B = W \cdot R = \{0.0336 \quad 0.1655 \quad 0.4773 \quad 0.3052 \quad 0.0184\}$$

按最大隶属度原则可知,评价结果对评语集中 V_3 的隶属度最大,该项目投标风险评价为 V_3(一般),基本可以决定进行投标。另外,可以得到该项目投标阶段的风险总排序权重值(表 4-20),供进一步采取针对性的风险应对具体措施时参考,有侧重地加强管理,以预防风险的发生。

表 4-20　项目投标风险总排序权重值

指标	权数	子指标	权数	子指标总排序权重	序号
总承包商方面的风险 U_1	0.2909	贸然进入市场风险 U_{11}	0.4714	0.1371	2
		联合体合作伙伴的选择风险 U_{12}	0.0962	0.0280	10
		总承包商的技术与管理风险 U_{13}	0.2533	0.0737	4
		商务报价的风险 U_{14}	0.1791	0.0521	7

续表

指标	权数	子指标	权数	子指标总排序权重	序号
项目与招标条件方面的风险 U_2	0.5173	项目定义不准确风险 U_{21}	0.5208	0.2694	1
		合同风险 U_{22}	0.1409	0.0729	5
		项目技术风险 U_{23}	0.2536	0.1312	3
		业主的信誉风险 U_{24}	0.0450	0.0233	11
		业主的管理风险 U_{25}	0.0397	0.0205	13
环境风险 U_3	0.1314	政策法律风险 U_{31}	0.2638	0.0347	8
		经济环境风险 U_{32}	0.5057	0.0664	6
		自然环境风险 U_{33}	0.1642	0.0216	12
		竞争对手风险 U_{34}	0.0663	0.0087	15
项目经营风险 U_4	0.0604	不可抗力风险 U_{41}	0.0857	0.0052	17
		市场风险 U_{42}	0.5673	0.0343	9
		政府公共管制风险 U_{43}	0.1146	0.0069	16
		项目公司内部经营风险 U_{44}	0.2324	0.0140	14

4.3.3　风险矩阵法在桥梁支架安全风险评价中的应用

1. 背景材料

某高速公路 A5 合同段和平枢纽互通主线 2 号桥长 119 m（左幅 K95＋533.9～K95＋652.9，右幅 K95＋534.19～K95＋653.189），桥梁平面分别位于缓和曲线和直线上，纵断面坡度 2.8％，墩台等角度布置。该桥上部采用现浇后张预应力连续箱梁结构，桥梁跨径组合设计为左幅 30 m＋32 m＋30 m＋20 m，右幅 20 m＋30 m＋32 m＋30 m。梁体设计为单箱二室连续箱梁结构，箱梁高 1.8 m，顶宽 12 m，底宽 7 m，悬臂长 2.5 m。除 2♯墩前后各 16.45 m 范围采用钢管柱加工字钢支架法跨越莆永高速外，其余均用满堂支架法现浇施工。

现浇箱梁满堂支架采用 WDJ 碗扣式多功能脚手杆搭设，使用与立杆配套的横杆及立杆可调底座、立杆可调托撑。立杆顶设两层方木，立杆顶托上纵向设 10 cm×12 cm 方木；纵向方木上设 10 cm×10 cm 的横向方木，间距 30 cm。模板用厚 1.8 cm 的优质竹胶合板，横板边角用 4 cm 厚木板加强，防止转角漏浆或出现波浪形，影响外观。腹板外侧根部采用 5 cm×10 cm 的方木固定在底模外侧进行加固。支顶用钢管支撑，固定在支架上。支架纵横均设置剪刀撑，其中横桥向斜撑每 3.0 m 设一道，纵桥向斜撑沿横桥向共设 5 道（单幅），位置为边腹板、中腹板下及最外一排立杆处（即支架外表面满布剪刀撑），水平剪刀撑设 3 道，分别为上、中、下各一道。每根立杆底部应设置底座或垫板，同时支架立杆设置纵、横向扫地杆。剪刀撑、斜撑搭设随立杆，纵向和横向水平杆等同步搭设。

为严防安全事故发生，切实完成生产目标，组织相关专家在研究设计图纸及施工单位编写的专项施工方案和满堂支架方案计算书的基础上,结合现场考察掌握的第一手资料,对该支架的施工安全风险进行评估。

2. 桥梁支架本质安全风险评估指标体系的建立

引发桥梁支架垮塌事故的因素很多,主要分为人员、机具、材料、作业环境、工艺技术及现场管理 6 个方面,根据相关规范,查阅相关文献并征求专家意见后,制定了 19 个二级指标和 6 个一级指标,其安全风险评价指标体系见图 4-5。

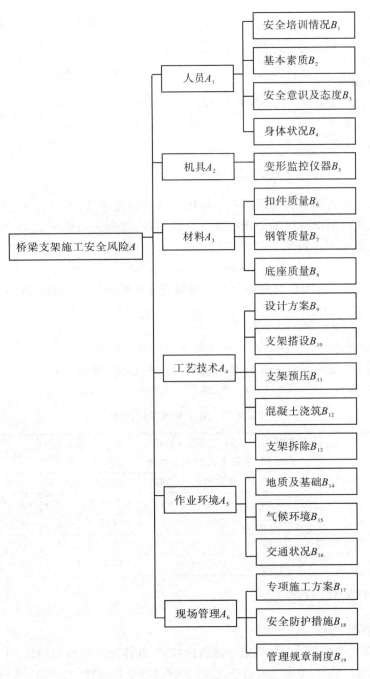

图 4-5　桥梁支架施工安全风险评估指标体系

3. 专家权重的确定

由于专家工作经验、学术背景及对所评估项目的了解程度不同,专家的权重也不尽一样。专家自身的权重主要考虑职称、从事桥梁工程时间、对工程风险理论及方法的熟悉程度及对本支架施工方案了解程度而综合确定,见表 4-21。

表 4-21 专家权重体系

指 标	分指标(专家实际情况)				
职称	其他	初级职称	中级职称	副教授或高工	教授或教授高工
从事桥梁工程时间	2 年以下	2～5 年	5～10 年	10～20 年	20 年以上
对工程风险理论及方法的熟悉程度	不太了解	了解一点	比较了解	熟悉	非常熟悉
对本支架施工方案了解程度	不太了解	了解一点	比较了解	熟悉	非常熟悉
分指标分值	1	3	6	8	10
分指标相对权值	0.036	0.107	0.214	0.286	0.357

注:表中分指标相对权值为分指标对应分值除以分值之和 28。

由于职称、从事桥梁工程时间等几个指标的重要程度相近,可以认为各指标权重是相同的,将各位专家实际情况对应的分指标相对权值相加,然后进行归一化处理,则可得到专家自身的权重,记为 $w^{(k)}$。设第 k 个专家给出的权重向量为:

$$w^{(k)} = [w_1^{(k)}, w_2^{(k)}, \cdots, w_n^{(k)}]^T, k = 1, 2, \cdots, L$$

则 L 位专家确定的评价指标权重综合在一起得到各评价指标权重的矩阵为:

$$w_i = \sum_{k=1}^{L} \alpha_k \cdot w_i^{(k)} \tag{4-36}$$

邀请 5 位桥梁施工方面的专家对本桥梁支架进行风险评估,专家权重在表 4-21 对应的相对权值基础上,考虑每位专家实际情况确定对应的权值,然后求和并进行归一化处理,得到每位专家实际权重 $w^{(k)} = [0.2436\ 0.2181\ 0.2053\ 0.1665\ 0.1665]$,见表 4-22。

表 4-22 每位专家实际权重

专家	职称	从事桥梁工程时间	对工程风险理论及方法的熟悉程度	对本支架施工方案了解程度	累计权重	归一化权重
1	教授级高工(0.357)	25 年(0.357)	非常熟悉(0.357)	熟悉(0.286)	1.357	0.2436
2	高工(0.286)	20 年(0.286)	熟悉(0.286)	非常熟悉(0.357)	1.215	0.2181
3	高工(0.286)	17 年(0.286)	熟悉(0.286)	熟悉(0.286)	1.144	0.2053
4	工程师(0.214)	10 年(0.214)	比较了解(0.214)	熟悉(0.286)	0.928	0.1665
5	工程师(0.214)	8 年(0.214)	熟悉(0.286)	比较了解(0.214)	0.928	0.1665

注:括号内数值为其相对权重。

4. 指标权重的计算

首先,请专家分别应用 AHP 确定各级指标权重,具体计算可用相关软件(如 MATLAB 或 YAAHP0.60)计算。然后,考虑专家的权重 $w^{(k)} = [0.2436\ 0.2181\ 0.2053\ 0.1665\ 0.1665]$,根

据式(4-36)计算得到各级指标的最终权重,权重计算结果如下:

$A = [0.1372 \quad 0.1035 \quad 0.2052 \quad 0.2652 \quad 0.1623 \quad 0.1266]$

$A_1 = [0.2634 \quad 0.3523 \quad 0.2587 \quad 0.1256]$;

$A_2 = [1]$;

$A_3 = [0.3424 \quad 0.3288 \quad 0.3288]$;

$A_4 = [0.1825 \quad 0.2660 \quad 0.2254 \quad 0.2236 \quad 0.1025]$;

$A_5 = [0.4328 \quad 0.3456 \quad 0.2216]$;

$A_6 = [0.3723 \quad 0.3622 \quad 0.2655]$

5. 桥梁支架安全风险评估

(1)风险等级标准

根据风险事故可能性和事故严重程度,将桥梁支架安全风险等级分为4级,建立风险矩阵,如表4-23所示,其中风险事故可能性等级分为很可能、可能、偶然和不太可能4级。

表4-23　风险等级矩阵

严重程度等级 可能性等级		一般	较大	重大	特大
		1	2	3	4
很可能	4	高度Ⅲ	高度Ⅲ	极高Ⅳ	极高Ⅳ
可能	3	中度Ⅱ	高度Ⅲ	高度Ⅲ	极高Ⅳ
偶然	2	中度Ⅱ	中度Ⅱ	高度Ⅲ	高度Ⅲ
不太可能	1	低度Ⅰ	中度Ⅱ	中度Ⅱ	高度Ⅲ

事故严重程度等级如表4-24和表4-25所示,事故严重程度主要考虑人员伤亡和直接经济损失,两者同时发生时,采用就高原则确定事故严重程度等级。在该风险等级矩阵中,Ⅰ级(低度)风险表示可忽略,无须采取风险处理措施和监测;Ⅱ级(中度)风险表示可接受,一般无须采取风险处理措施,但需予以监测;Ⅲ级(高度)风险表示不期望,必须采取风险处理措施降低风险并加强监测;Ⅳ级(极高)风险表示不可接受,必须高度重视,采取切实可行的规避措施并加强监测,否则要不惜代价将风险至少降低到不期望的程度。

表4-24　人员伤亡等级

等级	1	2	3	4
定性描述	一般	较大	重大	特大
人员伤亡	人员伤亡(含失踪)人数<3 或重伤人数<10	3≤人员伤亡(含失踪)人数<10 或 10≤重伤人数<50	10≤人员伤亡(含失踪)人数<30 或 50≤重伤人数<100	人员伤亡(含失踪)人数≥30 或重伤人数≥100

表4-25　直接经济损失等级

等级	1	2	3	4
定性描述	一般	较大	重大	特大
经济损失 Z(万元)	$Z<10$	$10≤Z<50$	$50≤Z<500$	$Z≥500$

（2）桥梁支架安全风险评估

首先,请专家分别根据风险事故发生可能性等级（表 4-23）、事故严重程度等级（表 4-24 和表 4-25）,结合支架的实际情况,评估各二级指标的风险等级,综合专家的评估结果,得出二级指标的最终风险等级及分值。从表 4-26 中可以知道,二级指标中有 4 项属于Ⅲ级高度风险,属不期望风险,必须采取相应措施降低风险并在施工过程中加强监测。

其次,根据二级指标的分值及权重,得出相应一级指标的综合分值及风险等级。

表 4-27 为一级指标工艺技术（A_4）的风险等级确定过程。用同样方法,得到各一级指标的综合分值及风险等级,具体计算过程见表 4-26。一级指标中有 3 项属于Ⅱ级偏上中度风险,基本属可接受风险,但必须注意监测。

表 4-26　支架施工安全风险评估表及综合评估结果

一级指标	二级指标	二级指标			一级指标风险			总体风险	
		风险等级		权重	综合分值	等级	权重	综合分值	等级
		等级	分值						
人员 A_1	安全培训情况 B_1	Ⅰ	1	0.2634	1.7366	Ⅱ级偏下	0.1372	2.039	Ⅱ级
	基本素质 B_2	Ⅱ	2	0.3523					
	安全意识及态度 B_3	Ⅱ	2	0.2587					
	身体状况 B_4	Ⅱ	2	0.1256					
机具 A_2	变形监控仪器 B_5	Ⅰ	1	1	1	Ⅰ级	0.1035		
材料 A_3	扣件质量 B_6	Ⅲ	3	0.3424	2.3424	Ⅱ级偏上	0.2052		
	钢管质量 B_7	Ⅱ	2	0.3288					
	底座质量 B_8	Ⅱ	2	0.3288					
工艺技术 A_4	设计方案 B_9	Ⅲ	3	0.1825	2.4061	Ⅱ级偏上	0.2652		
	支架搭设 B_{10}	Ⅱ	2	0.2660					
	支架预压 B_{11}	Ⅱ	2	0.2254					
	混凝土浇筑 B_{12}	Ⅲ	3	0.2236					
	支架拆除 B_{13}	Ⅱ	2	0.1025					
作业环境 A_5	地质及基础 B_{14}	Ⅲ	3	0.4328	2.2112	Ⅱ级偏上	0.1623		
	气候环境 B_{15}	Ⅱ	2	0.3456					
	交通状况 B_{16}	Ⅰ	1	0.2216					
现场管理 A_6	专项施工方案 B_{17}	Ⅱ	2	0.3723	1.7345	Ⅱ级偏下	0.1266		
	安全防护措施 B_{18}	Ⅱ	2	0.3622					
	管理规章制度 B_{19}	Ⅰ	1	0.2655					

表 4-27　工艺技术(A_4)风险评估结果

一级指标	二级指标	风险发生可能性等级	风险事故严重程度等级		二级指标			一级指标风险等级	
			人员伤亡	直接经济损失	风险等级		权重	综合分值	等级
					等级	分值			
工艺技术 A_4	设计方案 B_9	2	2	3	Ⅲ	3	0.1825	2.4061	Ⅱ级偏上
	支架搭设 B_{10}	2	2	1	Ⅱ	2	0.2660		
	支架预压 B_{11}	2	2	1	Ⅱ	2	0.2254		
	混凝土浇筑 B_{12}	2	3	3	Ⅲ	3	0.2236		
	支架拆除 B_{13}	1	2	1	Ⅱ	2	0.1025		

注:1. 风险等级Ⅰ、Ⅱ、Ⅲ、Ⅳ对应的分值为1、2、3、4分。

　　2. 一级指标风险等级的综合分值为各二级指标风险等级分值与对应权重的乘积之和。

最后,将一级指标的权重值 $A=[0.1372\quad 0.1035\quad 0.2052\quad 0.2652\quad 0.1623\quad 0.1266]$ 分别乘以相应指标的综合分值并相加,最终得出桥梁支架施工安全总体风险分值2.039分,风险等级可视为Ⅱ级中度,属可接受风险,但在施工过程中需予以监测。

4.3.4　基于白化权函数的工程监理责任风险灰色评价

工程监理责任风险是指导致工程监理不能完成法律、法规规定和合同约定义务的一切不确定性,这些不确定性可能造成工程监理承担相应的监理责任。随着国家建设管理领域法律、法规的逐步完善,工程监理所承担的责任逐渐加重,监理责任和风险的问题已成为业内人士关注的重点。但监理企业从管理层到作业层还没有完全意识到建立监理责任风险防范机制的重要性,没有很好地开展风险管理。反而在不规范市场行为的影响下,不少企业靠低收费、低投入的方式参与竞争,致使监理企业陷入人才流失、服务水平降低,进而收费更低的怪圈。其结果是监理服务质量下降,使人们对监理的成效产生怀疑,加大了承担责任风险的可能性。同时,当前国内监理企业面临的市场竞争压力日益加大。因此,监理企业必须加快责任风险防范机制的建立,树立风险意识,识别在现有制度下,工程监理面临哪些责任风险,并分清主次,加强责任风险管理,使其拥有承担一定责任风险的能力。

工程监理责任风险是一个复杂的、信息不完全的系统,风险确定与不确定之间的灰色信息转化和计算是风险量化评价必然涉及的问题。基于白化权函数的工程监理责任灰色聚类评价方法是一个定量的评价过程,比定性方法更为客观,能减少评价者的主观因素影响,并提供较为可靠的分析结果,使风险评估更加科学。

1. 建立工程监理责任风险评价指标体系

根据国家法律、法规,结合现有研究成果,从政策环境风险、监理单位风险、项目监理机构风险、监理行为风险4个方面对某监理企业的监理责任风险进行归类、识别,建立包含4个一级指标和21个二级指标的监理责任风险评估指标体系,如表4-28所示。

表 4-28　工程监理责任风险评估指标体系

目标风险（目标层）	一级指标（主准则层）	二级指标（次准则层）
工程监理责任风险 U	政策环境风险 U_1	法律、法规对监理质量安全责任的界定不明确 U_{11}；执法部门不能正确执行法律、法规的规定 U_{12}；法律、法规对监理的地位不明确 U_{13}；监理费用不合理 U_{14}
	监理单位风险 U_2	转让或分包监理业务 U_{21}；允许单位或个人以本单位名义承揽工程 U_{22}；与承包单位或材料设备供应商有利害关系 U_{23}
	项目监理机构风险 U_3	内部组织管理机构不完善 U_{31}；监理单位对项目监理机构投入不足 U_{32}；专业配套不全 U_{33}；监理人员不稳定 U_{34}；总监理工程师的能力不足 U_{35}；监理人员素质不高，能力有限 U_{36}
	监理行为风险 U_4	发现转包工程或违法分包而未报告 U_{41}；对应当检查的未检查或未按照规定检查 U_{42}；对应旁站的关键部位、关键工序未进行旁站监理 U_{43}；未审查施工组织设计及专项安全施工方案 U_{44}；发现工程施工存在质量安全隐患，未要求施工单位整改 U_{45}；对施工单位不整改或不停止施工的，未及时向主管部门报告 U_{46}；未按规定进行复验和确认施工复测成果 U_{47}；发现施工单位不按照设计图纸和技术标准施工时未及时制止 U_{48}

2. 确定指标权重

请专家分别应用层次分析法确定各级指标权重，在综合考虑专家自身权重后，得到各级指标的最终权重，结果如下。

$U = \begin{bmatrix} 0.1623 & 0.2113 & 0.2536 & 0.3728 \end{bmatrix}$

$U_1 = \begin{bmatrix} 0.2512 & 0.1723 & 0.2123 & 0.3642 \end{bmatrix}$

$U_2 = \begin{bmatrix} 0.3607 & 0.2672 & 0.3721 \end{bmatrix}$

$U_3 = \begin{bmatrix} 0.1424 & 0.1523 & 0.1614 & 0.1823 & 0.1793 & 0.1823 \end{bmatrix}$

$U_4 = \begin{bmatrix} 0.1393 & 0.1242 & 0.1256 & 0.1083 & 0.1373 & 0.1257 & 0.1135 & 0.1261 \end{bmatrix}$

3. 确定白化权函数表达式

工程监理责任风险评价的核心即通过评估确定风险程度，风险评估的首要工作是界定风险等级。工程监理责任风险因素究竟达到怎样一个标准会触发风险事件难以确定，而风险事件发生的形式基本可以把握，所以工程监理责任风险因素是一个外延明确而内涵不明确的灰色信息，是一个典型的灰数，只能分析其大致的取值范围而不能精确认知确切数值。所以对其采用灰色理论进行风险等级的界定，并通过白化权函数实现风险量化。

将风险发生可能性分为"很可能""可能""偶然""不太可能"4 个等级，风险事故的严重程度分为"特大""重大""较大""一般"4 个等级，对应 4 个灰类。将指标评价的等级转化为百分制，确定对应的阈值。具体对应的等级、灰类、阈值见表 4-29。

表 4-29　工程监理风险评价等级、灰类、评分值范围及阈值

可能性等级	严重程度等级	灰类 k	评分值范围	阈值 λ_j^k
不太可能	一般	$k=1$	$Q\leqslant 40$	$\lambda_j^1=40$
偶然	较大	$k=2$	$40<Q\leqslant 60$	$\lambda_j^2=50$
可能	重大	$k=3$	$60<Q\leqslant 80$	$\lambda_j^3=70$
很可能	特大	$k=4$	$80<Q\leqslant 100$	$\lambda_j^4=80$

根据式(4-12)~式(4-14)确定各灰类具体设计的白化权函数表达式分别为：

$$f_j^1(x)=\begin{cases}0,x\notin[0,50]\\1,x\in[0,40]\\\dfrac{50-x}{50-40},x\in[40,50]\end{cases}$$

$$f_j^2(x)=\begin{cases}0,x\notin[40,70]\\\dfrac{x-40}{50-40},x\in[40,50]\\\dfrac{70-x}{70-50},x\in[50,70]\end{cases}$$

$$f_j^3(x)=\begin{cases}0,x\notin[50,80]\\\dfrac{x-50}{70-50},x\in[50,70]\\\dfrac{80-x}{80-70},x\in[70,80]\end{cases}$$

$$f_j^4(x)=\begin{cases}0,x\notin[70,100]\\\dfrac{x-70}{80-70},x\in[70,80]\\1,x\in[80,100]\end{cases}$$

4. 监理责任风险评估

以项目监理机构风险(U_3)为例说明其计算过程。

(1)专家评分。请专家分别根据风险发生可能性等级和对项目质量、安全的影响程度等级,根据表 4-29 的量化标准,结合企业的实际情况给二级指标打分,分值如表 4-30 所示。

表 4-30　项目监理机构风险(U_3)各指标分值

指标		U_{31}	U_{32}	U_{33}	U_{34}	U_{35}	U_{36}
专家评分(Q)	风险发生可能性	55	75	45	85	70	75
	对项目质量、安全的影响程度	65	65	85	70	75	70

(2)计算灰色聚类系数。根据专家的评分和二级指标的权重数据 $U_3=[0.1424$

0.1523　0.1614　0.1823　0.1793　0.1823]，利用所构建的各灰类白化权函数和式 (4-15)计算出二级指标关于不同灰类的函数值和灰色聚类系数，如表 4-31 所示。

表 4-31　二级指标关于不同灰类的灰色聚类系数

一级指标	风险发生可能性							事故严重程度						
	U_{31}	U_{32}	U_{33}	U_{34}	U_{35}	U_{36}	σ_i^k	U_{31}	U_{32}	U_{33}	U_{34}	U_{35}	U_{36}	σ_i^k
$k=1$	0	0	0.5	0	0	0	0.0807	0	0	0	0	0	0	0
$k=2$	0.75	0	0.5	0	0	0	0.1875	0.25	0.25	0	0	0	0	0.0737
$k=3$	0.25	0.5	0	1	0.5		0.3822	0.75	0.75	0	1	0.5	1	0.6753
$k=4$	0	0.5	0		0.5		0.3496	0			1			0.2510

（3）二级指标风险等级确定。对表 4-31 的结果进行分析，对于风险发生的可能性，由 $\max_{1\leq k\leq s}\{\sigma_i^k\}=\sigma_i^3=0.3822$ 可知，项目监理机构风险(U_3)发生的可能性属于"可能"灰类；对于风险发生的严重程度，由 $\max_{1\leq k\leq s}\{\sigma_i^k\}=\sigma_i^3=0.6753$ 可知，项目监理机构风险(U_3)对项目质量、安全的影响程度属于"重大"灰类。根据表 4-23 的风险等级矩阵，可确定项目监理机构风险等级为Ⅲ级，属于高度风险，为不期望出现的风险，应当采取风险应对措施降低总体风险。用同样的方法确定其他二级指标风险等级。

（4）总体风险分析

①计算一级指标专家的综合评分值。根据二级指标的权重及表 4-30 的分值分别计算项目监理机构风险(U_3)指标的风险发生可能性和对项目质量、安全的影响程度的综合评分值。

风险发生的可能性：

$Q_A=0.1424\times55+0.1523\times75+0.1614\times45+0.1823\times85+0.1793\times70+0.1823\times75=68.24$

风险发生的严重程度：

$Q_B=0.1424\times65+0.1523\times65+0.1614\times85+0.1823\times70+0.1793\times75+0.1823\times70=71.84$

其他一级指标专家的综合评分值如表 4-32 所示。

表 4-32　一级指标综合评分值

指标		U_1	U_2	U_3	U_4
专家评分(Q)	风险发生可能性 Q_A	53.36	63.24	68.24	66.52
	对项目质量、安全的影响程度 Q_B	45.23	68.36	71.84	70.56

②计算综合灰色聚类系数。根据一级指标综合评价值和权重数据 $U=$ [0.1623　0.2113　0.2536　0.3728]，利用所构建的各灰类白化权函数和式(4-15)计算一级指标的综合灰色聚类系数，计算结果如表 4-33 所示。

表 4-33 一级指标关于不同灰类的灰色聚类系数

一级指标	风险发生可能性					事故严重程度				
	U_1	U_2	U_3	U_4	σ_i^k	U_1	U_2	U_3	U_4	σ_i^k
$k=1$	0	0	0	0	0	0.477	0	0	0	0.0774
$k=2$	0.832	0.338	0.088	0.174	0.2936	0.523	0.082	0	0	0.1023
$k=3$	0.168	0.662	0.912	0.826	0.7064	0	0.918	0.816	0.944	0.7528
$k=4$	0	0	0	0	0	0	0	0.184	0.056	0.0675

③总体风险等级确定。对表 4-33 的结果进行分析,对于风险发生的可能性,由 $\max_{1 \leqslant k \leqslant s}\{\sigma_i^k\} = \sigma_i^3 = 0.7064$ 可知,项目监理责任总体风险发生的可能性属于"可能"灰类;对于风险发生的严重程度,由 $\max_{1 \leqslant k \leqslant s}\{\sigma_i^k\} = \sigma_i^3 = 0.7528$ 可知,项目监理责任风险对项目质量、安全的影响程度属于"重大"灰类。根据表 4-23 提供的风险等级矩阵,可确定项目监理责任总体风险等级为Ⅲ级,属于高度风险,为不期望出现的风险,应当采取风险应对措施降低总体风险。

4.3.5 公路施工安全风险评估的网络分析法

公路工程项目的施工安全风险因素多而复杂,不仅难以量化且它们之间又存在相互关联、相互影响的关系。准确识别主要风险和次要风险因素,估测整个项目的安全风险等级是实施公路工程施工安全风险管理的关键一步。

我们以某市绕城高速公路西北段 RA11 合同段为例说明应用 ANP 法对公路施工安全风险进行评估的过程。该标段全长 12.33 km,主要构造物有:桥梁 5 座共 1224.1 m;贵安分离式隧道 1 座 1712 m;潘渡分离式隧道 1 座 1709 m;涵洞 21 座共 781 m;分离立交 2 座共 226 m;洋门互通立交 1 座;高边坡防护加固工程 8 处。本合同段内场地地震烈度均为Ⅵ度。为切实完成安全生产目标,严防安全事故发生,项目施工单位在开工前,组织相关专家在仔细研究设计图纸和工程地质报告的基础上,结合现场考察掌握的第一手资料及组织管理情况,对该项目的施工安全风险应用 ANP 法进行评估。

1. 施工安全风险识别

(1)公路工程项目分解结构(WBS)

项目结构的分解,既要考虑项目的特点、施工安全风险的特点,又要充分考虑施工安全风险的分布情况。根据《公路水运工程安全生产监督管理办法》第二十三条所规定的施工中危险性较大的工程,参照《公路工程质量检验评定标准》(JTG F80),结合风险评估需要,将公路工程项目分解至分部工程并进行编号,具体见表 4-34。

表 4-34　公路工程项目分解

单位工程	分部工程
路基工程 E_1	路基土石方 E_{11}、滑坡和高边坡处理 E_{12}、挡土墙 E_{13}
路面工程 E_2	路面工程 E_2
桥梁工程 E_3	基础工程 E_{31}、下部结构 E_{32}、上部结构预制和安装 E_{33}、上部结构现场浇筑 E_{34}、桥面系和附属工程 E_{35}
隧道工程 E_4	洞口工程 E_{41}、洞身开挖 E_{42}、洞身衬砌 E_{43}、隧道路面 E_{44}、交通工程 E_{45}

（2）公路工程施工安全风险分解结构（RBS）

风险识别是施工安全风险评估的首要环节,根据公路工程的特点,将风险分为自然环境风险、周边环境风险、技术风险、组织管理风险四大类。各类风险包括的具体风险因素见表 4-35。

表 4-35　公路工程施工安全风险分类

风险类别	风险因素
自然环境风险 R_1	地质灾害 R_{11}、地震灾害 R_{12}、水文灾害 R_{13}、气象灾害 R_{14}
周边环境风险 R_2	地形地貌条件 R_{21}、地下构造物 R_{22}、交通状况 R_{23}、其他（周边居民、与铁路公路交叉等）R_{24}
技术风险 R_3	勘测设计不足 R_{31}、设计方案 R_{32}、工程规模 R_{33}、施工工艺成熟度 R_{34}
组织管理风险 R_4	安全管理人员配备 R_{41}、作业人员经验 R_{42}、机械设备配置及管理 R_{43}、专项施工方案 R_{44}

（3）识别公路工程施工安全风险因素

通过上述对 WBS 和 RBS 的建立,可以对各个工程项目进行风险因素识别。在识别过程中采用专家调查法,可参照表 4-36 格式对工程项目的风险进行识别。

表 4-36　公路工程施工安全风险识别

风险因素 ＼ 工程项目			路基工程 E_1			...	隧道工程 E_4				
			路基土石方	滑坡和高边坡处理	挡土墙		洞口工程	洞身开挖	洞身衬砌	隧道路面	交通工程
			E_{11}	E_{12}	E_{13}		E_{41}	E_{42}	E_{43}	E_{44}	E_{45}
自然环境风险 R_1	地质灾害	R_{11}									
	地震灾害	R_{12}									
	水文灾害	R_{13}									
	气象灾害	R_{14}									
⋮	⋮	⋮									
调查说明			请在左列风险因素影响顶部工程项目的相应空格中打"√"								

2. 施工安全风险因素 ANP 结构模型的构建

（1）工程项目 WBS-AHP 模型的建立

公路工程施工安全控制目标包括人员伤亡、经济损失、环境影响、工期延误、工程耐久性降低等，并且各个子项目对整体工程项目施工安全控制目标具有不同的重要程度影响。因此，在建立工程项目的层次结构时，应该将施工安全各个控制目标作为判断准则对各子工程项目之间重要度进行判断。各子工程项目之间的重要度确定可用 AHP 计算的权重来表示，建立的 WBS-AHP 模型如图 4-6 所示。

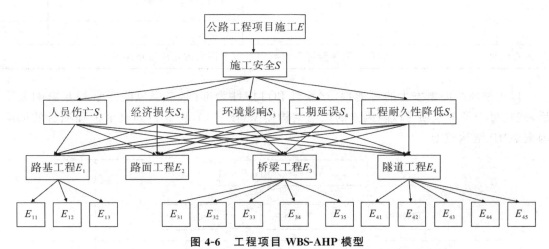

图 4-6　工程项目 WBS-AHP 模型

（2）风险因素网络结构模型

为了从不同角度更全面地反映施工安全风险因素的特性，可以从可能性、严重性和可控性 3 个方面对公路工程项目施工安全风险进行评估。可能性，表示该风险因素在本项目发生的概率大小；严重性，表示该风险因素如发生后，对本项目施工安全控制目标的影响程度；可控性，表示该风险因素发生后，可以控制的难易程度。

由风险识别得到的每个子工程项目所面临的风险因素是相互关联和相互影响的。因此，在识别了风险因素后，还需对风险因素相互影响关系进行调查研究，调查表格式可参照表 4-37。

表 4-37　某子工程项目风险因素影响关系调查表示例

工程项目名称：

子工程项目名称：

影响因素		被影响因素	自然环境风险 R_1				周边环境风险 R_2		⋯
			R_{11}	R_{12}	R_{13}	R_{14}	R_{21}	R_{22}	⋯	⋯
			地质灾害	地震灾害	水文灾害	气象灾害	地形地貌条件	地下构造物	⋯	⋯
自然环境风险 R_1	R_{11}	地质灾害								
	R_{12}	地震灾害								
	R_{13}	水文灾害								
	R_{14}	气象灾害								

续表

影响因素 ＼ 被影响因素			自然环境风险 R_1				周边环境风险 R_2		...
			R_{11}	R_{12}	R_{13}	R_{14}	R_{21}	R_{22}	...	...
			地质灾害	地震灾害	水文灾害	气象灾害	地形地貌条件	地下构造物	...	...
周边环境风险 R_2	R_{31}	地形地貌条件								
	R_{32}	地下构造物								
	...	...								
⋮	⋮	⋮								
调查说明			请在左列风险因素影响顶部风险因素的相应空格中打"√"							

以各类风险因素发生的可能性、严重性和可控性为准则,考虑风险因素相互影响关系后,建立每个子工程项目风险因素的网络结构模型(图 4-7),由此得到整个工程项目的风险因素 ANP 结构模型。

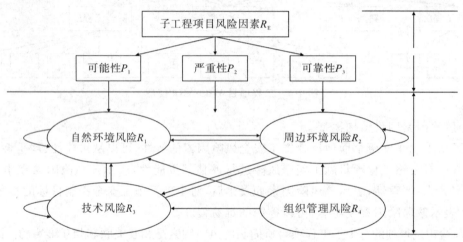

图 4-7　风险因素的 ANP 结构模型

建立的风险因素 ANP 结构模型是多准则、多层次模型。对各子工程项目来说,人员伤亡、经济损失、环境影响、工期延误和工程耐久性降低是准则;对各风险因素来说,可能性、严重性和可控性是准则;各风险因素在整体工程下的影响大小要经过各层子工程项目的权重合成,是多层次模型。

3. 公路工程施工安全风险评估的 ANP 模型解析

(1)确定子工程项目重要度

根据建立的 WBS-AHP 模型(图 4-6),用传统的层次分析法(AHP)进行各子工程项目之间的重要度判断,获得各重要度判断矩阵及其权重向量。具体按以下步骤进行:

①以整个工程项目(E)为准则,构建施工安全控制目标重要度判断矩阵($E-S$),得到人员伤亡(S_1)、经济损失(S_2)等 5 个安全控制目标的权重向量 $\boldsymbol{W}_E$。

②分别以 5 个安全控制目标为准则,构建各准则下一级子项目(E_1、E_2、E_3、E_4)判断矩阵(S_1-

E、S_2-E、S_3-E、S_4-E、S_5-E），得到各准则下一级项目的权重向量 $\boldsymbol{W}_{S_1}$、$\boldsymbol{W}_{S_2}$、$\boldsymbol{W}_{S_3}$、$\boldsymbol{W}_{S_4}$、$\boldsymbol{W}_{S_5}$。

③计算一级子项目组合权重 $\boldsymbol{W}_E^{(1)}$。对第①步和第②步的计算结果进行加权求和就可得到一级子项目在上一层整体工程项目安全控制目标下的权重。

④分别以 4 个一级子项目为准则，构建各二级子项目重要度判断矩阵，得到各一级子项目下二级子项目的局部权重向量 $\boldsymbol{W}_{E_1}$、$\boldsymbol{W}_{E_2}$、$\boldsymbol{W}_{E_3}$、$\boldsymbol{W}_{E_4}$。

⑤计算二级子项目的全局权重 $\boldsymbol{W}_E^{(2)}$。对第③步和第④步的计算结果进行加权求和就可得到二级子项目在整体工程项目安全控制目标下的全局权重。

（2）确定子工程项目的各风险因素的权重值

根据图 4-7 的 ANP 结构模型及表 4-37 中的风险因素影响关系，按以下步骤对子工程项目下的风险因素权重进行计算：

①构造单准则下的初始超矩阵。在图 4-7 所示的 ANP 结构模型中，总共有 4 个风险类别组，如自然环境风险类别组下的 4 个风险因素（表 4-35）之间存在依存关系，因此需要比较它们之间相互影响的重要度，称为组内关系。另外，也需考虑每个风险因素与影响这一风险因素的其他风险类别组下的风险因素相互影响的重要度，称为组间关系。

以可能性为主准则，对组内关系和组间关系分别建立判断矩阵，验证一致性，并得到归一化特征向量，依次以每一个风险因素为次准则进行比较判断和计算后，建立如下超矩阵：

$$\boldsymbol{W}=\begin{bmatrix} w_{11} & w_{12} & w_{13} & w_{14} \\ w_{21} & w_{22} & w_{23} & w_{24} \\ w_{31} & w_{32} & w_{33} & w_{34} \\ w_{41} & w_{42} & w_{43} & w_{44} \end{bmatrix}$$

其中 $w_{ii}(i=1,2,3,4)$ 表示由风险类别组内关系得到的矩阵，$w_{ij}(i,j=1,2,3,4,i\neq j)$ 表示由风险类别组间关系得到的矩阵，它们的列向量均是前面判断矩阵的归一化特征向量。

②建立单准则下的权矩阵。以可能性为主准则，依次以 4 个风险类别为次准则，比较风险类别重要度，得到判断矩阵，并计算归一化特征向量，可以建立如下的权矩阵：

$$\boldsymbol{A}=\begin{bmatrix} \alpha_{11} & \alpha_{12} & \alpha_{13} & \alpha_{14} \\ \alpha_{21} & \alpha_{22} & \alpha_{23} & \alpha_{24} \\ \alpha_{31} & \alpha_{32} & \alpha_{33} & \alpha_{34} \\ \alpha_{41} & \alpha_{42} & \alpha_{43} & \alpha_{44} \end{bmatrix}$$

③建立单准则下的加权超矩阵。利用初始超矩阵 $\boldsymbol{W}$ 和权矩阵 $\boldsymbol{A}$ 可以得到在可能性准则下的加权超矩阵：

$$\boldsymbol{W}'=\begin{bmatrix} \alpha_{11}w_{11} & \alpha_{12}w_{12} & \alpha_{13}w_{13} & \alpha_{14}w_{14} \\ \alpha_{21}w_{21} & \alpha_{22}w_{22} & \alpha_{23}w_{23} & \alpha_{24}w_{24} \\ \alpha_{31}w_{31} & \alpha_{32}w_{32} & \alpha_{33}w_{33} & \alpha_{34}w_{34} \\ \alpha_{41}w_{41} & \alpha_{42}w_{42} & \alpha_{43}w_{43} & \alpha_{44}w_{44} \end{bmatrix}$$

④计算极限超矩阵，确定单准则下各风险因素的权重值。以可能性准则为例，通过加权超矩阵 $\boldsymbol{W}'_p$ 自乘的方法进行到每行上的值一样时（每一次自乘都需要列归一化），就得到了极限超矩阵。极限超矩阵列上的数值就是各风险因素在可能性准则下的权重。

同样可得到各风险因素在严重性和可控性准则下的初始超矩阵、权矩阵、极限超矩阵及权重。

以上的计算过程可借助 Super Decisions(超级决策软件、SD 软件)或其他软件来完成。

⑤确定可能性、严重性和可控性各准则的权重。用传统的层次分析法(AHP)对描述风险大小的可能性、严重性和可控性的重要度进行比较,获到各准则的权重。

⑥计算多准则风险因素权重。根据第④步求得各单准则下风险因素权重向量,然后与第⑤步中所求得的各准则权重进行合成,可得到风险因素在子工程项目中的风险权重大小和排序。

(3)整体工程项目风险因素权重与总排序

对上述得到的各级子工程项目在整体工程项目的权重及风险因素在子工程项目中的风险权重进行加权求和就可得到各风险因素在上一层工程项目中的权重,最终可得到整体工程项目的风险因素权重与总排序。

(4)计算施工安全风险评价值

请专家确定每个风险因素的等级值,等级值分为"极高""高度""中度""低度"4 级,分别在 $80 \leqslant r_i < 100$、$70 \leqslant r_i < 80$、$50 \leqslant r_i < 70$、$r_i < 50$ 赋分区间进行评分,r_i 代表风险因素 i 的得分,其计算公式如下:

$$r_i = \sum_{j=1}^{n} \alpha_j S_{ij} \tag{4-37}$$

式(4-37)中,r_i——风险因素 i 的得分;

n——参与评分的专家个数;

α_j——j 专家的权威性权重;

S_{ij}——第 j 个专家对风险因素 i 的评分值,按 4 个等级相应的赋分区间进行评分。

整个工程项目施工安全风险评价值可由下式计算:

$$R = \sum_{i=1}^{m} w_i r_i \tag{4-38}$$

式(4-38)中,R——项目施工安全总风险得分;

m——风险因素的个数;

W_i——各个风险因素 i 的权重值;

r_i——风险因素 i 的得分。

根据计算出的值,参照表 4-38 确定整个工程项目施工安全风险等级,为进一步采取相应对策提供重要参考。

表 4-38　公路工程施工安全风险等级划分

风险等级	计算分值 R	风险等级	计算分值 R
等级Ⅳ(极高风险)	$80 \leqslant R < 100$	等级Ⅱ(中度风险)	$50 \leqslant R < 70$
等级Ⅲ(高度风险)	$70 \leqslant R < 80$	等级Ⅰ(低度风险)	< 50

4. 计算结果

根据图 4-6 的 WBS-AHP 模型,按照上述方法计算一级子项目组合权重 $W_E^{(1)}$ 和二级子项目的全局权重 $W_E^{(2)}$。计算结果分别见表 4-39 和表 4-40。

表 4-39　一级子项目组合权重计算表

E	S_1	S_2	S_3	S_4	S_5	$W_E^{(1)}$
	0.5064	0.0703	0.1755	0.1005	0.1473	
E_1	0.1034	0.0921	0.5432	0.1105	0.0832	0.1775
E_2	0.0372	0.036	0.0976	0.0576	0.0376	0.0498
E_3	0.5068	0.3469	0.2494	0.2852	0.3428	0.4040
E_4	0.3526	0.525	0.1098	0.5467	0.5364	0.3687

表 4-40　二级子项目的全局权重计算表

一级子项目		二级子项目		
	$W_E^{(1)}$		局部权重 W_{Ej}	全局权重 $W_E^{(2)}$
E_1	0.1775	E_{11}	0.1047	0.0186
		E_{12}	0.6370	0.1131
		E_{13}	0.2583	0.0458
E_2	0.0498			0.0498
E_3	0.4040	E_{31}	0.1576	0.0637
		E_{32}	0.1454	0.0587
		E_{33}	0.3419	0.1381
		E_{34}	0.2591	0.1047
		E_{35}	0.0960	0.0388
E_4	0.3687	E_{41}	0.1452	0.0535
		E_{42}	0.3704	0.1366
		E_{43}	0.1809	0.0667
		E_{44}	0.0958	0.0353
		E_{45}	0.2077	0.0766

根据图 4-6 风险因素 ANP 结构模型,通过 AHP 和 ANP 结构模型的求解,可得到风险因素在整个工程项目的风险权重大小和排序,见表 4-41(计算过程省略)。

表 4-41　某公路工程施工安全风险因素总权重、总排序及评分值

风险因素	总权重	总排序	专家评分	风险因素	总权重	总排序	专家评分
R_{11}	0.2512	1	75	R_{31}	0.1095	3	75
R_{12}	0.0463	7	65	R_{32}	0.0588	6	70
R_{13}	0.1350	2	70	R_{33}	0.0266	11	65
R_{14}	0.1056	4	70	R_{34}	0.0350	9	65

续表

风险因素	总权重	总排序	专家评分	风险因素	总权重	总排序	专家评分
R_{21}	0.0335	10	75	R_{41}	0.0243	12	60
R_{22}	0.0081	16	65	R_{42}	0.0762	5	75
R_{23}	0.0127	15	65	R_{43}	0.0453	8	65
R_{24}	0.0151	14	65	R_{44}	0.0167	13	65

结合专家对每个风险因素的评分结果(见表 4-41),根据式(4-38)计算可得 $R=71$。因此,对照表 4-38,该项目施工安全风险等级属于Ⅲ级,为高度风险,应引起高度重视,采取进一步的控制措施。

4.3.6 基于集对分析的隧道设计安全风险评估

隧道初步设计阶段是确定工程建设方案的阶段,是工程安全管控的重要环节。在初步设计阶段对公路隧道工程方案实行安全风险评估,是强化安全风险意识,保证工程建设方案安全,降低事故概率,减少经济损失的重要措施。

在风险评估过程中,如何确定各评估指标的权重是一个核心问题。目前评估指标权重确定方法很多,概括地说,权重系数的确定方法可分为基于"功能驱动"原理的赋权法、基于"差异驱动"原理的赋权法、综合集成权法三大类。层次分析法(AHP)是属于基于"功能驱动"原理赋权法的一种,它是目前被广泛应用的确定权重的方法。但 AHP 的判断矩阵元素为 1~9 间的精确数,由于客观因素的复杂性、模糊性、随机性、专家对信息的了解程度等不确定因素的影响,专家在判断两两因素相对重要程度时无法做出精确判判,只能给出一个区间范围,解决此类问题的方法称"不确定层次分析法"(简称不确定 AHP)。公路隧道设计阶段安全风险评估指标权重的确定也必须充分考虑这些特点。

但由于不确定 AHP 给出的指标权重为区间数,使用并不方便,需要将区间权重转化为精确权重,即一个确定的数值。区间权重是在一定范围内变化的确定性与不确定性区间,而集对分析(set pair analysis,SPA)是研究确定性与不确定性的系统分析方法。这里以岐山隧道为依托,结合交通运输部的相关规定,在深入研究项目具体情况基础上,建立风险评估指标体系,引入 SPA 理论,确定各风险指标的权重,并对其进行初步设计阶段安全风险评估。

1. 隧道设计安全风险评估指标体系

隧道初步设计阶段安全风险评估的目标是对设计文件中同深度比选的多个方案进行安全风险评估。根据评估结果,视风险等级对初步设计方案进行修改完善,风险等级极高时,应对初步设计方案重新论证。

公路隧道一般采用钻爆法施工,钻爆法隧道安全风险事件主要有洞口失稳、塌方、突水涌泥、岩爆、结构风险、营运安全、环境保护等,每一风险事件由若干个导致事件发生的风险源组成,如造成洞口失稳风险事件的风险源有地形地貌、地质条件、进洞方案设计、施工因素等。在总结现有研究成果的基础上,建立公路隧道初步设计阶段安全风险评估指标体系,如表 4-42 所示。

表 4-42　公路隧道初步设计阶段安全风险评估指标体系

目标风险	一级指标	二级指标
公路隧道设计方案安全风险	洞口失稳 U_1	地质条件 U_{11}、地形地貌 U_{12}、进洞方案设计 U_{13}、施工因素 U_{14}
	塌方 U_2	地质条件 U_{21}、不良地质 U_{22}、设计方案 U_{23}、施工因素 U_{24}
	突水涌泥 U_3	地质构造 U_{31}、地层岩性 U_{32}、围岩级别 U_{33}、隧道长度及埋深 U_{34}、地表环境特征 U_{35}
	岩爆 U_4	地应力 U_{41}、地层岩性 U_{42}、岩体结构 U_{43}、地下水 U_{44}、施工因素 U_{45}
	结构风险 U_5	常规设计 U_{51}、不良地形及地质地段设计 U_{52}、其他风险（如地质资料不全）U_{53}
	运营安全 U_6	平纵面线形 U_{61}、横洞及紧急停车带设计 U_{62}、通风方案 U_{63}、防灾救援方案 U_{64}
	环境保护 U_7	洞口水土流失 U_{71}、地下水流失 U_{72}、隧道弃渣 U_{73}、周边环境影响 U_{74}

表中一级指标为安全风险事件，二级指标为具体风险源。在评估具体项目风险时，可根据工程实际情况在表 4-42 的基础上增减项目的风险事件和风险源评估指标。

2. 集对分析法确定评估指标的权重

（1）集对分析理论简介

集对分析（set pair analysis，SPA）理论是一种新型的处理模糊和不确定知识的数学工具，能有效地分析和处理不精确、不一致、不完整等各种不确定性。其核心思想是认为任何系统都是由确定性和不确定性信息构成的，特点是对问题的不确定性"客观承认、系统描述、定量刻画、具体分析"。

SPA 的基础是集对，关键是联系度。所谓集对，是由一定联系的两个集合所组成的对子。给定两个集合 A 和 B，并设这两个集合组成集对 $H=(A,B)$，在具体问题背景 W 下对集对 H 的特性展开分析，并用联系度表示，即

$$\mu = \frac{S}{N} + \frac{F}{N}i + \frac{P}{N}j \tag{4-39}$$

式（4-39）中，μ 为集合 A 和 B 的联系度；N 为集对 H 特性的个数；S 为两个集合 A 和 B 所共同具有特性的个数；P 为两个集合相对立特性的个数；F 为两个集合既不相互对立，又不共同具有特性的个数，$F=N-P-S$。若令 $a=\frac{S}{N}$，$b=\frac{F}{N}$，$c=\frac{P}{N}$，则式（4-39）可简写为

$$\mu = a + bi + cj \tag{4-40}$$

式（4-40）中，μ 为联系度；a、b、c 分别为集合 A 和 B 的同一度、差异度和对立度，$a+b+c=1$。

从式（4-40）可知，联系度从两个集合的同一性、差异性和对立性 3 个方面来确定系统确定关系和不确定关系以及两种关系的相互作用，能更为全面地刻画事物的特征，提高信息的利用率，而且能统一处理模糊、随机和信息不完全导致的各种不确定性。

（2）不确定 AHP 的评估指标权重区间计算

不确定 AHP 在比较判断矩阵时用区间标度来表示每两个比较因素的相对重要程度，区间标度仍然采用基于 1～9 比例标度法。显然，采用区间标度可较好地反映专家对评估指标主观判断的不确定性，也符合专家的思维习惯。因此，引入该方法来确定各评估指标的权

重区间。

①确定单个专家的评价指标比较区间数。设某一子指标体系,其评价指标有 n 个,它构成的集合为 $U=(\mu_1,\mu_2,\cdots,\mu_n)$,邀请 L 位专家基于 $1\sim9$ 比例标度法对评价指标进行两两比较,并采用区间数表示相互间重要程度,设第 k 位$(k=1,2,\cdots,L)$专家给出的评价指标 μ_i 与 μ_j 之间的比较区间数为:

$$\widetilde{A}_{ij}^{(k)}=[a_{ij}^{(k)},b_{ij}^{(k)}] \tag{4-41}$$

其中,$a_{ij}^{(k)}$ 和 $b_{ij}^{(k)}$ 为该区间的下限和上限值。

②专家权重的确定。由于不同专家的工作经验、学术背景及对所评估项目的了解程度不同,因此不同专家的权重也不尽一样。专家自身的权重主要考虑职称、从事隧道工程时间、对工程风险理论及方法的熟悉程度及对本隧道工程了解程度而综合确定,见表 4-43。

表 4-43　专家权重体系

指　标	分指标(专家实际情况)				
职称	其他	初级职称	中级职称	副教授或高工	教授或教授高工
从事隧道工程时间	2 年以下	2～5 年	5～10 年	10～20 年	20 年以上
对工程风险理论及方法的熟悉程度	不太了解	了解一点	比较了解	熟悉	非常熟悉
对本隧道工程了解程度	不太了解	了解一点	比较了解	熟悉	非常熟悉
分指标分值	1	3	6	8	10
分指标相对权值	0.036	0.107	0.214	0.286	0.357

注:表中分指标相对权值为分指标对应分值除以分值之和 28。

由于职称、从事隧道工程时间等几个指标的重要程度相近,可以认为各指标权重是相同的,将各位专家实际情况对应的分指标相对权值相加,然后进行归一化处理,即可得到专家自身的权重,记为 α_k。

③构造不确定区间数判断矩阵。将 L 位专家确定的评价指标权重区间综合在一起可得到各评价指标权重区间的矩阵:

$$a_{ij}=\sum_{k=1}^{L}\alpha_k \cdot a_{ij}^{(k)} \tag{4-42}$$

$$b_{ij}=\sum_{k=1}^{L}\alpha_k \cdot b_{ij}^{(k)} \tag{4-43}$$

由此,可得到不确定区间数判断矩阵:

$$\widetilde{A}=\begin{bmatrix} [1,1] & [a_{12},b_{12}] & \cdots & [a_{1n},b_{1n}] \\ \left[\dfrac{1}{a_{12}},\dfrac{1}{b_{12}}\right] & [1,1] & \cdots & [a_{2n},b_{2n}] \\ \vdots & \vdots & & \vdots \\ \left[\dfrac{1}{a_{1n}},\dfrac{1}{b_{1n}}\right] & \left[\dfrac{1}{a_{2n}},\dfrac{1}{b_{2n}}\right] & \cdots & [1,1] \end{bmatrix}$$

④评估指标权重区间的计算。针对区间数判断矩阵 $\widetilde{A}$,取

$$m_{ij} = \sqrt[2n]{\prod_{k=1}^{n} \frac{a_{ik} \cdot b_{ik}}{a_{jk} \cdot b_{jk}}} \tag{4-44}$$

则 $\boldsymbol{M} = (m_{ij})_{n \times n}$ 为满足互反性的一致性判断矩阵。令 $\boldsymbol{M}$ 的权重向量为 $\boldsymbol{w} = (w_1, w_2, \cdots, w_n)$，

取 $x_j = \sqrt[2n]{\prod_{k=1}^{n} a_{jk} \cdot b_{jk}}$，$w_j$ 可按下式计算：

$$w_j = \frac{x_j}{\sum_{j}^{n} x_j} \tag{4-45}$$

式(4-45)中，$j = 1, 2, \cdots, n$。

利用区间数的判断矩阵 $\widetilde{\boldsymbol{A}}$ 和一致性判断矩阵 $\boldsymbol{M}$ 分别计算两端极差矩阵，即

$$\Delta_1 m_{ij} = m_{ij} - a_{ij} \tag{4-46}$$

$$\Delta_2 m_{ij} = b_{ij} - m_{ij} \tag{4-47}$$

由极差矩阵定义知

$$(\Delta_k w_j)^2 = \left(\sum_{i=1}^{n} m_{ij} \right)^{-4} \sum_{i=1}^{m} (\Delta_k m_{ij})^2 \tag{4-48}$$

式(4-48)中，$k = 1, 2$。

由式(4-46)~式(4-48)可计算评价指标 j 的权重区间为

$$\widetilde{w} = ([w_1^-, w_1^+], [w_2^-, w_2^+], \cdots, [w_n^-, w_n^+]) \tag{4-49}$$

式(4-49)中，$w_j^- = w_j - \Delta_1 w_j$，$w_j^+ = w_j + \Delta_1 w_j$。

（3）基于 SPA 的评估指标权重确定方法

式(4-49)给出了评价指标的权重区间，由于 $\widetilde{w}_j \subseteq [0, 1]$，权重区间 $\widetilde{w}_j$ 把区间 $[0, 1]$ 分成了 $[0, w_j^-]$、$[w_j^-, w_j^+]$、$[w_j^+, 1]$ 三部分，这三部分的意义分别表示"确定能够达到的程度""不能确定是否达到的程度"和"确定不能达到的程度"。引入 SPA，将"确定能够达到的程度""不能确定是否达到的程度"和"确定不能达到的程度"分别看成"同一性""差异性""对立性"，从同、异、反三个角度描述评价指标权重的区间值。因此，权重区间 $\widetilde{w}_j$ 与区间 $[0, 1]$ 组成集对后的联系度表达式可表示为：

$$\mu_j = a_j + b_j i + c_j j \tag{4-50}$$

式(4-50)中，$a_j = w_j^-$，$b_j = w_j^+ - w_j^-$，$c_j = 1 - w_j^+$，这里 i, j 为差异度和对立度系数，仅起标记作用。

分别从确定性与不确定性两部分来确定评价指标权重大小。

确定性区间的相对权重为：

$$p_j = \frac{1 + a_j - c_j}{\sum_{k=1}^{n} (1 + a_k - c_k)} \tag{4-51}$$

不确定性区间的相对权重为：

$$q_j = \frac{1 - b_j}{\sum_{k=1}^{n} (1 - b_k)} \tag{4-52}$$

根据式(4-51)和式(4-52)，得出风险评估指标的综合权重计算公式，即

$$w_j = \frac{p_j \cdot q_j}{\sum\limits_{k=1}^{n} p_j \cdot q_j} \quad\quad\quad (4-53)$$

通过式(4-53)计算,从确定性与不确定性两个方面来确定评估指标的权重,这种方式更具有科学性、合理性。

3. 工程实例分析

(1)工程概况

岐山隧道左洞长 8036 m,右洞长 8040 m,左右洞平均长 8038 m,属于特长隧道。隧道洞身岩层主要以侏罗纪南园组凝灰熔岩为主,洞身见辉绿岩脉体侵入,属较硬-坚硬岩,岩体较破碎-较完整,对隧道洞身围岩的稳定较有利,洞身围岩级别一般为 Ⅴ～Ⅱ 级。隧道进出洞口处地形均较陡,斜坡上覆土层主要为残坡积层、强风化岩层,垂向厚度一般较大。散体结构,湿水易软化,拱部、侧壁稳定性很差,易发生坍塌,成洞条件差。隧道区地下水主要为强-中风化层、构造裂隙中的孔隙潜水及下部基岩裂隙水,地下水位标高高于路面设计高程,隧道单洞最大总涌水量约 12423.2 m³/d,正常涌水量约 8395.5 m³/d,岩层富水性中等。

(2)风险事件与风险源辨识

根据本项目具体情况,采用专家调查法和检查表法进行风险事件与风险源辨识,识别结果见表 4-42。

(3)专家权重的确定

邀请 5 位隧道方面的专家对本隧道进行风险评估,在表 4-43 对应的相对权值基础上,考虑每位专家实际情况确定对应的权值,然后求和并进行归一化处理,得到每位专家实际权重 $\alpha_k = [0.221, 0.209, 0.186, 0.209, 0.175]$,如表 4-44 所示。

表 4-44　每位专家实际权重

专家	职称	从事隧道工程时间	对工程风险理论及方法的熟悉程度	对本隧道工程了解程度	累计权重	归一化权重
1	教授(0.357)	25 年(0.357)	非常熟悉(0.357)	熟悉(0.286)	1.357	0.221
2	教授级高工(0.357)	18 年(0.286)	熟悉(0.286)	非常熟悉(0.357)	1.286	0.209
3	高工(0.286)	15 年(0.286)	熟悉(0.286)	熟悉(0.286)	1.144	0.186
4	高工(0.286)	14 年(0.286)	非常熟悉(0.357)	非常熟悉(0.357)	1.286	0.209
5	副教授(0.286)	15 年(0.286)	熟悉(0.286)	比较了解(0.214)	1.072	0.175

注:括号内数值为其相对权重。

(4)单一风险事件评估

以洞口失稳风险事件为例,说明其具体过程。

①洞口失稳风险事件各风险源权重的确定:

a. 构造比较区间数。5 位专家对"洞口失稳 U_1"所对应的第二层指标"地质条件 U_{11}""地形地貌 U_{12}""进洞方案设计 U_{13}""施工因素 U_{14}"进行比较,构造的比较区间数为:

$$\widetilde{A}_{ij}^{(1)} = \begin{bmatrix} [1,1] & [1,3] & [3,5] & [7,9] \\ [1/3,1] & [1,1] & [1,3] & [5,7] \\ [1/5,1/3] & [1/3,1] & [1,1] & [3,4] \\ [1/9,1/7] & [1/7,1/5] & [1/4,1/3] & [1,1] \end{bmatrix}$$

$$\widetilde{\boldsymbol{A}}_{ij}^{(2)} = \begin{bmatrix} [1,1] & [1,2] & [3,5] & [7,8] \\ [1/2,1] & [1,1] & [1,3] & [5,6] \\ [1/5,1/3] & [1/3,1] & [1,1] & [3,4] \\ [1/8,1/7] & [1/6,1/5] & [1/4,1/3] & [1,1] \end{bmatrix}$$

$$\widetilde{\boldsymbol{A}}_{ij}^{(3)} = \begin{bmatrix} [1,1] & [1,2] & [3,4] & [7,8] \\ [1/2,1] & [1,1] & [1,3] & [5,6] \\ [1/4,1/3] & [1/3,1] & [1,1] & [3,5] \\ [1/8,1/7] & [1/6,1/5] & [1/5,1/3] & [1,1] \end{bmatrix}$$

$$\widetilde{\boldsymbol{A}}_{ij}^{(4)} = \begin{bmatrix} [1,1] & [1,3] & [3,5] & [7,8] \\ [1/3,1] & [1,1] & [1,3] & [5,7] \\ [1/5,1/3] & [1/3,1] & [1,1] & [3,4] \\ [1/8,1/7] & [1/7,1/5] & [1/4,1/3] & [1,1] \end{bmatrix}$$

$$\widetilde{\boldsymbol{A}}_{ij}^{(5)} = \begin{bmatrix} [1,1] & [1,2] & [3,4] & [7,9] \\ [1/2,1] & [1,1] & [1,3] & [5,6] \\ [1/4,1/3] & [1/3,1] & [1,1] & [3,4] \\ [1/9,1/7] & [1/6,1/5] & [1/4,1/3] & [1,1] \end{bmatrix}$$

b. 构造不确定区间数判断矩阵。根据式(4-42)和式(4-43)得到考虑专家权重 $\alpha_k =$ [0.221,0.209,0.186,0.209,0.175]后的评价指标之间的不确定区间数判断矩阵：

$$\widetilde{\boldsymbol{A}} = \begin{bmatrix} [1.0000,1.0000] & [1.0000,2.4300] & [3.0000,4.6390] & [7.0000,8.3960] \\ [0.4283,1.0000] & [1.0000,1.0000] & [1.0000,3.0000] & [5.0000,6.4300] \\ [0.2181,0.3333] & [0.3333,1.0000] & [1.0000,1.0000] & [3.0000,4.1860] \\ [0.1195,0.1429] & [0.1564,0.2000] & [0.2407,0.3333] & [1.0000,1.0000] \end{bmatrix}$$

c. 评估指标权重区间的计算。利用式(4-44)～式(4-48)得到评价指标"地质条件 U_{11}" "地形地貌 U_{12}""进洞方案设计 U_{13}""施工因素 U_{14}"的权重区间：

$$\widetilde{w} = ([0.4335,0.5763],[0.2404,0.3823],[0.1396,0.2145],[0.0472,0.0579])$$

d. 通过 SPA 将评价指标的区间权重转化为精确值，得到各评价指标的权重。将各评价指标权重区间 $\widetilde{w}$ 分别与区间[0,1]组成集对，然后根据式(4-50)将权重区间分别转化为联系度：

$$\mu_1 = 0.4335 + 0.1428i + 0.4237j$$
$$\mu_2 = 0.2404 + 0.1419i + 0.6177j$$
$$\mu_3 = 0.1396 + 0.0749i + 0.7855j$$
$$\mu_4 = 0.0472 + 0.0107i + 0.9421j$$

根据式(4-51)和式(4-52)分别计算评价指标确定性和不确定性区间的权重值，并进行归一化：

$$p_j = [0.4828,0.2977,0.1693,0.0502], q_j = [0.2362,0.2364,0.2549,0.2726]$$

按照式(4-53)将确定性区间权重与不确定性区间权重组合在一起，求得"地质条件 U_{11}""地形地貌 U_{12}""进洞方案设计 U_{13}""施工因素 U_{14}"的综合权重为 $w = [0.4726, 0.2918,0.1789,0.0567]$。

②洞口失稳风险事件评估结果分析：请 5 位专家分别就风险发生概率等级标准、风险损

失等级标准、风险等级标准(表 4-23～表 4-25),结合隧道的实际情况,评估隧道洞口失稳风险事件各风险源的风险等级,综合专家的评估结果得出各风险源的风险等级,见表 4-45。最后根据各风险源的风险等级与对应的权重计算风险事件的综合分值,为 2.4726,得出洞口失稳风险为Ⅱ级偏上。

表 4-45 洞口失稳风险评估结果

风险事件	风险源	风险发生概率等级	风险损失等级			风险源			风险事件风险等级	
			人员伤亡	经济损失	环境影响	风险等级		权重	综合分值	等级
						等级	分值			
洞口失稳	地质条件	Ⅳ	Ⅱ	Ⅰ	Ⅰ	Ⅲ	3	0.4726	2.4726	Ⅱ
	地形地貌	Ⅳ	Ⅰ	Ⅰ	Ⅰ	Ⅱ	2	0.2918		
	进洞方案设计	Ⅳ	Ⅰ	Ⅰ	Ⅰ	Ⅱ	2	0.1789		
	施工因素	Ⅲ	Ⅱ	Ⅰ	Ⅰ	Ⅱ	2	0.0567		

注:1. 风险源的风险等级根据风险发生概率等级、风险损失等级按照风险矩阵法确定,其中风险损失等级按人员伤亡、经济损失、环境影响就高原则确定。

2. 风险等级Ⅰ、Ⅱ、Ⅲ、Ⅳ对应的分值为 1、2、3、4 分。

3. 风险事件风险等级的综合分值为各风险源等级分值与对应权重的乘积之和。

用同样的方法,可以得到岐山隧道各风险事件的风险情况。其中,各二级指标(风险源)权重的具体计算可根据上述公式用 MATLAB 软件编制程序完成。由于篇幅的限制,二级指标权重的计算及风险评估过程在此不再赘述,本工程各风险事件评估结果如表 4-46 所示。

表 4-46 岐山隧道风险事件评估结果

风险事件	风险事件评估结果		风险事件	风险事件评估结果	
	综合分值	等级		综合分值	等级
洞口失稳	2.4726	Ⅱ级偏上	结构风险	2.032	Ⅱ级偏上
塌方	2.482	Ⅱ级偏上	营运安全	1.832	Ⅱ级偏下
突水涌泥	2.212	Ⅱ级偏上	环境保护	1.212	Ⅰ级偏上
岩爆	1.123	Ⅰ级偏上			

(5)隧道总体风险评估

首先,请 5 位专家分别用传统的 AHP 确定 7 个风险事件的权重,结果如下。

$$\widetilde{w}_u = \begin{bmatrix} 0.1629 & 0.2551 & 0.1491 & 0.0940 & 0.1195 & 0.1169 & 0.1025 \\ 0.1721 & 0.2562 & 0.1478 & 0.0824 & 0.1221 & 0.1173 & 0.1021 \\ 0.1825 & 0.2332 & 0.1484 & 0.0933 & 0.1232 & 0.1183 & 0.1011 \\ 0.2211 & 0.2162 & 0.1514 & 0.0816 & 0.1155 & 0.1036 & 0.1106 \\ 0.2163 & 0.2132 & 0.1544 & 0.0921 & 0.1093 & 0.1124 & 0.1023 \end{bmatrix}$$

其次,将上述专家确定的各风险事件权重值分别乘以专家权重值 $\alpha_k = [0.221, 0.209, 0.186, 0.209, 0.175]$ 并相加,可得到风险事件的最终权重:

$$w_u=[0.1900,0.2358,0.1501,0.0885,0.1181,0.1137,0.1038]$$

最后,将风险事件的最终权重值乘以表 4-46 对应的风险事件综合分值并相加,进而得到隧道总体风险分值 2.0605,风险等级为Ⅱ级。

通过对岐山隧道初步设计阶段风险等级的评价,得出:该隧道不存在"Ⅳ级、极高"等级的风险;洞口失稳、塌方、突水涌泥、结构风险、营运安全的风险等级为"Ⅱ级、中度";岩爆和环境保护的风险等级为"Ⅰ级、低度"。

综合考虑各风险事件,岐山隧道初步设计阶段风险等级为"Ⅱ级、中度"。根据风险接受准则可知,风险水平为"可接受",工程有进一步实施预防措施以提升安全性的必要。

①进出口的洞口失稳及塌方风险较大,在下阶段施工图设计中应予以重视。

②衬砌结构的合理性需在施工过程中进一步进行检验,因此,在制定监测方案时,应重点对对应的风险点进行监测,如对浅埋偏压段落、全断面注浆堵水段落衬砌结构内力进行监测,及时反馈,进行设计变更。

③隧道工程强调动态设计,针对地勘资料不足或不准确的情况,加强施工过程中的超前地质预报,及时变更设计,是控制风险的有效手段。

4. 总结

(1)不确定 AHP 在比较判断矩阵时用区间标度来表示每两个比较因素的相对重要程度,可较好地反映专家对评估指标主观判断的不确定性,也符合专家的思维习惯。

(2)导致公路隧道发生风险事件的各项风险因素具有复杂性、模糊性、随机性的特点,专家对这些信息了解程度不确定,用不确定 AHP 构造不确定区间数判断矩阵,考虑专家权重后得到评估指标的权重区间,既符合工程实际,又具有可靠性。

(3)不确定 AHP 给出的指标权重为区间数,使用并不方便,需要将区间权重转化为精确权重。评价指标的权重区间是在一定范围内变化的确定性与不确定性区间,引入 SPA 理论,计算评价指标的确定性区间的相对权重与不确定性区间的相对相重,并综合得到评价指标的精确权重,充分体现了该方法的优越性和科学性。

(4)在评估单个风险事件的基础上,综合考虑洞口失稳、塌方、突水涌泥等多个风险事件的共同影响,对隧道总体安全风险进行评估,符合公路隧道设计阶段安全风险评估实际要求。

4.3.7　基于可拓学的高边坡施工安全风险评估

随着山区高等级公路建设的发展,不可避免地会产生较多的高边坡,高边坡处理属于公路工程领域危险性较大工程,是公路施工安全管理的重点。为全面提升公路工程施工安全风险防控能力,减少重特大生产安全事故的发生,降低人员伤亡和经济损失,保障公路高边坡工程建设的安全,开展公路高边坡施工安全风险评估工作具有十分重要的现实意义。

土质挖方边坡高度超过 20 m,岩质挖方边坡高度超过 30 m 即为高边坡,属于危险性较大的分部分项工程。公路高边坡工程施工主要包括边坡开挖、脚手架搭设、边坡防护加固等作业活动,不同的施工作业活动,由于作业特点、环境条件、施工组织等致险因子有所不同,其施工风险特点不同,风险的识别、分析与评价应贯穿于整个高边坡的施工过程中,进行动态评估。目前,不少学者对边坡的稳定性评价及安全风险评估进行了相关研究并取得了一定的成果,但从风险事故发生的可能性和严重程度两个维度对高边坡施工安全风险的动态评估研究较少。基于此,以公路高边坡施工中的边坡开挖作业为例,以本质安全为出发点,建立高边坡开挖作业安全风险评估指标体系,基于可拓学理论建立安全风险评估等级物元模型,通过关联度的计算确定风险事故发生的可能性和严重程度等级,最终确定安全风险等级。

1. 确定风险评估的分级标准

风险评估的方法和技术很多,风险矩阵法以其简洁、直观等优点被广泛应用,我们也采用风险矩阵法来确定高边坡施工安全风险等级。

(1)评估等级的量化:将风险事故发生的可能性等级分为"不太可能""偶然""可能""很可能"4级,风险事故的严重程度等级分为"一般""较大""重大""特大"4级,所对应的分数如表 4-47 所示。

表 4-47　评估等级量化标准

等级	1	2	3	4
可能性等级	不太可能	偶然	可能	很可能
严重程度等级	一般	较大	重大	特大
评分值范围	$Q \leqslant 40$	$40 < Q \leqslant 60$	$60 < Q \leqslant 80$	$80 < Q \leqslant 100$

(2)建立风险等级矩阵:根据事故发生可能性等级和严重程度等级,建立风险等级矩阵(表 4-23)。

2. 高边坡施工安全风险评估模型

(1)可拓学基本理论概述

①物元理论。根据可拓物元理论,把待评价事物 N 及特征 C 和特征的量值 V 构成的有序三元组 $R = (N, C, V)$ 称为待评价事物 N 的基本元,也称为一维物元,N、C、V 称为物元 R 的三要素。

如果事物 N 以其 n 个特征 $C_1, C_2, \cdots, C_n$ 和各个特征对应的量值 $V_1, V_2, \cdots, V_n$ 描述,则所构成的阵列:

$$R = \begin{bmatrix} N & C_1 & V_1 \\ & C_2 & V_2 \\ & \vdots & \vdots \\ & C_n & V_n \end{bmatrix} = (N, C, V)$$

称为 n 维物元。

②可拓集理论

a. 可拓距。设 x 为实轴上的任一点,$X = \langle a, b \rangle$ 为实域上的任一区间,则:

$$\rho(x, X) = \left| x - \frac{a+b}{2} \right| - \frac{b-a}{2} \tag{4-54}$$

为点 x 与区间的距离,称为可拓距。其中 $\langle a, b \rangle$ 既可为开区间,又可为闭区间,还可为半开半闭区间。

可拓距的概念的引入,可以把点与区间的位置关系用定量的形式精确刻画,使人们从"类内即为同"发展至类内也有程度区别的定量描述。

b. 位值。在现实问题中,除了需要考虑点与区间的位置关系外,还经常要考虑一个点与两个区间的位置关系。

设 $X_0=\langle a_0,b_0\rangle,X=\langle a,b\rangle$,且 $X_0\subseteq X$,则点 x 关于区间 X_0 和 X 组成的区间套的位置规定为:

$$D(x,X_0,X)=\rho(x,X)-\rho(x,X_0)\tag{4-55}$$

式(4-55)中,$D(x,X_0,X)$ 就描述了点 x 与 X_0 和 X 组成的区间套的位置关系。

c. 初等关联函数的构造。根据可拓集理论,关联函数用来刻画论域中的元素具有某种性质的程度,能定量地、客观地表述元素具有某种性质的程度及其量变与质变的过程。

在实际问题中,论域 U 中一个对象关于某特征的量值符合程度往往有满意的区间 $X_0=\langle a_0,b_0\rangle$ 和可接受的区间 $X=\langle a,b\rangle$,显然 $X\supset X_0$。对象关于某特征的量值在可接受区间 $\langle a,b\rangle$ 内,表示对象具有某种性质,其程度用 $(0,+\infty)$ 间的实数表示,这些对象构成可拓集的"正域",即 $X=\langle a,b\rangle$。此时,称满意区间 $X_0=\langle a_0,b_0\rangle$ 为标准正域。

若选取的区间套由正域 X 和标准正域 X_0 构成,即 $X_0=\langle a_0,b_0\rangle,X=\langle a,b\rangle,X\supset X_0$,且 X 和 X_0 无公共端点。设 $x\in X$,即点 x 属于正域时,初等关联函数为:

$$k(x)=\frac{\rho(x,X_0)}{D(x,X_0,X)}\tag{4-56}$$

初等关联函数基本公式的建立,把"具有性质 P"的事物从定性描述拓展至"具有性质 P 的程度"的定量描述,使问题关联度的计算不必依靠主观判断或统计,而是根据对事物关于某特征的量值要求的范围来确定,摆脱了主观判断造成的偏差。

(2)可拓模型的构建

结合物元理论和可拓集理论,在量化各风险事故发生可能性和严重程度基础上,用物元来表示各个因素,并给出各因素权重,通过构造关联函数计算各层因素与风险评价等级的关联度来确定风险事故发生的可能性和严重程度等级,最终确定安全风险等级。

①确定标准正域、正域与待评物元模型。

将事故发生可能性等级和严重程度等级分为 4 个等级,根据表 4-47 评估等级的量化标准,得到各级对应的标准正域为:1 级,$X_0=\langle a_0,b_0\rangle=\langle 0,40\rangle$;2 级,$X_0=\langle a_0,b_0\rangle=\langle 40,60\rangle$;3 级,$X_0=\langle a_0,b_0\rangle=\langle 60,80\rangle$;4 级,$X_0=\langle a_0,b_0\rangle=\langle 80,100\rangle$;正域为 $X=\langle a,b\rangle=\langle 0,100\rangle$。

标准正域 X_0 的物元模型为:

$$R_{oj}=\begin{bmatrix} N_j & C_1 & V_{1j} \\ & C_2 & V_{2j} \\ & \vdots & \vdots \\ & C_n & V_{nj} \end{bmatrix}=\begin{bmatrix} N_j & C_1 & \langle a_{1j},b_{1j}\rangle \\ & C_2 & \langle a_{2j},b_{2j}\rangle \\ & \vdots & \vdots \\ & C_n & \langle a_{nj},b_{nj}\rangle \end{bmatrix}$$

式中,N_j 表示所划分的等级 j,C_i 表示各等级 N_j 的特征,$V_{ij}=\langle a_{ij},b_{ij}\rangle$ 为各等级关于对应特征 C_i 的标准正域值 $(i=1,2,\cdots,n;j=1,2,\cdots,m)$,则

$$R_{o1} = \begin{bmatrix} \text{一级} N_1 & C_1 & \langle 0,40 \rangle \\ & C_2 & \langle 0,40 \rangle \\ & \vdots & \vdots \\ & C_n & \langle 0,40 \rangle \end{bmatrix} \quad R_{o2} = \begin{bmatrix} \text{二级} N_2 & C_1 & \langle 40,60 \rangle \\ & C_2 & \langle 40,60 \rangle \\ & \vdots & \vdots \\ & C_n & \langle 40,60 \rangle \end{bmatrix}$$

$$R_{o3} = \begin{bmatrix} \text{三级} N_3 & C_1 & \langle 60,80 \rangle \\ & C_2 & \langle 60,80 \rangle \\ & \vdots & \vdots \\ & C_n & \langle 60,80 \rangle \end{bmatrix} \quad R_{o4} = \begin{bmatrix} \text{四级} N_4 & C_1 & \langle 80,100 \rangle \\ & C_2 & \langle 80,100 \rangle \\ & \vdots & \vdots \\ & C_n & \langle 80,100 \rangle \end{bmatrix}$$

正域 X 的物元模型为：

$$R_p = \begin{bmatrix} N_p & C_1 & V_{1p} \\ & C_2 & V_{2p} \\ & \vdots & \vdots \\ & C_n & V_{np} \end{bmatrix} = \begin{bmatrix} N_p & C_1 & \langle a_{1p},b_{1p} \rangle \\ & C_2 & \langle a_{2p},b_{2p} \rangle \\ & \vdots & \vdots \\ & C_n & \langle a_{np},b_{np} \rangle \end{bmatrix} = \begin{bmatrix} N_p & C_1 & \langle 0,100 \rangle \\ & C_2 & \langle 0,100 \rangle \\ & \vdots & \vdots \\ & C_n & \langle 0,100 \rangle \end{bmatrix}$$

式中，N_p 表示所划分等级的全体，$V_{ip} = \langle a_{ip},b_{ip} \rangle$ 表示对应特征 C_i 的正域值。

对待评边坡 N，把所收集到的统计数据或分析结果用物元 R_x 表示，则称 R_x 为待评物元，即

$$R_x = \begin{bmatrix} N & C_1 & x_1 \\ & C_2 & x_2 \\ & \vdots & \vdots \\ & C_n & x_n \end{bmatrix}$$

式中，N 为某一具体边坡，x_i 为 N 关于评价指标 C_i 的量值，即待评边坡 N 的具体指标等级分值，在表 4-47 评估等级的量化标准中取定。

②确定各评价指标的关联度。

根据式(4-54)得到待评边坡各评价指标关联度的计算公式为：

$$k_j(x_i) = \frac{\rho(x_i,X_0)}{D(x_i,X_0,X)} = \frac{\rho(x_i,X_0)}{\rho(x_i,X) - \rho(x_i,X_0)}$$
$$= \frac{\left| x_i - \dfrac{a_0+b_0}{2} \right| - \dfrac{1}{2}(b_0 - a_0)}{\left| x_i - \dfrac{a+b}{2} \right| - \dfrac{1}{2}(b-a) - \left[\left| x_i - \dfrac{a_0+b_0}{2} \right| - \dfrac{1}{2}(b_0 - a_0) \right]} \quad (4-57)$$

③计算综合关联度及确定评定等级。

设评价指标 C_i 的权重为 w_i，则待评边坡等级 j 的综合关联度为：

$$k_j(N) = \sum_{i=1}^{n} w_i \cdot k_j(x_i) \quad (4-58)$$

采用最大隶属度原则，若 $k_j = \max k_j(N)$，则评定对象 N 所属等级为 j 级。

3. 实例分析

(1)建立实例评估指标体系

某高速公路 A4 合同段 Z4K23+920～ZK24+070 段为深挖路堑，边坡最大高度35.8 m，采取浆砌片石护面墙、TBS 挂网植草、锚索框架植草综合防护措施。本线路区第四

系地层岩性主要为残积层、坡积层（Qel）、（Qdl），主要有坡残积黏性土、砂质黏性土等；第四系全新统长乐组冲积层、洪积层（Q4al）、（Q4pl），主要为一般黏性土、砂类土、卵砾石类土。基岩主要为中生界的三叠系的沉积岩及火山岩，燕山期侵入岩和火山岩。根据风险动态评估的要求，需依次在边坡开挖、脚手架搭设、边坡防护加固作业活动开展施工安全风险评估。现以边坡开挖作业为例，说明风险评估过程。

高边坡工程施工安全事故主要为坍塌、高处坠落、火药爆炸、物体打击、车辆伤害和机械伤害，导致事故发生的主要原因为物的不安全状态、人的不安全行为及施工管理缺陷。在总结已有成果的基础上，结合公路边坡特点及破坏机制，以本质安全为出发点，从安全管理、施工现场环境、施工作业工艺技术 3 个方面对施工安全风险进行归类、识别，建立包含 3 个一级指标和 13 个二级指标的高边坡开挖作业安全风险评估指标体系，如表4-48 所示。

表 4-48　高边坡开挖作业安全风险评估指标体系

目标风险（目标层）	一级指标（主准则层）	二级指标（次准则层）
高边坡开挖作业安全风险	安全管理 U_1	施工企业资质 U_{11}、施工人员素质及安全管理人员配备 U_{12}、安全投入 U_{13}、机械设备配置及管理 U_{14}、专项施工方案 U_{15}
	施工现场环境 U_2	原始地形地貌 U_{21}、边坡岩体性质 U_{22}、边坡土体性质 U_{23}、边坡结构形态（坡高、坡度及坡形）U_{24}、施工季节降雨量 U_{25}
	施工作业工艺技术 U_3	边坡监测情况 U_{31}、开挖工艺 U_{32}、弃渣运输 U_{33}

（2）分析风险

①确定评估因素集。在表 4-48 的基础上，建立高边坡开挖作业安全风险评估因素集：

$U = \{U_1, U_2, U_3\}$；

$U_1 = \{U_{11}, U_{12}, U_{13}, U_{14}, U_{15}\}$；

$U_2 = \{U_{21}, U_{22}, U_{23}, U_{24}, U_{25}\}$；

$U_3 = \{U_{31}, U_{32}, U_{33}\}$。

②确定权重。请专家分别应用层次分析法确定各级指标权重，在综合考虑专家自身权重后，得到各级指标的最终权重，如表 4-49 所示。

表 4-49　指标权重及评估分值

主准则层（一级指标）	一级指标权重	次准则层（二级指标）	二级指标权重	专家评分（Q）	
				风险发生可能性	事故严重程度
U_1	0.2563	U_{11}	0.1426	43	55
		U_{12}	0.3122	46	44
		U_{13}	0.1724	43	52
		U_{14}	0.1623	45	44
		U_{15}	0.2105	45	46

续表

主准则层 （一级指标）	一级指标权重	次准则层 （二级指标）	二级指标权重	专家评分（Q）	
				风险发生可能性	事故严重程度
U_2	0.4526	U_{21}	0.0630	44	62
		U_{22}	0.0820	43	66
		U_{23}	0.3132	64	73
		U_{24}	0.2736	64	76
		U_{25}	0.2682	70	77
U_3	0.2911	U_{31}	0.3214	65	70
		U_{32}	0.4253	64	68
		U_{33}	0.2533	40	54

③风险估计。同时，请专家对风险发生可能性和事故严重程度进行估计，根据表4-47的量化标准，结合项目现场实际情况打分，结果见表4-49。

④风险发生可能性综合分析。以施工作业工艺技术 U_3 为例说明分析过程。

第一，计算关联度。根据式（4-55）～式（4-57）得出：

$$R_{o1} = \begin{bmatrix} \text{一级 } N_1 & \text{边坡监测情况 } U_{31} & \langle 0,40 \rangle \\ & \text{开挖工艺 } U_{32} & \langle 0,40 \rangle \\ & \text{弃渣运输 } U_{33} & \langle 0,40 \rangle \end{bmatrix}$$

$$R_{o2} = \begin{bmatrix} \text{二级 } N_2 & \text{边坡监测情况 } U_{31} & \langle 40,60 \rangle \\ & \text{开挖工艺 } U_{32} & \langle 40,60 \rangle \\ & \text{弃渣运输 } U_{33} & \langle 40,60 \rangle \end{bmatrix}$$

$$R_{o3} = \begin{bmatrix} \text{三级 } N_3 & \text{边坡监测情况 } U_{31} & \langle 60,80 \rangle \\ & \text{开挖工艺 } U_{32} & \langle 60,80 \rangle \\ & \text{弃渣运输 } U_{33} & \langle 60,80 \rangle \end{bmatrix}$$

$$R_{o4} = \begin{bmatrix} \text{四级 } N_4 & \text{边坡监测情况 } U_{31} & \langle 80,100 \rangle \\ & \text{开挖工艺 } U_{32} & \langle 80,100 \rangle \\ & \text{弃渣运输 } U_{33} & \langle 80,100 \rangle \end{bmatrix}$$

$$R_p = \begin{bmatrix} \text{风险发生可能性 } N_p & \text{边坡监测情况 } U_{31} & \langle 0,100 \rangle \\ & \text{开挖工艺 } U_{32} & \langle 0,100 \rangle \\ & \text{弃渣运输 } U_{33} & \langle 0,100 \rangle \end{bmatrix}$$

$$k_1(U_{31}) = \frac{\left| 65 - \dfrac{0+40}{2} \right| - \dfrac{1}{2}(40-0)}{\left| 65 - \dfrac{0+100}{2} \right| - \dfrac{1}{2}(100-0) - \left[\left| 65 - \dfrac{0+40}{2} \right| - \dfrac{1}{2}(40-0) \right]}$$

$$= -0.4167$$

$$k_2(U_{31}) = \frac{\left|65 - \dfrac{40+60}{2}\right| - \dfrac{1}{2}(60-40)}{\left|65 - \dfrac{0+100}{2}\right| - \dfrac{1}{2}(100-0) - \left[\left|65 - \dfrac{40+60}{2}\right| - \dfrac{1}{2}(60-40)\right]}$$

$$= -0.1250$$

$$k_3(U_{31}) = 0.1667$$

$$k_4(U_{41}) = -0.3000$$

其他各指标的关联度如表 4-50 所示。

表 4-50　二级指标层各指标的关联度

一级指标	二级指标	风险发生可能性				事故严重程度			
		1 级	2 级	3 级	4 级	1 级	2 级	3 级	4 级
U_1	U_{11}	−0.0652	0.0750	−0.2833	−0.4625	−0.2500	0.1250	−0.1000	−0.3571
	U_{12}	−0.1154	0.1500	−0.2333	−0.4250	−0.0833	0.1000	−0.2667	−0.4500
	U_{13}	−0.0652	0.0750	−0.2833	−0.4625	−0.2000	0.2000	−0.1429	−0.3684
	U_{14}	−0.1000	0.1250	−0.2500	−0.4375	−0.0833	0.1000	−0.2667	−0.4500
	U_{15}	−0.1000	0.1250	−0.2500	−0.4375	−0.1154	0.1500	−0.2333	−0.4250
U_2	U_{21}	−0.0833	0.1000	−0.2667	−0.4500	−0.3667	−0.0500	0.0556	−0.3214
	U_{22}	−0.0652	0.0750	−0.2833	−0.4625	−0.4333	−0.1500	0.2143	−0.2917
	U_{23}	−0.4000	−0.1000	0.1250	−0.3077	−0.5500	−0.3250	0.3500	−0.2059
	U_{24}	−0.4000	−0.1000	0.1250	−0.3077	−0.6000	−0.4000	0.2000	−0.1429
	U_{25}	−0.5000	−0.2500	0.5000	−0.2500	−0.6167	−0.4250	0.1500	−0.1154
U_3	U_{31}	−0.4167	−0.1250	0.1667	−0.3000	−0.5000	−0.2500	0.5000	−0.2500
	U_{32}	−0.4000	−0.1000	0.1250	−0.3077	−0.4667	−0.2000	0.3333	−0.2727
	U_{33}	0.0000	0.0000	−0.3333	−0.5000	−0.2333	0.1500	−0.1154	−0.3611

第二,综合关联度计算。由表 4-49 和表 4-50 可知:

$$W_3 = \begin{bmatrix} 0.3214 & 0.4253 & 0.2533 \end{bmatrix}$$

$$R_3 = \begin{bmatrix} -0.4167 & -0.125 & 0.1667 & -0.3 \\ 0.4 & -0.1 & 0.125 & -0.3077 \\ 0 & 0 & -0.3333 & -0.5 \end{bmatrix}$$

指标 U_3 的综合关联度为:

$$B_3 = W_3 \cdot R_3 = \begin{bmatrix} 0.3214 & 0.4253 & 0.2533 \end{bmatrix} \cdot$$

$$\begin{bmatrix} -0.4167 & -0.125 & 0.1667 & -0.3 \\ 0.4 & -0.1 & 0.125 & -0.3077 \\ 0 & 0 & -0.3333 & -0.5 \end{bmatrix}$$

$$= \begin{bmatrix} 0.0362 & -0.0827 & 0.0223 & -0.3539 \end{bmatrix}$$

同理,可得到指标 U_1、U_2 的综合关联度,即:

$$B = \begin{bmatrix} B_1 \\ B_2 \\ B_3 \end{bmatrix} = \begin{bmatrix} -0.0938 & 0.1171 & -0.2553 & -0.4415 \\ -0.3794 & -0.1133 & 0.1674 & -0.3139 \\ 0.0362 & -0.0827 & 0.0223 & -0.3539 \end{bmatrix}$$

根据表 4-50 可知 U_1、U_2 和 U_3 的权重,并得到风险发生可能性等级的综合关联度:

$$A_p = W \cdot B = \begin{bmatrix} 0.2563 & 0.4526 & 0.2911 \end{bmatrix} \cdot$$

$$\begin{bmatrix} -0.0938 & 0.1171 & -0.2553 & -0.4415 \\ -0.3794 & -0.1133 & 0.1674 & -0.3139 \\ 0.0362 & -0.0827 & 0.0223 & -0.3539 \end{bmatrix}$$

$$= \begin{bmatrix} -0.1852 & -0.0453 & 0.0168 & -0.3582 \end{bmatrix}$$

第三,评价结果。根据最大隶属度原则,该边坡风险发生可能性等级为 3 级。其中安全管理因素、施工现场环境因素、施工作业工艺技术因素可能性等级分别为 2 级、3 级和 1 级。

⑤风险发生事故严重程度综合分析。用同样的方法可得到风险发生事故严重程度等级的综合关联度:

$$A_c = W \cdot B = \begin{bmatrix} 0.2563 & 0.4526 & 0.2911 \end{bmatrix} \cdot$$

$$\begin{bmatrix} -0.1339 & 0.1313 & -0.2146 & -0.4174 \\ -0.5605 & -0.3407 & 0.2256 & -0.1787 \\ -0.4183 & -0.1274 & 0.2732 & -0.2878 \end{bmatrix}$$

$$= \begin{bmatrix} -0.4098 & -0.1576 & 0.1267 & -0.2716 \end{bmatrix}$$

根据最大隶属度原则,该边坡风险发生事故严重程度等级为 3 级。其中安全管理因素、施工现场环境因素、施工作业工艺技术因素事故严重程度等级分别为 2 级、3 级和 3 级。

(3)确定风险等级

根据表 4-23 的风险等级矩阵,可确定该边坡总体风险等级为 Ⅲ 级,属于高度风险,为不期望出现的风险,应当采取风险应对措施降低总体风险。其中,安全管理因素风险等级为 Ⅱ 级,属于中度风险;施工现场环境因素风险等级为 Ⅲ 级,属于高度风险;施工作业工艺技术因素风险等级为 Ⅱ 级,属于中度风险。

(4)建议

结合分析结果,在边坡开挖作业过程中,重点采取以下风险控制措施。

①根据设计文件和工程地质条件,结合设计资料提供的边坡稳定性评价成果,判断边坡岩土体的变形破坏模式、施工过程中发生失稳的可能性以及影响因素,做到施工前心中有数。

②加强边坡动态监测,掌握变形趋势,遵循"边探边挖,不探不挖"的原则,采取动态设计、动态施工方法,随时掌握边坡变形发展情况,为确定治理方案提供依据。

③边坡施工应严格按照"自上而下,分级进行"的原则,开挖一级,防护一级,严禁立体交叉作业。

4. 案例总结

(1)本案例结合可拓学的物元理论和可拓集理论,在量化风险事故发生可能性和严重程度评估等级的基础上,建立高边坡施工安全风险评估的可拓物元模型,通过关联函数计算各层评价指标与评估等级的关联度。然后,根据各指标的权重计算综合关联度,以确定风险事故发生的可能性和严重程度等级,并用风险矩阵法最终确定安全风险等级。该方法将风险事故发生可能性和严重程度从定性描述拓展到定量描述,摆脱了主观判断造成的偏差,提高风险评估精度,更好地反映风险的实际状况。

(2)实例分析时,以本质安全为出发点,以边坡开挖作业为切入点,从安全管理、施工现场环境、施工作业工艺技术 3 个方面对施工安全风险进行归类、识别,建立了评估体系。然后,应用该方法从风险事故发生的可能性和严重程度两个维度对安全风险进行动态评估,得到该边坡开挖作业阶段各影响因素风险发生可能性和事故严重程度等级及总体风险等级。评估结果可为采取相应的风险控制措施提供决策支持。

4.3.8　基于风险矩阵法的公路高边坡风险评估

风险矩阵法(risk matrix method,RMM)以其简洁、直观等优点被广泛应用。国务院国资委 2006 年《中央企业全面风险管理指引》的附录中也特别推荐了该方法,并要求各中央企业在之后每年的风险管理报告中应用这种方法绘制企业重大风险的风险矩阵图。我国在桥梁、隧道、高边坡、城市轨道交通等行业指南和规范中,也将其作为基本的风险评估方法。

风险矩阵的等级划分有限,会导致一些风险的风险等级是相同或相近的,它们对应的风险重要性也相同或类似,出现风险结(risk tie)。风险结是指在同一风险等级中有多个风险,或者同一风险重要性等级中有多个风险,它们聚集在一起,很难分出谁比谁重要。这样很难决策,到底是哪个风险大哪个风险小,哪个风险重要,哪个风险在资源有限的情况下可以先放一放。利用 Borda 序值法可以解决此类问题。

本案例从工程应用的角度对风险矩阵评估方法进行总结,明确 Borda 序值法在风险评估中应用的具体方法,并用此方法对 2015 年交通运输部颁布的《高速公路路堑高边坡施工安全风险评估指南(试行)》(以下称《指南》)中的案例做进一步分析。

1. 风险矩阵法应用过程

(1)风险发生的可能性与后果严重程度的评估

对风险发生可能性的高低、后果严重程度的评估有定性、定量等方法。定性方法是直接用文字描述风险发生可能性的高低、后果严重程度,如"极低""低""中等""高""极高"等。定量方法是对风险发生可能性的高低、后果严重程度用具有实际意义的数量描述,如对风险发生可能性的高低用概率来表示,对后果严重程度用损失金额来表示。等级标度可以为任何数量的分级,常见的是有 3、4 或 5 个等级,但各点定义应尽量避免含混不清。后果严重程度应涵盖需分析的各类不同的结果(例如,经济损失、安全、环境或其他取决于背景的参数)。

(2)建立风险评价矩阵,确定风险等级

根据风险发生的可能性等级和严重程度等级,建立风险分级评价矩阵,以确定项目风险等级。《指南》将风险等级分为四级:低度(Ⅰ级)、中度(Ⅱ级)、高度(Ⅲ级)、极高(Ⅳ级),如表 4-51 所示。

表 4-51　风险等级标准

严重程度等级　　可能性等级		一般	较大	重大	特大
		1	2	3	4
很可能	4	高度Ⅲ	高度Ⅲ	极高Ⅳ	极高Ⅳ
可能	3	中度Ⅱ	高度Ⅲ	高度Ⅲ	极高Ⅳ
偶然	2	中度Ⅱ	中度Ⅱ	高度Ⅲ	高度Ⅲ
不太可能	1	低度Ⅰ	中度Ⅱ	中度Ⅱ	高度Ⅲ

（3）提出风险控制对策和分级控制措施

根据风险评估结果与接受准则，提出风险控制对策，如表 4-52 所示。

表 4-52　风险接受准则与控制对策

风险等级	接受准则	控制对策
等级Ⅰ（低度风险）	可忽略	不需采取特别的风险防控措施
等级Ⅱ（中度风险）	可接受	需采取风险防控措施，严格日常安全生产管理，加强现场巡视
等级Ⅲ（高度风险）	不期望	必须采取措施降低风险，降低风险的成本不宜高于风险发生后的损失
等级Ⅳ（极高风险）	不可接受	必须高度重视，采取切实可行的规避措施并加强监测，否则要不惜代价将风险至少降低到不期望的程度

应根据不同的风险等级提出分级控制措施，实施现场管理和监控预警，如表 4-53 所示。

表 4-53　风险分级管理措施

风险等级	分级管理措施			
等级Ⅰ（低度风险）	日常管理			
等级Ⅱ（中度风险）	日常管理	监控预警	部分专项整治	
等级Ⅲ（高度风险）	日常管理	监控预警	全面专项整治	
等级Ⅳ（极高风险）	日常管理	监控预警	全面专项整治	应急抢险

2. Borda 序值法在风险评估中的应用

（1）风险矩阵法在风险排序方面的不足

风险矩阵能够很好地展示风险的分布情况，能够快速、简洁地给出风险的大致等级，但要相对准确地给各个风险的重要性排序是一件比较困难的事情。由于风险结的存在，同一风险等级中有多个风险，或者同一风险重要性等级中有多个风险。到底是哪个风险大哪个风险小，哪个风险重要，哪个风险在资源有限的情况下可以先放一放，管理者难以决策。采用 Borda 方法可以较好地解决此类问题。

（2）Borda 序值法简介

在平常的投票选举中，为了方便，人们往往采用"简单多数表决制"来确定选举结果。所谓"简单多数表决制"就是谁得票最多，谁就获胜。

Borda 方法最早由法国数学家 Jena-Charles de Borda 提出，他在两篇关于选举的论文中，对"简单多数表决制"提出了质疑，认为它不能产生合理的决策。为了弥补"简单多数表决制"的不足，Borda 提出了一种记分制。该方法要求投票人在投票时不仅要表达最希望哪些人当选，还要给这些合格的候选人按喜好顺序进行排序（即投票人通过投票表达出对各候选人的偏好次序），然后进行评分并累加，得分最高者最终获胜。

将投票理论的 Borda 方法引入风险矩阵中，即是 Borda 序值法。它是美国空军电子系统中心（ESC）的研究人员为解决风险结问题而引入的，他们把风险看成投票和排序的对象，然后用 Borda 方法化解风险结。

（3）利用 Borda 序数值对风险进行排序

①计算 Borda 数。Borda 数的计算公式为：

$$b_i = (N - R_{iL}) + (N - R_{iC}) \tag{4-59}$$

说明：N 为风险总数（即所有风险的总个数）；i 为在风险总数中的第 i 个风险，$1 \leqslant i \leqslant N$；$R$ 为对某一风险 i，在某一风险准则（风险发生可能性准则 L 或风险后果准则 C）下，在 N 个风险中，较风险 i 更为严重（包括可能性、后果）的风险的个数；b_i 为第 i 个风险的 Borda 数。

②计算 Borda 序数。风险的 Borda 序数定义为：对某一风险，在风险总数 N 中，比该风险 Borda 数数值大的风险的个数。计算公式为：

$$B_i = b_j - b_i (1 \leqslant j \leqslant N，且 j \neq i) \tag{4-60}$$

当 B_i 满足 $B_i = b_j - b_i \geqslant 1$ 时，定义 j 的个数为第 i 个风险的 Borda 序数值。序数值越小，排名越前，表示越重要。

3. 实例分析

以《指南》案例一中的边坡开挖专项评估为例，说明 Borda 序值法在高速公路路堑高边工程施工安全风险评估中的应用。

（1）风险等级标准

事故可能性等级标准如表 4-54 所示。

表 4-54　事故可能性等级标准

可能性等级描述	可能性等级	综合评分值 P
很可能	4	$P > 60$
可能	3	$45 < P \leqslant 60$
偶然	2	$30 < P \leqslant 45$
不太可能	1	$P \leqslant 30$

事故后果严重程度等级分为 4 级，主要考虑人员伤亡和直接经济损失，如表 4-55 和表 4-56 所示。当多种后果同时产生时，采用就高原则确定事故严重程度等级。

表 4-55　人员伤亡等级

等级	1	2	3	4
定性描述	一般	较大	重大	特大
人员伤亡	人员伤亡（含失踪）人数<3 或重伤人数<10	3≤人员伤亡（含失踪）人数<10 或 10≤重伤人数<50	10≤人员伤亡（含失踪）人数<30 或 50≤重伤人数<100	人员伤亡（含失踪）人数≥30 或重伤人数≥100

表 4-56　直接经济损失等级

等级	1	2	3	4
定性描述	一般	较大	重大	特大
经济损失 Z/万元	$Z<10$	$10≤Z<50$	$50≤Z<500$	$Z≥500$

（2）利用风险矩阵法对该项目风险进行预评估

①确定可能性等级和严重程度等级。各指标的可能性基本分值、调整系数采用《指南》案例一中的数值，根据《指南》提供的方法计算可能性综合评分值，然后据表 4-54 确定各风险指标的可能性等级标准。通过专家调查法及表 4-55 和表 4-56，确定各风险指标的严重程度等级。

②确定边坡开挖施工事故风险等级。根据表 4-51，用风险矩阵法对该项目的边坡开挖风险进行专项评估，得到表 4-57 所示的结果。

表 4-57　路堑高边坡开挖安全风险评估结果

风险序号	风险名称	综合评分值（P）	可能性等级	严重程度等级	边坡开挖施工事故风险等级	Borda 序数值
1	边坡高度 R1	57.2	可能	较大	高度（Ⅲ）	1
2	坡形坡率 R2	39.6	偶然	较大	中度（Ⅱ）	2
3	岩性变化 R3	61.6	很可能	一般	高度（Ⅲ）	4
4	工序衔接 R4	65.12	很可能	较大	高度（Ⅲ）	0
5	开挖方法 R5	43.12	偶然	较大	中度（Ⅱ）	2
6	地下水变化 R6	8.8	不太可能	较大	中度（Ⅱ）	6
7	施工季节 R7	70.4	很可能	一般	高度（Ⅲ）	4
8	坡体结构变化 R8	17.6	不太可能	较大	中度（Ⅱ）	6
9	自然灾害的影响 R9	35.2	偶然	一般	中度（Ⅱ）	8
10	周边环境 R10	0	不太可能	一般	低度（Ⅰ）	9

在表 4-57 中，风险总数为 10，有 4 个高度风险、5 个中度风险、1 个低度风险，形成了 2 个"高度"风险结和 5 个"中"度风险结，无法再对其做重要性排序。

（3）利用 Borda 值对风险进行排序

①计算 Borda 数。根据式（4-59）计算 10 个指标的 Borda 数。对于表 4-57，一共有 10 个指标，所以，$N=10$。

风险 1，根据 L 准则，比风险 1 发生可能性更大的风险个数为 3，即 $R_{11}=3$；风险 1，根据 C 准则，比风险 1 后果更为严重的风险个数为 0，即 $R_{12}=0$；于是，根据计算 Borda 数的公式，$i=1$，可得：

$b_1=(10-3)+(10-0)=17$

同理，可得到其他 9 个风险的 Borda 数：

$b_2=(10-4)+(10-0)=16$

$b_3=(10-0)+(10-6)=14$

$b_4=(10-0)+(10-0)=20$

$b_5=(10-4)+(10-0)=16$

$b_6=(10-7)+(10-0)=13$

$b_7=(10-0)+(10-6)=14$

$b_8=(10-7)+(10-0)=13$

$b_9=(10-4)+(10-6)=10$

$b_{10}=(10-7)+(10-6)=7$

10 个安全风险的 Borda 数如表 4-58 所示。

表 4-58　路堑高边坡开挖 10 个安全风险的 Borda 数

风险序号	1	2	3	4	5	6	7	8	9	10
Borda 数（b_i）	17	16	14	20	16	13	14	13	10	7

②计算 Borda 序数。根据式（4-60）和表 4-58 的 Borda 数，可得：

$i=1$ 时（第一个风险），$b_1=17$，$B_1=b_j-b_1=b_j-17$（$j=2,3,4,5,6,7,8,9,10$）

$j=2:B_1=b_2-17=16-17=-1$

$j=3:B_1=b_3-17=14-17=-3$

$j=4:B_1=20-17=3$

$j=5:B_1=16-17=-1$

$j=6:B_1=13-17=-4$

$j=7:B_1=14-17=-3$

$j=8:B_1=13-17=-4$

$j=9:B_1=10-17=-7$

$j=10:B_1=7-17=-10$

在以上计算结果中，只有 $j=4$，满足 $B_1\geqslant1$ 的要求，所以 j 的个数为 1，即第一个风险的 Borda 序数值为 1。

同理，可得 $i=2,3,4,5,6,7,8,9,10$ 的风险的 Borda 序数值，加入表 4-57 中。

③结果分析。由表 4-57 可以得到如下结论：

a.路堑高边坡开挖 10 个安全风险的重要性排序为（从高到低）为：R_4、R_1、R_2、R_5、R_3、

R_7、R_6、R_8、R_9、R_{10}。其中风险 4"工序衔接"最重要。

b.原来 10 个风险有三个风险带(高、中、低),现有 7 个 Borda 序数值(0、1、2、4、6、8、9),显然对风险等级(风险大小)进行了细化。

c.4 个"高"风险结被打开,其 Borda 序数值为 0、1 和 4;五个"中度"风险结也被打开,其 Borda 序数值为 2、6 和 8。

d.原有的 4 个高风险(第 1、3、4、7),第 4 个风险排序第 1 位,第 1 个风险排序第 2 位,但第 3 个风险则位于排序第 5 位,第 7 个风险位于第 6 位。

e.第 2、5 风险的 Borda 序数值都是 2,第 3、7 风险的 Borda 序数值都是 4,说明 Borda 序值法也不能完全消除风险矩阵方法中的风险结。

4. 总结

(1)风险矩阵法是一种操作简便的风险评估方法,在工程建设领域内应用广泛。但存在风险结,会导致一些风险的风险等级是相同或相近的,它们对应风险重要性也相同或类似。这样给风险的重要性排序带来困难,难以决策。利用 Borda 序值法可以解决此类问题。

(2)结合实例,明确 Borda 序值法在风险评估中应用的具体方法,将同等级的风险进一步细分和排序,便于决策者采取风险控制措施。

(3)Borda 序值法也不能完全消除风险矩阵方法中的风险结。在后续的研究中,将考虑决策者的偏好强度等因素影响,以减少风险矩阵法的不稳定性。

4.3.9 基于突变级数法的高速公路路堑高边坡施工安全风险评价

高速公路边坡失稳是一种渐变至突变的自然现象,施工技术及管理人员很难精准的把握边坡内部结构变化情况,导致施工安全问题屡见不鲜。因此,对高速公路路堑高边坡施工安全风险评价具有很重要的理论和实际意义。目前对高速公路路堑高边坡施工安全风险评价,较多停留在层次分析法、模糊综合评价法等方面,此类研究方法需要对指标权重人为赋值,存在较大的主观性。本案例在原有研究的基础上,采用突变级数法,对高速公路路堑高边坡施工安全风险进行分析。

1. 工程概况

某高速公路是国家高速公路规划网北京至台北、长春至深圳高速公路的组成部分,建设里程 244.4 公里,投资概算 98.03 亿元。双向四车道标准建设,全线共有桥梁 163 座,隧道 25 座;沿线设 6 个服务区,12 个一般互通,1 个枢纽互通,3 个预留枢纽互通和 1 个预留一般互通;全线设有 13 个收费站、1 个监控分中心、1 个通信监控所、5 个养护工区、5 个隧道管理站。

本案例从此建设项目中选择 15 处路堑高边坡施工数据资料为样本进行突变级数评价法研究,判断每处高边坡施工安全所处的风险评价值。

2. 路堑高边坡施工安全风险评价指标体系

根据交通运输部安全与质量监督管理司组织编写的《高速公路路堑高边坡工程施工安全风险评估指南(试行)》(以下简称《指南》),高速公路路堑高边坡工程施工安全风险评估的一级指标体系划分为 5 类,分别为建设规模、地质条件、诱发因素、施工环境和资料完整性。

考虑到诱发因素与施工环境较为类似,根据研究需要,将诱发因素归为施工环境,形成了 4 个 1 级指标和 11 个 2 级指标,详见表 4-59。

表 4-59　高速公路路堑高边坡施工安全风险评价突变模型

目标层	突变模型	准则层	突变模型	最底层
高速公路路堑高边坡施工安全风险评价 A	蝴蝶型	建设规模 B1	尖点型	边坡高度 C1
				坡形坡率 C2
		地质条件 B2	燕尾型	地层岩性 C3
				坡体结构 C4
				地下水 C5
		施工环境 B3	蝴蝶型	施工季节 C6
				自然灾害的影响 C7
				工程措施类型 C8
				周边环境 C9
		资料完整性 B4	尖点型	地质资料 C10
				设计文件 C11

3. 指标原始数据

在对每个指标采集原始数据时,考虑到有些指标无法用数值表示出来,故采用《指南》中的赋值方法。例如,对于自然灾害的影响 C7 指标,在《指南》中列举了 4 个等级,分别是:自然灾害频发,75～100;自然灾害多发,50～75;自然灾害偶发,24～49;自然灾害很少,0～24。

为了让数据更加科学性,由 8 位专家按照《指南》的评分标准,考虑现场的实际情况给予打分,取其平均值,得出 15 个样本的原始数据,详见表 4-60。

表 4-60　样本各评价指标值

边坡编号	C1	C2	C3	C4	C5	C6	C7	C8	C9	C10	C11
1	20	30	57	80	90	83	10	16	95	78	21
2	83	70	97	72	92	56	40	35	16	89	55
3	30	35	88	67	80	33	75	67	36	50	29
4	25	40	42	22	16	9	92	78	80	58	8
5	18	25	10	79	57	69	27	32	10	39	36
6	80	70	74	100	89	88	71	80	9	11	40
7	75	67	96	71	63	69	10	7	16	90	33
8	70	82	23	58	80	77	15	15	16	62	24
9	35	50	77	76	82	63	30	21	61	31	35
10	91	85	88	72	95	45	68	15	65	50	37

续表

边坡编号	C1	C2	C3	C4	C5	C6	C7	C8	C9	C10	C11
11	87	78	80	10	13	86	24	92	81	78	8
12	74	69	54	12	24	32	29	23	65	78	15
13	29	47	57	44	20	10	32	19	56	54	46
14	50	43	80	25	27	44	44	14	54	62	74
15	13	18	92	11	42	88	36	30	80	89	98

4. 数据标准化

对于施工安全而言,指标值越小越安全,所以指标为逆向指标,标准化采用式(4-35),得到标准化后的值,详见表 4-61。

表 4-61　样本各评价指标标准化数据

边坡编号	C1	C2	C3	C4	C5	C6	C7	C8	C9	C10	C11
1	0.9103	0.8209	0.4598	0.2222	0.0610	0.0633	1.0000	0.8941	0.0000	0.1519	0.8556
2	0.1026	0.2239	0.0000	0.3111	0.0366	0.4051	0.6341	0.6706	0.9186	0.0127	0.4778
3	0.7821	0.7463	0.1034	0.3667	0.1829	0.6962	0.2073	0.2941	0.6860	0.5063	0.7667
4	0.8462	0.6716	0.6322	0.8667	0.9634	1.0000	0.0000	0.1647	0.1744	0.4051	1.0000
5	0.9359	0.8955	1.0000	0.2333	0.4634	0.2405	0.7927	0.7059	0.9884	0.6456	0.6889
6	0.1410	0.2239	0.2644	0.0000	0.0732	0.0000	0.2561	0.1412	1.0000	1.0000	0.6444
7	0.2051	0.2687	0.0115	0.3222	0.3902	0.2405	1.0000	1.0000	0.9186	0.0000	0.7222
8	0.2692	0.0448	0.8506	0.4667	0.1829	0.1392	0.9390	0.9059	0.9186	0.3544	0.8222
9	0.7179	0.5224	0.2299	0.2667	0.1585	0.3165	0.7561	0.8353	0.3953	0.7468	0.7000
10	0.0000	0.0000	0.1034	0.3111	0.0000	0.5443	0.2927	0.9059	0.3488	0.5063	0.6778
11	0.0513	0.1045	0.1954	1.0000	1.0000	0.0253	0.8293	0.0000	0.1628	0.1519	1.0000
12	0.2179	0.2388	0.4943	0.9778	0.8659	0.7089	0.7683	0.8118	0.3488	0.1519	0.9222
13	0.7949	0.5672	0.4598	0.6222	0.9146	0.9873	0.7317	0.8588	0.4535	0.4557	0.5778
14	0.5256	0.6269	0.1954	0.8333	0.8293	0.5570	0.5854	0.9176	0.4767	0.3544	0.2667
15	1.0000	1.0000	0.0575	0.9889	0.6463	0.0000	0.6829	0.7294	0.1744	0.0127	0.0000

5. 突变级数值计算

以样本 1 为例,说明突变级数值计算过程。

(1)模型构建

对于 2 级指标 C1 和 C2,构成尖点突变模型:

$$x_{C1} = \sqrt{0.9103} = 0.9541$$

$$x_{C2} = \sqrt[3]{0.8209} = 0.9363$$

由于边坡高度 C1 和坡形坡率 C2 有一定的相关性,具有相互促进的作用,根据"互补"原则,可以计算建设规模 B1 的一级突变级数值

$$x_{B1} = \frac{(0.9541 + 0.9363)}{2} = 0.9452$$

对于 2 级指标 C3、C4 和 C5,构成燕尾突变模型:

$$x_{C3} = \sqrt{0.4598} = 0.6781$$

$$x_{C4} = \sqrt[3]{0.2222} = 0.6057$$

$$x_{C5} = \sqrt[4]{0.0601} = 0.4970$$

根据"互补"原则,可以计算建设规模 B2 的一级突变级数值

$$x_{B2} = \frac{(0.6781 + 0.6057 + 0.4970)}{3} = 0.5936$$

对于 2 级指标 C6、C7、C8 和 C9,构成蝴蝶突变模型:

$$x_{C6} = \sqrt{0.0633} = 0.2516$$

$$x_{C7} = \sqrt[3]{1} = 1$$

$$x_{C8} = \sqrt[4]{0.0941} = 0.9724$$

$$x_{C9} = \sqrt[5]{0} = 0$$

$$x_{B3} = \frac{(0.2516 + 1 + 0.9724 + 0)}{4} = 0.5560$$

对于 2 级指标 C10 和 C11,构成尖点突变模型:

$$x_{C10} = \sqrt{0.1519} = 0.3897$$

$$x_{C11} = \sqrt[3]{0.8556} = 0.9493$$

$$x_{B4} = \frac{(0.3897 + 0.9493)}{2} = 0.6695$$

(2)高边坡施工风险突变级数值的确定

对于目标层高边坡施工风险值 A 而言,由于建设规模 B1、地质条件 B2、自然环境 B3 和资料完整性 B4 构成了蝴蝶突变,且 4 个一级指标具有"互补"作用,所以施工风险突变级数值为 $= \dfrac{\sqrt{0.9452} + \sqrt[3]{0.5936} + \sqrt[4]{0.5560} + \sqrt[5]{0.6695}}{4} = 0.8998$。

计算剩余样本高边坡施工风险突变级数值,详见表 4-62。

表 4-62　高边坡施工风险突变级数计算结果

边坡编号	B1	B2	B3	B4	高边坡施工风险值 A
1	0.9722	0.8404	0.8635	0.9229	0.8998
2	0.6810	0.7190	0.9590	0.8513	0.8026
3	0.9464	0.8261	0.9375	0.9595	0.9174
4	0.9475	0.9701	0.8748	0.9607	0.9333

续表

边坡编号	B1	B2	B3	B4	高边坡施工风险值 A
5	0.9827	0.9335	0.9552	0.9665	0.9595
6	0.7010	0.7012	0.8658	0.9860	0.8135
7	0.7410	0.8081	0.9653	0.8519	0.8416
8	0.6610	0.9221	0.9538	0.9481	0.8713
9	0.9090	0.8362	0.9502	0.9739	0.9173
10	0.0000	0.6932	0.9448	0.9552	0.6483
11	0.5905	0.9337	0.8184	0.9298	0.8181
12	0.7373	0.9607	0.9683	0.9262	0.8981
13	0.9272	0.9423	0.9814	0.9451	0.9490
14	0.8891	0.9202	0.9619	0.9087	0.9199
15	1.0000	0.8925	0.8900	0.5624	0.8362

6. 确定风险准则

由于突变级数法归一化公式的特点,计算出来的突变级数值一般较大,且相互之间差别较小,采用传统的风险评价准则显然不符合实际,故将绝对意义下的风险评价值转化为突变级数法的风险评价值,确定如下评价准则,详见表 4-63。

表 4-63 高速公路路堑高边坡施工安全风险评价等级标准

突变级数风险值	<0.76	0.76~0.87	0.88~0.94	0.95~1
风险级别	极高风险Ⅳ	高风险Ⅲ	中度风险Ⅱ	低度风险Ⅰ

7. 结果分析

(1)通过计算结果,我们可以对该标段 15 个高边坡样本的施工安全风险进行排序,风险由大到小如表 4-64 所示。对于编号 10 的高边坡指标原始数据,我们可以发现,该高边坡施工风险等级最高的主要因素排序是建设规模(0.000)>地质条件(0.6932)>施工环境(0.9448)>资料完整性(0.9552)。说明在施工前期及施工过程中,要特别注意建设规模及地质条件,以防施工过程中发生突变。将分析结果反馈给该高速公路施工总承包方,施工方针对分析结果采取专项应对措施,如针对资料完整性对施工风险突变值贡献较高的 6 号边坡及时完善地质资料及设计文件,降低施工风险。

(2)为了进一步论证突变级数评价法在高边坡施工风险评价中的准确性,提取文献[18]中原始数据进行计算,得出其突变级数风险值为 0.8672,参照评价准则,确定等级为Ⅲ级,属于高风险。

8. 结语

(1)突变级数评价法是一种针对有突变性特征的对象系统进行动态分析的评价方法,弥补了静态评价的不足,评价过程无须对权重主观赋值,减少主观因素干扰,同时计算过程较

表 4-64 样本施工风险等级排序

边坡编号	风险值	风险等级
10	0.65	极高风险 Ⅳ
2	0.80	高风险 Ⅲ
6	0.81	
11	0.82	
15	0.84	
7	0.84	
8	0.87	
12	0.90	中度风险 Ⅱ
1	0.90	
9	0.92	
3	0.92	
14	0.92	
4	0.93	
13	0.95	低度风险 Ⅰ
5	0.96	

为简单,操作简便。

(2)突变级数评价法应用到高速公路高边坡施工安全风险评价中,可以直观地了解到一个标段或整个项目的高边坡施工风险等级,并能进行排序,让建设单位及施工方有针对、有侧重地对高边坡进行风险控制,减少施工事故的发生。

(3)由于突变级数评价法本身存在一定的局限性,在往后的高边坡施工风险评价中还有待于进一步探究、改进。

第五章　工程项目安全风险应对与控制

5.1　概述

5.1.1　风险应对的含义

工程项目风险应对是指在进行了风险识别、估计、评价后,根据风险评估结果,针对具体存在的风险因素,有针对性地选择风险处理策略,采取应对措施,以降低风险的发生概率和损失严重程度等为目标的过程。

工程项目风险应对的主要内容是选择风险应对策略,根据项目的具体情况实施相应的具体应对措施。

5.1.2　风险应对计划

1. 风险应对计划编制的依据

工程项目风险应对计划编制是一个制定应对风险策略和应对措施的过程,目的是提高实现工程项目目标的机会,降低对工程项目安全的威胁。编制工程项目风险应对计划必须充分考虑风险的严重性、应对风险所花费用的有效性、采取措施的适时性以及和工程项目环境的适应性等。在编制项目风险应对计划时,经常需要考虑多个应对方案,并从中选择一个优化方案。工程项目风险应对计划的编制依据主要有:

(1)风险管理计划

风险管理计划是规划和设计如何进行工程项目风险管理的文件。该文件详细地说明风险识别、风险估计、风险评价和风险控制过程的所有方面以及风险管理方法、岗位划分和职责分工、风险管理费用预算等。

(2)风险清单及其排序

风险清单和风险排序是风险识别和风险估计的结果,记录了工程项目大部分风险因素及其成因、风险事件发生的可能性、风险事件发生后对工程项目目标的影响、风险重要性排序等。

(3)工程项目特性

工程项目各方面特性决定风险应对计划的内容及其详细程度。如果该工程项目比较复杂,应用比较新的技术或面临非常严峻的外部环境,则需要制定详细的风险应对计划;如果工程项目不复杂,有相似的工程项目数据可供借鉴,则风险应对计划可以相对简略一些。

（4）主体抗风险能力

主体抗风险能力可概括为两方面：一是决策者对风险的态度及其承受风险的心理能力；二是工程项目参与方承受风险的客观能力，如建设单位的财力、施工单位的管理水平等。项目主体抗风险能力直接影响工程项目风险应对措施的选择，相同的风险环境，不同的项目主体或不同的决策者有时会选择截然不同的风险应对措施。

（5）可供选择的风险应对措施

对于具体风险，有哪些可供选择的风险应对措施以及如何根据风险特性、工程项目特点及相关外部环境特征选择最有效的风险应对措施，是制定风险应对计划时要做的一项重要工作。

2. 风险应对计划的内容

工程项目风险应对计划应详细到可操作层次，它一般应包括下面一些或全部内容：

（1）风险识别，风险特征描述，风险来源及对项目目标的影响。

（2）风险主体和责任分配。

（3）风险评估及风险量化结果。

（4）单一风险的应对策略，包括回避、转移、缓解或接受。

（5）策略实施后，预期的风险自留（风险概率和风险影响程度）。

（6）具体应对措施。

（7）应对措施的预算和时间。

（8）应急计划和反馈计划。

5.1.3 风险应对策略的选择

1. 风险应对策略类型

制定风险应对策略是指确定工程项目风险宏观上的方针和政策的过程，它是风险应对的基础。对于工程项目风险，既可以采取一种策略也可以采取多种策略的组合来应对，具体的选择要视风险的大小和性质而定。

工程项目常用的风险应对策略有风险回避、风险转移、风险缓解、风险自留和风险利用，以及这些策略的组合。对某一工程项目风险，可能有多种应对策略或措施；对同一种类的风险问题，不同的工程项目主体采用的风险应对策略或应对措施可能是不一样的。因此，需要根据工程项目风险的具体情况以及风险管理者的心理承受能力以及抗风险的能力去确定工程项目风险应对策略或应对措施。

2. 选择风险应对策略的一般原则

在风险频率和强度均很高时，采取的策略最好是风险回避。在风险频率高（即风险可能经常发生）及强度低（造成后果不大）时，可以考虑风险缓解和风险自留的策略或组合策略。对频率低但强度高的潜在风险，采取风险缓解是最小化风险的有效途径。对特殊的强度很大（即一旦发生造成的后果很严重）但频率低的潜在风险，最好采取风险转移。对频率低且强度低的风险，风险很少发生，即使发生造成的后果也不大，可以采取风险自留的策略，通过自己的力量来使风险最小化。选择风险应对策略的一般原则如图 5-1 所示。

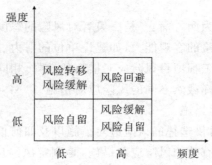

图 5-1 风险应对策略选择图

5.2 风险应对常用策略

5.2.1 风险缓解

1. 风险缓解的内涵

工程项目风险缓解,又称风险减轻或风险缓和,是指将工程项目风险的发生概率或后果降低到某一可以接受程度的过程。风险缓解的具体方法和有效性在很大程度上依赖于风险是已知风险、可预测风险还是不可预测风险。

对于已知风险,风险管理者可以采取相应措施加以控制,可以动用项目现有资源降低风险后果的严重性和风险发生的频率。例如,通过调整施工活动逻辑关系,压缩关键路线上关键工序的持续时间或通过加班加点等措施来缓解工程项目的进度风险。

可预测风险和不可预测风险是项目管理者很少或根本不能控制的风险,有必要采取迂回的策略,包括将可预测和不可预测风险变成已知风险,把将来风险"移"到现在。例如,为减少引进设备在运营时的风险,可以通过进行详细的考察论证、选派人员参加培训、精心安装、科学调试来降低其不确定性。

在实施风险缓解策略时,最好将工程项目每一个具体"风险"都减轻到可接受水平。项目中各具体风险水平降低了,工程项目整体风险水平在一定程度上也就降低了,项目成功的概率就会增加。

2. 风险缓解的途径

在制定风险缓解措施时必须依据风险特性,尽可能将工程项目风险降低到可接受水平,常见的途径有以下几种。

(1)降低风险发生的概率

采取各种预防措施来降低风险发生的可能性是风险缓解的重要途径,通常表现为一种事前行为。例如,施工管理人员通过加强安全教育和强化安全措施来减少事故发生的机会;施工承包商通过加强质量控制,降低工程质量不合格或由质量事故引起的工程返工的可能性。

（2）减少风险造成的损失

减少风险造成的损失是指在风险损失不可避免的情况下，通过各种措施遏制损失继续扩大或限制其扩展的范围。例如，当工程延期时，可以调整施工组织工序或增加工程所需资源进行赶工；当工程质量事故发生时，采取结构加固、局部补强等技术措施进行补救。

（3）分散风险

分散风险是指通过增加风险承担者，达到减轻总体风险压力的目的，它是缓解风险的措施之一。例如，联合体投标就是一种典型的分散风险的措施。该投标方式是指针对大型工程，由多家实力雄厚的公司组成一个投标联合体，发挥各承包商的优势，增加整体的竞争力。如果投标失败，则造成的损失由联合体各成员共同承担；如果中标了，则在建设过程中，各项政治风险、经济风险、技术风险也同样由联合体共同承担。并且，由于各承包商的优势不同，很可能有些风险会被某承包商利用并转化为发展的机会。

（4）分离风险

分离风险是指将各风险单位分离间隔，避免发生连锁反应或相互牵连。例如，在施工过程中，将易燃材料分开存放，避免出现火灾时其他材料也遭受损失。

3. 风险缓解方法的局限性

风险缓解不是从根本上消除风险，也不是避免风险，只是降低风险发生概率或减轻风险损失，有时在实施风险缓解措施后还会遗留一些残余风险。如果管理者忽视对残余风险的管理和监控，这些残余风险可能会转变成更大的风险。因此，在管理者制定风险缓解措施后，还需要重视残余风险的管理。

5.2.2 风险转移

1. 风险转移的内涵

风险转移，又称合伙分担风险，是指在不降低风险水平的情况下，将风险转移至参与该项目的其他人或其他组织。风险转移是工程项目管理中广泛应用的风险应对方法，其目的不是降低风险发生的概率和不利后果的大小，而是借用合同或协议，在风险事故发生时将损失的一部分转移至有能力承受或控制项目风险的个人或组织。实行这种策略要遵循两个原则：第一，必须让承担风险者得到相应的报答；第二，对各具体风险，谁最有能力管理就让谁分担。

2. 风险转移的途径

工程项目风险转移途径通常分为保险类转移和非保险类转移两种。

（1）保险类风险转移

保险类转移就是通常所说的工程保险，是转移风险最常用的一种方法。项目组向保险公司交纳一定数额的保险费，通过购买保险，业主或承包商作为投保人将本应由自己承担的工程风险（包括第三方责任）转移给保险公司，从而使自己免受风险损失。

（2）非保险类风险转移

非保险类转移又称为合同转移，是指通过转移方和被转移方签订协议进行风险转移。工程项目风险常见的非保险类转移有以下三种：

①业主将合同责任和风险转移给对方当事人。在这种情况下，被转移者多数是承包商。例如，在合同条款中规定，业主对场地条件不承担责任；又如，采用固定总价合同将涨价风险转移给承包商，等等。

②承包商进行合同转让或工程分包。承包商中标承接某工程后，可能由于资源安排出现困难而将合同转让给其他承包商，以避免由于自己无力按合同规定时间建成工程而遭受违约罚款；或将该工程中专业技术要求很强而自己缺乏相应技术的工程内容分包给专业分包商，从而更好地保证工程质量。

③第三方担保。担保方所承担的风险仅限于合同责任，即由于委托方不履行或不适当履行合同以及违约所产生的责任。第三方担保的主要表现是业主要求承包商提供履约保证和预付款保证（在投标阶段还有投标保证）。

3. 非保险类风险转移的优点和局限性

非保险类转移的优点主要体现在：一是可以转移某些不可保的潜在损失，如物价上涨、法规变化、设计变更等引起的投资增加；二是被转移者往往能较好地进行损失控制，如承包商相对于业主能更好地把握施工技术风险，专业分包商相对于总包商能更好地完成专业性强的工程内容。

工程项目非保险类风险转移有其积极意义，但也受到某些限制，主要表现在：

（1）工程项目非保险类风险转移受到国家法律和标准化合同文本限制。例如，我国法律法规明确规定，主体工程不能进行分包；又如，工程转包是一种非常典型的工程项目非保险风险转移方式，但我国法律也明确规定不允许工程转包。

（2）工程项目非保险类风险转移存在一定的盲目性。一方面，风险转移决策必须要建立在准确、可靠的风险分析的基础上，否则盲目地转移风险，可能会在转移风险的同时失去获利的机会；另一方面，如果被转移风险的对象没有能力承担转移来的风险，最终可能会导致更大的风险。

（3）工程项目非保险类风险转移可能会产生较高的额外费用。例如，由于法律法规或合同条款不明确，风险发生后导致相关单位发生争议且无法解决，最终不可避免地要依靠法律程序去解决，这势必要支付一笔可观的处理费用。

总之，工程项目非保险类风险转移有其优点也有其局限性。在具体应用这一策略时，应与其他应对风险的策略相结合，以取得最佳的效果。

5.2.3 风险回避

1. 风险回避的内涵

风险回避是指一种当项目风险潜在威胁发生可能性太大，不利后果也很严重，又无其他策略可用时，主动放弃项目或改变项目目标与行动方案，从而规避风险的策略。如果通过风险评价发现项目的实施将面临巨大的威胁，项目管理班子又没有别的办法控制风险，甚至保险公司也认为风险太大，拒绝承保，这时应当考虑放弃项目的实施，避免巨大的人员伤亡和财产损失。

2. 风险回避的途径

在工程项目风险管理中，风险回避的具体途径主要有以下几种。

（1）终止法

回避风险的基本方法，是一种通过终止（或放弃）项目的实施来避免风险的方法。这是一种消极的方法，在避免风险的同时也失去了获利的机会。

（2）工程法

一种有形的回避风险的方法，其以工程技术为手段，消除物质性风险的威胁。该法在规避项目安全风险方面应用广泛，如在高空作业下方设置安全网；在楼梯口、预留孔洞、坑井口设置围栏和盖板等。工程法的特点是：每一种措施总是与具体的工程设施相连，因此采用该法回避风险的成本较高。用工程法回避风险具体有下列多种措施：

①避免风险因素发生。在项目实施或开始活动前，采取必要的工程技术措施，防止风险因素的发生。

②消除已经存在的风险因素。在施工现场，若已经发现某些电气设备有漏电现象，则立即采取措施，一方面找到漏电的原因，并有针对性地采取措施；另一方面做好电气设备的接地。这样就可有效地防止伤亡安全风险的发生。

③将风险因素同人、财、物在时间和空间上隔离。风险事件引起风险损失的原因在于在某一时间内，人、财或物或它们的组合处在风险事件破坏力作用的范围之内，因此，将人、财、物与风险源在空间上隔开，并避开风险发生的时间，这样可有效地回避损失或伤亡。

（3）程序法

程序法是无形的风险回避的方法，要求用标准化、制度化、规范化的方式从事工程项目活动，以避免可能引发的风险或不必要的损失。例如，工程项目的施工过程是由一系列作业组成的，在作业之间有些存在着严格的先后作业逻辑关系，在工程施工中就要求严格按照规定的作业程序施工，而不能随意安排，才能避免项目风险的发生。

（4）教育法

教育法就是通过对项目人员广泛开展教育，提高参与者的风险意识，使其认识或了解工程项目目前所面临的风险，了解和掌握处置风险的方法或技术，这是避免项目风险的有效方法。

3. 风险回避方法的局限性

风险回避是应对风险的一种行之有效的策略，但应清楚地看到该策略存在着许多局限性。

（1）回避意味着失去发展和机遇。例如，核电站建设工程项目庞大，风险高，我国建设核电站的经验又有限，如果因担心损失而放弃该项目，就要失掉培养和锻炼我国自己核电建设队伍的机会，丢掉发展核电有关产业的机会等。

（2）放弃意味着消极。工程项目的复杂性、一次性、高风险等特点，要求充分发挥项目管理人员的主观能动性，创造条件促进风险因素转化，有效控制或消除项目风险，而简单的放弃意味着不提倡创造性，意味着工作的消极观，不利于组织今后的发展。

因此，在采取回避策略之前，必须要对风险有充分的认识，对威胁出现的可能性和后果的严重性有足够的把握。另外，采取回避策略，最好在项目活动尚未实施时，因为放弃或改变正在进行的项目，一般都要付出高昂的代价。

5.2.4 风险自留

1. 风险自留的内涵

风险自留是一种项目主体有意识地选择自己承担风险后果的风险应对策略。风险自留是一种风险财务技术，明知可能会有风险发生，但在权衡了其他风险应对策略之后，出于经济性和可行性的考虑，将风险留下。若风险损失真的出现，则依靠项目主体自己的财力，去弥补财务上的损失。

当项目主体决定采取风险自留后，需要对风险事件提前做一些准备，这些准备称为风险后备措施，主要包括费用、进度和技术三种措施。提前制定风险后备措施，可以大大降低风险发生时应对计划的成本。

2. 风险自留的适用范围

风险自留是最省事的风险规避方法，主要适用于下列情况：

(1)无法采取其他有效的风险应对策略时，或者当采取其他风险应对策略的费用超过风险事件造成的损失额时，应采取风险自留方法。

(2)风险最大期望损失较小，且项目主体有承受最大期望损失的经济能力。在工程项目实施过程中，对于发生概率低、损失强度小的风险，往往采用风险自留的手段更为有利。并且，项目主体的财务能力要足以承担风险可能造成的最坏后果，这样才不会在风险发生后对项目的正常生产活动产生影响。

3. 风险自留的类型

在工程项目风险管理中，可将风险自留分为主动风险自留和被动风险自留。

(1)主动风险自留，是指工程项目风险管理者在识别风险及其损失，并权衡了其他处置风险技术后，主动将风险自留作为应对风险的措施，并适当安排了一定的财力准备。主动风险自留的特点是：已经把握了风险及其可能的后果，并比较了其他处置方式的利弊，是在不愿意采用其他处置方式后做的选择。从风险管理的角度看，若能将其直接用于处置风险事件，是较经济的。但要注意到，这种方式的应用条件是对风险发生的可能性和损失后果有充分把握，且不能超过工程项目主体的风险承载能力。

(2)被动风险自留，是指没有充分识别风险及其损失的最坏后果，在没有考虑到其他处置风险措施的条件下，不得不由自己承担损失后果的处置风险的方式。显然，被动风险自留是不可取的，没有任何准备，包括风险管理者心理上的准备以及应对风险财力和物力上的准备。这常常会造成工程项目上很坏的财务后果，对承包商而言，在某些情况下可能会危及其正常的生存和发展。

4. 风险自留的局限性

在工程项目风险管理中，采用风险自留应对策略在许多情况下有着积极的作用，但也存在局限性，具体表现在以下两点。

(1)风险自留存在盲目性。理论上来说，进行风险自留必须要充分掌握该风险事件的信息，然而实际上，任何风险承担单位都无法精确地了解风险事件发生概率及损失程度，也不能确定项目主体能否承受该风险事件的后果。在这种情况下，很多管理人员会心存侥幸，对一些可能性较大的风险事件也不制定积极的应对策略,造成大量被动风险自留,最终严重影响项目目标的实现。因此,充分掌握该风险事件的信息是风险自留的前提。

(2)风险自留可能导致面临更大的风险。将风险自留作为一种风险应对策略应用时,则可能面临某种程度的风险及损失后果。在极端情况下,风险自留甚至可能使工程项目主体承担非常大的风险,以至于可能危及工程项目主体的生存和发展。因此,风险自留应以具有一定的财力为前提条件。

5.2.5 风险利用

1. 风险利用的内涵

应对风险不只是回避、转移、预防、减轻风险,更高一个层次的应对措施是风险利用。

由风险的定义可知,风险是一种潜在的、消极的不利后果,同时也是一种获利的机会。也就是说,并不是所有类型的风险都是带来损失,其中有些风险只要正确处置还是可以被利用并产生额外收益的,这就是所谓的风险利用。

2. 风险利用的可能性和必要性

(1)工程项目风险利用的可能性表现在:

①影响工程项目风险的因素是在变化的,风险发生于多种因素的变化之中,因此,如果能清楚地认识风险,就有可能利用风险,化不利的后果为发展的机会。

②一般来说,风险及其后果都是预测的结果,会随着项目的发展而不断发展变化。工程项目在实施过程中,其所在的建设环境在变化,项目管理者对项目风险的认识及工作重心也在不断变化,导致风险的后果也在发展变化,这为进行风险利用提供了可能。

(2)工程项目风险利用不仅是可能的,而且是完全有必要的,主要体现在:

①风险是社会生产发展的动力。在市场机制条件下,不论是进行工程项目经营活动,还是其他经营活动,总是存在着竞争,而竞争总伴随着风险。因此,从这一角度看,风险是社会生产发展的动力,正是这种竞争和风险的存在,才促进社会生产的发展。当然,这在工程项目建设领域中也不例外。

②风险中蕴藏着机会,冒一定的风险才能换高额利润或长期利润。盈利的机会并不是显而易见的、随处可有的,而是蕴藏在风险之中的,并且盈利越多往往表现出的风险越大。

3. 风险利用要点

从原则上来说,投机风险大部分有被利用的可能,但并不是轻而易举能取得成功。要充分分析所处环境,把握时机,讲究策略,缜密考虑应对措施。

(1)分析风险利用的可能性和价值。风险利用的第一步是要分析某风险的可能性和利用的价值。在识别风险的基础上,风险管理者就各类风险的可利用性和利用价值进行分析。利用可能性不大和利用价值不大的风险均不作为利用的对象。

(2)分析风险利用的代价,评估承载风险的能力。在决定是否利用某风险前,必须对利用该风险所需的代价进行分析,以提供决策支持。分析计算利用风险的代价需要考虑直接费用和间接费用,还要考虑到风险利用可能带来的隐性损失。在风险利用代价分析的基础上,需要客观地检查和评估自身承受风险能力。

4. 风险利用策略

当决定采取风险利用策略后,风险管理人员应制定相应的具体措施和行动方案。风险利用过程中,一般要注意把握下列几点:

(1)风险利用的决策要当机立断。

(2)要量力而行,实现风险利用的目的。

(3)要制定多种应对方案。

(4)严格风险监控。

5.3 公路施工安全风险控制

5.3.1 概述

1. 风险控制

风险控制是指根据风险识别、风险分析和风险评价的结果,从管理制度、技术手段、安全教育、应急救援等方面提出用于改变风险的措施。

要注意风险控制与风险应对的区别。风险应对是"改变风险的过程",是风险管理过程的一个子过程,包括各种应对策略;风险控制则是指"改变风险的措施",包括任何程序、政策、设备、实践,或其他改变风险的活动。

2. 风险接受准则

公路项目(高速公路路堑高边坡、桥梁和隧道)的施工安全风险接受准则如表 5-1 所示。

表 5-1　风险接受准则与控制对策

风险等级	接受准则	控制对策
等级Ⅰ(低度风险)	可忽略	无须采取特别的风险防控措施
等级Ⅱ(中度风险)	可接受	需采取风险防控措施,严格日常安全生产管理,加强现场巡视
等级Ⅲ(高度风险)	不期望	必须采取措施降低风险,降低风险的成本不宜高于风险发生后的损失
等级Ⅳ(极高风险)	不可接受	必须高度重视,采取切实可行的规避措施并加强监测,否则要不惜代价将风险降低到至少不期望的程度

3. 风险分级管理措施

应根据不同的风险等级提出分级控制措施,实施现场管理和监控预警。各等级风险管理措施建议如表 5-2 所示。

表 5-2　风险分级管理措施

风险等级	分级管理措施			
等级Ⅰ（低度风险）	日常管理			
等级Ⅱ（中度风险）	日常管理	监控预警	部分专项整治	
等级Ⅲ（高度风险）	日常管理	监控预警	全面专项整治	
等级Ⅳ（极高风险）	日常管理	监控预警	全面专项整治	应急抢险

（1）日常管理。施工单位按照国家、行业或地方的有关安全生产的法律法规、标准规范等制定风险控制措施，对工程实行日常管理。

（2）监控预警。施工单位或业主委托第三方监控单位，对风险源采取监控和预警预报体系，明确预警预报标准，通过对施工监控数据的动态管理，及时掌握其发展状态，发现异常或超过警戒值时，应及时采取规避措施。

（3）专项整治。应分析风险原因，并对重大风险源采取专项整治措施，包括完善设计方案、调整施工方法和组织、加强安全措施、改善施工环境、加强现场管理、提高人员素质等，进行全方位整改。

（4）应急抢险。除采取以上控制措施外，还应提出典型重大风险事故的应急预案，做好事故应急处置准备工作。应根据风险事故类型和发展态势，对采用专项整治不能及时控制的风险制定应急措施，做好应急准备，确保事故不造成严重后果。

4. 风险控制措施

针对公路施工风险事故的原因，施工期间可采取的风险控制措施，包括调整施工方案、加强施工安全措施、提高管理水平及提高人员素质。

（1）调整施工方案

主要包括合理调整施工顺序、改进施工工艺。

①合理调整施工顺序。为了减少和控制施工过程中发生的风险事故，可对施工工序从时间顺序和空间次序上进行合理安排或调整。

②改进施工工艺，即从施工方法、工艺参数上改进，减少和控制施工过程中发生的风险事故。

（2）加强施工安全措施

除应执行现行的有关标准、规范外，还应当根据实际工程特点，采取安全有效、便于施工的安全措施，降低施工安全风险，主要包括安全技术措施、安全替代措施、应急救援措施。

①安全技术措施，包括监测预警、对不安全场所进行安全隔离或加固防护、设立警告标志、人工警戒、专人指挥等。

②安全替代措施，对人工直接操作有较大风险的，可以用机械或其他方式替代人工操作。

③安全救援措施，主要指制定应急预案和做好应急准备。

（3）提高管理水平和提高人员素质

从管理和人员素质的方面控制安全风险主要包括加强管理和提高人员素质。

①加强管理,重点是抓落实:安全管理人员落实、安全管理制度落实、安全资金投入落实和现场管理措施落实。

②提高人员素质,主要是进行经常性的安全教育和培训,强化安全意识和观念,提高安全操作技能;对特殊工种进行专门培训,做到持证上岗;对关键风险控制点安排人员巡逻检查;施工人员身体健康状况符合工种要求;施工前做好安全技术交底。

5.3.2 公路施工安全风险控制措施

1. 路堑高边坡风险控制措施建议

《高速公路路堑高边坡工程施工安全风险评估指南(试行)》从边坡开挖、预应力锚固、抗滑桩、抗滑挡墙、排水隧洞和预应力锚索抗滑桩工程6个方面提出了路堑高边坡施工安全风险控制措施建议,如表5-3、表5-4所示。实际工作中应按照风险评估的结论,充分考虑工程实际情况,制定适宜的重大风险源的风险控制措施。

表 5-3 边坡开挖施工安全风险控制措施建议

风险源	典型事故类型	事故主要原因	风险控制措施建议
边坡开挖施工	1. 边坡失稳	1. 经现场踏勘或开挖后,出现原来没有发现的老滑坡或潜在滑坡等新的情况,出现不利于边坡稳定的地质变化,工程措施不能满足现场实际 2. 施工工序不正确,边坡开挖后与加固防护工程施工的时间间隔太长,雨季开挖施工之前没有采取有效防排水措施 3. 突发崩塌、泥石流等特大地质灾害	1. 在施工前进行实地调查,及早发现老滑坡、潜在滑坡等新情况,完善设计方案和工程措施;在施工过程中及时监测、掌握地质信息,避免边坡失稳事故发生 2. 在滑坡体上开挖土方应按照从上向下、开挖一级加固一级的顺序施工,对滑坡体加固可按照从滑体边缘向滑体中部逐步推进加固、分段跳槽开挖施工,当开挖一级边坡仍不能保证稳定时,应分层开挖、分层加固 3. 土质边坡或岩性不稳定边坡开挖应安排在枯水季节,避开雨季 4. 有加固工程的土质边坡在开挖后应在1周内完成加固,其他类型边坡开挖后应尽快完成加固工程,不能及时完成加固的应暂停开挖 5. 按设计要求建立边坡变形观测 6. 完善突发灾害应急处理预案
	2. 坡面病害	1. 没有及时施工地表临时排水工程,坡面有施工积水但没有排除 2. 坡顶截水沟没有提前施工,边坡外水体冲入边坡范围内,雨季强降雨或暴雨时没有采取覆盖等措施	1. 开挖前准备好坡顶截水沟、临时排水沟,坡顶和各级平台不得有积水。开挖中遇到地下水出露时,必须先做好排水后开挖 2. 对边坡以外水体做好隔离、防漏、防塌工程措施 3. 避免雨季开挖施工,必要时对坡面进行防雨遮盖

续表

风险源	典型事故类型	事故主要原因	风险控制措施建议
边坡开挖施工	3. 高处坠落	1. 没有护栏,没有安全带、安全绳等 2. 违章作业,操作不当,安全自保意识不强,开挖施工机械操作不当,不系安全带	1. 边坡上作业人员应系安全带,施工人员身体不适、喝酒后不得上高边坡作业。遇到大风、大雨、浓雾或雷电天气时应暂停作业 2. 边坡上施工机械应与边缘保持足够的安全距离。出现不稳定现象(如裂缝、局部塌方)时,应及时撤离。下雨、停工休息时应将机械撤到安全区域停放妥当
	4. 机械伤害	1. 机械设备不配套、带病运转 2. 司机违章作业、操作不当 3. 施工措施不当	1. 人员不在机械作业范围内交叉施工,上方机械挖方施工时下方不得有人。挖土机的铲斗不能从运土车驾驶室顶上越过。不得用铲斗载人 2. 施工车辆保证良好车况。合理确定土方装、运顺序和行驶路线。人车不混行;维修加固运土便道。遇到大风、大雨、浓雾或雷电天气时应暂停施工
	5. 触电	1. 缺乏常识,违规操作 2. 用电线路设施不合格 3. 维修管理不善	1. 加强员工教育,使其掌握用电应知应会常识,加强自我保护意识,对用电操作人员做好安全交底,电工持证上岗 2. 做好临时用电设计,合理选配电缆、开关等设施,并正确安装。使用中的电缆应架空或按规定埋地,不得随意放在地面或浸水。施工人员、施工道路、设备机械等与架空线距离符合有关规定。现场照明碘钨灯距地面高度不小于 3 m,接地、接零、避雷设施符合规定
	6. 爆破伤人	1. 炸药(雷管)领退不清,无专人管理,持证上岗不严 2. 警戒不严,防止飞石措施不当,不按设计布孔和装药	1. 爆破器材运输保管施工操作等应按有关规定严格执行,爆破作业必须由持证人员专门操作。严禁使用金属器皿盛药,孔内装药用木质棍,不得用石块或易燃物填塞炮孔。超过 5 m 的深孔不得使用导火索起爆,雷雨季节应采用非电起爆法 2. 采取浅孔少药量、松动爆破等飞石少的方法,放炮前设专人警戒,定时爆破。不得用石块覆盖炮孔,爆破 15 min 后才能进入现场,按规定检查和处理盲炮,检查处理危石

表 5-4 预应力锚索抗滑桩施工风险控制措施建议

风险源	典型事故类型	事故主要原因	风险控制措施建议
预应力锚索抗滑桩工程	1. 边坡失稳	1. 滑动面等关键部位分析判断不准,设计桩长不满足要求,施工过程中没有及时根据地质条件变化和实际滑动面与原设计校核,滑坡分析计算模式不当致滑坡推力计算有误 2. 锚索没有及时张拉形成有效锚固,锚索锚固深度不足,锚固力小于设计,实际滑动面深度大于设计,确定的滑动面位置没有及时反馈给设计单位,桩前岩侧向承载力不足,桩倾倒变形失稳	1. 抗滑桩开挖施工时应有专业人员现场详细地质编录,验证设计分析确定的滑动面,如滑动面向深部发展,应由设计复核变更。当桩孔地质条件发生变化,桩锚固段岩土承载力低于设计值时,应变更加深桩长 2. 正式施工前应进行锚固力基本试验,如出现地层软弱变化,锚固力较小的地层应加大钻孔孔径和锚固段长度 3. 锚索按设计锚固深度施工,钻孔后要清孔,应在锚索入孔 1 h 内注浆。采用二次注浆加大锚固力。锚索钻孔注浆后,要立即施工外部框架等结构并及时张拉,对边坡形成有效锚固作用 4. 当设计桩顶平台低于现状地面而挖方又会引起新的滑动时,可采取桩口开挖标高高于设计桩顶标高的"挖空桩"方法。采取间隔一桩或多桩的跳槽分批开挖方法,在前一批桩浇筑了混凝土后再开挖下一批桩 5. 可采取静力爆破方法避免震动 6. 按有关规定或设计要求进行边坡变形、锚索拉力、抗滑桩变形监测
	2. 高处坠落	1. 没有防护栏或不足,脚手架强度不足 2. 违章作业或安全自保意识不强,操作不当,不戴安全带	1. 施工人员系安全带,施工平台外侧设护栏、安全网,平台铺满脚手板并固定。酒后不得上高处作业 2. 脚手架上人员不得赤脚、穿硬底鞋、奔跑、嬉闹 3. 大风、大雨、雾、雪、冰冻天气不宜上脚手架施工 4. 平台上的钻机工具、配件、易滑落材料应装入桶内,防止坠落
	3. 机械伤害	1. 机械设备不配套,带病运转 2. 司机违章作业,操作不当,注浆搅拌机引起人员伤害,钢筋和锚索制作的切割机伤人 3. 钻机转动部分没有防护罩而伤人	1. 钻机机手与配合人员之间要分工明确,协调配合,防止机械旋转部分挤、夹、绞伤手脚 2. 切割机应安放稳固,由专人操作,戴安全帽、防护镜,切割前方不得站人。外露旋转部分要安装防护罩 3. 锚索张拉时,千斤顶后方区域严禁站人

续表

风险源	典型事故类型	事故主要原因	风险控制措施建议
预应力锚索抗滑桩工程	4. 触电	1. 缺乏常识,违规操作 2. 用电线路设施不合格,电缆漏电触电 3. 维修管理不善,抽水泵等设备漏电	1. 桩孔内照明用 36 V 安全电压,电缆保护完好 2. 潜水泵等用电设备不得有漏电现象,必须在地面调试好再使用 3. 孔口地面用电安全按有关规定执行
	5. 垮塌	主要指施工脚手架坍塌或框架梁混凝土工程垮塌,原因: 1. 脚手架或模板支架没有经设计计算或验算有误、强度不足 2. 没有按设计搭设,脚手架上堆载或混凝土体量超出设计允许范围	1. 钻机施工平台脚手架采用钢管和扣件搭设,脚手架立杆置于稳定的岩土体上,立杆底端应水平并支垫木板防滑 2. 脚手架高度在 10~15 m 时,应设置一组(4~6 根)缆风索,每增高 10 m 再增加一组,缆风索的地锚应牢固。对坡面倾角大于 45°(即坡率 1:1)的较陡边坡,还应将脚手架与坡面岩土体或稳定的结构物连接牢固 3. 经常检查脚手架完好性,发现扣件松动、钢管损坏、架子整体变形等不安全状况时要立即停止施工,加固完善后再施工 4. 混凝土模板用钢管加固,与边坡岩体连接牢固,施工时下方不得站人
	6. 高压气体、液体伤害	1. 高压供风注浆设备无专人操作 2. 将高压风管、注浆管口对向有人地方,接头不牢固,操作人员没有防护	1. 空压机、注浆泵由有经验的人员专人操作,定时维修保养 2. 钻机长距离供风时宜用钢管,供风、送浆的软管耐压强度与风压、注浆压力配套,接头牢固 3. 风管、送浆管应架空,顺地摆放时应避免车辆辗压和落石砸破
	7. 塌方	1. 对地下水、地层岩性软弱等情况考虑不周而护壁支护强度不足 2. 没有按设计要求开挖,每次开挖深度过大。护壁支护不符合设计要求。地下水较大没有及时抽排致积水浸泡岩土使其软弱。护壁硅强度没有达到设计要求时拆除模板	1. 可采取对周围土体注浆固结或打锚杆加固再开挖 2. 降水、注浆截水,及时抽水,停工时不间断排水使其不积水 3. 减小每次开挖深度,通常不超过 0.5 m 4. 提高护壁混凝土强度,或增加钢筋,设置横向支撑 5. 延迟拆除模板时间

续表

风险源	典型事故类型	事故主要原因	风险控制措施建议
预应力锚索抗滑桩工程	8. 中毒窒息	1. 没有安装通风设备,对有煤层瓦斯的地方没有采用瓦斯检测器,没有其他有毒有害气体检测制度 2. 违章作业没有通风即下桩孔	1. 人员下桩孔前可用小动物(如家禽)做试验确认是否存在有害气体,确认无误后再下桩孔施工 2. 桩孔深度超过 10 m 时应采用机械通风,保证每人每分钟新鲜空气为 2~3 m^3。规定每班下孔前先向孔内通风 10~20 min 3. 在煤系地层挖桩孔时,应按煤矿安全规程要求检查瓦斯
	9. 涌泥突水	1. 对地下暗河、溶洞、采空区地下水掌握不准,施工过程中没有监测探测 2. 对软泥层或流沙层施工段安全防护不足,止水或截水施工效果不好	1. 在采空区、溶洞地区挖桩,应提前做好地下水探测和预报,每班开挖前打超前孔探查地下水情况 2. 软弱泥沙层采用注浆止水、降水、钢护筒等

2. 公路桥梁典型的重大风险源风险控制措施建议

《公路桥梁和隧道工程施工安全风险评估指南(试行)》提出了桥梁工程的人工挖孔桩施工、基坑施工、水上群桩施工、墩(柱)塔施工、支架法浇筑作业、悬臂浇筑法作业、悬臂拼装法作业、架桥机安装作业 8 个重大风险源的风险控制措施建议,如表 5-5~表 5-12 所示。

表 5-5 人工挖孔桩施工风险防控对策及建议

序号	人工挖孔桩施工风险防控对策及建议
1	人工挖孔桩施工前,应根据桩的直径、桩深、土质、现场环境等状况进行混凝土护壁结构的设计,编制施工方案和相应的安全技术措施,并经企业负责人和技术负责人签字批准
2	人工挖孔桩施工前应对现场环境进行调查,掌握以下情况: (1)地下管线位置、埋深和现况 (2)地下构筑物(人防、化粪池、渗水池、古坟墓等)的位置、埋深和现况 (3)施工现场周围建(构)筑物、交通、地表排水、振动源等情况 (4)高压电气影响范围
3	人工挖孔桩施工前,工程项目经理部的主管施工技术人员必须向承担施工的专业分包负责人进行安全技术交底并形成文件。交底内容应包括施工程序、安全技术要求、现况地下管线和设施情况、周围环境和现场防护要求等
4	人工挖孔作业前,专业分包负责人必须向全体作业人员进行详细的安全技术交底,并形成文件

续表

序号	人工挖孔桩施工风险防控对策及建议
5	施工前应检查施工物质准备情况,确认符合下列要求: (1)施工材料充足,能保证正常、不间断地施工 (2)施工所需的工具设备(辘轳、绳索、挂钩、料斗、模板、软梯、空压机、通风管、低压变压器、手把灯等)必须完好、有效 (3)系入孔内的料斗应由柔性材料制作
6	当土层中有水时,必须采取措施进行疏干后方可施工
7	人工挖孔桩必须采用混凝土护壁:首节护壁应高于地面 20 cm,相邻护壁节间应用锚筋相连。护壁强度达 5 MPa 后方可开挖下层土方。施工中必须按施工设计要求的层深,挖一层土方施做一层护壁,严禁超要求开挖、后补做护壁的冒险作业
8	人工挖孔作业过程中应满足下列要求: (1)每孔必须两人配合施工,轮换作业。孔下人员连续作业不得超过 2 h,孔口作业人员必须监护孔内人员的安全 (2)孔下操作人员必须戴安全帽 (3)桩孔周围 2 m 范围内必须设护栏和安全标志,非作业人员禁止入内;3 m 内不得行驶或停放机动车 (4)严禁孔口上作业人员离开岗位,每次装卸土料时间不得超过 1 min (5)土方应随挖随运,暂不运的土应堆在孔口 1 m 以外,高度不得超过 1 m。孔口 1 m 范围内不得堆放任何材料 (6)料斗装土料不得过满 (7)孔口上作业人员必须按孔内人员指令操作辘轳。向孔内传送工具等时必须用料斗系放,严禁投扔 (8)必须自上而下逐层开挖,每层挖土深度不得大于 100 cm,松软土质不得大于 50 cm,严禁超挖 (9)作业人员上下井孔必须走软梯 (10)暂停作业时,孔口必须设围挡和安全标志或用盖板盖牢,阴暗时和夜间应设警示灯
9	施工中孔口需用垫板时,垫板两端搭放长度不得小于 1 m,垫板宽度不得小于 30 cm,板厚不得小于 5 cm。孔径大于 1 m 时,孔口作业人员应系安全带并扣牢保险扣,安全带必须有牢固的固定点
10	料斗和吊索具应具有轻、柔、软性能,并有防坠装置
11	孔内照明必须使用 36 V(含)以下安全电压
12	人工挖孔作业中,应检测孔内空气质量,确认符合国家现行标准的要求及下列要求: (1)孔内空气中氧气浓度应符合现行《缺氧危险作业安全指南》(GB 8958)的有关要求;有毒有害气体浓度应符合本指南附录 N 的有关要求 (2)现场必须配备气体检测仪器 (3)开孔后,每班作业前必须打开孔盖通风,经检测氧气、有毒有害气体浓度在要求范围内并记录,方可下孔作业;检测合格未立即进入孔内作业时,应在进入作业前重新进行检测,确认合格并记录 (4)孔深超过 5 m 时,作业中应强制通风

续表

序号	人工挖孔桩施工风险防控对策及建议
13	施工现场应配有急救用品(氧气等)。遇塌孔、地下水涌出、有害气体等异常情况,必须立即停止作业,立即将孔内人员撤离危险区。严禁擅自处理、冒险作业
14	两桩净距离小于 5 m 时,不得同时施工,且一孔浇筑混凝土的强度达 5 MPa 后,另一孔方可开挖
15	夜间不得进行人工挖孔施工
16	人工挖孔过程中,必须设安全管理人员对施工现场进行检查监控,掌握各桩孔的安全状况,消除隐患,保证安全施工
17	挖孔施工中遇岩石爆破时,孔口应覆盖防护,爆破施工应符合有关安全作业要求
18	人工挖孔施工过程中,现场应设作业区,其边界必须设围挡和安全标志、警示灯,非施工人员禁止入内

注:人工挖孔桩为隐蔽工程,风险防控应重点考虑坍塌事故、物体打击事故、高处坠落事故以及中毒窒息事故类型。

表 5-6　基坑施工风险防控对策及建议

序号	基坑施工风险防控对策及建议
1	基坑尺寸应能满足基础安全施工和排水要求,基坑顶面应有良好的运输通道
2	当挖土深度超过 5 m、发现有地下水或土质发生特殊变化时,应根据现场实际情况确定边坡坡度或采取支护措施;基坑支护应根据土质情况、施工荷载、施工周期和现场情况进行施工专项设计,并符合现行《建筑基坑支护技术指南》(JGJ 120)的有关要求
3	开挖中发现危险物、不明物等严禁敲击和擅自处理
4	基坑临近各类管线、建(构)筑物时,开挖前应按施工组织设计的要求实施拆移、加固或保护措施,经检查符合要求后,方可开挖
5	土层中有水时,应在开挖前进行排降水,先疏干再开挖,不得带水挖土
6	开挖中,出现基坑顶部地面裂缝、坑壁坍塌或涌水、涌沙时,必须立即停止施工,人员撤离危险区,待采取措施确认安全后,方可恢复施工
7	基坑开挖与支撑、支护交叉进行时,严禁开挖作业碰撞、破坏基坑的支护结构
8	施工现场附近有电力架空线时,应设专人监护
9	基坑外堆土时,堆土应距基坑边缘 1 m 以外,堆土高度不得超过 1.5 m
10	人工清基应在挖掘机停止运转,且挖掘机指挥人员同意后进行,严禁在机械回转范围内作业
11	基坑内应设安全梯土坡道等攀登设施
12	基坑排降水时: (1)基坑范围内有地下水,需降水施工时,应根据水文地质和现场环境状况进行施工设计 (2)在水深超过 1.2 m 的水域作业,必须选派熟悉水性的人员,并应采取防止溺水的措施

续表

序号	基坑施工风险防控对策及建议
13	导流施工时： (1)宜在枯水季节进行 (2)施工前应对现场情况进行调查,掌握现场的工程地质、水文地质情况和河湖的水深、流速、最高洪水位、上下游闸堤情况与施工范围内的地上、地下设施现况,编制导流施工设计,制定相应的安全技术措施 (3)施工前应向海事管理部门申办施工手续,并经批准
14	地基处理： (1)爆破施工应符合现行《爆破安全指南》(GB 6722)的有关要求 (2)施工前,必须由具有相应爆破设计资质的企业进行爆破设计,编制爆破设计书或爆破说明书,并制定专项施工方案,要求相应的安全技术措施经市、区政府主管部门批准,方可实施 (3)爆破施工必须由具有相应爆破施工资质的企业承担,由经过爆破专业培训、具有爆破作业上岗资格的人员操作 (4)爆破前应对爆破区周围的环境状况进行调查,了解并掌握危及安全的不利环境因素,采取相应的安全防护措施 (5)露天爆破装药前,应与气象部门联系,及时掌握气象资料,遇雷电、暴雨雪、大雾或风力大于六级等恶劣天气时,必须停止爆破作业

注:基坑施工的风险防控应重点考虑基坑坍塌事故、淹溺事故、爆炸事故等。

表 5-7　水上群桩施工风险防控对策及建议

序号	水上群桩施工风险防控对策及建议
1	应根据桩径、桩深、工程、水文地质、现场环境等状况选择适宜的施工方法和机具,并要求制定相应的安全技术措施
2	作业平台应根据施工荷载、水深、水流、工程地质状况进行施工专项设计,其高程应在施工期间的最高水位 70 cm 以上
3	施工中应与海事管理部门密切沟通,确保航道运输安全
4	施工中应密切关注气候环境变化情况,尤其需重点关注风速、潮汐等不利因素
5	泥浆护壁成孔时,孔口应设护筒。埋设护筒后至钻孔之前,应在孔口设护栏和安全标志
6	护壁泥浆应满足下列要求： (1)泥浆原料应为性能合格的黏土或其他符合环保要求的材料 (2)泥浆不断循环使用过程中应加强管理,始终保证泥浆性能符合要求 (3)现场应设泥浆沉淀池,泥浆残渣应及时清理并妥善处理,不得随意排放,污染环境 (4)泥浆沉淀池周围应设防护栏杆和安全标志

续表

序号	水上群桩施工风险防控对策及建议
7	钻孔作业应满足下列安全要求： (1)施工场地应平整、坚实；现场应划定作业区，非施工人员禁止入内 (2)施工现场附近有电力架空线路时，施工中应设专人监护 (3)钻机运行中作业人员应位于安全处，严禁人员靠近和触摸钻杆；钻具悬空时下方严禁有人 (4)钻孔过程中，应经常检查钻渣并与地质剖面图核对，发现不符时应及时采取安全技术措施 (5)钻孔应连续作业，建立交接班制，并形成文件 (6)成孔后或因故停钻时，应将钻具提至孔外置于地面上，关机、断电并应保持孔内护壁措施有效，孔口应采取防护措施 (7)钻孔作业中发生坍孔、护筒周围冒浆等故障时，必须立即停钻；钻机有倒塌危险时，必须立即将人员和钻机撤至安全位置，经技术处理并确认安全后，方可继续作业 (8)施工中严禁人员进入孔内作业 (9)冲抓钻机钻孔，当钻头提至接近护筒上口时，应减速、平稳提升，不得碰撞护筒，作业人员不得靠近护筒，钻具出土范围内严禁有人 (10)正、反循环钻机钻孔均应减压钻进，即钻机的吊钩应始终承受部分钻具质量，避免弯孔、斜孔或扩孔 (11)使用全套管钻机钻孔时，配合起重机安套管人员应待套管吊至安装位置时，方可靠近套管辅助就位，安装螺栓；拆套管时，应待被拆管节吊牢后方可拆除螺栓

注：水上群桩施工的风险防控应重点考虑起重事故、撞船事故、平台坍塌事故等。

表 5-8　支架法施工风险防控对策及建议

序号	支架法施工风险防控对策及建议
1	支架法施工前，应根据结构特点、混凝土施工工艺和现行的有关要求对支架进行施工专项安全设计，并制定安装、拆除程序及安全技术措施
2	使用材料应满足下列要求： (1)制作支架的材质应符合现行国家相关技术标准的要求 (2)钢管支架及其配件应由具有资质企业生产，具有合格证，并经验收确认质量合格 (3)周转使用的钢管支架及其配件，使用前应经检查，不得有裂纹、变形、腐蚀等缺陷
3	支架立柱应置于平整、坚实的地基上，立柱底部应铺设垫板或混凝土垫块以扩散压力；支架地基处应有排水措施，严禁被水浸泡
4	支架的立柱应设水平撑和双向斜撑，斜撑的水平夹角以 45°为宜；立柱高于 5 m 时，水平撑间距不得大于 2 m，并在两水平撑之间加剪刀撑
5	支架高度较高时，应设一组缆风绳
6	在河水中支搭支架应设防冲撞设施，并应经常检查防冲撞设计和支架状况，发现松动、变形、沉降应及时加固
7	支架跨越公路时应满足下列要求： (1)施工前，应制定模板、支架支设方案和交通疏导方案并经道路交通管理部门批准 (2)模板、支架的净高、跨度应依道路交通管理部门的要求确定，并设相应的防撞设施和安全标志 (3)位于路面上的支架四周和路面边缘的支架靠路面一侧必须设防护桩和安全标志，阴暗时和夜间必须设警示灯 (4)安装时必须设专人疏导交通 (5)施工期间应设专人随时检查支架和防护设施，确认符合方案要求

续表

序号	支架法施工风险防控对策及建议
8	支架跨越铁路时应满足下列要求： (1)施工前,应制定模板、支架支设方案,并经铁路管理部门批准 (2)模板、支架的净空、跨度必须依铁路管理部门的要求 (3)模板、支架安装时,铁路管理单位派出的监护人员必须到场 (4)施工过程必须符合铁路管理部门的要求 (5)列车通过时,严禁安装模板、支架和在铁路限界内作业 (6)铁路管理部门允许施工作业的限界,应采取封闭措施,保持铁路正常运行和现场人员的安全
9	支架搭设应满足下列要求： (1)立杆应竖直,2 m高度的垂直偏差不得大于1.5 cm;每搭完一步支架后,应进行校正。立杆的纵、横间距应符合施工设计的要求,每搭完一步支架后,应进行校正 (2)可调底座的调节螺杆伸出长度超过30 cm时,应采取可靠的固定措施 (3)满堂红支架的四边和中间每隔四排立杆应设置一道纵向剪刀撑,由底至顶连续设置 (4)高于4 m的满堂红支架,其两端和中间每隔四排立杆应从顶层开始向下每隔两步设置一道水平剪刀撑
10	支架安装完成后,应对节点和支撑进行检查,确认符合设计要求,经验收合格,并形成文件
11	支架应按照施工设计要求的方法、程序进行拆除;严禁使用机械牵引、推倒的方法进行拆除
12	拆除前,应先清理施工现场,划定作业区。拆除时应设专人值守,非作业人员禁止入内;拆除作业必须由作业组长指挥,作业人员必须服从指挥,步调一致,并随时保持作业场地整洁、道路畅通
13	拆除作业应自上而下进行,不得上下多层交叉作业
14	支架的拆除时间,应根据结构的特点、部位和混凝土达到的强度确定
15	拆除支架时,必须确保未拆除部分的稳定,必要时应对未拆部分采取临时加固、支撑措施,确认安全后,方可拆除
16	拆除跨公路的支架应满足下列要求： (1)拆除前,应制定支架拆除方案和交通疏导方案,并经道路交通管理部门批准 (2)拆除时应设专人疏导交通 (3)拆除材料应及时运出现场,经检查确认道路符合交通管理部门要求,方可恢复交通
17	拆除跨铁路的模板、支架应符合下列要求： (1)拆除前,应制定支架拆除方案,并经铁路管理部门批准 (2)拆除时,铁路管理部门派出的监护人员必须到场 (3)拆除过程必须符合铁路管理部门的要求,列车通过时,严禁拆除作业 (4)拆除材料应及时运出现场,严禁占用铁路限界放置;拆除完毕,应由铁路管理部门派人验收,确认合格,并办理手续
18	支架法施工中应对各种不良气候因素进行密切监测,并对支架立柱基础沉降做好监控

注:支架法施工的风险防控应重点考虑坍塌事故、高处坠落事故等。

表 5-9　墩柱(塔)施工风险防控对策及建议

序号	墩柱(塔)施工风险防控对策及建议
1	采用液压滑动模板施工应符合下列安全要求: (1)滑模施工应符合现行《液压滑动模板施工安全技术指南》(JGJ 65)的有关要求 (2)参加滑模作业的人员必须进行安全技术培训,考核合格方可上岗 (3)滑模施工中应与当地气象台站保持联系,遇有雷雨、六级(含)以上大风时,必须停止施工,并将作业平台上的设备、工具、材料等固定牢固,人员撤离,切断通向平台的电源 (4)采用滑模施工的墩台周围必须划定防护区,警戒线至墩台的距离不得小于结构物高度的1/10,且不得小于 10 m。不能满足要求时,应采取有效的安全防护措施 (5)滑模施工应根据墩台结构、滑模工艺、使用机具和环境状况对滑模进行施工设计,制定专项施工方案,采取相应的安全技术措施 (6)液压滑动模板应由具有资质的企业加工,具有合格证书和全部技术文件,进场前应经验收确认合格,并形成文件 (7)滑升作业前,应检查模板和平台系统,确认符合设计要求;检查电气接线;检查液压系统,确认各部油管连接牢固、无渗漏,并经试运行确认合格,形成文件 (8)滑模系统应由专业作业组操作,经常维护,发现问题及时处理 (9)浇筑和振捣混凝土时不得冲击、振动模板及其支撑;滑升模板时不得进行振捣作业 (10)滑升过程中,应随时检查,保持作业平台和模板的水平上升,发现问题应及时采取措施 (11)夜间施工应有足够的照明。便携式照明应采用 36 V(含)以下的安全电压。固定照明灯具距平台不得低于 2.5 m (12)拆除滑模装置必须按专项方案要求进行
2	采用支架模板法时应根据结构特点、混凝土施工工艺和现行的有关要求对支架进行施工专项安全设计,并要有安装、拆除程序和安全技术措施

注:墩柱(塔)施工的风险防控应重点考虑坍塌事故、高处坠落事故等。

表 5-10　悬臂拼装施工风险防控对策及建议

序号	悬臂拼装施工风险防控对策及建议
1	悬拼施工应对墩顶段浇筑托架、墩顶段临时锚固、悬拼吊装系统、挠度控制和合拢进行施工设计
2	悬拼吊装前应对悬拼吊装系统进行检查、试运转,并按至少130%设计荷载进行试吊,确认符合要求并形成文件后,方可正式起吊;吊机每次移位后必须检查其定位和锚固,确认符合要求后,方可起吊
3	桥墩两侧悬拼施工进度应一致,保持对称、平衡,不平衡偏差必须符合设计要求
4	遇到大雨、大雪、大雾、沙尘暴、六级(含)风以上等恶劣天气时必须停止作业
5	悬拼法架设连续梁、悬臂梁时,墩现浇段与桥墩之间应设临时锚固或临时支承,使其能承受悬拼施工节段产生的不平衡力矩,待全部块件安装完毕后方可拆除临时锚固或支承
6	T 型刚构或悬臂梁的挂孔架设中,移运挂孔预制梁需经过悬臂端时,应对悬臂梁结构进行验算,确认符合设计要求,并形成文件
7	跨越通行的公路、铁路及航道架梁时应与相关主管部门取得联系,商定方案和安全防护措施,并经批准
8	梁段拼装完毕后,应按设计要求程序拆除拼装施工临时设施

注:悬臂拼装施工的风险防控应重点考虑坍塌事故、物体打击事故等。

表 5-11　悬臂浇筑施工风险防控对策及建议

序号	悬臂浇筑施工风险防控对策及建议
1	挂篮应进行施工设计,其强度、刚度、稳定性应满足施工各阶段最大荷载组合的要求
2	悬臂浇筑应满足下列安全要求: (1)施工前应对墩顶段浇筑托架、梁墩锚固、挂篮、梁段模板、挠度控制和合拢等进行施工设计 (2)墩身预埋件等应在施工过程中进行工序检查,确认位置准确和材质、规格符合施工设计要求 (3)浇筑墩顶段(0 号段)混凝土前,应对托架、模板进行检验和预压,消除杆件连接缝隙、地基沉降和其他非弹性变形 (4)挂篮的抗倾覆、锚固和限位结构的安全系数均不得小于 2 (5)挂篮组拼后应检查锚固系统和各杆件的连接状况,经验收及进行承重试验确认合格,并形成文件后,方可投入使用 (6)挂篮行走滑道应平顺、无偏移;挂篮行走应缓慢,速度宜控制在 0.1 m/min 以内,并应由专人指挥 (7)桥墩两侧梁段悬臂施工进度应对称、平衡,其不平衡偏差应符合设计要求
3	梁桥混凝土浇筑过程中,应随时检查钢筋、波纹管和预埋件,发现位移或松动必须及时修复,且应设专人监测模板、支架和挂篮的稳定状况,发现异常必须立即停止浇筑,并及时采取安全技术措施,经检查确认合格后,方可恢复施工
4	遇到大雨、大雪、大雾、沙尘暴、六级(含)风以上等恶劣天气时必须停止架梁作业

注:悬臂浇筑的风险防控应重点考虑坍塌事故、高处坠落事故等。

表 5-12　架桥机施工风险防控对策及建议

序号	架桥机施工风险防控对策及建议
1	应根据现场条件、通航要求和河床情况,梁板外形尺寸、质量,桥梁宽度,桥墩高度,构件存放位置,施工季节,工期要求等因素选择适宜的架梁机械,制定合理的架设方案和相应的安全技术措施
2	使用定型架梁设备应符合生产企业使用说明书的要求,正式吊装前应经试吊,确认合格并形成文件。使用非定型架梁设施应进行施工设计,其强度、刚度、稳定性应满足桥梁吊装过程中荷载的要求;组拼完成后应进行验收并形成文件;在正式吊装前应经试吊,确认合格,并形成文件
3	架梁前应向全体作业人员(含机械操作工)进行安全技术交底,并形成文件
4	在架梁过程中,施工现场必须根据环境状况设作业区,并设护栏和安全标志,必要时应设专人值守,严禁非施工人员入内
5	架梁过程中,应严格执行相关安全操作规程
6	遇到大雨、大雪、大雾、沙尘暴、六级(含)风以上等恶劣天气时必须停止架梁作业
7	在桥台位置、曲线超高段等不利位置架梁前,应制定详细的安全技术措施,防止架桥机坍塌事故发生
8	在桥梁改、扩建工程中,架梁作业需占用现况桥面时,宜断绝交通。无须断绝交通时,桥面、道路通行部分的宽度应满足交通要求;作业区与通行道之间应设置挡、安全标志、警示灯;施工期间应设专人疏导交通;施工前应与交通管理单位研究并制定疏导交通方案,经批准后实施
9	跨越通行的公路、铁路及航道架梁时应与相关主管部门取得联系,商定架设方案和安全防护措施,并经批准

注:架桥机施工的风险防控应重点考虑坍塌事故。

3. 公路隧道典型的重大风险源风险控制建议

根据风险评估确定的风险等级,《公路桥梁和隧道工程施工安全风险评估指南(试行)》提出了隧道工程的坍塌事故、瓦斯爆炸事故、涌水突泥事故的控制措施建议。表 5-13 为隧道坍塌事故控制措施建议。

表 5-13　隧道坍塌事故控制措施建议

隧道坍塌事故控制措施		等级 Ⅳ	等级 Ⅲ	等级 Ⅱ
(1)前期调查	①资料收集	收集相关地质资料及周边工程施工记录、事故记录(包括自然灾害)等		最好收集上述资料
	②洞口段	对滑坡、岩体崩塌等相关因素进行观测		对是否需要观测进行论证
	③断层、破碎带	接近断层、破碎带时,应采用超前地质预报等方式进行确认		
	④浅埋段	进行地表沉降、拱顶下沉等观测		
(2)开挖作业	①开挖方式	根据地质条件、施工条件选择适当的开挖方式,并根据情况进行超前支护		不良地质条件下应讨论是否改变施工方法及是否进行超前支护
	②危石	a. 应分段仔细检查爆破段并清除危石 b. 钻孔作业前后、爆破后、废渣处理时及处理后,应进行仔细检查,并去除危石 c. 地震后应检查以上地点		
(3)支护	①喷射混凝土	a. 开挖后迅速喷射混凝土		
		b. 根据情况对掌子面喷射混凝土	对地质不良段应讨论确定	
		c. 根据情况二次喷射混凝土	对地质不良段应讨论确定	
		d. 采用钢筋网、喷射混凝土进行加固	对地质不良段应讨论确定	
	②搭设锚杆	a. 锚杆应根据地质条件,采用固结性好并便于施工的方式搭设 b. 施工时,应进行拉拔试验确认其性能		
	③钢拱架支护	a. 缩小钢拱架的间隔	不良地质路段应缩小	
		b. 扩大钢拱架的断面	不良地质路段应扩大	
		c. 使用适合围岩条件的底板、垫板	不良地质路段应使用合适的底板、垫板	
		d. 讨论钢拱架的形状是否适合	不良地质路段应讨论其形状	
(4)监控量测		a. 根据地质条件和施工情况进行适当的监控量测		
		b. 缩小监控量测间隔	不良地质路段应缩小	
		c. 增加监控量测频度	不良地质路段应增加频度	
		d. 根据监控量测、观察的结果,初期支护发生变形时,应采取有效的加固措施		

续表

隧道坍塌事故控制措施	等级Ⅳ	等级Ⅲ	等级Ⅱ
（5）二次衬砌	a. 讨论是否需要采用仰拱进行断面闭合及尽早浇筑衬砌等问题 b. 根据情况，可考虑是否采用临时性衬砌	应对不良地质路段是否闭合及尽早衬砌进行讨论 应对临时衬砌进行讨论	
（6）防坍塌的培训	应对以下内容进行相关培训： ①坍塌事故的危险性 ②防止事故发生的对策及注意事项 ③检查方法（检查内容及时间） ④发生险情时的应急措施		

第六章　工程保险和工程担保

6.1　工程保险概述

6.1.1　工程保险的概念

《中华人民共和国保险法》中对保险的表述为："本法所称保险,是指投保人根据合同约定,向保险人支付保费,保险人对于合同约定的可能发生的事故,因其发生造成的财产损失承担赔偿保险金责任,或者当被保险人死亡、伤残、疾病或达到合同约定的年龄期限承担给付保险金责任的商业保险行为。"保险责任的确认以保险合同为依据。

工程保险是适用于工程领域的保险制度,是指投保人(包括承包商、业主或工程风险的其他承担者)通过与保险人(保险公司)签订工程保险合同,投保人支付保险金,在保险期内一旦发生自然灾害、意外事故或人为原因造成财产损失、人身伤亡或第三者责任造成损失时,保险人按照工程保险合同约定承担保险赔付责任的商业保险行为。

工程保险的概念可以这样理解:

第一,工程保险是与建筑安装工程施工和使用过程有关的险种,工程保险是业主、承包商或其他工程风险承担者在建设工程施工或使用过程投保的险种。

第二,工程保险承保的期间不仅包括建筑安装工程施工期,还包括一段使用期间(通常是试运行期)。就建筑工程一切险和安装工程一切险这两种一切险来说,保险期间从建筑材料、设备等进入施工现场始,至工程验收合格交付使用止,如果工程提前使用则以实际使用时间为截止期。有的保单则将保险期限延续到使用期内的一段时间(即保证期)。

第三,工程保险的保险责任范围很广,包括人为原因、自然灾害、意外事故造成的人身伤害、财产损失或其他经济赔偿责任。

第四,工程保险是涉及财产险、人身险、责任险等的综合性险种。

6.1.2　工程保险的特点

工程保险是一种综合性保险,它取决于工程风险的综合性。工程保险不同于一般的财产保险和人寿保险,其特点表现为以下几点:

1. 承保的风险具有特殊性

工程保险承保的风险具有特殊性,具体表现在:

(1)工程保险既承保被保险人财产损失的风险,又承保被保险人的责任风险。

（2）承保风险的标的大部分裸露于风险中,抵御风险的能力大大低于普通财产保险的标的。

（3）工程在施工工程中始终处于一种动态的过程,各种风险因素错综复杂,使风险程度加大。

2. 保障具有综合性

工程保险针对承保风险的特殊性提供的保障具有综合性,工程保险的主责任范围一般由物质损失部分和第三者责任部分构成。同时,工程保险还可以针对工程项目风险的具体情况提供运输过程中、工地外储存过程中、保证期过程中等各类风险的专门保障。

3. 被保险人具有广泛性

普通财产保险的被保险人的情况较为单一,而工程保险由于工程建设过程中的复杂性,涉及的当事人和关系方较多,包括业主、主承包商、分包商、设备供应商、设计商、技术顾问、工程监理等,他们均可能对工程项目拥有保险利益,而成为被保险人。

4. 保险期限具有不确定性

普通财产保险的保险期限是相对固定的,通常是一年。而工程保险的保险期限一般是根据工期确定的,往往是几年,甚至是十几年。与普通财产保险不同的是,工程保险保险期限的起止点也不是确定的具体日期,而是根据保险单的规定和工程的具体情况确定的。

5. 保险金额具有变动性

普通财产保险的保险金额在保险期限内是相对固定不变的,但是,工程保险的保险金额在保险期限内是随着工程建设的进度不断增长的。所以,在保险期限内的任何一个时点,保险金额是不同的。

6.1.3　工程保险的作用

随着工程建设项目越来越多,建筑安装设计和施工工艺越来越复杂,工程保险分散风险的作用就越发明显,投保人能够以较少的保费获得较大的风险保障。工程保险中一人出险多人分担的保障机制将起到有效分散工程风险损失的作用。这里从微观和宏观两个层面来分析工程保险的作用。

1. 工程保险在微观层面的作用

（1）保护工程承包商或分包商的利益。在建筑安装过程中,施工操作或者施工管理出现问题,导致工程质量受到影响,这些责任应由承包商或分包商承担。如果承包商或分包商投保了工程一切险、质量责任险等险种,风险损失赔偿责任就转移给保险公司,这样承包商或分包商就不至于陷入风险损失赔偿的泥潭,不至于影响工程合同的履行。

（2）保护业主利益。业主投保工程保险有利于减少损失赔偿责任。比如雇主责任险,雇主在雇员受雇期间因工作原因而遭受意外等情况下,应承担支付医疗费、工伤休假期间的工资等费用的经济责任。但是,如果雇主投保了雇主责任险,则工程施工过程中可能造成的雇员人身伤亡和疾病的经济赔偿风险就转嫁给了保险公司。另外,在工程通过验收投入使用后,因建筑设计缺陷或隐患造成损失赔偿或者需要修缮的,业主可以通过自己投保或要求承包商投保两年或十年责任险,将风险损失赔偿责任转移给保险公司。

(3)减少工程风险发生。防损减灾是保险公司承保服务的重要环节。保险公司除承诺保险责任范围内的损失赔偿之外,还会从自身利益出发,为被保险人等提供灾害预防、损失评价、损失控制等风险管理指导,并采取合理的措施尽量减小风险发生的概率和风险损失程度。保险公司凭借其积累的工程风险与保险的工作经验,有的放矢地参与投保人的风险管理工作,可以降低工程风险发生的概率,减小损失程度。这样既减少了投保人的损失,又减少了保险公司的赔偿责任。从这个意义来看,工程保险是使保险双方双赢的模式。

2. 工程保险在宏观层面的作用

工程保险除了有保护保险合同当事人的利益、分散个体风险等微观层面的作用外,还具有宏观层面的重要作用。

(1)发展工程保险市场有利于规范工程建筑安装市场。工程建筑安装领域引入工程保险机制,保险公司作为工程利益相关者,必然关心工程施工的费用、质量等问题,自然而然地关注承包商等的行为,这相当于工程领域又引入了独立于承包商和业主以及其他政府部门的第三方监督者,进一步规范了工程建筑安装市场。

(2)发展工程保险市场,创新工程保险险种,完善工程保险机制,有利于健全我国的金融体系,带动相关产业发展。英、美发达国家普遍推行工程保险制度,因此这些国家工程保险相当成熟。随着我国保险业的逐步开放,外资保险公司的介入必然对我国内资保险公司构成威胁,应对策略即发展保险市场、完善保险机制,工程保险亦是如此。作为重要的金融市场之一,保险市场的繁荣发展将促进金融行业乃至社会经济和保障制度的发展。

(3)有利于鼓励业主和承包商积极投资工程项目。国际上一些工程保险比较普及的国家,工程保险已经成为项目投融资的必备条件和投标的资质。工程项目只有投了保险才会得到银行贷款。在工程招投标中,如果承包商不投保相应的工程保险,就没有资格投标,只有投保了必要的险种,才有资质投标。由此看来,社会环境已经营造了鼓励业主、承包商等各方投保工程保险的机制。相应地,工程保险机制的健全也使业主和承包商投资工程项目更放心,更有积极性。

(4)有利于改善融资环境。国外投资、融资(以下称投融资)领域非常重视工程保险问题。某些投资人一般是在工程施工合同具备了足够的保险保障之后才肯投资。银行为工程项目提供贷款时,一般把项目是否办理了工程保险作为贷款审批条件之一。工程保险作为商业保障机制为被保险人提供了风险保障,进一步增加了项目投资的安全系数,有利于吸引潜在的投资者。因此,工程保险制度为社会投融资创造了良好的氛围,有利于加速社会资本的良性循环。

6.1.4 工程风险与工程保险的关系

工程风险与工程保险是紧密相连、互为因果关系的。工程风险是工程保险发展的内在原因和需求,而工程保险是工程风险的有效分散途径之一。

工程风险与工程项目的投资、施工和使用是相伴而生的。工程量越大,施工工艺越复杂,工程风险就越多。一项工程的工期短则几个月,长则十几年甚至几十年,工程可能涉及土建、安装、机电等多个工种以及不同专业的接口衔接,因而工程施工过程出现操作失误、工程缺陷、人员伤亡、设备材料坏损盗失、接口不能衔接等情况是比较普遍的。

面对复杂的工程风险,业主和承包商渴望通过一定的途径将风险转嫁出去。就风险管理研究的现状而言,风险分散处置的主要途径包括风险回避、风险自留和风险转移。工程保险就是风险转移的重要而有效的途径之一。

从工程保险展业的角度来看,工程风险与工程保险是紧密相连的。在承保阶段,首先要系统地识别标的工程风险并准确估计工程风险程度,在此基础上,双方商定保险项目、保险责任和保险金额,厘定保险费率等关键的保单条款;在保险期间,通过风险防范和施救等控制工程风险的发生和损失程度。总之,工程风险与工程保险相伴而生,工程风险管理贯穿于工程保险的全过程。

6.2 建筑工程与安装工程一切险

6.2.1 建筑工程一切险

建筑工程一切险是指承保各类民用、工业和公用事业建筑工程项目,包括道路、桥梁、水坝、港口等,在建造过程中因自然灾害或意外事故而引起的一切损失的险种。

建筑工程一切险往往还加保第三者责任险。第三者责任险是指凡在工程期间的保险有效期内因在工地上发生意外事故造成在工地及邻近地区的第三者人身伤亡或财产损失,依法应由被保险人承担的经济赔偿责任。

1. 投保人与被保险人

建筑工程一切险可由业主或承包人负责投保,但多数合同规定由承包人负责投保。

被保险人,是指其财产或者人身受保险合同保障、享有保险金请求权的人,投保人可以为被保险人。建筑工程一切险的保险合同生效后,投保人就成为被保险人,但保险的受益人同样也是被保险人。被保险人必须是工程进行期间承担风险责任或具有利害关系,即具有可保利益的人。如果被保险人不止一家,则各家接受赔偿的权利以不超过其对保险标的可保利益为限。

建筑工程一切险的被保险人包括业主、总承包商、分包商、业主聘用的监理工程师以及与工程有密切关系的单位或个人(如贷款银行、投资人等)。

凡有一方以上被保险人存在时,均需由投保人负责缴纳保险费,并及时通知保险人有关保险标的在保险期内的任何变动。

2. 承保的项目范围

建筑工程一切险适用于所有房屋工程和公共工程,尤其是住宅、商业用房,医院、学校、剧院,工业厂房,电站,公路、铁路、飞机场,以及桥梁、船闸、大坝、隧道、排灌工程、水渠、港埠等。

3. 承保的危险与损害

建筑工程一切险承保的危险与损害涉及面很广,保险单中列举的"除外情况"之外的一切事故损失全在保险范围内,尤其是下述原因造成的损失:火灾、爆炸、雷击、飞机坠毁及灭火或其他救助所造成的损失;海啸、洪水、潮水、水灾、地震、暴雨、风暴、雪崩、地崩、山崩、冻灾、冰雹及其他自然灾害;一般性盗窃和抢劫;由于工人、技术人员缺乏经验、疏忽、过失、恶意行为或无能力等导致的施工拙劣而造成的损失;其他意外事件。

4. 承保的责任范围

(1)物质损失。在保险期限内,保险单明细表中分项列明的被保险财产在列明的工地范围内,因保险单除外责任以外的任何自然灾害或意外事故造成的物质损失。

①自然灾害,指地震、海啸、雷电、台风、龙卷风、风暴、暴雨、洪水、水灾、冻灾、冰雹、地崩、山崩、雪崩、火山爆发、地面下陷下沉及其他人力不可抗拒的破坏力强大的自然现象。

②意外事故,指不可预料的以及被保险人无法控制并造成物质损失或人身伤亡的突发性事件,包括火灾和爆炸。

(2)第三者责任险。在保险期限内,因发生与保险单所承保工程直接相关的意外事故引起工地内及邻近区域的第三者人身伤亡、疾病或财产损失,依法应由被保险人承担的经济赔偿责任。

5. 建筑工程一切险的除外责任

建筑工程一切险的除外责任,即保险人不予赔偿的,包括物质损失部分的除外责任、第三者责任险部分的除外责任和总除外责任。

(1)适用于物质损失部分的除外责任

①设计错误引起的损失和费用。

②自然磨损、内在或潜在缺陷、物质本身变化、自燃、自热、氧化、锈蚀、渗漏、鼠咬、虫蛀、大气(气候或气温)变化、正常水位变化或其他渐变原因造成的保险财产自身的损失和费用。

③因原材料缺陷或工艺不善引起的保险财产本身的损失以及为换置、修理或矫正这些缺点错误所支付的费用。

④非外力引起的机械或电气装置的本身损失,或施工用机具、设备、机械装置失灵造成的本身损失。

⑤维修保养或正常检修的费用。

⑥档案、文件、账簿、票据、现金、各种有价证券、图表资料及包装物料的损失。

⑦盘点时发现的短缺。

⑧领有公共运输行驶执照的,或已由其他保险予以保障的车辆、船舶和飞机的损失。

⑨除非另有约定,在保险工程开始以前已经存在或形成的位于工地范围内或其周围的属于被保险人的财产的损失。

⑩除非另有约定,在本保险单保险期限终止以前,被保险财产中已由工程所有人签发完工验收证书或验收合格或实际占有或使用或接收的部分。

(2)适用于第三者责任险部分的除外责任

①在保险单物质损失项下或本应在该项下予以负责的损失及各种费用。

②由于震动及移动或减弱支撑而造成的任何财产、土地、建筑物的损失以及由此造成的任何人身伤害和物质损失。

③工程所有人、承包人或其他关系方或他们所雇用的在工地现场从事与工程有关工作的职员、工人以及他们的家庭成员的人身伤亡或疾病。

④工程所有人、承包人或其他关系方或他们所雇用的职员、工人所有的或由其照管、控制的财产发生的损失。

⑤领有公共运输行驶执照的车辆、船舶、飞机造成的事故。

⑥被保险人根据与他人的协议应支付的赔偿或其他款项，但即使没有这种协议，被保险人仍应承担的责任不在此限。

（3）对物质损失和第三者责任险均适用的总除外责任

①战争、类似战争行为、敌对行为、武装冲突、恐怖活动、谋反、政变引起的任何损失、费用和责任。

②政府命令或任何公共当局的没收、征用、销毁或毁坏。

③罢工、暴动、民众骚乱引起的任何损失、费用和责任。

④被保险人及其代表的故意行为或重大过失引起的任何损失、费用和责任。

⑤核裂变、核聚变、核武器、核材料、核辐射及放射性污染引起的任何损失、费用和责任。

⑥大气、土地、水污染及其他各种污染引起的任何损失、费用和责任。

⑦工程部分停工或全部停工引起的任何损失、费用和责任。

⑧罚金、延误、丧失合同及其他后果损失。

⑨保险单明细表或有关条款中规定的应由被保险人自行负担的免赔额。

6.2.2　安装工程一切险

安装工程一切险承保被保险工程项目在安装过程中由于自然灾害、意外事故（不包括保险条款中规定的除外责任），以及机械事故等造成的物质损失和费用，并负责对第三者损害的赔偿责任。

安装工程一切险用于各种机器的安装及钢结构工程，主要指安装厂房内的机器、设备、储油罐、钢结构物、起重机、吊车以及有机械工程的各种建造工程。

安装工程一切险的被保险人可以是工程所有人、工程承包人、供货人、制造商、技术顾问、其他关系方（如债权人）。

1. 安装工程一切险的保险标的（承保范围）

（1）需安装的机器、工人、安装费用等，凡属安装工程合同内要求安装的机器、设备、装置、材料、基础（如地基、基座等）以及安装工程需用的各种公用设施（如水、电、照明、通信设备等）均包括在内。

（2）安装工程需用的施工机具。

（3）建筑物与构筑物，如厂房、仓库、办公楼、宿舍、码头、桥梁等。这些事项一般不列入安装工程合同，可随附在安装工程险之内，但不能超过保险金额的20%或50%。

（4）场地清理费用（同建筑工程一切险）。

（5）雇主或承包商在施工现场上的其他财产。

2. 安装工程一切险的承保责任范围

（1）第三者责任。

（2）短路、过电压、电弧所造成的损失。

（3）超压、压力不足和离心力引起的断裂等所造成的损失。

（4）其他意外事故,如因进入异物或因安装地点的运输而引起的意外事件。

3. 安装工程一切险的除外责任

（1）由结构、材料或在车间制作方面的错误造成的损失。

（2）由设备内的机构或电动性能的干扰,即由非外部原因造成的干扰,但这些干扰造成的安装事故则属承保范围之内。

（3）因受保人或其派遣人员蓄意破坏或欺诈行为而造成的损失。

（4）因安装后的设备性能不满足合同要求而给予对方的赔偿或其他非实质性损失。

（5）由战争或其他类似事件、民众运动或因当局命令而造成的损失。

（6）因罢工和骚乱而造成的损失(但有些国家不将其视为除外责任)。

（7）由核裂变或辐射造成的损失。

6.2.3 《公路工程标准施工招标文件》保险相关条款

《公路工程标准施工招标文件》(2018 年版)对公路工程相关的保险做了规定,现摘录如下:

1. 工程保险

20.1 工程保险

本款(公路工程专用合同条款)约定为:

建筑工程一切险的投保内容:为本合同工程的永久工程、临时工程和设备及已运至施工工地用于永久工程的材料和设备所投的保险。

保险金额:工程量清单第 100 章(不含建筑工程一切险及第三者责任险的保险费)至 700 章的合计金额。

保险费率:在项目专用条款数据表中约定。

保险期限:开工日起直至本合同工程签发缺陷责任期终止止(即合同工期＋缺陷责任期)。

承包人应以发包人和承包人的共同名义投保建筑工程一切险。建筑工程一切险的保险费由承包人报价时列入工程量清单 100 章内。发包人在接到保险单后,将按照保险单的费用直接向承包人支付。

2. 人员工伤事故的保险

20.2 人员工伤事故的保险

20.2.1 承包人员工伤事故的保险

承包人应依照有关法律规定参加工伤保险,为其履行合同所雇用的全部人员缴纳工伤保险费,并要求其分包人也进行此项保险。

20.2.2 发包人员工伤事故的保险

发包人应依照有关法律规定参加工伤保险,为其现场机构雇用的全部人员缴纳工伤保险费,并要求其监理人也进行此项保险。

3. 人身意外伤害险

20.3　人身意外伤害险

20.3.1　发包人应在整个施工期间为其现场机构雇用的全部人员投保人身意外伤害险,缴纳保险费,并要求其监理人也进行此项保险。

20.3.2　承包人应在整个施工期间为其现场机构雇用的全部人员投保人身意外伤害险,缴纳保险费,并要求其分包人也进行此项保险。

4. 第三者责任险

20.4　第三者责任险

20.4.1　第三者责任系指在保险期内,对因工程意外事故造成的、依法应由被保险人负责的工地上及毗邻地区的第三者人身伤亡、疾病或财产损失(本工程除外),以及被保险人因此而支付的诉讼费用和事先经保险人书面同意支付的其他费用等赔偿责任。

20.4.2　在缺陷责任期终止证书颁发前,承包人应以承包人和发包人的共同名义,投保第20.4.1项约定的第三者责任险,其保险费率、保险金额等有关内容在专用合同条款中约定。

第三者责任险的保险费由承包人报价时列入工程量清单100章内。发包人在接到保险单后,将按照保险单的费用直接向承包人支付。

5. 其他保险

20.5　其他保险

承包人应为其施工设备等办理保险,其投保金额应足以现场重置。办理本款保险的一切费用均由承包人承担,并包括在工程量清单的单价及总额价中,发包人不单独支付。

6. 对各项保险的一般要求

20.6　对各项保险的一般要求

20.6.1　保险凭证

承包人应在专用合同条款约定的期限内向发包人提交各项保险生效的证据和保险单副本,保险单必须与专用合同条款约定的条件保持一致。

本项(公路工程专用合同条款20.6.1项)约定为:承包人向发包人提交各项保险生效的证据和保险单副本的期限为开工后56天内。

20.6.2　保险合同条款的变动

承包人需要变动保险合同条款时,应事先征得发包人同意,并通知监理人。保险人作出变动的,承包人应在收到保险人通知后立即通知发包人和监理人。

20.6.3　持续保险

承包人与保险人保持联系,使保险人能够随时了解工程实施中的变动,并确保按保险合同条款要求持续保险。

本项(公路工程专用合同条款20.6.3项)补充:在整个合同期内,承包人应按合同条款规定保证足够的保险额。

20.6.4　保险金不足的补偿

保险金不足以补偿损失的(包括免赔额和超过赔偿限额的部分),应由承包人和(或)发包人按合同约定负责补偿。

20.6.5　未按约定投保的补救

（1）由于负有投保义务的一方当事人未按合同约定办理某项保险，或未能使保险持续有效的，另一方当事人可代为办理，所需费用由对方当事人承担。

（2）由于负有投保义务的一方当事人未按合同约定办理某项保险，或未按保险单规定的条件和期限及时向保险人报告事故情况，或未按要求的保险期限进行投保，或未按要求投保足够的保险金额，导致受益人未能或未能全部得到保险人的赔偿，原应从该项保险得到的保险金应由负有投保义务的一方当事人支付。

20.6.6　报告义务

当保险事故发生时，投保人应按保险单规定的条件和期限及时向保险报告。

6.3　工程担保

6.3.1　工程担保的概念

工程担保是指担保人（银行、担保公司、保险公司、其他金融机构、商业团体）应工程合同一方（即被担保人）的要求向另一方（即权利人）作出书面承诺，保证如果被担保人无法完成其与权利人签订的合同中规定应由被担保人履行的义务，则由担保人代为履约或作出其他形式的补偿。工程担保实际上是通过担保人转移了权利人对被担保人的信誉风险。

工程保证担保是控制工程建设履约风险的一种国际惯例，通过推行工程保证担保促使建设各方主体树立诚信守约意识，加强诚信履约的自觉性；通过预控、程控、终控多种手段并用，形成一种保护守约行为、惩戒违约行为的环境，通过建立和实施索赔机制，规范合同当事人的履约行为，最终实现合同目标。这样，优质诚信的企业可及时获得担保保证；拖欠、不守信企业担保申请会被淘汰。投标担保保证人在投标人投标之前，对投标人进行严格的资格审查，向招标人出具投标担保书，保证中标人将与招标人签订合同并将提供招标人所要求的履约、预付款等担保书。如果中标人违约，则保证人将在保额内赔付招标人的损失。

6.3.2　工程担保的主要类型

1. 投标担保

投标担保是指在招标投标活动中，投标人随投标文件一同提交给招标人的一定形式、一定金额的投标责任担保。

投标担保一般采用由投标人直接向业主交纳投标保证金的做法。按《招标投标法实施细则》第二十六条：招标人在招标文件中要求投标人提交投标保证金的，投标保证金不得超过招标项目估算价的2％。投标保证金有效期应当与投标有效期一致。依法必须进行招标的项目的境内投标单位，以现金或者支票形式提交的投标保证金应当从其基本账户转出。

投标担保主要保证投标人在递交投标文件后不得撤销投标文件;中标后不得无正当理由不与招标人订立合同;在签订合同时不得向招标人提出附加条件,或者不按照招标文件要求提交履约担保,否则,招标人有权不予退还其提交的投标担保。

2. 履约保证担保

所谓履约担保,是指发包人在招标文件中规定的要求承包人提交的保证履行合同义务的担保。履约担保是工程发包人为防止承包人在合同执行过程中违反合同规定或违约,并给发包人造成经济损失而要求的弥补。

《招标投标法实施细则》第五十八条:招标文件要求中标人提交履约保证金的,中标人应当按照招标文件的要求提交。履约保证金不得超过中标合同金额的10%。

履约担保的形式有:

(1)银行履约保函。银行履约保函是由商业银行开具的担保证明,通常为合同金额的10%左右。银行保函分为有条件的银行保函和无条件的银行保函。

有条件的保函是指下述情形:在承包人没有实施合同或者未履行合同义务时,由发包人或监理工程师出具证明说明情况,并由担保人对已执行合同部分和未执行部分加以鉴定,确认后才能收兑银行保函,由招标人得到保函中的款项。建筑行业通常倾向于采用这种形式的保函。

无条件的保函是指下述情形:在承包人没有实施合同或者未履行合同义务时,发包人不需要出具任何证明和理由,只要看到承包人违约,就可对银行保函进行收兑。

(2)履约担保书。履约担保书的担保方式是当承包人在履行合同的过程中违约时,开出担保书的担保公司或者保险公司用该项担保金去完成施工任务或者向发包人支付该项保证金。

承包人违约时,由工程担保人代为完成工程建设的担保方式,有利于工程建设的顺利进行,因此,履约担保书是我国工程担保制度探索和实践的重点内容。

(3)履约担保金。履约担保金可用保兑支票、银行汇票或现金支票,额度为合同价格的10%。

3. 预付款担保

预付款担保是指承包人与发包人签订合同后,承包人正确、合理使用发包人支付的预付款的担保。建设工程合同签订以后,发包人给承包人一定比例的预付款,一般为合同金额的10%,但需由承包人的开户银行向发包人出具预付款担保。

预付款担保的主要形式为银行保函。其主要作用是保证承包人能够按合同规定进行施工,偿还发包人已支付的全部预付金额。如果承包人中途毁约,中止工程,使发包人不能在规定期限内从应付工程款中扣除全部预付款,则发包人作为保函的受益人有权凭预付款担保向银行索赔该保函的担保金额作为补偿。

4. 业主工程款支付担保

业主工程款支付担保是指为保证业主履行合同约定的工程款支付业务,由担保人为业主向承包商担保的,保证业主支付工程款的担保。业主在签订工程建设合同的同时,应当向承包商提交业主工程款支付担保。未提交业主工程款支付担保的建设工程,视作建设资金未落实。

业主支付担保可采用的方式有银行保函和专业担保公司的保证。

5. 承包商付款担保

承包商付款担保是指担保人为承包商向分包商、材料设备供应商、建设工人(含农民工，下同)提供的，保证承包商履行建设工程合同的约定向分包商、材料设备供应商、建设工人支付各项费用和价款，以及工资等款项的担保。

6.3.3 工程担保与工程保险的区别

工程担保和工程保险都是工程风险管理的重要手段。在发达国家，从事工程建设活动的各方如果没有取得相应的工程担保，或者没有购买相应的工程保险，几乎无法获得工程合同。在提供工程担保或进行投保时，银行及其他担保人、保险公司都要对被担保人或投保人进行评估。在运作方式、管理模式、会计制度、事故处理方面具有相似之处。

但是，工程担保与工程保险之间也有着一些明显的区别。

(1)风险主体不同。工程担保通常是由三方当事人组成，即业主、承包商和担保人(保证金、抵押等的担保与保险更容易区别)；工程保险则除保证保险外，一般只有保险公司和投保人两方当事人。

(2)风险对象不同。工程担保面对的是"人祸"，即人为的违约责任；工程保险面对的多是"天灾"，即意外事件、自然灾害等。

(3)风险责任不同。工程担保中，被担保人因故不能履行合同时，担保人必须采取积极措施，保证合同能继续完成；在工程保险中，保险公司仅需按合同支付相应数额的赔偿，而无须承担其他责任。委托人对保证人为其向权利人支付的任何赔偿，有返还给保证人的义务；而依据保险法律，保险人赔付后是不能向投保人追偿的。

(4)风险选择不同。工程担保中，被担保人提供担保的根本目的并不是转移风险，而是为了满足对方要求的信用保障；在工程保险中，投保人购买保险则是为了转移风险，以保障自身的经济利益。

(5)风险预期不同。保险建立在实际可计算的预期损失基础上，而保证担保则建立在委托人的信用等级和履约能力基础上。

(6)风险效果不同。在工程担保中，担保人是暂时承担风险，其风险远小于被担保人；在工程保险中，保险公司是唯一的责任者，对投保人发生的事故承担最终风险损失，所承担的风险更大。

第七章　公路工程安全风险评估

7.1　概述

7.1.1　安全风险评估的概念

工程项目安全风险评估是指以实现安全为目的,应用风险管理理论和安全系统工程原理和方法,对拟建或在建工程中的风险进行识别,预测风险事故发生的可能性及其严重程度,并根据评价结果确定风险等级,做出评价结论的活动。安全风险评估可针对工程项目实施全过程,也可针对某一阶段(如项目施工阶段);可针对某一特定的对象,也可针对某一区域范围。

公路水运工程施工安全风险评估是针对公路水运工程施工过程潜在的风险进行辨识、分析、估测,并提出控制措施建议的系列工作,包括总体风险评估和专项风险评估。

7.1.2　安全评估的目的、意义

1. 安全风险评估的目的

安全风险评估的目的是查找、分析和预测工程、系统存在的危险、有害因素及可能导致的危险、危害后果和程度,提出合理可行的安全对策措施,指导危险源监控和事故预防,以达到最低事故率、最少损失和最优的安全投资效益。安全风险评估要达到的目的包括以下四个方面:

(1)提高系统本质安全化程度。通过安全评估,对工程或系统的设计、建设、运行等过程中存在的事故和事故隐患进行系统分析,针对事故和事故隐患发生的可能原因事件和条件,提出消除危险的最佳技术措施方案,特别是从设计上采取相应措施,设置多重安全屏障,实现生产过程的本质安全化,做到即使发生误操作或设备故障,系统存在的危险因素也不会导致重大事故发生。

(2)实现全过程安全控制。在系统设计前进行安全评估,可避免选用不安全的工艺流程和原材料及不合适的设备、设施,避免安全设施不符合要求或存在缺陷,并提出降低或消除危险的有效方法。系统设计完成后进行安全评估,可查出设计中的缺陷和不足,及早采取改进和预防措施。系统建成后进行安全评估,可了解系统的现实危险性,为进一步采取降低危险性的措施提供依据。

(3)建立系统安全的最优方案,为决策提供依据。通过安全评估,可确定系统存在的危

159

险及其分布部位、数目,预测系统发生事故的概率及其严重度,进而提出应采取的安全对策措施等。决策者可以根据评估结果选择系统安全最优方案并进行管理决策。

(4)为实现安全技术、安全管理的标准化和科学化创造条件。通过对设备、设施或系统在生产过程中的安全性是否符合有关技术标准、规范和相关规定进行评估,对照技术标准、规范找出存在的问题和不足,实现安全技术和安全管理的标准化、科学化。

2. 安全风险评估的意义

安全风险评估的意义可概括为以下五个方面:

(1)安全评估是安全管理的一个必要组成部分。

(2)有助于政府安全监督管理部门对生产经营单位的安全生产实行宏观控制。

(3)有助于安全投资的合理选择。

(4)有助于提高生产经营单位的安全管理水平。

(5)有助于提高生产经营单位的经济效益。

7.1.3 安全风险评估的内容

安全风险评估的主要内容包括风险辨识、风险评价和风险控制三部分。

1. 风险辨识

风险辨识是指利用安全系统工程的理论和方法,分析系统及其各要素所固有的安全隐患,揭示系统内存在的各种危险致因,通过一定的手段测定、分析和判明风险,包括固有的和潜在的风险、可能出现的新风险以及在一定条件下转化生成的风险,并且对系统中已查明的风险进行量化处理,从而为评估提供数量依据。基本内容包括风险辨识、事故隐患辨识、事故类别辨识、现有措施分析等。

2. 风险评价

风险评价是指利用现代的风险评价方法,根据风险辨识的结果,建立风险评价体系(指标),选择正确的风险评价方法,对系统进行风险状态的评价。

3. 风险控制

风险控制的目的是采取针对性控制措施,以及评价采取控制措施后仍然存在的风险是否可以被接受。

7.1.4 安全风险评估的流程

安全风险评估主要过程一般包括:前期准备;风险致因识别与分析;划分评估单元;现场安全调查;定性、定量评估;提出安全对策措施及建议;作出风险评估结论;风险评估报告编制以及风险报告评审等,如图 7-1 所示。

1. 前期准备

明确评估对象和范围,必要时可进行系统或工程实际情况的现场调查,初步了解和熟悉系统或工程所处的实际状况,收集国内外相关法律法规、技术标准及评估对象相关的行业数

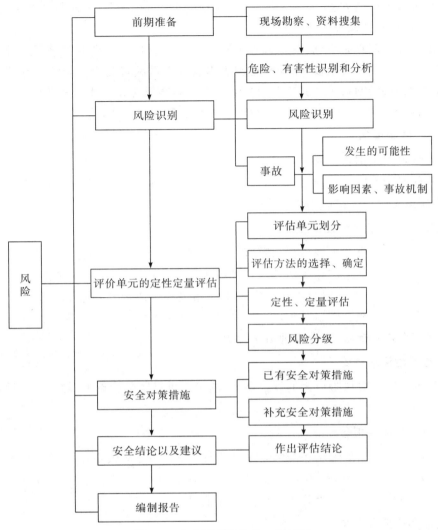

图 7-1　安全风险评估的一般过程

据资料。

2. 风险致因识别与分析

根据系统或工程的生产工艺、生产方式、生产和辅助系统、周边环境、气候条件等特点，识别和分析系统生产运行过程中的风险致因，确定风险致因存在的部位、存在的方式、事故发生的途径及其变化的规律。

3. 评估单元划分

在系统或工程相当复杂的情况下，为了风险评估的需要，可以按安全系统工艺特点、生产场所、风险与有害因素类别等划分单元。评估单元应该是整个系统或工程的有限分割，并应相对独立，便于进行风险致因识别和危险度评价，且应具有明显的特征界限。

4. 现场安全调查

针对系统或工程的特点，对照安全生产相关法律法规的技术标准的要求，采用安全检查表或其他系统风险评估方法,对系统或工程(选择的类比工程)的生产系统及其工艺、场所和设施、设备等进行安全调查。

通过现场安全调查应明确:安全管理机制、安全管理制度、安全管理模式等是否适合安全生产,安全管理制度、安全投入、安全管理机构及其人员配置是否满足安全生产法律法规的要求;生产系统、辅助系统及其工艺、设施、设备等是否满足安全生产相关法律法规及技术标准的要求;系统存在的风险致因是否得到了有效的控制等。

5. 定性、定量评估

在对风险致因识别和分析的基础上,选择科学、合理、适用的定性、定量评估方法,对可能引发事故的风险致因进行定性、定量评估,给出引起事故发生的致因因素、影响因素及其危险度,为制定安全对策措施提供科学依据。

6. 提出安全对策措施及建议

根据现场安全检查和定性、定量评估的结果,提出消除或减弱风险致因的技术和管理措施及建议。对违反安全生产相关法律法规的技术标准或不合适的行为、制度、安全管理机构设置和安全管理人员配置,以及不符合安全生产相关法律法规和技术标准的工艺、场所、设施、设备等,提出安全改进措施及建议;对可能导致重大事故发生或容易导致事故发生的风险致因提出安全技术措施、安全管理措施及建议。

7. 作出风险评估结论

简要地列出对主要风险致因的评价结果,指出应重点防范的重大风险致因,明确重要的安全对策措施。

8. 编制风险评估报告

依据风险评估的结果编制相应的安全风险评估报告,安全风险评估报告是风险评估过程的记录,应将风险评估对象、风险评估过程、采用的风险评估方法、获得的风险评估结果、提出的安全对策措施及建议等写入安全风险评估报告。

9. 风险评估报告评审

风险评估报告评审包括单位资质评审、能力要求审核,评审程序审核、评审内容是否全面审核以及评审报告措施是否可行审核。

7.2 公路水运工程施工安全风险评估制度

7.2.1 概述

"安全第一、预防为主、综合治理"是我国一贯的安全生产方针。为落实该方针,各行业都进行了大量的研究和实践工作,全国安全生产形势保持稳定好转的发展态势。然而,我国仍处于生产安全事故易发多发的特殊时期,事故总量依然偏高,重大事故仍时有发生,安全生产形势依然严峻,不容乐观,交通建设生产安全形势也不例外。仅2020年上半年,全国公路水运工程建设领域安全生产事故 39 起,死亡 48 人。与 2019 年同期相比,安全形势没有好转,事故起数增加 2 起,增长 5.4%,死亡人数减少 2 人,降低 4.0%。与 2018 年同期相比,事故起数增加 25 起,增长 178.6%,死亡人数增加 29 人,增长 152.6%。① 工程质量安全面临着前所未有的压力和挑战,形势依然严峻。

另外,交通建设工程因建设环境复杂、施工条件差、不安全因素动态变化快、安全事故诱因复杂和主体从业人员(农民工)流动性大等原因,交通建设行业属于高危行业之一,一直以来是国家安全生产监管的重点行业领域。国务院《"十四五"国家应急体系规划》提出,要"健全安全风险评估管理制度,推动重点行业领域企业建立安全风险管理体系……制定落实风险管控措施"。

公路安全风险在设计、建设、运营等各阶段、各环节都不同程度存在,而公路桥梁、隧道和高边坡是公路施工三大高风险环节,生产安全事故多发。因此,交通运输部决定在设计、施工阶段开始实施风险评估制度,先后发布了《关于在初步设计阶段实行公路桥梁和隧道工程安全风险评估制度的通知》(交公路发〔2010〕175 号)、《关于开展公路桥梁和隧道工程施工安全风险评估试行工作的通知》(交质监发〔2011〕217 号)、《关于发布高速公路路堑高边坡工程施工安全风险评估指南(试行)的通知》(交安监发〔2014〕266 号)和《公路水运工程施工安全风险评估指南 第 1 部分:总体要求》(JT/T1375.1-2022)4 个文件。

7.2.2　设计安全风险评估制度

2010 年 4 月,交通运输部印发《关于在初步设计阶段实行公路桥梁和隧道工程安全风险评估制度的通知》(交公路发〔2010〕175 号)文件,决定于 2010 年 9 月 1 日起,在初步设计阶段对公路桥梁和隧道工程设计方案实行安全风险评估制度。主要内容有:

1. 重要意义与适用范围

公路桥梁和隧道工程安全与地质、水文等自然条件,工程设计、施工组织方案,建设管理经验及交通、通航等使用环境有关,安全风险在设计、建设、运营等各阶段、各环节都不同程度存在。初步设计阶段是确定工程建设方案的阶段,是工程安全管控的重要环节。在初步设计阶段对公路桥梁和隧道工程方案实行安全风险评估制度,增加安全风险评估工作环节,是强化安全风险意识,保证工程建设方案安全,降低事故概率,减少经济损失的新措施。

交通运输部审批初步设计的国家重点公路工程项目,尤其是建设条件复杂、技术难度大的桥梁和隧道工程,在初步设计阶段,应按本通知要求,对工程方案进行安全风险评估;其他公路工程项目,可参照执行。

2. 评估范围

公路桥梁和隧道工程安全风险评估的范围,各地可根据项目工程建设条件、技术复杂程度、施工管理要求、运行使用环境等因素,结合当地工程建设经验确定。建设条件相似、技术方案相同的桥梁或隧道工程,可一并进行安全风险评估。其主要范围如下:

---

① 数据来源:《交通运输部安委办关于 2020 年上半年公路水运工程建设领域安全生产情况通报》(交安委办明电〔2020〕5 号)。

(1)桥梁工程

①多跨或跨径大于等于 40 m 的石拱桥,跨径大于等于 250 m 的钢筋混凝土拱桥,跨径大于等于 350 m 的钢箱拱桥,钢管混凝土拱桥。

②跨径大于等于 200 m 的梁式桥,跨径大于 400 m 的斜拉桥,跨径大于 1000 m 的悬索桥。

③墩高或桥高大于 100 m 的桥梁。

④桥址处地震烈度大于 7 度且跨径大于 150 m 的桥梁。

⑤其他建设环境复杂、施工技术要求特殊的桥梁。

(2)隧道工程

①穿越高地应力区、区域地质构造、煤系地层、采空区、水体等地质条件、水文地质复杂的隧道。

②偏压、大断面、变化断面等结构受力复杂的隧道。

③长度大于 3000 m 或通风、照明、救援等要求特殊的隧道。

④其他建设环境复杂、施工技术要求特殊的隧道。

3. 评估内容

(1)桥梁工程

①建设条件,包括工程地质、水文地质及勘察分析深度和方法可靠性,气象变化、突发船撞车撞等不利施工环境等。

②结构方案,包括结构受力复杂程度、结构设计技术成熟程度等。

③施工,包括施工方案、主要施工技术和设备等。

④运营管理,包括交通量,可能发生的船撞、车撞等。

(2)隧道工程

①建设条件,包括工程地质、水文地质及特殊地下环境调查、分析深度及方法可靠性等。

②结构方案,包括结构受力复杂程度等。

③施工,包括施工方案、主要施工技术和设备等。

④运营管理,包括通风救援等。

4. 评估方法

(1)通过对类似结构工程的安全风险发生情况的调查,以及专家的现场或书面调查,在研究分析设计、施工、运营阶段可能发生安全风险诱因的基础上,确定关键风险源及次要风险源。

(2)采用定性与定量相结合的方法,对风险源的风险发生概率及损失进行分析和评估,确定其发生的可能性及严重程度。

(3)根据已确定的风险发生概率等级和风险损失等级,按照《公路桥梁和隧道设计安全风险评估指南(试行)》中风险等级确定的相关要求,确定安全风险等级。

(4)针对不同的安全风险等级,研究提出相应的应对措施。

具体的评估方法、内容等,按照《公路桥梁和隧道设计安全风险评估指南(试行)》执行。

5. 实施设计安全风险评估制度的要求

(1)在初步设计阶段,应将公路桥梁和隧道工程安全风险评估作为设计内容,由承担初步设计任务的设计单位负责,并组织专门人员开展评估工作,按要求提交风险评估报告。设计单位也可委托其他具有公路行业设计甲级资质的单位承担风险评估工作。

(2)项目法人(业主)应组织有关专家对评估报告进行评审。根据评审结论,由设计单位对初步设计方案进行修改和完善;当评估结论为"极高风险"时,应对初步设计方案重新进行论证。

(3)省级交通运输主管部门在组织初步设计文件预审时,应同时对安全风险评估报告进行评审。在批复预审意见中,应包括对安全风险评估报告的评审意见。

(4)设计单位应根据批复的预审意见,进一步完善初步设计文件。

(5)省级交通运输主管部门在报部审批初步设计文件时,应同时附安全风险评估报告及预审意见采纳情况说明。代部咨询审查单位在对初步设计文件审查时,应同时对安全风险评估报告进行审查,并提出咨询审查意见。

7.2.3 公路桥梁和隧道施工安全风险评估制度

2011年5月,交通运输部印发《关于开展公路桥梁和隧道工程施工安全风险评估试行工作的通知》(交质监发〔2011〕217号)文件,决定于2011年8月1日起,在施工阶段对公路桥梁和隧道工程实行安全风险评估制度。主要内容有:

1. 评估的目的

公路桥梁和隧道工程施工环境复杂,施工组织实施困难,作业安全风险居高不下,一直以来是行业安全监管的重点环节。在施工阶段建立安全风险评估制度符合国际通行做法。在工程实施前,开展定性或定量的施工安全风险估测,能够增强安全风险意识,改进施工措施,规范预案、预警、预控管理,有效降低施工风险,严防重特大事故发生。这项工作也是公路桥梁和隧道工程设计风险评估结果在施工阶段的落实和深化。

2. 评估的组织

评估小组:负责具体实施公路桥梁和隧道工程施工安全风险评估工作,并对评估结果负责。评估成员应由经验丰富的地质、桥梁(隧道)、安全、设备等专业人员组成,且不少于5人。评估小组负责人负责指挥、协调评估小组的具体工作,应当具有5年以上工程管理经验,并有参与类似工程的经历。

组成:评估小组一般由施工单位的技术、安全、质量等相关部门专业技术人员组成,施工单位包括项目经理部、项目经理部所在的分公司或公司总部。

当施工单位没有类似项目的施工经验,或施工单位的负责人和主要技术人员未参与过类似的工程项目,即"施工单位的施工经验或能力不足"时,可委托"行业内其他有能力的安全评价机构"承担风险评估工作。

"行业内其他有能力的安全评价机构"可以是以下部门:科研单位安全咨询机构、安全评价机构、甲级监理公司或大型施工企业设立的安全咨询部门。

当被评估项目含多个合同段时,也同时存在多家施工单位。此时,总体风险评估应由建设单位担负牵头责任,组织施工、设计、监理、安全评价等单位成立评估小组,实施总体风险评估工作。但专项风险评估工作原则上仍由合同施工单位具体组织实施。

3. 评估步骤

(1)确定评估范围

①桥梁工程:多跨或跨径大于40 m的石拱桥,跨径大于或等于150 m的钢筋混凝土拱桥,跨径大于或等于350 m的钢箱拱桥,钢桁架、钢管混凝土拱桥;跨径大于或等于140 m的梁式桥,跨径大于400 m的斜拉桥,跨径大于1000 m的悬索桥;墩高或净空大于100 m的桥梁工程;采用新材料、新结构、新工艺、新技术的特大桥、大桥工程;特殊桥型或特殊结构桥梁的拆除或加固工程;施工环境复杂、施工工艺复杂的其他桥梁工程。

②隧道工程:穿越高地应力区、岩溶发育区、区域地质构造、煤系地层、采空区等工程地质或水文地质条件复杂的隧道,黄土地区、水下或海底隧道工程;浅埋、偏压、大跨度、变化断面等结构受力复杂的隧道工程;长度3000 m及以上的隧道工程,Ⅵ、Ⅴ级围岩连续长度超过50 m或合计长度占隧道全长的30%及以上的隧道工程;连拱隧道和小净距隧道工程;采用新技术、新材料、新设备、新工艺的隧道工程;隧道改扩建工程;施工环境复杂、施工工艺复杂的其他隧道工程。

(2)选择评估方法

公路桥梁和隧道工程施工安全总体风险评估推荐采用风险指标体系法。评估小组可根据工程实际情况,并结合自身经验,对指标体系进行改进。

在专项风险评估中,风险估计和评价是风险评估的重点,风险评价中最关键的是风险因素概率和后果等级的取值。通过对足够的已知数据的分析来找出风险发生的分布规律,从而预测出其发生概率和后果大小;在缺少足够数据的情况下,由评估人员或专家根据桥梁或隧道实际情况对风险等级进行综合判断。

(3)总体风险评估

项目开工前,根据设计阶段风险评估结果(若有),以及类似结构工程安全事故情况,采用定性与定量相结合的方法(推荐指标体系法)初步分析公路桥梁或隧道工程项目静态条件下的固有风险特征,估测施工中发生重大事故的可能性,确定项目总体风险等级。

桥梁工程的总体风险评估主要考虑桥梁建设规模、地质条件、气候环境条件、地形地貌、桥位特征、施工工艺成熟度等评估指标。

隧道工程的总体风险评估主要考虑隧道地质条件、建设规模、气候与地形条件等评估指标。

(4)确定专项风险评估范围

当桥梁或隧道工程总体风险评估等级达到Ⅲ级(高度风险)及以上时,评估小组应根据总体风险评估情况,提出专项风险评估中需要重点评估的风险源。其他风险等级的桥梁或隧道工程,也应视情况确定是否开展专项风险评估。

(5)专项风险评估

通过对施工作业活动(施工区段)中的风险源普查,在分析物的不安全状态、人的不安全行为的基础上,确定重大风险源和一般风险源。宜采用指标体系法等定量评估方法,对重大风险源发生事故的概率及损失进行分析,评估其发生重大事故的可能性与严重程度,对照相关风险等级标准,确定专项风险等级。

（6）确定风险控制措施

根据风险接受准则的相关规定,对专项风险等级在Ⅲ级(高度风险)及以上的施工作业活动(施工区段),应明确重大风险源的监测、控制、预警措施以及应急预案。其他风险等级的桥梁、隧道工程可根据工程实际情况,按照成本效益原则确定相应的风险控制措施。

（7）编写评估报告

评估报告应反映风险评估过程的主要工作。报告内容应包括评估依据、工程概况、评估方法、评估步骤、评估内容、评估结论、对策建议等。评估结论应当明确风险等级、可能发生事故的关键部位、区域或节点、事故可能性等级、规避或者降低风险的建议措施等内容。

风险评估报告应内容全面,文字简洁,数据完整,客观公正,提出的风险控制措施具有可操作性。

4. 评估原则

（1）公路桥梁和隧道工程施工安全风险评估除应遵循科学、实用、可靠的原则外,还应遵循动态管理的原则。

（2）当工程设计方案、施工方案、工程地质、水文地质、施工队伍等孕险环境与致险因子发生重大变化时,应重新进行风险评估。

（3）风险等级达到Ⅳ级(极高风险)的,必须采取措施降低风险或调整设计、施工方案。

5. 资料收集

工程资料的收集整理是开展施工安全风险评估工作的前提。评估工作开始前,评估小组应先进行现场踏勘,收集风险评估相关的基础资料,主要包括:

（1）类似工程事故资料。

（2）本工程相关设计及施工组织文件资料。

（3）工程区域内水文、地质、气候等资料。

（4）工程可行性研究报告、工程地质勘查报告、初步设计文件、施工图设计文件、工程施工组织设计文件等资料。

（5）工程区域内的建(构)筑物(含管线、民防设施、铁路、公路等)资料。

（6）施工单位类似工程业绩,本项目拟投入的机械设备、技术人员、施工工法等相关资料。

（7）上阶段风险评估的成果。

（8）相关法律法规及标准规范。

（9）其他与风险评估相关的资料。

6. 实施施工安全风险评估制度的要求

（1）施工单位

施工单位应根据风险评估结论,完善施工组织设计和危险性较大工程专项施工方案,制定相应的专项应急预案,对项目施工过程实施预警预控。

专项风险等级在Ⅲ级(高度风险)及以上的施工作业活动(施工区段)的风险控制,还应符合下列规定:

①重大风险源的监控与防治措施、应急预案经施工企业技术负责人和项目总监理工程师审批后,由建设单位组织论证或复评估。

②施工单位应建立重大风险源的监测及验收、日常巡查、定期报告等工作制度,并组织实施。

③施工项目经理或技术负责人在工程施工前应对施工人员进行安全技术教育与交底,施工现场应设立相应的危险告知牌。

④适时组织对典型重大风险源的应急救援演练。

⑤当专项风险等级为Ⅳ级(极高风险)且无法降低时,必须提高现场防护标准,落实应急处置措施,视情况开展第三方施工监测;未采取有效措施的,不得施工。

(2)监理单位

①监理单位在审查工程施工组织设计文件、危险性较大工程专项施工方案和应急预案时,应同时审查施工安全风险评估报告;无风险评估报告时,不得签发开工令。

②工程开工后,监理单位应督查施工单位安全风险控制措施的落实情况,并予以记录。对施工中存在的重大隐患应及时指出并督促整改,对施工单位拒不整改的,应及时向建设单位及公路工程安全生产监督管理部门报告。

(3)建设单位

①负责对高度和极高的风险等级进行审查。对极高风险(Ⅳ级)的施工作业,组织专家或安全评价机构进行论证或复评估,提出降低风险的措施建议。

②当风险等级无法降低时,应及时调整设计、施工方案,并向公路水运工程安全生产监督管理部门备案。

③检查、监督、协调、处理评估工作中的有关问题。

(4)监督单位

①各级交通运输主管部门在履行施工安全监督检查职责时,应将施工安全风险评估实施情况纳入检查范围。

②对极高风险(Ⅳ级)的施工作业应切实加强重点督查。

6. 评估费用

根据《企业安全生产费用提取和使用管理办法》(财企〔2012〕16号)第十九条"安全生产费用使用范围"的规定,公路桥梁和隧道工程施工安全风险评估工作费用在项目安全生产费用中列支。

7.2.4 高速公路路堑高边坡施工安全风险评估制度

2014年12月30日,交通运输部印发《关于发布高速公路路堑高边坡工程施工安全风险评估指南(试行)的通知》(交安监发〔2014〕266号),决定于2015年3月1日起,高速公路在施工阶段实行路堑高边坡施工安全风险评估制度,主要内容如下:

1. 评估的目的

完善高速公路施工安全风险管控体系,加强路堑高边坡工程施工安全风险管理,完善专项施工方案,加强施工现场安全风险预控。

2. 评估的范围

(1)凡列入国家和地方基本建设计划的新建、改建、扩建的高速公路,在施工阶段应进行路堑高边坡施工安全风险评估。

（2）应充分重视对老滑坡体、岩堆体、老错落体等不良地质体地段，膨胀土、高液限土、冻土、黄土等特殊岩土地段，以及居住区、地下管线分布区、高压塔等周边地段的施工安全风险评估。

（3）路堑高边坡是指为修建公路，由人工开挖形成的低于原地面的挖方高边坡，一般指高于20 m的土质边坡、高于30 m的岩质边坡。

3. 评估的阶段

高速公路路堑高边坡工程施工安全风险评估划分为总体风险评估和专项风险评估两个阶段。

（1）总体风险评估

以高速公路全线的路堑工程整体为评估对象，根据工程建设规模、地质条件、工程特点、施工环境、诱发因素、资料完整性等，评估全线路堑边坡施工安全风险，确定风险等级并提出控制措施建议。总体风险评估结论应作为编制路堑边坡工程施工组织设计的依据。

（2）专项风险评估

在总体风险评估基础上，将风险等级达到高度风险（Ⅲ级）及以上的路堑段作为评估单元，以施工作业活动为评估对象，根据其施工安全风险特点及类似工程事故情况，进行风险辨识、分析、估测；并针对其中的重大风险源进行量化评估，提出具体的风险控制措施。专项风险评估可分为施工前专项评估和施工过程专项评估。专项风险评估结论应作为编制或完善专项施工方案的依据。

总体风险评估应在项目开工前实施。专项风险评估应在路堑边坡分项工程开工前完成。若在施工中，经论证出现新的重大风险源，或发生生产安全事故（险情）等情况，应补充开展施工过程专项评估。

4. 评估的方法

应结合被评估项目的工程特点，采用相应的定性或定量的风险分析和评估方法。具体评估方法可参照《高速公路路堑高边坡工程施工安全风险评估指南（试行）》选用。

总体风险评估方法推荐采用专家调查评估法和指标体系法，只考虑客观致险因子，不考虑主观因素（如人的素质、管理等）。

在专项风险评估中，风险估测是风险评估的关键环节。风险估测方法应结合施工组织设计、潜在事故的特点等因素确定。一般风险源的估测，宜开展定性评估，提出风险控制要求。重大风险源的风险估测采用定性与定量相结合的方法，事故严重程度的估测方法推荐采用专家调查法，事故可能性的估测方法推荐采用指标体系法。

5. 评估组织与评估报告

（1）总体风险评估工作由建设单位负责组织，专项风险评估工作由施工单位负责组织。组织单位按照"谁组织谁负责"的原则对评估工作质量负责。

（2）总体风险评估和施工前专项风险评估应分别形成评估报告，施工过程专项风险评估可简化成评估报表。评估报告应反映风险评估过程的全部工作，报告内容应包括编制依据、工程概况、评估方法、评估步骤、评估内容、评估结论、对策建议等。

6. 实施要求

(1)凡 2015 年 3 月 1 日后开工的高速公路项目,应组织进行项目总体风险评估。对重大风险源应按规定报备。

(2)施工单位应根据风险评估结论,完善路堑高边坡工程施工组织设计和专项施工方案,分类制定相应的专项应急预案,对项目施工过程实施预警预控。对重大风险源应建立日常巡查、监测预警、定期报告、销号等制度,并严格实施。对暂时无有效措施的 IV 级风险,应立即停工。

(3)高速公路路堑高边坡工程施工安全风险评估工作费用在项目安全生产费用中列支。

(4)各省级交通运输主管部门及其监管机构在履行施工安全监督检查职责时,应将高速公路路堑高边坡工程施工安全风险评估实施情况纳入检查范围。对未按规定开展风险评估的项目,责令限期整改。对 IV 级风险的施工作业应切实加强重点督查。

7.2.5 公路水运工程施工安全风险评估指南

2022 年 1 月 13 日,交通运输部印发《公路水运工程施工安全风险评估指南 第 1 部分:总体要求》(JT/T 1375.1-2022),决定于 2022 年 4 月 13 日起,公路水运工程在施工阶段执行新的安全风险评估指南要求,主要内容如下。

1. 范围

适用于新建公路水运工程的施工安全风险评估,其他公路水运工程的施工安全风险评估可参照使用。

2. 评估阶段划分

施工安全风险评估分为总体风险评估和专项风险评估两个阶段。总体风险评估宜在项目施工招标前完成。专项风险评估包括施工前专项风险评估、施工过程专项风险评估和风险控制预期效果评价等环节,贯穿整个施工过程。

3. 评估方法选择

施工安全风险评估方法应根据工程的特点和实际进行选择。总体风险评估宜采用专家调查法和指标体系法等方法。专项风险评估可综合采用安全检查表法、作业条件危险性评价法(LEC 法)、专家调查法、指标体系法、风险矩阵法等方法,必要时宜采用两种以上方法比对验证风险评估结果。当采用不同方法得出的评估结果出现较大差异时,应分析导致较大差异的原因,确定合理的评估结果。

4. 评估实施步骤

施工安全风险评估工作包括以下几个步骤:前期准备、现场调查、总体风险评估、专项风险评估、风险评估报告编制、风险评估报告评审。

5. 风险等级划分

总体风险评估和专项风险评估等级均分为四级:低风险(I 级)、一般风险(II 级)、较大风险(III 级)、重大风险(IV 级)。

6. 评估结论应用

总体风险评估结论可为建设单位的项目组织实施、安全管理力量投入、资源配置和施工单位选择等方面决策提供支持,可作为施工单位编制施工组织设计和开展专项风险评估的依据。专项风险评估结论应作为施工单位完善施工组织设计、编制完善专项施工方案的依据。

7. 评估工作要求

开展施工安全风险评估工作应成立评估小组,评估小组成员应严格按照评估流程和要求开展评估工作,评估结果应通过评估小组集体讨论确定。桥梁工程、隧道工程、边坡工程、港口工程、航道工程和船闸工程施工安全风险评估工作还应符合各类工程的具体要求。

8. 风险控制要求

工程施工应实施全过程风险分级管控和风险警示告知、监控预警制度。在项目实施前期阶段,应根据总体风险评估结果采取相应措施,并在后续项目施工阶段根据专项风险评估结果采取事前预控、事中监控、事后评价的方式,实施动态、循环的风险控制,直至将风险至少降低到可接受的程度。施工过程中的风险监控宜采用信息化、智能化、可视化方式。

9. 风险评估报告

风险评估报告应反映风险评估过程的全部工作,将风险评估过程中的工作记录、采用的评估方法、获得的评估结果、风险控制措施建议等都应写入评估报告。风险评估报告应客观科学、内容全面,文字简洁,数据完整,提出的风险控制措施具有可操作性。风险评估报告应及时归档管理。

7.3　公路桥梁和隧道施工安全风险评估方法

7.3.1　概述

交通运输部在印发《关于开展公路桥梁和隧道工程施工安全风险评估试行工作的通知》(交质监发〔2011〕217号)文件的同时,以附件的形式发布了由交通运输部质量监督局编制的《公路桥梁和隧道工程施工安全风险评估指南(试行)》(本节以下简称《指南》)。《指南》提出了公路桥梁和隧道工程施工安全风险评估的基本理论体系,针对重大风险源制定了一套数学模式化的评估指标体系,列出了典型的重大风险控制措施建议供实际运用参考。

施工安全风险评估分为总体风险评估和专项风险评估。

1. 总体风险评估

总体风险评估指开工前根据桥梁或隧道工程的地质环境条件、建设规模、结构特点等孕险环境与致险因子,评估桥梁或隧道工程整体风险,估测其安全风险等级,属于静态评估。

2. 专项风险评估

专项风险评估指将总体风险评估等级为Ⅲ级（高度风险）及以上桥梁或隧道工程中的施工作业活动（或施工区段）作为评估对象，根据其作业风险特点以及类似工程事故情况，进行风险源普查，并针对其中的重大风险源进行量化估测，提出相应的风险控制措施，属于动态评估。

7.3.2 总体风险评估

总体风险评估属于静态评估，指南推荐采用风险指标体系法。评估时可根据工程实际情况，对指标体系进行改进。

1. 桥梁工程

（1）评估指标

桥梁工程总体风险评估指标主要有桥梁建设规模、地质条件、气候环境条件、地形地貌、桥位特征、施工工艺成熟度等，具体分类和赋值标准可参见表7-1。

表7-1 桥梁工程总体风险评估指标体系

评估指标	分类		分值	说明
建设规模 (A_1)	单孔跨径 L_k（总长 L）超过或达到国内外同类桥型最大单孔跨径 L_k（总长 L）		6～8	应结合各地工程建设经验及水平，综合判定，其中拱桥应按高限取值
	$L_k > 150$ m 或 $L > 1000$ m		3～5	
	100 m≤L≤1000 m 或 40 m≤L_k≤150 m		1～2	
	$L < 100$ m 或 $L_k < 40$ m		0～1	
地质条件 (A_2)	不良地质灾害多发区域（包括岩溶、滑坡、泥石流、采空区、强震区、雪崩区、水库坍库区等）		4～6	特殊性岩土主要包括冻土、膨胀性岩土、软土等
	存在不良地质灾害，但不频发或存在特殊性岩土，影响施工安全及进度		1～3	
	气候条件良好，基本不影响施工安全因素		0～1	
气候环境条件 (A_3)	极端气候事件多发区域（洪水、强风、暴雨雪、台风等）		4～6	应结合施工工艺特征综合判定
	气候环境条件一般，可能影响施工安全，但不显著		2～3	
	气候条件良好，基本不影响施工安全		0～1	
地形地貌条件 (A_4)	山岭区	峡谷、山间盆地、山口等险要区域	4～6	应结合勘察资料综合判定
		一般地区	0～3	
	平原区		0～1	

续表

评估指标	分类		分值	说明
桥位特征 (A_5)	跨江、河、海湾	通航等级 1～3 级	4～6	路线桥应综合考虑交叉线路的交通量状况
		通航等级 4～6 级	2～3	
		通航等级 7 级及等外	0～1	
	陆地	跨线桥(公路、铁路等)及其他特殊桥	3～6	
施工工艺成熟度 (A_6)	新技术、新工艺,新设备国内首次应用		2～3	应考虑施工企业工程经验
	施工工艺较成熟,国内有相关应用		0～1	

(2)总体风险大小计算

桥梁工程施工安全总体风险大小计算公式为:

$$R = A_1 + A_2 + A_3 + A_4 + A_5 + A_6 \qquad (7-1)$$

式(7-1)中:

A_1——桥梁建设规模所赋分值;

A_2——工程所处地质条件所赋分值;

A_3——工程所处气候环境条件所赋分值;

A_4——工程所处地形地貌所赋分值;

A_5——桥位特征所赋分值;

A_6——施工工艺成熟度所赋分值。

(3)确定总体风险等级:计算得到总体风险值 R 后,对照表 7-2 确定桥梁工程施工安全总体风险等级。

表 7-2 桥梁工程施工安全总体风险分级标准

风险等级	计算分值 R
等级Ⅳ(极高风险)	14 分及以上
等级Ⅲ(高度风险)	8～13 分
等级Ⅱ(中度风险)	5～8 分
等级Ⅰ(低度风险)	0～4 分

对于总体风险等级在Ⅲ级(高度风险)及以上的桥梁工程,应将其纳入专项风险评估范围。其他风险等级的桥梁工程,也应视情况确定是否对其开展专项风险评估。

2. 隧道工程

(1)评估指标

隧道工程总体风险评估指标主要有隧道地质条件、建设规模、气候与地形条件等,具体分类和赋值标准可参见表 7-3。

表 7-3 隧道工程总体风险评估指标体系

评估指标	分类		分值	说明
地质 $G=(a+b+c)$	围岩情况 a	1. Ⅴ级、Ⅵ级围岩长度占全隧道长度 70% 以上	3～4	根据设计文件和施工实际情况确定
		2. Ⅴ级、Ⅵ级围岩长度占全隧道长度 40% 以上、70% 以下	2	
		3. Ⅴ级、Ⅵ级围岩长度占全隧道长度 20% 以上、40% 以下	1	
		4. Ⅴ级、Ⅵ级围岩长度占全隧道长度 20% 以下	0	
	瓦斯含量 b	1. 隧道洞身穿越瓦斯地层	2～3	
		2. 隧道洞身附近可能存在瓦斯地层	1	
		3. 隧道施工区域不会出现瓦斯	0	
	富水情况 c	1. 隧道全程存在可能发生涌水突泥的地质	2～3	
		2. 隧道某部分存在可能发生涌水突泥的地质	1	
		3. 无涌水突泥可能的地质	0	
开挖断面 A	1. 特大断面(单洞四车道隧道)		4	
	2. 大断面(单洞三车道隧道)		3	
	3. 中断面(单洞双车道隧道)		2	
	4. 小断面(单洞单车道隧道)		1	
隧道全长 L	1. 特长(3000 m 以上)		4	
	2. 长(大于 1000 m、小于 3000 m)		3	
	3. 中(大于 500 m、小于 1000 m)		2	
	4. 短(小于 500 m)		1	
洞口形式 S	1. 竖井		3	
	2. 斜井		2	
	3. 水平洞		1	
洞口特征 C	1. 隧道进口施工困难		2	从施工便道难易、地形特点等考虑
	2. 隧道进口施工较容易		1	

注:1. 指标的取值针对单洞。

2. 表中"以上"表示含本数,"以下"表示不含本数。

(2)总体风险大小计算

隧道工程施工安全总体风险大小计算公式为:

$$R = G(A + L + S + C) \qquad (7\text{-}2)$$

式(7-2)中：

G——隧道、竖井、斜井路线周围的地质所赋分值；

A——标准的开挖断面所赋分值；

L——隧道入口到出口的长度所赋分值；

S——成为通道的隧道出入口的形式所赋分值；

C——隧道洞口地形条件所赋分值。

(3)确定总体风险等级：计算得到总体风险值 R 后，对照表7-4确定隧道工程施工安全总体风险等级。

表 7-4　隧道工程施工安全总体风险分级标准

风险等级	计算分值 R
等级Ⅳ（极高风险）	22 分及以上
等级Ⅲ（高度风险）	14～21 分
等级Ⅱ（中度风险）	7～13 分
等级Ⅰ（低度风险）	0～6 分

对于总体风险等级在Ⅲ级（高度风险）及以上的隧道工程，应将其纳入专项风险评估范围。其他风险等级的桥梁工程，也应视情况确定是否对其开展专项风险评估。

7.3.3　专项风险评估

专项风险评估的基本程序包括风险源普查、辨识、分析，并针对重大风险源进行估测、控制。具体流程见图 7-2。

1. 风险源辨识

风险源辨识是风险评估的基础，包括 3 个步骤：工程资料的收集整理、施工作业程序分解、施工作业可能发生的安全事故辨识。

(1)收集资料

评估小组应先进行现场踏勘，收集风险评估相关的基础资料，主要包括：类似工程事故资料；本工程相关设计及施工文件资料；工程区域内水文、地质、气候等资料；工程可行性研究报告、工程地质勘查报告、初步设计文件、施工图设计文件及工程施工组织设计文件等资料；工程区域内的建(构)筑物(含管线、民防设施、铁路、公路等)资料；上阶段风险评估的成果；其他与风险源辨识对象相关的资料。

(2)施工作业程序分解

按照单位工程—分部工程—分项工程—工序(单位)作业的层次进行分解。钻爆法施工的公路隧道工程施工作业程序分解情况可参见表7-5。

(3)施工作业可能发生的安全事故辨识

施工作业程序分解后，通过相关人员调查、评估小组讨论、专家咨询等方式，分析评估单

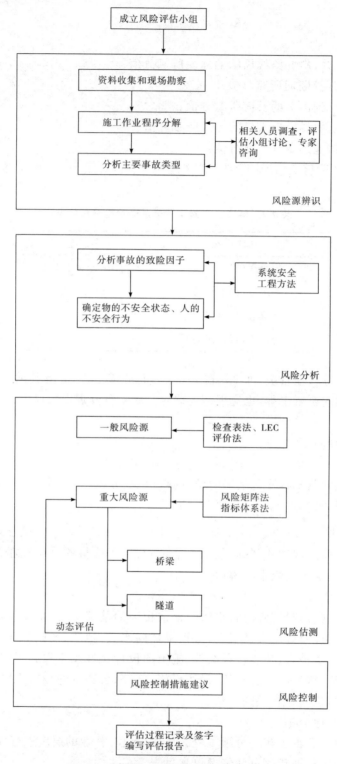

图 7-2 桥梁和隧道专项风险评估流程

注:LEC 评价法——likelihood,事故发生的可能性;

　　——exposure,人员暴露于危险环境中的频繁程度;

　　——consequence,一旦发生事故可能造成的后果。

表 7-5　公路隧道工程钻爆法施工作业程序分解示例

分部工程	分项工程	单位作业	作业内容
洞口工程	洞口开挖	清表作业	
		挖掘作业	
		爆破作业	
		超前管棚	
		支护钢拱架	
		喷射混凝土	
	洞口边仰坡防护	地锚布设	
		混凝土隔框施工	
		危石清除	
		载水沟施工	
		边坡植被	
洞身开挖	钻爆作业	人工钻孔/凿岩车钻孔	
		装药与起爆	
		通风	
		危石清除(找顶)	略
	洞内运输	装渣	
		无轨运输/有轨运输	
		卸渣	
		爆破器材运输	
洞身衬砌	初期支护	超前支护或超前小导管	
		立拱架	
		铺设钢筋网	
		喷射混凝土	
	二次衬砌	铺设防水层	
		绑扎二次衬砌钢筋	
		浇筑二次衬砌混凝土	
		填充仰拱混凝土	
隧道路面	基层面层	(沥青)混凝土浇筑	
		养生	
交通工程	交通安全设施	高处作业	
	机电设施	机电安装	

元中可能发生的典型事故类型,并形成风险源普查清单。具体分析时可参照公路桥梁工程主要施工作业活动与典型事故类型对照表(见《指南》附录2)和公路隧道工程钻爆法施工作业活动与典型事故类型对照表(见《指南》附录3)。

2. 风险分析

(1)评估小组应从人员、机器、物料、法规、环境等方面对可能导致事故的致险因子进行分析,重点分析:

①致险因子,包括:人员活动、作业能力及其他因素;作业场所内设施、设备、物料等;作业场所外对施工人员安全的影响。

②可能受到事故伤害的人员类型,包括:作业人员本身;同一作业场所的其他作业人员;周围其他人员。

③事故发生的原因,包括:机械设备故障;人为失误;自然灾害等。

④人员伤害程度,包括:死亡;重伤;轻伤。

(2)致险因子分析应采用系统安全工程的方法,通过评估小组讨论会的形式实施。可采用鱼刺图法、危害及操作性评估(hazard and operability analysis,HAZOP)、故障模式与影响分析(failure mode and effects analysis,FMEA)、故障树分析法、事件树分析法等方法进行分析。

(3)风险分析的结果。分析致险因子时应找出可能导致事故发生的物的不安全状态和人的不安全行为,并将风险分析的结果填入表7-6中。

表7-6　风险源风险分析表

单位作业内容	潜在的事故类型	致险因子	受伤害人员类型	伤害程度	不安全状态	不安全行为	备注
…	…	…	…	…	…	…	…

3. 风险估测

(1)风险估测是指采用定性或定量的方法对风险事故发生的可能性及严重程度进行数量估算。风险大小=事故发生可能性×事故严重程度。"×"表示事故发生的可能性及事故严重程度的组合。

(2)一般风险源的风险估测。不宜过分强调精确量化,评估小组可自行设计简单风险等级判定标准,或参考检查表法和LEC评价法,以相对风险等级来确定。

(3)重大风险源的风险估测。应进行定量风险估测,确定风险等级,按照《指南》推荐的风险矩阵法和指标体系法进行动态风险估测。

将风险估测结果填入表7-7。

表 7-7　风险估测总表

编号	风险源		风险估测			
	作业内容	潜在的事故类型	严重程度		可能性	风险大小
			人员伤亡	经济损失		
...	...	...	...	...	...	...

7.3.4　重大风险源评估

1. 一般要求

（1）重大风险源应按照风险矩阵法和指标体系法进行动态风险估测。

（2）事故可能性应重点考虑物的状态、人的因素及施工管理缺陷。其中，物的状态主要考虑气候环境、地形地貌、施工难度等工程客观条件；人的因素及施工管理主要考虑总包企业资质、专业及劳务分包企业资质、历史事故情况、作业人员经验、安全管理人员配备及安全投入情况。

（3）人的因素及施工管理对公路桥梁、隧道工程施工安全影响较大，可作为风险抵消的因素。

（4）事故可能性取决于物的状态引起的事故可能性与人的因素及施工管理引起的风险抵消的耦合。

（5）事故可能性的等级分成 4 级，如表 7-8 所示。

表 7-8　事故可能性等级标准

概率范围	中心值	概率等级描述	概率等级
＞0.3	1	很可能	4
0.03～0.3	0.1	可能	3
0.003～0.03	0.01	偶然	2
＜0.003	0.001	不太可能	1

（6）事故严重程度的等级分成 4 级，主要考虑的是人员伤亡和直接经济损失，评估时可根据实际情况考虑工期延误、环境破坏、社会影响等方面的后果。当多种后果同时产生时，应采用就高原则确定事故严重程度等级。人员伤亡等级标准和直接经济损失等级标准见表 4-24 和表 4-25。

（7）专项风险等级分为 4 级：低度（Ⅰ级）、中度（Ⅱ级）、高度（Ⅲ级）和极高（Ⅳ级），见表 4-23。

2. 桥梁工程

桥梁工程重大风险源风险估测采用定性与定量相结合的方法。

（1）事故严重程度的估测：事故严重程度的估测方法推荐采用专家调查法。事故严重程度主要从人员伤亡、直接经济损失两个方面进行估算，等级标准见表4-24和表4-25。当两种后果同时产生时，应采用就高原则确定事故严重程度等级。

（2）事故可能性的估测：事故可能性的估测方法推荐采用指标体系法。

①物的不安全状态引起的事故可能性评估。选取物的不安全状态引起的事故可能性评估指标时，目前主要考虑某些典型事故类型，如坍塌事故、起重事故等可能导致重大人员伤亡及财产损失的事故类型。

《指南》建立了以下典型的重大风险源评估指标体系：人工挖孔桩施工；基坑施工；水上群桩施工；墩（柱）塔施工；支架法浇筑作业；悬臂浇筑法作业；悬臂拼装法作业；架桥机安装作业。其他重大风险源可参照本《指南》原则与思路自行确定评估指标。

如支架现浇施工可能性评估指标主要基于支架坍塌及跨线桥事故，其指标分值见表7-9，其他风险源评估指标体系分值参见《指南》。

表 7-9　支架现浇法施工事故可能性评估指标体系分值（R 值）

序号	评估指标	分类	分值	说明
1	支架规模	$H \geqslant 8$ m，搭设跨度 18 m 及以上，施工总荷 15 kPa 及以上；集中线荷载 15 kPa 及以上	4～6	按支架实际高度，比照基准分，综合判定
		5 m≤H<8 m，搭设跨度 10 m 及以上，施工总荷 10 kPa 及以上；集中线荷载 15 kPa 及以上；高度大于支撑水平投影宽度且相对独立无联系构件的混凝土模板支撑工程	2～4	
		H<5 m，搭设跨度 10 m 及以下，施工总荷不超过 10 kPa；集中线荷载不超过 15 kPa	0～2	
2	地质及基础岩土条件	不良地质灾害多发区域（包括岩溶、滑坡、泥石流、采空区、强震区、雪崩区、水库坍岸区等）	3～6	主要考虑地质灾害及不良岩土条件对支架结构安全性的影响
		基础岩土为特殊性岩土（冻土、膨胀性岩土、软土等）	3～6	
		地质条件较好，基本不存在影响施工安全因素	0～1	
3	气候环境条件	极端气候事件多发区域（强风、强暴雨雪等）	3～6	主要考虑地质灾害及不良岩土条件对支架结构安全性的影响
		气候环境条件一般，可能影响施工安全，但不显著	1～3	
		气候条件良好，基本不影响施工安全	0～1	
4	支架设计	采用经验设计方案	1～3	无
		采用专业设计方案	0～1	
5	交通状况	跨域公路、铁路等开放交通及危化品管线	3～6	应结合交通水平综合判定
		无开放交通，仅存在与施工相关交通	0～1	
		封闭环境，无交通	0	

②人的因素及施工管理引发的事故可能性评估。人的因素及施工管理引发的事故可能性的评估指标体系分值见表7-10。将评估指标分值通过公式 $M=A+B+C+D+E+F+G+H$ 进行计算。根据分值对照表7-11找出折减系数 γ，再计算事故可能性。

表7-10　安全管理评估指标体系分值(M值)

评估指标	分类	分值	说明
总包企业资质 A	三级	3	
	二级	2	
	一级	1	
	特级	0	
专业及劳务分包企业资质 B	无资质	1	针对当前作业的主要分包企业
	有资质	0	
历史事故情况 C	发生过重大事故	3	指项目部主要管理人员从事过的工程项目曾经发生的事故情况
	发生过较大事故	2	
	发生过一般事故	1	
	未发生过事故	0	
作业人员经验 D	无经验	2	从特种作业人员、一线施工人员的工程经验考虑
	经验不足	1	
	经验丰富	0	
安全管理人员配备 E	不足	2	从"三类人"的持证、在岗情况考虑
	基本符合规定	1	
	符合规定	0	
安全投入 F	不足	2	
	基本符合规定	1	
	符合规定	0	
机械设备配置及管理 G	不符合合同要求	2	
	基本符合合同要求	1	
	符合合同要求	0	
专项施工方案 H	可操作性较差	2	
	可操作性一般	1	
	可操作性强	0	

③确定典型重大风险源事故可能性等级。典型重大风险源事故可能性等级划分见表7-12，$P=R\times\gamma$，其中 R 为各重大风险源评估指标分值累加(支架法浇筑的分值如表7-9所示，其他指标分值见《指南》)，按四舍五入计算取整，γ 为折减系数。

(3)确定风险等级：根据事故发生的可能性和严重程度等级，采用风险矩阵法确定桥梁具体施工作业活动的风险等级,划分标准见表 4-23。

表 7-11　安全管理评估指标分值与折减系数对照表

计算分值 M	折减系数 γ
$M > 12$	1.2
$9 \leqslant M \leqslant 12$	1.1
$6 \leqslant M \leqslant 8$	1
$3 \leqslant M \leqslant 5$	0.9
$0 \leqslant M \leqslant 2$	0.8

表 7-12　典型重大风险源事故可能性等级划分

计算分值 P	等级描述	等级
$P \geqslant 14$	等级 Ⅳ(很可能)	4
$6 \leqslant P < 14$	等级 Ⅲ(可能)	3
$3 \leqslant P < 6$	等级 Ⅱ(偶然)	2
$P < 3$	等级 Ⅰ(不太可能)	1

(4)汇总重大风险源等级:评估人员宜根据工程进度,绘制施工安全风险分布图,将重大风险源的风险等级用不同颜色在桥梁施工形象进度图中标识出来,并附到评估报告中,同时以列表方式汇总重大风险源,如表 7-13 所示。

表 7-13　重大风险源等级汇总表

重大风险源	事故可能性等级	严重程度等级		风险等级
		人员伤亡	经济损失	
重大风险源 1				
重大风险源 2				
⋮				
重大风险源 n				

3. 隧道工程

重大风险源风险估测采用定性与定量相结合方法。

(1)事故严重程度的估测:事故严重程度的估测方法推荐采用专家调查法。事故严重程度主要从人员伤亡、直接经济损失两个方面进行估算,等级标准见表 4-24 和表 4-25。当两种后果同时产生时,应采用就高原则确定事故严重程度等级。

（2）事故可能性的估测：事故可能性的估测方法推荐采用指标体系法。

①物的不安全状态引起的事故可能性评估。对于物的不安全状态引起的事故可能性，应根据事故类型选择适当的评估指标来确定其等级。《指南》列出了坍塌、涌水突泥、瓦斯爆炸事故的评估指标，其他事故类型可参考《指南》的原则和思路自行确定评估指标。

隧道坍塌事故的可能性评估指标分值，可从施工区段的围岩级别、断层破碎带、渗水状态、地质符合性、施工方法、施工步距等指标进行估算，其指标分值见表7-14。其他事故评估指标的分值参见《指南》。

表 7-14　隧道施工区段坍塌事故可能性评估指标分值

评估指标	分类	分值	说明
围岩级别 A	Ⅴ、Ⅵ级	4～5	可根据围岩节理发育情况和岩性适当调整分值
	Ⅳ级	3	
	Ⅲ级	2	
	Ⅰ、Ⅱ级	0～1	
断层破碎情况 B	存在宽度 50 m 以上的大规模断层破碎带	3～4	
	存在宽度 20 m 以上、50 m 以下的中等规模断层破碎带	2	
	存在宽度 20 m 以下的小规模断层破碎带	1	
	不存在断层破碎带	0	
渗水状态 C	岩溶管道式涌水	1.5	渗水状态应考虑天气影响因素
	线状—股状	1.2	
	线状	1.0	
	干—滴渗	0.9	
地质符合性 D	工程地质条件与设计文件相比较差	2～3	由监理工程师确认
	工程地质条件与设计文件基本一致	1	
	施工控制与设计文件一致	0	
施工方法 E	施工方法不适合水文地质条件的要求	2～3	可参照有关技术标准确定是否合适
	施工方法基本适合水文地质条件的要求	1	
	施工方法完全适合水文地质条件的要求	0	

续表

评估指标	分类		分值	说明
施工步距 $F=a+b$	a	V、VI级围岩衬砌到掌子面距离在 200 m 以上或全断面开挖衬砌到掌子面距离在 250 m 以上	4~5	二衬距离掌子面的距离是影响隧道稳定性的一个重要因素。本指标主要考虑施工时台阶法施工、全断面法施工二衬是否及时跟上
		V、VI级围岩衬砌到掌子面距离在 120 m 以上、200 m 以下或全断面开挖衬砌到掌子面距离在 160 m 以上、250 m 以下	3	
		V、VI级围岩衬砌到掌子面距离在 70 m 以上、120 m 以下或全断面开挖衬砌到掌子面距离在 120 m 以上、160 m 以下	2	
		V、VI级围岩衬砌到掌子面距离在 70 m 以下或全断面开挖衬砌到掌子面距离在 120 m 以下	0~1	
	b	一次性仰拱开挖长度在 8 m 以上	2~3	
		一次性仰拱开挖长度在 8 m 以下	0~1	

②人的因素及施工管理引发的事故可能性的评估。人的因素及施工管理引发的事故可能性的评估指标体系分值计算及折减系数 γ 的计算同桥梁工程。

③确定事故可能性等级。隧道施工区段坍塌事故可能性分值计算公式为：$P = \gamma \cdot (C \times A + B + D + E + F)$。分值大小确定后,对照表 7-15 确定坍塌事故可能性等级。

表 7-15　隧道施工区段坍塌事故可能性等级标准

计算分值	事故可能性描述	等级
12~19	很可能	4
7~11	可能	3
3~6	偶然	2
1~2	不可能	1

涌水突泥、瓦斯爆炸事故可能性分值计算公式及事故可能性等级标准见《指南》。

(3)确定风险等级:根据事故发生的可能性和严重程度等级,采用风险矩阵法确定隧道施工区段发生某种重大风险源等级,划分标准见表4-23。

(4)汇总重大风险源等级:估测重大风险源后,应根据隧道工程进度表,绘制施工安全风险分布图,将重大风险源风险等级的分布情况用不同颜色在隧道纵断面上标识出来,同时将不同施工区段的重大风险源列表说明。

7.3.5　风险控制

1. 一般要求

（1）风险接受准则

根据风险评估结果，按照风险接受准则，提出风险控制措施。施工安全风险接受准则如表 5-1 所示。

（2）风险控制措施顺序

①本质安全。控制措施宜首先从本质安全的角度出发，消除风险源或将风险降低到可接受的程度。

a. 重新评估工程设计中残留的风险：是否可变更设计以降低风险？是否可以选择不同施工方法避开风险源或降低风险？

b. 评估施工临时结构的本质安全。

②安全隔离或防护。不能从本质安全进行控制的风险，应优先采用隔离或防护的手段降低风险，其顺序是：

a. 施工方法的残留风险能否通过合理安排施工顺序而避开？

b. 必须面对的风险源应采取隔离或保护全体作业人员的措施。

c. 采取个体防护措施。

③警告或标识。上述措施采取后残留的风险，应采取警告或标识等辅助措施降低。

a. 自动监测并发出警告。

b. 设立警告标志。

c. 人工观测、警戒、监视或专人指挥。

④教育培训。将确定的安全措施在施工前通过安全技术交底等方式，传递给安全管理和施工作业人员，减少和避免人的不安全行为。

2. 一般风险源控制

（1）控制措施由施工单位按常规制定。

（2）控制措施应根据有关技术标准、安全管理要求来制定。

（3）对应的触电、高处坠落、物体打击、车辆伤害、火药爆炸、火灾等事故的风险控制措施应简明扼要，明确安全防护、安全警示、安全教育、现场管理等方面的具体内容。

3. 重大风险源控制

（1）控制措施应按照预案、预警、预防 3 个阶段逐一明确要求。

（2）重大风险源应按照公路桥梁、隧道工程专项风险评估的结论，充分考虑工程实际情况，按照不同风险等级，制定相适宜的风险控制措施。典型的重大风险源控制措施建议可参见《指南》附录 4 和附录 5。

（3）现场施工应建立重大风险源监控和预警预报体系，明确预警预报标准，通过对施工监控数据的动态管理，及时掌握其发展状态，发现异常或超过警戒值时，应及时采取规避措施，做好风险事故处理准备工作。

（4）风险等级达到Ⅲ级（高度风险）及以上的施工作业活动或施工区段，其重大风险源的监控与防治措施和应急预案，应按规定组织论证或复评估后方能实施。

7.4 高速公路路堑高边坡工程施工安全风险评估方法

7.4.1 概述

交通运输部在印发《关于发布高速公路路堑高边坡工程施工安全风险评估指南（试行）的通知》（交安监发〔2014〕266号）文件的同时，以附件的形式发布了由交通运输部安全与质量监督管理司组织编写的《高速公路路堑高边坡工程施工安全风险评估指南（试行）》（本节以下简称《指南》）。《指南》与《公路桥梁和隧道工程施工安全风险评估指南（试行）》的主体框架一致，采用的风险评估理论趋同，便于理解使用；同时，《指南》进一步完善风险评估方法，评估指标体系更具开放性，强调评估指标选取的严肃性，提出了权重取值方法，增强了对风险评估工作的具体指导力度。

高速公路路堑高边坡工程施工安全风险评估分为总体风险评估和专项风险评估。

1. 总体风险评估

（1）总体风险评估对象包括：

①高于20 m的土质边坡和高于30 m的岩质边坡。

②老滑坡体、岩堆体、老错落体等不良地质体地段开挖形成的不足20 m的边坡。

③膨胀土、高液限土、冻土、黄土等特殊岩土地段开挖形成的不足20 m的边坡。

④城乡居民居住区、民用军用地下管线分布区、高压铁塔附近等施工场地周边环境复杂地段开挖形成的不足20 m的边坡。

（2）总体风险评估的依据：主要有地质勘查报告、施工图设计文件、评估人员的现场调查资料、行业标准与规范等。

2. 专项风险评估

专项风险评估可分为施工前专项评估和施工过程专项评估。

（1）施工前专项评估

满足下列条件之一的路堑高边坡，应开展施工前专项风险评估。

①总体风险等级为Ⅲ级及以上的。

②总体风险评估中单一指标影响过大的。

（2）施工过程专项评估

路堑高边坡施工过程中，出现如下情况之一的，应开展施工过程专项风险评估。

①经论证出现了新的重大风险源。

②风险源（致险因子）发生了重大变化，如现场揭露地质条件与事前判别的地质条件相差较大、主要施工工艺发生实质性改变、发生生产安全事故或重大险情等情况。

边坡工程施工安全风险评估的类型、时间、承担单位见表 7-16。

表 7-16　边坡工程施工安全风险评估表

评估类型		时间节点	承担单位
总体风险评估		施工图设计完成后、项目开工前	建设单位或总承包单位组织或委托第三方完成
专项评估	施工前风险评估	施工组织设计完成后、专项施工方案报监理工程师批准前	施工单位成立评估小组或委托第三方完成
	施工过程风险评估	现场揭露地质条件与设计依据的地质条件相差较大、发现重大风险隐患、出现风险事故等	

7.4.2　总体风险评估

总体风险评估方法根据《指南》推荐采用专家调查评估法和指标体系法。评估方法只考虑客观致险因子,不考虑主观因素(如人的素质、管理等)。

专家调查评估法是以专家作为索取信息的对象,依靠专家对路堑高边坡的知识和经验,在现场调查的基础上,根据建设规模、地质条件、工程特点、诱发因素、施工环境和资料完整性对高边坡做出评估和预测的一种方法。专家调查评估法的关键在于专家丰富的实践经验。选择专家时要兼顾高边坡勘察、设计、施工、评估等各方面因素,确保专家组各成员之间专业特长的互补性。在评估小组人员类似工作经验不足的情况下,可选择指标体系法。

指标体系法指根据建设规模、地质条件、诱发因素、施工环境和资料完整性将指标分为5 个主要反映路堑高边坡风险的大类。在指标分类的基础上,提出评估指标。

1. 专家调查评估法

(1)评估专家组

采用专家调查评估时,应当成立评估专家组,专家组成员不得少于 3 人。专家应具备高级及以上技术职称,评估负责人具有 10 年以上、成员需具有 5 年以上工程管理经验,以及高边坡勘察、设计、施工工作经历。评估结论由专家署名并负责。

(2)专家调查评估法总体风险评估流程

①确定专家组每个成员的评分 D_r。首先分别对建设规模、地质条件、诱发因素、施工环境和资料完整性 5 个分项评估内容,按 4 个风险等级分别给出分项评定分值 R_i,即:等级Ⅳ(极高风险,4 分)、等级Ⅲ(高度风险,3 分)、等级Ⅱ(中度风险,2 分)、等级Ⅰ(低度风险,1 分);其次,专家对分项评估分值给出专家信心指数 W_i。

专家信心指数可根据对评估对象的认识程度、类似工作经验、专业技术水平等给出。如认为自己的评估结果可靠,信心指数高,给出 $W_i=1$;对评估分项完全没有概念,给出 $W_i=$

0；在两种情况之间，可视具体情况给出 $W_i=0\sim1$（小数点后取 1 位）。专家每个成员的评定分值按式 7-3 计算。

$$D_r=\sum(W_i\times R_i)/\sum W_i(i=1\sim5) \tag{7-3}$$

式（7-3）中：R_i 为专家对 5 个分项评估内容给出的评定等级分值（1～4 分）；W_i 为专家对 5 个分项评估分值的信心指数；D_r 为路堑高边坡施工安全风险等级专家评分，评分高表示安全风险等级高。

②划分路堑高边坡施工安全风险等级。专家组评估结果是在各专家成员评定等级的基础上取的平均值，即将各专家成员评定的 D_r 累加再除以专家总数得出的平均 D_r，并按下列界限划分路堑高边坡施工安全风险等级：

$D_r\geq3.5$　　　　　　等级 Ⅳ（极高风险）

$2.5\leq D_r<3.5$　　　　等级 Ⅲ（高度风险）

$1.5\leq D_r<2.5$　　　　等级 Ⅱ（中度风险）

$D_r<1.5$　　　　　　等级 Ⅰ（低度风险）

2. 指标体系法

（1）评估指标

路堑高边坡施工安全总体风险评估的指标体系划分为 5 类，即建设规模、地质条件、诱发因素、施工环境和资料完整性，根据各指标的具体情况建立评估指标体系，可参见表 7-17。在对具体路堑高边坡进行评估时，表 7-17 所列 11 个指标不一定全部参与评估，需选出比较重要的指标进行排序。

（2）路堑高边坡施工安全总体风险大小按式（7-4）和式（7-5）计算确定：

$$F=\sum X_{ij} \tag{7-4}$$

$$X_{ij}=R_{ij}\gamma_{ij} \tag{7-5}$$

式（7-4）和式（7-5）中，X_{ij}——评估指标的分值，$i=1,2,3,4,5$；$j=1,2,\cdots,n$。n 为对应第 i 类评估指标，包括重要指标的数量。

R_{ij}——评估指标的基本分值，按表 7-17 的分值赋分。

γ_{ij}——评估指标的权重系数。

评估指标的权重系数确定可按《指南》推荐的"重要性排序法"，也可参考"层次分析法"、"复杂度法"和"基于信心指数的专家调查法"。

（3）确定总体风险等级

计算得出 F 值后，对照表 7-18 确定路堑高边坡施工安全总体风险等级。

表 7-17　路堑高边坡施工安全总体风险评估指标体系

分类	评估指标	分级	基本分值（R_{ij}）		权重系数（γ_{ij}）	评估分值（X_{ij}）	说明
			分值范围	取值			
建设规模 X_1	边坡高度 X_{11}	土质边坡 $H \geqslant 40$ m 岩质边坡 $H \geqslant 60$ m	75~100				（1）土质边坡 $H \geqslant 60$ m，岩质边坡 $H \geqslant 80$ m 时，基本分值确定为 100，其他分值可按高度线性内插计算取值 （2）在每一档分值给定时，当单级坡（两碎落台间距）土质边坡 $H \geqslant 12$ m，岩质边坡 $H \geqslant 15$ m 时取大值；当单级土质边坡 $H \leqslant 6$ m，岩质边坡 $H \leqslant 8$ m 时取小值；当单级土质边坡高度 $H = 8$ m、岩质边坡 $H = 10$ m 时，取中间值。其他情况按分级高度线性内插 （3）当用上述两种标准给定分值不一时，采用大值
		土质边坡 30 m $\leqslant H$ < 40 m 岩质边坡 40 m $\leqslant H$ < 60 m	50~74	R_{11}	γ_{11}	$X_{11} = R_{11} \times \gamma_{11}$	
		土质边坡 20 m $\leqslant H$ < 30 m 岩质边坡 30 m $\leqslant H$ < 40 m	25~49				
		土质边坡 H < 20 m 岩质边坡 H < 30 m	0~24				
	坡形坡率 X_{12}	路堑边坡超过所在自然斜坡比拟坡度值 $\Delta\alpha \geqslant 15°$	75~100				自然斜坡的比拟坡是广义的概念，可选择当地极限稳定坡、稳定坡或所在自然坡的坡度。$\Delta\alpha \geqslant 25°$ 时，分值为 100，其他分值可按 $\Delta\alpha$ 实际值线性内插取值
		10° $\leqslant \Delta\alpha$ < 15°	50~74	R_{12}	γ_{12}	$X_{12} = R_{12} \times \gamma_{12}$	
		5° $\leqslant \Delta\alpha$ < 10°	25~49				
		$\Delta\alpha$ < 5°	0~24				

续表

分类	评估指标	分级	基本分值(R_{ij}) 分值范围	基本分值(R_{ij}) 取值	权重系数 (γ_{ij})	评估分值 (X_{ij})	说明
地质条件 X_2	地层岩性 X_{21}	易滑及软弱地层	75～100	R_{21}	γ_{21}	$X_{21}=$ $R_{21}\times\gamma_{21}$	易滑及软弱地层是指煤系地层岩组、泥质岩类岩组（泥质粉砂岩、砂质泥岩、泥岩、泥灰岩、页岩等）、残积层、第四系重力堆积层；基岩是指除去"易滑及软弱地层"的基岩。地层分布复杂者取大值；反之,取小值
		全风化层基岩	50～74				
		强风化层基岩	25～49				
		弱风化层基岩	0～24				
	坡体结构 X_{22}	坡体中存在顺坡向缓倾的软弱结构面或组合体　贯通	75～100	R_{22}	γ_{22}	$X_{22}=$ $R_{22}\times\gamma_{22}$	根据结构面贯通性和发育程度取值。缓倾的软弱结构面是指结构面的倾角小于路堑边坡坡角。结构面及其组合面的倾向与边坡倾向之间的夹角 $\beta=0°$ 取大值,$\beta=45°$ 取中间值,$\beta=60°$ 取小值,其他的值建议用线性内插法确定
		坡体中存在顺坡向缓倾的软弱结构面或组合体　不贯通	50～74				
		坡体中存在顺坡向缓倾的硬性结构面或组合体　贯通					
		坡体中存在顺坡向缓倾的硬性结构面或组合体　不贯通	25～49				
		坡体中存在其他方向结构面,且贯通和发育					
		坡体中其他方向的结构面不贯通、不发育	0～24				
	地下水 X_{23}	边坡下部 $0.25H$ 范围内有地下水出露,且无排水措施	75～100	R_{23}	γ_{23}	$X_{23}=$ $R_{23}\times\gamma_{23}$	根据地下水的分布范围和地下水的类型及边坡体的储水构造确定 基岩承压水取大值,基岩裂隙和土层孔隙潜水取小值
		边坡中下部 $0.25H$～$0.5H$ 范围内有地下水,且无排水措施	50～74				
		边坡中上部 $0.5H$～$0.75H$ 范围内有地下水,且无排水措施	25～49				
		边坡上部 $0.75H$～$1.0H$ 范围内有地下水,且无排水措施	0～24				

续表

分类	评估指标	分级	基本分值(R_{ij})		权重系数(γ_{ij})	评估分值(X_{ij})	说明
			分值范围	取值			
诱发因素 X_3	施工季节 X_{31}	雨季施工;施工周期内出现暴雨;或施工地区过去5年内年均降雨超过800 mm	75～100	R_{31}	γ_{31}	$X_{31}=R_{31}\times\gamma_{31}$	根据边坡所在区域的降雨等级进行确定。如没有过去5年内年均降雨量资料,可用当地的年降雨量数据代替5年内年均降雨。超过1000 mm,分值为100,其他分值可按实际值线性内插取值
		雨季施工;施工周期内出现大雨;或施工地区过去5年内年均降雨达600～800 mm	50～74				
		雨季施工;施工周期内出现中雨;或施工地区过去5年内年均降雨达300～600 mm	25～49				
		旱季施工;施工周期内出现小雨或不降雨;或施工地区过去5年内年均降雨不超过300 mm	0～24				
	自然灾害的影响 X_{32}	自然灾害频发	75～100	R_{32}	γ_{32}	$X_{32}=R_{32}\times\gamma_{32}$	自然灾害指施工区域暴雨、洪水、泥石流、崩塌、滑坡等,自然灾害多发季节施工取大值
		自然灾害多发	50～74				
		自然灾害偶发	25～49				
		自然灾害很少	0～24				
施工环境 X_4	工程措施类型 X_{41}	抗滑桩	75～100	R_{41}	γ_{41}	$X_{41}=R_{41}\times\gamma_{41}$	本指标只考虑边坡处只采用单一的工程措施。一个边坡采用多种工程措施时,取施工难度较大的工程措施对应的分值,并酌情提高取值
		锚固工程	50～74				
		注浆类工程	25～49				
		挡土墙工程	0～24				

续表

分类	评估指标	分级	基本分值(R_{ij})		权重系数(γ_{ij})	评估分值(X_{ij})	说明
			分值范围	取值			
施工环境 X_4	周边环境 X_{42}	在坡顶开挖线以外0.5H、路基下方1.0H范围内有地表建筑物、地下埋藏物、高压线塔、水体设施	75～100	R_{42}	γ_{42}	X_{42} $=R_{42}\times\gamma_{42}$	上边坡为土质、岩层产状顺层的边坡取大值；岩质边坡岩层产状反倾的边坡取小值 下边坡位于沟谷地带、地形较陡、有河流水体的取大值；反之，取小值 如果上下自然边坡高陡，虽离路堑边坡水平距离较大，但也受到影响的，应酌情提高指标取值
		在坡顶开挖线以外1.0H、路基下方1.5H范围内有地表建筑物、地下埋藏物、高压线塔、水体设施	50～74				
		在坡顶开挖线以外1.5H、路基下方2.0H范围内有地表建筑物、地下埋藏物、高压线塔、水体设施	25～49				
		设施位于上述范围以外	0～24				
资料完整性 X_5	地质资料 X_{51}	每个高边坡工点有1个或没有勘察断面，每个断面仅有1个或没有勘探点（钻探、挖探、物探）	75～100	R_{51}	γ_{51}	X_{51} $=R_{51}\times\gamma_{51}$	对地形地貌、地层岩性、地质构造、水文地质条件调查分析清楚且岩土计算参数选取依据充分的取小值；调查分析不大清楚或依据欠充分的取大值；缺乏调查分析或无依据的提高一档进行指标赋值，最高分为100
		每个高边坡工点至少有1个勘察断面，每个断面有2个勘探点（钻探、挖探、物探）	50～74				
		每个高边坡工点至少有1个勘察断面，每个断面有3个勘探点（钻探、挖探、物探）	25～49				
		每个高边坡工点至少有1个勘察断面，每个断面至少有3个钻探和挖探点	0～24				

续表

分类	评估指标	分级	基本分值(R_{ij})		权重系数(γ_{ij})	评估分值(X_{ij})	说明
			分值范围	取值			
资料完整性 X_5	设计文件 X_{52}	一坡一图一说明图件不完整	75~100				
		一坡一图一说明图件较完整	50~74				
		一坡一图一说明图件完整,有计算参数,有边坡破坏力大小(如滑坡推力),有破裂面位置	25~49	R_{52}	γ_{52}	$X_{52} = R_{52} \times \gamma_{52}$	完整的图件包括平面图、立面图、断面图、结构图、大样图等
		一坡一图一说明图件很完整,有计算参数,有边坡破坏力大小(如滑坡推力),有破裂面位置,有工程措施的抗滑力(如抗滑桩的抗滑力),提出施工安全工况、特殊工程的施工工艺及注意事项、施工风险分析及控制措施	0~24				

表 7-18 路堑高边坡施工安全总体风险分级标准

风险等级	F 值
等级Ⅳ(极高风险)	$F > 60$
等级Ⅲ(高度风险)	$45 < F \leqslant 60$
等级Ⅱ(中度风险)	$30 < F \leqslant 45$
等级Ⅰ(低度风险)	$F \leqslant 30$

注:根据评估工点风险的具体情况,结合地区经验,可对表 7-18 的数值区间进行适当调整。

对于总体风险等级在Ⅲ级(高度)及以上的高边坡工程,应开展专项风险评估。

7.4.3 专项风险评估

专项风险评估的基本程序包括风险辨识、风险分析、风险估测、风险控制。具体流程如图 7-3 所示。

1. 风险辨识

风险辨识步骤包括工程资料的收集整理、施工现场地质条件和环境条件的调查、施工队伍素质和管理制度的调查、施工作业程序分解、施工作业可能发生的风险事故类型分析。

(1)工程资料的收集

专项风险评估需收集、整理的相关工程资料主要包括如下几种。

①本工程的可行性研究报告、工程地质勘查报告、初步设计文件、施工图设计文件、工程施工组织设计文件等资料。

②工程区域内的环境条件,包括建筑物、构筑物、埋藏物、管道、缆线、民防设施、铁路、公路、外电架空线路等可能造成风险事故的要素。

③工程区域内地质、水文、气象等灾害事故资料。

④同类工程事故资料。

⑤其他与风险辨识对象相关的资料。

施工过程专项风险评估除需要收集以上资料外,还需收集重要设计变更资料、施工记录文件、监控量测资料、质量检测报告。

(2)施工现场地质条件和环境条件的调查

主要包括地质条件、周边环境、边坡变形破坏迹象和特征。

施工过程专项风险评估还需调查、补充地质勘查结果(如有)、现场开挖揭露地质情况的差异、周边环境的变化情况。

(3)施工队伍素质和管理制度的调查

主要包括企业近十年业绩、同类工程经验和施工事故情况;施工队伍素质、施工队伍的专业化作业能力和技术水平;管理制度以及各种管理制度是否健全。

施工过程专项风险评估还需收集调查人员队伍变化情况、管理制度落实情况等。

(4)施工作业程序分解

将路堑高边坡施工过程划分为不同的评估单元,分析各评估单元的主要工序、施工方法、施工设备、施工材料等特点,从中辨识致险因子。

路堑高边坡专项风险评估单元以单一的工程措施为对象,而同时采取两种以上工程措施的,应结合工程实际进行工序分解。各工程措施的工序分解可参见表 7-19。

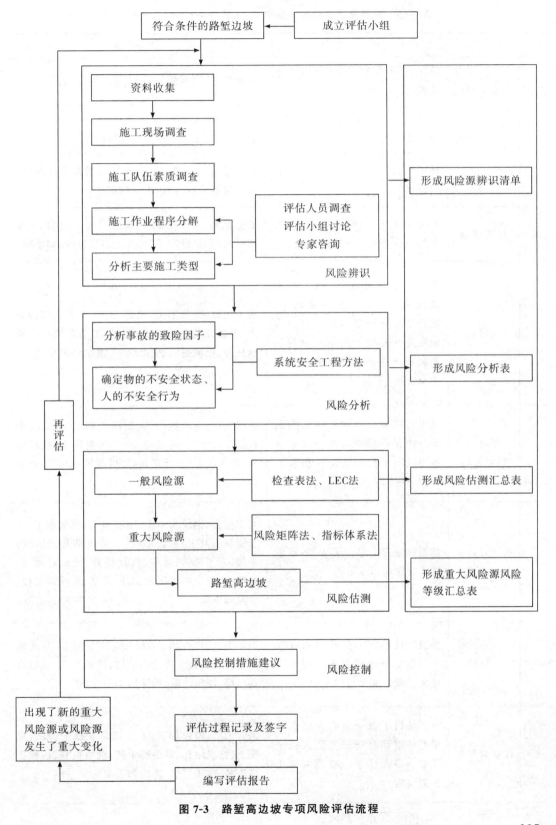

图 7-3 路堑高边坡专项风险评估流程

表 7-19　路堑高边坡风险评估单元(工程措施)工序分解表

序号	评估单元		施工工序	作业内容
1	边坡开挖	土方开挖	从上向下分级开挖→运土→修坡	机械挖方、机械装运土方、机械修坡、人工修坡
		石方开挖	钻孔→装药→爆破→装运石方→修坡	钻机钻孔、人工装药、爆破作业、机械挖方、机械装运土方、机械修坡、人工修坡
2	地表排水系统		坡顶截水沟→平台排水沟→临时排水	机械挖基、人工挖基、机械提升搬运砌筑材料、人工搬运砌筑材料、人工砌筑
3	抗滑挡墙		基础开挖→基础施工→搭设脚手架→墙身施工→抹面勾缝	机械挖基、人工挖基、机械提升搬运材料、人工搬运材料、搭设脚手架、人工砌筑、拆除脚手架
4	抗滑桩		锁口施工→桩孔开挖(如有爆破:钻孔→装药放炮→通风)→提升出渣→护壁钢筋制安→模板安装→混凝土浇筑→桩身钢筋制安→桩身混凝土浇筑→养护→检测	人工挖方、钢筋加工、模板加工、人工浇筑混凝土、泵送混凝土、钻机钻孔、人工装药、放炮、机械提升、机械通风、供电照明、机械供高压风
5	预应力锚固工程		搭设钻机平台→钻孔→锚索制安→清孔→锚索入孔→注浆→坡面混凝土框架结构→张拉→检测→封锚	钻机钻孔、搭设脚手架、钢绞线和钢筋加工、模板加工、人工浇筑混凝土、泵送混凝土、机械提升、高压注浆、千斤顶张拉、机械供高压风、拆除脚手架
6	预应力锚索抗滑桩		抗滑桩施工工序同第 4 条,锚索施工工序同第 5 条	人工挖方、钢绞线加工、钢筋加工、模板加工、人工浇筑混凝土、泵送混凝土、钻机钻孔、搭设脚手架、人工装药、放炮、机械提升、机械通风、供电照明、机械供高压风、高压注浆、千斤顶张拉、拆除脚手架
7	土钉墙		搭设钻机平台→钻孔→清孔→土钉制安→土钉入孔→注浆→坡面混凝土框架结构→检测	钢筋加工、模板加工、人工浇筑混凝土、泵送混凝土、钻机钻孔、搭设脚手架、机械提升、机械供高压风、高压注浆、拆除脚手架
8	注浆微型桩		搭设钻机平台→钻孔→清孔→微型桩钢管制安→安装入孔→注浆→多次注浆→桩顶混凝土框架结构	钢管加工、模板加工、人工浇筑混凝土、泵送混凝土、钻机钻孔、搭设脚手架、机械提升、机械供高压风、高压注浆、拆除脚手架

续表

序号	评估单元	施工工序	作业内容
9	排水隧洞（以预制构件拼装为例）	预制洞身支护构件→洞口加固施工→洞身土方开挖→石方爆破（钻孔→装药放炮→通风）→支架安装→洞底水沟	钢筋加工、预制构件、人工挖方、钻机钻孔、人工装药、放炮、洞内运输、机械通风、供电照明、机械供高压风
10	坡面植物防护	坡面修整→人工挖沟槽→回填种植土→播种→覆盖→洒水除虫养护	人工修坡、人工挖槽、坡面填土、播种绿化
11	坡面骨架防护	坡面修整→人工挖沟槽→骨架砌筑→回填种植土→播种→覆盖→洒水除虫养护	人工修坡、人工挖槽、人工砌筑、坡面填土、播种绿化
12	坡面防护	坡面修整→搭设脚手架→砌筑→抹面勾缝	人工修坡、机械提升搬运材料、人工搬运材料、搭设脚手架、人工砌筑、拆除脚手架

施工作业程序分解后，通过现场调查、评估小组讨论、专家咨询等方式，分析评估单元中可能发生的典型风险事故类型，并形成风险辨识清单。

（5）分析路堑高边坡工程措施可能发生的事故类型

参见表7-20。

表7-20　路堑高边坡评估单元与典型事故类型对照表

序号	评估单元＼事故类型	边坡失稳	塌方	坡面病害	高处坠落	机械伤害	中毒窒息	触电	脚手架坍塌	高压气体液体伤害	涌水突泥
1	边坡土方开挖	√		√	√	√					
2	边坡石方爆破	√				√	√	√		√	
3	地表排水系统	√		√	√						
4	抗滑挡墙		√		√	√			√		√
5	抗滑桩	√	√		√	√			√		√
6	预应力框架（地梁、墩）	√		√	√	√			√	√	
7	预应力锚索抗滑桩	√	√		√	√			√	√	
8	土钉墙	√	√		√	√			√	√	
9	注浆微型桩	√			√	√			√	√	
10	地下排水隧洞		√		√	√	√		√		√
11	排水孔	√			√	√		√			
12	坡面植物防护			√	√						
13	坡面骨架防护			√	√						
14	坡面圬工防护			√	√	√					

2. 风险分析

(1)物的不安全状态。物的不安全状态引起的风险事故分析可从如下几个方面考虑。

①地质条件变化:主要是分析设计文件中所依据的地质资料和现场开挖揭露的实际地质情况的差异。当地质条件变化较大时,原工程措施可能不当、不足,从而产生较大的施工安全风险。

②施工方案:主要分析路堑高边坡所有的分项工程,分析其施工方法和工艺是否得当、相互间的施工工序与衔接是否合理。

③施工环境方面存在的风险源:主要调查和分析施工场地周边的建筑物、构筑物、埋藏物、管道(油、气、水)、缆线、民防设施、铁路、公路、外电架空线路、地下水体、地表水体等可能造成安全事故的外部环境。

④施工设备:主要分析路堑高边坡施工所用的爆破、开挖、土石方装运、筑路、锚固钻孔、钢筋制作加工、高压供风、高压注浆等可能造成安全事故的施工机械设备。

⑤施工材料:主要分析材料过期、失效等质量问题,以及施工中可能遇到的有毒有害、易燃易爆等物质。

⑥自然灾害:主要分析生产、生活区域可能受到暴雨、洪水、泥石流、雷电、冰雹、大风、雨雪等突发自然灾害造成的风险。

(2)人的不安全行为。对于人的不安全行为可能引起的风险事故,主要从操作错误、违反安全规程、管理缺陷等方面分析。

①操作错误:不按设计文件和施工组织要求的顺序施工;偷工减料,偷工减序,设备操作错误,易燃易爆品操作不当,多人配合作业不协调,空中抛掷物件,材料工具存放不当,桩孔内人员扒绳(钩)上下等。

②违反安全规程:高处作业没有个人安全防护用品(安全带、安全帽、安全网),设备带病运转不维修,桩(坑)孔口等没有安全防护设施,设备外露旋转部分不加防护罩,边坡安全监测不到位等。

③管理缺陷:主要从制度管理和现场管理两方面分析。

a. 制度管理:从安全管理机构、安全管理人员配备、安全管理责任制、安全培训、安全投入、事故处理、事故应急预案等方面分析。

b. 现场管理:从现场安全巡查、安全隐患查处、事故应急处理等方面分析。

(3)可能受到事故伤害的人员类型和事故后果。在路堑高边坡施工中,可能受到事故伤害的人员类型包括作业人员本身、同一作业场所的其他作业人员、周围其他人员。事故后果主要指伤亡(失踪)和直接经济损失,但不局限于这两类损失。

(4)风险分析方法。风险分析通过评估小组讨论会的形式实施,可采用风险传递路径法、鱼刺图法、故障树分析法等系统安全工程理论进行分析。

(5)风险分析结果。风险分析的结果应填入路堑高边坡专项施工安全风险分析表(表7-21)中。

表 7-21 路堑高边坡专项施工安全风险分析表

风险源	潜在的事故类型	事故原因 1	事故原因 2	事故原因 3	事故原因 4	事故后果		
		物的不安全状态	人的不安全行为	管理缺陷	自然灾害	受伤害人员类型	伤害程度	经济损失
风险源 1								
风险源 2								
⋮								
风险源 N								

3. 风险估测

(1)风险大小。风险大小＝事故发生可能性×事故后果严重程度。"×"表示事故发生可能性和事故后果严重程度的组合。

(2)风险估测方法。风险估测方法应结合施工组织设计、潜在事故的特点等因素确定。

①一般风险源的风险估测,宜开展定性评估,提出风险控制要求。

②重大风险源的风险估测,应进行定量风险估测,确定风险等级,《指南》推荐风险矩阵法和指标体系法。

(3)事故可能性等级的确定。事故可能性取决于物的不安全状态与人的不安全行为的组合。事故可能性的等级分成 4 级,如表 7-8 所示。

(4)事故严重程度等级的确定。事故严重程度等级分成 4 级,主要考虑人员伤亡和直接经济损失。当同时产生多种后果时,应采用就高原则确定事故严重程度等级。对路堑高边坡施工事故造成的人员伤亡和直接经济损失的估计,《指南》推荐根据周边环境和破坏后果,按表 7-22 所示进行事故严重程度等级划分,也可根据国家相关标准自行确定。

表 7-22 路堑高边坡坍塌事故后果严重程度等级标准

周边环境	后果描述	定性描述	等级
隧道(仰坡)、桥梁(桥台边坡)地段	隧道、桥梁在坍塌区范围内,可能破坏桥梁隧道	特大	4
其他重要结构物地段	重要结构物在坍塌区范围内,可能破坏重要结构物		
路基段	路基本体在坍塌区范围内,可能破坏路基本体	重大	3
其他	可能破坏路堑边坡或路堤边坡	较大	2
	在路堑边坡或路堤边坡以外发生破坏	一般	1

注:其他重要结构物包括城乡居民楼、工业厂房、高压电塔、铁路、公路、管线等。

路堑高边坡坍塌区范围(破坏范围)可按式(7-6)估算:

$$L = (1 \sim 4)H \qquad (7-6)$$

式(7-6)中,H——路堑高边坡开挖高度(m);

L——塌滑区边缘至坡脚水平距离(m),老滑坡区、特别软弱的结构面(包括层面)取大值,无结构面取小值,其他取中间值。

(5)风险估测结果。应汇总事故可能性和事故严重程度的估测结果,将其填入风险估测汇总表(表7-23)。

表7-23　风险估测汇总表

编号	风险源		风险估测				
	风险源	潜在的事故类型	事故严重程度			事故可能性	风险大小
			人员伤亡	经济损失	严重程度等级		
1	风险源 1						
2	风险源 2						
⋮	⋮	⋮	⋮	⋮	⋮	⋮	⋮
N	风险源 N						

(6)风险等级估测。采用矩阵法将事故可能性和严重程度进行组合,估测风险等级,专项风险等级分为4级:低度(Ⅰ级)、中度(Ⅱ级)、高度(Ⅲ级)和极高(Ⅳ级),见表4-23。

7.4.4　重大风险源评估

路堑高边坡重大风险源评估采用定性与定量相结合方法。

1. 事故严重程度的评估

事故严重程度的估测方法推荐采用专家调查法。事故严重程度风险评估损失等级标准可按表7-22进行估计,主要从人员伤亡和直接经济损失两个方面进行估算,当同时产生人员伤亡与直接经济损失两种后果时,应采用就高原则确定事故严重程度等级。

2. 事故可能性的评估

事故可能性的估测方法推荐采用指标体系法。

(1)物的不安全状态引起的事故可能性评估

①选取物的不安全状态引起的事故可能性评估指标时,主要考虑某些典型事故类型,如边坡失稳、塌方、坡面病害、高处坠落、机械伤害等可能导致重大人员伤亡及财产损失的事故类型。

②物的不安全状态引起的事故可能性评估以单一的工程措施为对象,针对重大风险源,《指南》建立了以下工程措施事故可能性评估指标体系:a. 边坡开挖;b. 预应力锚固;c. 人工挖孔抗滑桩;d. 抗滑挡墙;e. 地下排水隧洞;f. 注浆加固。

③评估指标应按重要性从高到低顺序排列,通过权重系数调节各评估指标的重要性。

④路堑高边坡开挖施工事故可能性评估。

a. 边坡开挖施工事故可能性评估指标体系。路堑高边坡开挖施工事故可能性评估主要基于边坡失稳、塌方、坡面病害事故等,建立评估指标体系,其指标分值见表7-24。

表 7-24　边坡开挖施工事故可能性评估指标体系

分类	评估指标	分级	基本分值(R_{ij})		权重系数(γ_{ij})	评估分值(X_{ij})	说明
			分值范围	取值			
边坡规模 X_1	边坡高度 X_{11}	见表 7-17					
	坡形坡率 X_{12}	见表 7-17					
边坡开挖 X_2	开挖方法 X_{21}	石方爆破开挖	$75\sim100$				爆破震动对边坡扰动大,不利于边坡稳定,风险大。岩质边坡的开挖宜采用控制爆破;当周边环境要求高时可采用机械破碎开挖。当开挖边坡高陡时取大值
		石方机械开挖	$50\sim74$		R_{21}	γ_{21}	$X_{21} = R_{21} \times \gamma_{21}$
		土方机械开挖	$25\sim49$				
		土方人工开挖	$0\sim24$				
	工序衔接 X_{22}	无序开挖	$75\sim100$				考虑开挖过程中边坡的临时稳定性
		开挖多级再加固防护	$50\sim74$		R_{22}	γ_{22}	$X_{22} = R_{22} \times \gamma_{22}$
		开挖二级再加固防护	$25\sim49$				
		开挖一级即加固防护	$0\sim24$				
地质条件变化 X_3	岩性变化 X_{31}	开挖揭露坡体中有易滑及软弱地层,而事前判别中无	$75\sim100$				岩性差距大可能导致强度破坏的可能性大;根据开挖揭露坡体中的地层岩性及风化程度与事前判别进行对比
		开挖揭露基岩风化类别与事前判别差 2 级以上	$50\sim74$		R_{31}	γ_{31}	$X_{31} = R_{31} \times \gamma_{31}$
		开挖揭露基岩风化类别与事前判别差 1 级以上	$25\sim49$				
		开挖揭露基岩风化类别与事前判别基本一致	$0\sim24$				

续表

分类	评估指标	分级	基本分值(R_{ij})		权重系数(γ_{ij})	评估分值(X_{ij})	说明
			分值范围	取值			
地质条件变化 X_3	坡体结构变化 X_{32}	坡体中存在向临空缓倾贯通软弱结构面，而事前判别中无	75～100	R_{32}	γ_{32}	$X_{32}=R_{32}\times\gamma_{32}$	根据开挖揭露的结构面的贯通性、充填情况，与设计文件中依据的坡体结构的描述进行对比分析
		坡体中存在向临空缓倾不贯通软弱结构面，而事前判别中无	50～74				
		岩节理裂隙发育，而事前判别为不发育	25～49				
		开挖揭露的坡体结构与事前判别基本一致	0～24				
	地下水变化 X_{33}	坡体中有连续的含水层分布而事前判别无	75～100	R_{33}	γ_{33}	$X_{33}=R_{33}\times\gamma_{33}$	根据地下水类型、含水层的分布、含水量的大小确定
		坡体中有鸡窝状地下水分布而事前判别无	50～74				
		坡体中有含水量较大的地层而事前判别无	25～49				
		坡体中含水量与事前判别基本一致	0～24				
诱发因素 X_4	施工季节 X_{41}	见表 7-17		R_{41}	γ_{41}	$X_{41}=R_{41}\times\gamma_{41}$	见表 7-17
	自然灾害影响 X_{42}	见表 7-17		R_{42}	γ_{42}	$X_{42}=R_{42}\times\gamma_{42}$	施工区域的自然灾害多发季节取大值
施工环境 X_5	施工周边环境 X_{51}	见表 7-17		R_{51}	γ_{51}	$X_{51}=R_{51}\times\gamma_{51}$	建筑物距离边坡近的取大值，远的取小值

b. 边坡开挖变形破坏迹象的调整系数。边坡开挖变形破坏说明边坡风险事故已趋向于发生。当出现变形破坏时,应按表 7-25 所示对边坡开挖风险的可能性进行调整,表中 D_0 为边坡开挖变形破坏迹象的调整系数。边坡变形破坏迹象根据现场的裂缝展布情况确定,也可根据边坡变形量、变形速率及支挡加固结构内力的变化确定。

表 7-25 边坡开挖变形破坏迹象的调整系数

等级	分类		调整系数 D_0		说明
			范围	分值	
一	边坡上有长、大贯通裂缝,整体变形趋向于贯通,随时有整体失稳的可能	边坡变形量、变形速率及支挡加固结构内力处于危险域	$1.3 \leq D_0 < 1.5$		边坡变形量、变形速率及支挡加固结构内力根据监测资料获取。边坡的控制值应参照设计文件与相关规范确定。绝对安全域为控制值 0.8;安全域为控制值以内;警戒域采用控制值的 1.2;危险域采用控制值的 1.3。各地也可根据实际情况综合确定调整系数
二	边坡上有断断续续的裂缝,表现出有整体失稳的可能	边坡变形量、变形速率及支挡加固结构内力处于警戒域	$1.2 \leq D_0 < 1.3$	D_0	
三	边坡上出现局部变形迹象,但可能发展为整体变形	边坡变形量、变形速率及支挡加固结构内力处于相对安全域	$1.1 \leq D_0 < 1.2$		
四	边坡上出现局部变形迹象,不可能发展为整体变形	边坡变形量、变形速率及支挡加固结构内力处于安全域	$1.0 \leq D_0 < 1.1$		

⑤其他工程措施事故可能性评估。预应力锚固、人工挖孔抗滑桩、抗滑挡墙、地下排水隧洞、边坡注浆加固的施工事故可能性评估指标体系及其分值参见《指南》。

(2)人的不安全行为引发的事故可能性评估

评估指标体系及其分值见表 7-26,将评估指标分值通过公式 $M = A + B + C + D + E + F + G + H + I + J$ 进行计算。根据计算分值对照表 7-27 找出安全管理调整系数 λ。

表 7-26 安全管理评估指标体系

评估指标	分类	分值	说明
总承包企业资质 A	二级	2	资质级别越高的施工企业安全管理相对越完善,事故风险相对越小
	一级	1	
	特级	0	
专业分包企业资质 B	有资质	2	针对当前作业的分包企业
	无资质	0	
劳务分包资质 C	有资质	2	针对当前作业的分包企业
	无资质	0	

续表

评估指标	分类	分值	说明
作业人员经验 D	无经验	2	从特种作业人员、一线施工人员的工程经验考虑
	有一定经验	1	
	经验丰富	0	
项目技术管理人员经验 E	无经验	2	项目管理人员和专业技术人员具有3次及以上的滑坡治理、边坡建设经验为丰富,一两次为有一定经验,没有项目管理经历的为无经验
	有一定经验	1	
	经验丰富	0	
专职安全人员配备 F	不符合	2	从"企业负责人(A类)、项目负责人(B类)、专职安全员(C类)"3类人员的持证、在岗情况考虑
	基本符合规定	1	
	符合规定	0	
安全投入 G	不符合	2	安全资金、人员、设备3项投入都满足的为符合规定,3项都不满足的为不符合规定
	基本符合规定	1	
	符合规定	0	
机械设备配置及管理 H	无建档台账及缺乏日常管理维护	2	按合同要求配置,日常维护保养到位
	有台账建档管理,缺乏日常维护	1	
	台账建档完备,管理、维护到位	0	
专项施工方案 I	可操作性较差	2	可操作性指与现场实际情况符合,能够按方案执行,并得到预期效果
	可操作性一般	1	
	可操作性强	0	
企业工程业绩 J	无	2	企业有类似工程施工经验的安全风险小
	同类工程2次及以下	1	
	同类工程3次及以上	0	

表7-27 安全管理评估指标分值与安全管理调整系数对照表

计算分值 M	调整系数 λ
$M \geqslant 15$	1.2
$12 \leqslant M < 15$	1.1
$9 \leqslant M < 12$	1
$6 \leqslant M < 9$	0.9
$M < 6$	0.8

(3)确定事故可能性大小等级

路堑高边坡施工风险事故可能性大小按式(7-7)和式(7-8)计算确定。

$$P = \lambda \cdot D_0 \sum X_{ij} \qquad (7\text{-}7)$$

$$X_{ij} = R_{ij}\gamma_{ij} \qquad (7\text{-}8)$$

式(7-7)和式(7-8)中，X_{ij}——二级指标的分值，$i=1,2,\cdots,m$，$j=1,2,\cdots,n$；m 为分类项次，n 为对应第 i 类评估指标包括重要指标的数量。

D_0——边坡开挖变形破坏迹象的调整系数，按表 7-25 取值，其他重大风险源 $D_0=1$。

λ——安全管理调整系数。

计算得出 P 值后，根据 P 值对照表 7-28 确定各重大风险源发生风险事故的可能性等级。

表 7-28　重大风险源事故可能性等级标准

概率等级描述	概率等级	P
很可能	4	$P > 60$
可能	3	$45 < P \leq 60$
偶然	2	$30 < P \leq 45$
不太可能	1	$P \leq 30$

3. 确定风险等级

根据事故可能性等级、事故严重程度等级，采用风险矩阵法确定路堑高边坡各工程措施的施工安全风险等级，见表 4-23。

4. 汇总

将专项风险评估的风险等级用不同颜色在路堑高边坡施工形象进度图中标识出来，形成施工安全风险分布图，并附在评估报告中，同时以列表方式汇总路堑高边坡工程重大风险源，并将其填入表 7-29。

表 7-29　路堑高边坡重大风险源风险等级汇总表

重大风险源	事故可能性等级	事故严重程度等级			风险等级	评定理由
		临近建(构)筑物损坏后果	人员伤亡	经济损失		
风险源 1						
风险源 2						
⋮						
风险源 N						

7.4.5　风险控制

1. 一般要求

(1)根据风险评估结果与接受准则，提出风险控制对策(表 5-1)。

（2）根据不同的风险等级提出分级控制措施，实施现场管理和监控预警。各等级风险管理措施建议见表 5-2。

2. 风险控制措施

（1）总体风险评估和专项风险评估均应提出风险控制措施建议。

（2）总体风险评估应提纲挈领地提出重点风险源的主要控制措施建议，重点是需投入较多物力和财力才能控制风险的措施。

（3）专项风险评估应针对一般风险源和重大风险源提出系统全面、重点突出的控制措施建议，作为现场安全管理、安全交底、专项施工方案编制的依据。

（4）针对路堑高边坡风险事故的原因，施工期间可采取的风险控制措施包括施工方案调整、加强安全措施以及提高管理水平和人员的素质。

（5）路堑高边坡风险控制措施建议具体可参见《指南》附录 C。

7.4.6 风险评估报告

1. 一般要求

（1）风险评估报告是施工安全风险评估过程的记录，应反映风险评估过程的全部工作，内容包括风险评估过程中的记录表格、采用的评估方法、获得的评估结果、推荐的控制措施等。

（2）风险评估报告应内容全面、文字简洁、数据完整、客观公正，提出的风险控制措施应具有可操作性。

（3）总体风险评估和专项风险评估的最终报告，应作为工程项目竣工文件进行归档管理。

2. 风险评估报告编制内容

（1）总体风险评估报告，应包含以下内容。

①编制依据：项目风险管理方针及策略；相关的国家和行业标准、规范；项目立项批复文件；项目可行性研究报告、工程地质勘查报告、初步设计文件、施工图设计文件等；现场调查资料。

②工程概况：全线路堑边坡分布和规模；全线地质条件及周边环境；全线路堑边坡采取的主要工程措施。

③评估过程和评估方法。

④评估内容。

⑤对策措施及建议。

⑥评估结论：风险等级；专项风险评估对象；风险控制措施建议；评估结果自我评价及遗留问题说明。

⑦附件（评估计算过程、评估人员信息、评估单位资质信息等）。

（2）专项风险评估报告，应包含以下内容。

①编制依据：项目风险管理方针及策略；相关的国家和行业标准、规范；项目可行性研究报告、工程地质勘查报告、初步设计文件、施工图设计文件以及审查意见；总体风险评估成果

及工程前期的风险评估成果;现场调查资料;第三方检测监测资料。

②工程概况:包括具体路堑边坡的位置、规模、工程措施、地质条件、诱发因素、周边环境等。

③评估过程和评估方法。

④评估内容:包括风险源普查、辨识、分析以及重大风险源的估测。

⑤对策措施及建议。

⑥评估结论:重大风险源风险等级汇总;Ⅲ级和Ⅳ级风险存在情况;风险预控措施建议;评估结果自我评价及遗留问题说明。

⑦附件(评估计算过程、评估人员信息、评估单位资质信息等)。

(3)风险评估报告格式应包括:封面(包括评估项目名称、报告完成日期、评估组长签名);著录项(评估人员名单,并应亲笔签名);目录;编制说明;正文;附件。

(4)施工过程专项风险评估应形成评估报表,包含以下内容:孕险环境或致险因子变化情况;重新评估风险等级及计算过程;拟推荐的风险控制措施等。评估报表格式由评估小组自定。

3. 风险评估报告评审

(1)总体风险评估报告或专项风险评估报告编制完成后,应组织专家评审。

(2)总体风险评估报告由建设单位(或工程总承包单位、代建单位)组织专家审查,专项风险评估报告由施工单位组织专家审查。评审专家组不得少于5人,专家应由建设、设计、勘察、监理、施工等单位中具有高边坡勘察、设计、施工管理经验的人员组成。评估小组根据专家评审意见对评估报告进行修改,形成最终报告。

(3)专项风险评估报告评审通过后应向项目建设单位报备。当专项风险评估等级达到Ⅳ级(极高风险)时,建设单位应组织专家论证。

(4)施工过程风险评估报告以报表形式反映。当风险等级达到Ⅳ级(极高风险)时,应向建设单位报告,并由建设单位组织专家论证。

7.5　本质安全在公路工程施工安全风险评估中的应用

7.5.1　本质安全的概念

本质安全概念最初源于20世纪50年代世界宇航技术领域,主要是指电气系统具备防止可能导致可燃物质燃烧所需能量释放的安全性。维基百科(英文版)载明:"本质安全是电气设备在爆炸性环境和非正常工作条件下安全运行的一种保护技术。"

对于本质安全的含义,从目前的研究来看,有广义与狭义两种阐述。狭义的本质安全是指机器、设备本身所具有的安全特性。广义的本质安全是指"人-设备-环境-管理"这一系统表现出的安全性能,包括人的可靠性、物的可靠性、系统的可靠性和管理的规范化与持续改进这4个方面的内容。

在现阶段,本质安全已成为一种安全管理理念,广泛应用于矿产开采、企业生产等各行各业。国务院《安全生产"十二五"规划》也将"完善安全保障体系,提高企业本质安全水平和事故防范能力"作为主要任务之一。2011年6月21日召开的"全国公路水运工程平安工地建设推进会"上,交通运输部冯正霖副部长要求进一步强化"本质安全"理念,将"本质安全"作为"平安工地"建设活动的一个重要原则,从"本质安全"的角度看安全生产管理,使人的可靠性、物的可靠性和系统的可靠性有机结合,推动公路水运施工安全形势的不断好转。

7.5.2　本质安全要素及其相互关系

目前有学者认为在公路工程建设中影响本质安全的要素主要有5个,即人、机、环境、工艺和管理。从安全管理学角度,本质安全是安全管理理念的转型,表现为对事故由被动接受到事先预防,以实现从源头杜绝事故的目的。

人,包括在建设项目现场的各级领导、管理人员和作业人员,其生理、心理、意识和技能是影响人的安全生产的主要因素。

机,指生产过程中涉及的设备、设施、装置、工具、材料等,机器本身的设计和质量水平、安装情况、设备控制与防护装置失灵等是影响机的安全生产的主要因素。

环境,指生产过程中的工作环境,包括自然环境(地质、地形、气候等)、作业环境(温度、噪声、气味、粉尘等)。

工艺,主要包括方案的安全性、规范规程规定的合理性、操作的正确性。

管理,是一个广义的概念,其范围和内容涉及人、机、环境和工艺,主要有制度体系建设(包括组织、培训、资金等)、预案制定和演练、应急救援等。

本质安全是根本属性的安全,安全管理只有朝着"人员无失误、机器无故障、环境无隐患、工艺无缺陷、管理无漏洞"的方向努力,才能实现真正意义上的本质安全。

人、机、环境是本质安全的3个基本支撑点,工艺的操作使得人、机和环境"3个基本支撑点"相互依赖、相互作用,再通过全过程、全方位的科学管理,实现工程项目的本质安全。人、机、环境要素是基础,工艺要素是纽带,管理要素是手段。人、机、环境单体的安全可靠是项目本质安全的基础,而管理规范、工艺工序的合理是项目本质安全的保证。

7.5.3　本质安全在安全风险评估中实现的主要路径

目前对于本质安全的研究大多集中在石油化工行业、煤矿行业、电力行业,将本质安全理念应用于交通建设行业安全风险评估的研究相对比较薄弱。加强公路建设本质安全研究,探索如何实现本质安全,开展基于本质安全的风险评估对有效防范安全事故发生,最终实现公路水运工程"零伤亡"的安全目标具有重要意义。从本质安全角度开展公路施工风险评估,有利于科学分析公路工程施工过程中存在的安全隐患,找出管理缺陷,降低施工安全风险,提升企业风险管理水平;有利于促进本质安全型公路项目的建设,推动公路工程安全形势进一步好转。将本质安全理论应用于安全风险评估的主要路径如图7-4所示。

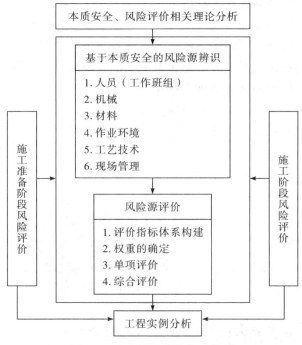

图 7-4 安全风险评估技术路线

1. 风险源辨识

采用项目分解结构（work breakdown structure，WBS）与风险分解结构（risk breakdown structure，RBS）相结合的方法进行本质安全的风险辨识。由于公路工程项目各分部分项工程众多，且工程建设期较长，各分部分项工程面临的风险也将多种多样，从总体上对项目的风险进行辨识有一定的难度，并且很有可能遗漏较重要的风险，因此在识别前需将整体工程项目进行适当的划分。同时，由于风险因素的多样性，必须以本质安全为出发点，从人员（工作班组）、机械、材料、作业环境、工艺技术和现场管理 6 个方面对风险进行归类和识别。

（1）公路工程项目分解结构（WBS）

项目结构的分解，既要考虑项目的特点、施工项目风险的特点，又要充分考虑施工项目风险的分布情况。《公路水运工程安全生产监督管理办法》第二十三条规定了施工中危险性较大的工程，参照《公路工程质量检验评定标准》（JTG F80），结合风险评估需要，将公路工程项目分解至分部工程并进行编号，见表 7-30。

表 7-30 公路工程项目分解

单位工程	分部工程
路基工程 E_1	路基土石方 E_{11}、滑坡和高边坡处理 E_{12}、挡土墙 E_{13}
路面工程 E_2	路面工程 E_2
桥梁工程 E_3	基础工程 E_{31}、下部结构 E_{32}、上部结构预制和安装 E_{33}、上部结构现场浇筑 E_{34}、桥面系和附属工程 E_{35}
隧道工程 E_4	洞口工程 E_{41}、洞身开挖 E_{42}、洞身衬砌 E_{43}、隧道路面 E_{44}、交通工程 E_{45}

（2）基于本质安全的风险分解结构（RBS）

以本质安全为出发点，从人员（工作班组）、机械、材料、作业环境、工艺技术和现场管理6个方面对风险进行归类和辨识，各类风险又包括各自的具体风险因素。例如，人员（工作班组）这一类风险（危险）又可具体分为员工安全意识及态度、员工基本素质、安全培训、班组内部人员配置、班组之间协同作业状况等具体风险因素。

通过上述对 WBS 和 RBS 的建立，可以对各个工程项目进行风险因素识别。在识别过程中通过查阅相关文献，结合专家调查法，得到主要的风险因素。设计的调查表格如表 7-31 所示。

2. 构建指标体系及指标权重的确定

按照"宜少不宜多，宜简不宜繁；独立性；代表性与差异性；可行性"的原则构建指标体系，采用层次分析法（analytic hierarchy process，AHP）确定指标的权重。

3. 评价方法的选择

考虑到公路工程项目安全风险影响因素具有层次性与模糊性，可采用模糊层次综合评价法（Fuzzy-AHP）对公路工程项目本质安全风险进行综合评价。

7.5.4　案例：基于本质安全的现浇桥梁施工安全评估

随着我国交通基础设施建设规模的持续增长，经济社会发展方式转变对工程安全提出了更新更高的要求，生产安全仍然面临着巨大的压力和严峻挑战。公路和城市道路桥梁中采用现浇方法施工的情况占有较大比例，而现浇桥梁高处坠落、坍塌等安全事故时有发生，因此，针对其施工过程中的安全风险评估研究具有重要的理论意义和现实意义。本案例针对现浇桥梁工程特点，分析现浇桥梁施工发生安全事故的主要原因，提出了安全风险评估指标体系，综合考虑专家的工作经验、学术背景及其对所评估项目了解程度等情况，运用层次分析法确定各级指标的权重。然后，将评价等级量化并构造对应的隶属函数，进而构建风险评估模型，并结合实例进行评估分析。

1. 现浇桥梁施工安全风险二级综合评估模型

（1）评估指标的选取

现浇桥梁施工安全事故主要为高处坠落、坍塌、物体打击、机械伤害、触电事故，究其原因主要包括人的因素、物的因素、外部环境的因素。在总结现有研究成果的基础上，结合交通运输部有关要求，以本质安全为出发点，从人员（工作班组）、机械设备、材料、施工现场环境、施工作业工艺技术和现场管理6个方面对施工安全风险进行归类和识别，建立了包含6个二级指标和24个一级指标的现浇桥梁施工安全风险评估指标体系（表 7-32）。

表 7-31　公路工程施工风险因素（风险源）调查表

风险因素 \ 工程项目		路基工程 E_1			路面工程 E_2	桥梁工程 E_3					隧道工程 E_4				
		路基土石方 E_{11}	滑坡和高边坡处理 E_{12}	挡土墙 E_{13}		基础工程 E_{31}	下部结构 E_{32}	上部结构制和安装 E_{33}	上部结构现场浇筑 E_{34}	桥面系和附属工程 E_{35}	洞口工程 E_{41}	洞身开挖 E_{42}	洞身衬砌 E_{43}	隧道路面 E_{44}	交通工程 E_{45}
人员（工作班组）R_1	三类人员和特种人员持证上岗 R_{11}														
	员工基本素质 R_{12}														
	遵规守纪 R_{13}														
	班组内部人员配置 R_{14}														
	班组之间协调作业状况 R_{15}														
	其他风险 1：														
	其他风险 2：														
机械设备 R_2	特种设备及专用设备的安装、使用、拆卸 R_{21}														
	常用设备及机具的安装、使用、拆卸 R_{22}														
	施工机械停放 R_{23}														
	其他风险 1：														
	其他风险 2：														

续表

风险因素	工程项目		路基工程 E_1			路面工程 E_2	桥梁工程 E_3					隧道工程 E_4				
			路基土石方 E_{11}	滑坡和高边坡处理 E_{12}	挡土墙 E_{13}	E_2	基础工程 E_{31}	下部结构 E_{32}	上部结构预制和安装 E_{33}	上部结构现场浇筑 E_{34}	桥面系和附属工程 E_{35}	洞口工程 E_{41}	洞身开挖 E_{42}	洞身衬砌 E_{43}	隧道路面 E_{44}	交通工程 E_{45}
材料、构件 R_3	不合格材料使用	R_{31}														
	构配件、工厂预制件质量	R_{32}														
	材料和构件的堆放	R_{33}														
	易燃易爆等危险品存放使用	R_{34}														
	其他风险1:															
	其他风险2:															
施工现场环境 R_4	自然环境	R_{41}														
	施工现场布设	R_{42}														
	临时用电	R_{43}														
	安全防护	R_{44}														
	特殊环境施工	R_{45}														
	其他风险1:															
	其他风险2:															

续表

风险因素	工程项目	路基工程 E_1			路面工程 E_2	桥梁工程 E_3					隧道工程 E_4				
		路基土石方 E_{11}	滑坡和高边坡处理 E_{12}	挡土墙 E_{13}		基础工程 E_{31}	下部结构 E_{32}	上部结构预制和安装 E_{33}	上部结构现场浇筑 E_{34}	桥面系和附属工程 E_{35}	洞口工程 E_{41}	洞身开挖 E_{42}	洞身衬砌 E_{43}	隧道路面 E_{44}	交通工程 E_{45}
施工作业工艺技术 R_5	作业施工方法和技术措施不当 R_{51}														
	支架、脚手架及跨线施工安全防护棚的安装、使用、拆除 R_{52}														
	登高设施安装、使用、拆除 R_{53}														
	模板安装、使用、拆除 R_{54}														
	特殊或危险作业安全技术控制 R_{55}														
	其他风险1：														
	其他风险2：														
现场管理 R_6	安全生产条件 R_{61}														
	安全生产管理制度 R_{62}														
	安全技术措施和安全专项施工方案 R_{63}														
	安全生产事故应急预案 R_{64}														
	施工区域交通管制情况 R_{65}														
	其他风险1：														
	其他风险2：														

（2）建立层次结构模型

现浇桥梁施工安全风险评估指标体系是一个二级三层的指标体系（表 7-32）：最高层为目标层，表示现浇桥梁施工安全风险的大小；第二层为主准则层，表示现浇桥梁施工安全风险评估中的 6 个二级评价指标；第三层为次准则层，表示现浇桥梁施工安全风险评估中的 24 个一级评价指标。第一级评判为次准则层对主准则层的评判，第二级评判为主准则层对目标层的评判。

表 7-32　现浇桥梁施工安全风险评估指标体系

目标风险（目标层）	二级指标（主准则层）	一级指标（次准则层）
现浇桥梁施工安全风险	人员（工作班组）U_1	三类人员和特种人员持证上岗 U_{11}；员工基本素质、遵规守纪 U_{12}；班组内部人员配置 U_{13}；班组之间协调作业状况 U_{14}
	机械设备 U_2	特种设备及专用设备的安装、使用、拆卸 U_{21}；常用设备及机具的安装、使用、拆卸 U_{22}；施工机械停放 U_{23}
	材料、构件 U_3	不合格材料使用 U_{31}；构配件、工厂预制件质量 U_{32}；易燃易爆等危险品存放使用 U_{33}
	施工现场环境 U_4	自然环境 U_{41}；施工现场布设 U_{42}；临时用电 U_{43}；安全防护 U_{44}
	施工作业工艺技术 U_5	作业施工方法和技术措施不当 U_{51}；支架、脚手架及跨线施工安全防护棚的安装、使用、拆除 U_{52}；登高设施安装、使用、拆除 U_{53}；模板安装、使用、拆除 U_{54}；特殊或危险作业安全技术控制 U_{55}
	现场管理 U_6	安生生产条件 U_{61}；安全生产管理制度 U_{62}；安全技术措施和安全专项施工方案 U_{63}；安全生产事故应急预案 U_{64}；施工区域交通管制情况 U_{65}

2. 评估指标权重的确定

（1）确定单个专家的评估指标权重

设某一子指标体系，其评估指标有 m 个，它构成的集合为 $U=(\mu_1,\mu_2,\cdots,\mu_m)$，邀请 L 位专家用层次分析法确定各指标的权重，设第 k 位（$k=1,2,\cdots,L$）专家给出的权重向量为：

$$w^{(k)}=[w_1^{(k)},w_2^{(k)},\cdots,w_m^{(k)}]^T, k=1,2,\cdots,L$$

（2）计算综合权重

由于专家工作经验、学术背景及其对所评估项目的了解程度不同，专家的权重也不尽相同。专家自身的权重主要考虑职称、从事桥梁工程时间、对工程风险理论及方法的熟悉程度及对本桥梁施工方案了解程度而综合确定，分指标分值按最高取 10 分，其他按五级制递减的方法取定（表 7-33）。

表 7-33　专家权重体系

指标	分指标(专家实际情况)				
职称	其他	初级职称	中级职称	副教授或高工	教授或教授高工
从事桥梁工程时间	2 年以下	2~5 年	5~10 年	10~20 年	20 年以上
对工程风险理论 及方法的熟悉程度	不太了解	了解一点	比较了解	熟悉	非常熟悉
对桥梁施工方案了解程度	不太了解	了解一点	比较了解	熟悉	非常熟悉
分指标分值	2	4	6	8	10
分指标相对权值	0.067	0.133	0.200	0.267	0.333

注:表中分指标相对权值为分指标对应分值除以分值之和 30。

　　由于职称、从事桥梁工程时间等几个指标的重要程度相近,可以认为各指标权重是相同的,将各位专家实际情况对应的分指标相对权值相加,然后进行归一化处理,则可得专家自身的权重,记为 α_k。

　　则将 L 位专家确定的评价指标权重综合在一起可得到各评价指标权重的矩阵:

$$w_i = \sum_{k=1}^{L} \alpha_k \cdot w_i^{(k)} \qquad (7-9)$$

　　由各权重数 $w_i(i=1,2,\cdots,m)$ 组成的因素权重集 W 是因素集 U 上的模糊子集,可用模糊向量表示为:

$$W = \{w_1, w_2, \cdots, w_m\} \qquad (7-10)$$

3. 评价等级隶属函数的构造

（1）评定等级的量化

　　将风险发生的可能性和事故严重程度的评价等级分为 4 级,即评价集为 $V=\{A,B,C,D\}$。为了便于进行统一处理,将评定等级进行量化处理(表 7-34)。

表 7-34　评定等级量化标准

等级	A	B	C	D
定性描述(风险发生可能性)	很可能	可能	偶然	不太可能
定性描述(事故严重程度)	特大	重大	较大	一般
评分值范围	$80<Q\leqslant100$	$60<Q\leqslant80$	$40<Q\leqslant60$	$Q\leqslant40$

（2）隶属函数的构造

　　构造模糊隶属函数的方法有许多种,主要有模糊统计法、主观经验法、指派法、二元对比排序法 4 种。本案例采用指派法,选用梯形分布隶属函数,根据表 7-34 的评定等级量化标准,构建评价集 $V=\{A,B,C,D\}$ 对应的隶属函数:

$$\mu_A = \begin{cases} 0 & Q\leqslant75 \\ (Q-75)/10 & 75<Q\leqslant85 \\ 1 & Q>85 \end{cases} \qquad (7-11)$$

$$\mu_B = \begin{cases} 0 & Q \leqslant 55 \\ (Q-55)/10 & 55 < Q \leqslant 65 \\ 1 & 65 < Q \leqslant 75 \\ (85-Q)/10 & 75 < Q \leqslant 85 \\ 0 & Q > 85 \end{cases} \tag{7-12}$$

$$\mu_C = \begin{cases} 0 & Q \leqslant 35 \\ (Q-35)/10 & 35 < Q \leqslant 45 \\ 1 & 45 < Q \leqslant 55 \\ (65-Q)/10 & 55 < Q \leqslant 65 \\ 0 & Q > 65 \end{cases} \tag{7-13}$$

$$\mu_D = \begin{cases} 1 & Q \leqslant 35 \\ (45-Q)/10 & 35 < Q \leqslant 45 \\ 0 & Q > 45 \end{cases} \tag{7-14}$$

4. 实例应用

以某高速公路 A3 合同段的一座现浇桥梁为例说明其安全风险评估过程。

(1)确定因素集

在表 7-32 所建立的风险评价指标体系基础上,确定因素集。

第一级评判因素:$U_1 = \{U_{11}, U_{12}, U_{13}, U_{14}\}$,$U_2 = \{U_{21}, U_{22}, U_{23}\}$,$U_3 = \{U_{31}, U_{32}, U_{33}\}$,$U_4 = \{U_{41}, U_{42}, U_{43}, U_{44}\}$,$U_5 = \{U_{51}, U_{52}, U_{53}, U_{54}, U_{55}\}$,$U_6 = \{U_{61}, U_{62}, U_{63}, U_{64}, U_{65}\}$。

第二级评判因素:$U = \{U_1, U_2, U_3, U_4, U_5, U_6\}$。

(2)权重的确定

①专家权重的确定。

邀请 5 位桥梁施工方面的专家对本桥梁施工安全进行风险评估,专家权重在表 7-33 对应的相对权值基础上,考虑每位专家实际情况确定其对应的权值,然后求和并进行归一化处理,得到每位专家实际权重 $\alpha_k = [0.2373 \quad 0.2125 \quad 0.2001 \quad 0.1876 \quad 0.1625]$,见表 7-35。

表 7-35　每位专家实际权重

专家	职称	从事桥梁工程时间	对工程风险理论及方法的熟悉程度	对桥梁施工方案了解程度	累计权重	归一化权重
1	教授级高工(0.333)	25 年(0.333)	非常熟悉(0.333)	熟悉(0.267)	1.266	0.2373
2	高工(0.267)	20 年(0.267)	熟悉(0.267)	非常熟悉(0.333)	1.134	0.2125
3	高工(0.267)	17 年(0.267)	熟悉(0.267)	熟悉(0.267)	1.068	0.2001
4	高工(0.267)	15 年(0.267)	比较了解(0.200)	熟悉(0.267)	1.001	0.1876
5	工程师(0.200)	8 年(0.200)	熟悉(0.267)	比较了解(0.200)	0.867	0.1625

注:括号内数值为其相对权重。

②指标权重的计算。

首先,请 5 位专家分别应用 AHP 确定各级指标权重,具体计算可用相关软件(如

MATLAB 或 YAAHP0.60)计算。然后,考虑专家的权重 α_k,根据式(7-9)计算得到各级指标的最终权重。

$$w=\begin{bmatrix}0.1366 & 0.1043 & 0.2043 & 0.1615 & 0.2672 & 0.1261\end{bmatrix}$$
$$w_1=\begin{bmatrix}0.2806 & 0.3606 & 0.2052 & 0.1536\end{bmatrix}$$
$$w_2=\begin{bmatrix}0.5831 & 0.2606 & 0.1563\end{bmatrix}$$
$$w_3=\begin{bmatrix}0.3647 & 0.4321 & 0.2032\end{bmatrix}$$
$$w_4=\begin{bmatrix}0.2751 & 0.2812 & 0.2016 & 0.2421\end{bmatrix}$$
$$w_5=\begin{bmatrix}0.2627 & 0.2972 & 0.1708 & 0.1418 & 0.1275\end{bmatrix}$$
$$w_6=\begin{bmatrix}0.2582 & 0.1823 & 0.2523 & 0.1621 & 0.1451\end{bmatrix}$$

(3)现浇桥梁施工安全风险评估

①风险发生可能性估计。

a. 一级综合评价:请评估小组,根据表 7-34 评定等级量化标准,结合项目现场实际情况打分;然后根据各指标的分值,按隶属函数式(7-11)~式(7-14)可分别得出一级指标的模糊判断矩阵。例如,对人员(工作班组)U_1 下各一级指标的评价结果见表 7-36。

表 7-36 指标 U_1 的评价结果

二级指标	一级指标	风险发生可能性评分值 Q	评价等级指标值			
			A	B	C	D
人员(工作班组)U_1	三类人员和特种人员持证上岗 U_{11}	43	0	0	0.8	0.2
	员工基本素质、遵规守纪 U_{12}	50	0	0	1	0
	班组内部人员配置 U_{13}	40	0	0	0.5	0.5
	班组之间协调作业状况 U_{14}	45	0	0	1	0

得到指标 U_1 的模糊判断矩阵:

$$R_1=\begin{bmatrix}0 & 0 & 0.8 & 0.2 \\ 0 & 0 & 1 & 0 \\ 0 & 0 & 0.5 & 0.5 \\ 0 & 0 & 1 & 0\end{bmatrix}$$

用同样方法得到指标 U_2、U_3、U_4、U_5、U_6 的模糊判断矩阵:

$$R_2=\begin{bmatrix}0 & 0 & 1 & 0 \\ 0 & 0 & 0.5 & 0.5 \\ 0 & 0 & 0.5 & 0.5\end{bmatrix} \quad R_3=\begin{bmatrix}0 & 0 & 1 & 0 \\ 0 & 0 & 1 & 0 \\ 0 & 0 & 0.5 & 0.5\end{bmatrix}$$

$$R_4=\begin{bmatrix}0 & 0 & 1 & 0 \\ 0 & 0 & 0 & 1 \\ 0 & 0 & 1 & 0 \\ 0 & 0 & 1 & 0\end{bmatrix} \quad R_5=\begin{bmatrix}0 & 0 & 1 & 0 \\ 0 & 1 & 0 & 0 \\ 0 & 0.7 & 0.3 & 0 \\ 0 & 0 & 1 & 0 \\ 0 & 0 & 1 & 0\end{bmatrix}$$

$$\boldsymbol{R}_6 = \begin{bmatrix} 0 & 0 & 1 & 0 \\ 0 & 0 & 0.5 & 0.5 \\ 0 & 0 & 1 & 0 \\ 0 & 0 & 0.5 & 0.5 \\ 0 & 0 & 0 & 1 \end{bmatrix}$$

对风险发生的可能性进行一级模糊综合评价，如 U_1 的计算：

$$\boldsymbol{B}_1 = \boldsymbol{W}_1 \cdot \boldsymbol{R}_1 = \{0 \quad 0 \quad 0.8413 \quad 0.1587\}$$

根据最大隶属度原则，$b_{max} = b_3 = 0.8413$，对应的评价等级为 C 级。其他指标的评价结果见表 7-37。

表 7-37　一级模糊综合评价等级指标值及可能性等级

二级指标	B		指标值			可能性评价等级
人员（工作班组）U_1	B_1	0	0	0.8413	0.1587	C
机械设备 U_2	B_2	0	0	0.7916	0.2085	C
材料、构件 U_3	B_3	0	0	0.8984	0.1016	C
施工现场环境 U_4	B_4	0	0	0.7188	0.2812	C
施工作业工艺技术 U_5	B_5	0	0.4168	0.5832	0	C
现场管理 U_6	B_6	0	0	0.6827	0.3173	C

b. 二级综合评价：对风险发生的可能性进行二级综合评价：

$$\boldsymbol{R} = \begin{bmatrix} B_1 \\ B_2 \\ B_3 \\ B_4 \\ B_5 \\ B_6 \end{bmatrix} = \begin{bmatrix} 0 & 0 & 0.8413 & 0.1587 \\ 0 & 0 & 0.7916 & 0.2085 \\ 0 & 0 & 0.8984 & 0.1016 \\ 0 & 0 & 0.7188 & 0.2812 \\ 0 & 0.4168 & 0.5832 & 0 \\ 0 & 0 & 0.6827 & 0.3173 \end{bmatrix}$$

$\boldsymbol{B} = \boldsymbol{W} \cdot \boldsymbol{R} = \{0 \quad 0.1114 \quad 0.7390 \quad 0.1496\}$，根据最大隶属度原则，$b_{max} = b_3 = 0.7390$，对应的评价等级为 C 级，即该桥施工安全风险发生的可能性为 C 级。

②事故严重程度估计。

用同样的方法，对风险发生的事故严重程度进行一级模糊综合评价，结果见表 7-38。

表 7-38　一级模糊综合评价等级指标值及严重程度等级

二级指标	B		指标值			严重程度评价等级
人员（工作班组）U_1	B_1	0	0	0.7180	0.2820	C
机械设备 U_2	B_2	0	0	0.7134	0.2866	C
材料、构件 U_3	B_3	0	0.6145	0.1824	0.2032	B
施工现场环境 U_4	B_4	0	0.1376	0.8625	0	C
施工作业工艺技术 U_5	B_5	0.1486	0.4113	0.3251	0.1150	B
现场管理 U_6	B_6	0	0	0.3057	0.6943	D

对风险发生的事故严重程度进行二级综合评价：

$$R = \begin{bmatrix} B_1 \\ B_2 \\ B_3 \\ B_4 \\ B_5 \\ B_6 \end{bmatrix} = \begin{bmatrix} 0 & 0 & 0.7180 & 0.2820 \\ 0 & 0 & 0.7134 & 0.2866 \\ 0 & 0.6145 & 0.1824 & 0.2032 \\ 0 & 0.1376 & 0.8625 & 0 \\ 0.1486 & 0.4113 & 0.3251 & 0.1150 \\ 0 & 0 & 0.3057 & 0.6943 \end{bmatrix}$$

$$B = W \cdot R = \{0.0397 \quad 0.2576 \quad 0.4744 \quad 0.2283\}$$

根据最大隶属度原则，$b_{max} = b_3 = 0.4744$，对应的评价等级为 C 级，即该桥施工安全风险发生的事故严重程度为 C 级。

③桥梁施工安全风险评估。

采用风险矩阵法来确定现浇桥梁施工安全风险等级。根据风险事故可能性和事故严重程度，将桥梁支架安全风险等级分为 4 级，建立风险等级矩阵，如表 7-39 所示。在该风险等级矩阵中，Ⅰ级（低度）风险表示可忽略，无须采取风险处理措施和监测；Ⅱ级（中度）风险表示可接受，一般无须采取风险处理措施，但需予以监测；Ⅲ级（高度）风险表示不期望，必须采取风险处理措施以降低风险并加强监测；Ⅳ级（极高）风险表示不可接受，必须高度重视，采取切实可行的规避措施并加强监测，否则要不惜代价将风险至少降低到不期望的程度。

表 7-39 风险等级矩阵

严重程度等级 可能性等级		特大	重大	较大	一般
		A	B	C	D
很可能	A	极高Ⅳ	极高Ⅳ	高度Ⅲ	高度Ⅲ
可能	B	极高Ⅳ	高度Ⅲ	高度Ⅲ	中度Ⅱ
偶然	C	高度Ⅲ	高度Ⅲ	中度Ⅱ	中度Ⅱ
不太可能	D	高度Ⅲ	中度Ⅱ	中度Ⅱ	低度Ⅰ

该桥施工安全风险发生的可能性等级为 C 级，事故严重程度为 C 级，根据表 7-39 可知风险等级为中度Ⅱ级风险，属于可接受风险，但在施工过程中需予以监测。

7.6 公路桥梁施工安全风险评估实例

7.6.1 工程概况

某特大桥为国家高速公路网项目的控制性工程，桥址区属剥蚀丘陵间冲海积滨海地貌，地形起伏变化大，两侧桥台位于山坡上，坡度为 15°～30°。桥梁起止里程为 K1＋343.0～K3＋893.0，通航孔桥采用跨径 100＋2×180＋100 m 的矮塔斜拉桥，深水区非通航孔桥采用 90 m 钢混组合梁,浅滩区非通航孔桥采用 50 m 预应力混凝土箱梁,桥梁全长 2546.5 m,桥梁标准宽度 28.1 m,路基宽度 26 m,桥跨 5×50＋8×90＋(100＋2×180＋100)＋4×90＋6×50 m;最大墩高 44.36 m,最深桩基 144 m。技术指标见表 7-40。

表 7-40　主要技术指标表(1985 国家高程基准)

项目	标准
公路等级	高速公路
行车道数	双向四车道
设计速度	100 km/h
桥梁标准宽度	28.1 m
桥梁路基宽度	26.0 m
汽车荷载等级	公路-Ⅰ级
设计最高通航水位	5.29 m(历史最高潮位)
设计最低通航水位	−3.58 m(理论最低潮面)
通航孔个数	2 个
通航净空高度	41.25 m
通航净宽	2×140 m
通航标准	满足 5000 吨级海轮双孔单向通航

7.6.2　风险源辨识

结合公路桥梁工程施工的特点,在资料收集、现场调研、施工作业程序分解后发现,施工作业中存在很多循环重复作业工序,同一施工工序发生的事故类型基本一致。可以将施工中共同存在的施工工序和特殊的施工工序进行分类,以简化风险辨析的过程。分析得出特大桥的风险源普查清单,如表 7-41 所示。

表 7-41　特大桥施工安全风险源普查清单

序号	风险源	判断依据
1	浅滩区栈桥施工	坍塌、起重伤害、物体打击、机械伤害、触电、淹溺
2	独立钻孔平台施工	坍塌、起重伤害、物体打击、高处坠落、触电、淹溺、船舶碰撞
3	桩基施工	坍塌、起重伤害、物体打击、高处坠落、机械伤害、触电、淹溺、车辆伤害、船舶碰撞
4	承台施工	起重伤害、物体打击、高处坠落、触电、船舶碰撞
5	墩身施工	坍塌、起重伤害、物体打击、高处坠落、机械伤害、淹溺、车辆伤害
6	索塔施工	坍塌、起重伤害、高处坠落、机械伤害、触电、淹溺、车辆伤害
7	主梁悬臂现浇施工	坍塌、起重伤害、物体打击、高处坠落、触电、淹溺、船舶碰撞

续表

序号	风险源	判断依据
8	斜拉索施工	起重伤害、物体打击、高处坠落、机械伤害、触电、淹溺
9	模板、支架工程作业	坍塌、起重伤害、物体打击、高处坠落、机械伤害、淹溺、车辆伤害
10	钢筋工程作业	起重伤害、物体打击、机械伤害、触电、容器爆炸
11	混凝土工程作业	物体打击、机械伤害、触电、淹溺、车辆伤害
12	预应力施工	物体打击、高处坠落、机械伤害、淹溺
13	预制钢混梁施工	倾覆坍塌、起重伤害、高处坠落、触电、淹溺、水上运输事故
14	支架现浇箱梁施工	坍塌、物体打击、高处坠落、触电、淹溺
15	桥面系及附属工程	物体打击、高处坠落、机械伤害、触电
16	大型临时设施（塔吊、龙门吊等）作业	坍塌、高处坠落、物体打击、触电

7.6.3 风险分析

运用鱼刺图的分析方法,通过对桥梁施工期主体及附属全部单位作业的分解整理,横向对应潜在事故风险,并针对该风险,结合类似工程实践,从影响致险因子5要素(人、机、料、法、环)各方面入手,综合分析潜在事故风险的受伤害人员类型及伤害程度,汇总得到桥梁安全风险源分析表。鉴于篇幅原因,我们以桩基施工为例进行分析,见表7-42。

表 7-42 特大桥桩基施工安全风险源分析表

潜在的事故类型	致险因子	受伤害人员类型		伤害程度			不安全状态	不安全行为
		本人	他人	轻伤	重伤	死亡		
坍塌	违章作业、违规施工、机械故障、不良地质	√	√		√	√	1. 钢护筒埋设深度不够; 2. 钻机放置不当; 3. 护筒变形或高度不足; 4. 成孔后长时间放置,未浇筑砼	1. 违章操作; 2. 未按方案要求施工
起重伤害	违章作业、违规施工、机械故障、天气恶劣	√	√	√	√		1. 设备故障,设备失修,保养不当,设备失灵; 2. 起吊重物的绳索安全性差; 3. 吊点焊接不牢固; 4. 六级及以上大风等恶劣天气影响	1. 指挥信号不清; 2. 忽视警告标志、信号,操作错误; 3. 在起吊物下作业、停留

续表

潜在的事故类型	致险因子	受伤害人员类型		伤害程度			不安全状态	不安全行为
		本人	他人	轻伤	重伤	死亡		
物体打击	违章作业、安全设施缺陷	✓	✓	✓	✓		1. 工具、材料堆放不规范； 2. 未设置安全防护	1. 作业人员安全防护意识差； 2. 违章操作； 3. 作业区域停留
高处坠落	违章作业、安全设施缺陷	✓	✓		✓	✓	1. 高空作业平台未满铺，周边无护栏或护栏损坏； 2. 无安全标志； 3. 无个人防护用品、用具	1. 在危险区域行走、停留； 2. 未正确穿戴、使用劳保用品
机械伤害	操作不当、机械故障	✓	✓	✓	✓		1. 设备带病运转； 2. 设备超负荷运转； 3. 设备失灵，保养不当； 4. 防护装置调整不当	1. 作业人员安全防护意识差； 2. 经验能力不足，操作失误； 3. 非操作人员未持证上岗
触电	违章作业、设备缺陷	✓			✓	✓	1. 电线破损、老化，绝缘强度不够； 2. 供电系统无漏电保护措施； 3. 电气设备遇水受潮导电； 4. 潮湿环境未使用安全电压	1. 非操作人员无证上岗； 2. 个人安全防护意识差
淹溺	海水、安全设施缺陷	✓	✓		✓	✓	1. 无安全标志； 2. 无护栏，护栏损坏； 3. 救生设备缺陷； 4. 台风、雨雪等天气影响	1. 人员安全防护意识差； 2. 违章操作； 3. 大风等天气强行施工
车辆伤害	施工用车辆、吊车起重机	✓	✓		✓	✓	1. 交通线路配置不安全； 2. 车辆故障； 3. 作业场所狭窄	1. 忽视警告标志、警告信号； 2. 违章驾驶； 3. 冒险进入危险场所； 4. 疲劳驾驶，注意力分散
船舶碰撞	违章作业、船舶故障、天气恶劣		✓		✓		1. 船舶信号装置缺陷； 2. 船舶照明损坏； 3. 船舶主机失灵	1. 忽视安全，操作错误； 2. 冒险进入危险区域； 3. 不良天气航行

7.6.4　风险估测

风险估测采用 LEC 评价法。该方法采用与系统风险率相关的三方面指标值之积来评价系统中人员伤亡风险大小。这三方面分别是:L 为发生事故的可能性大小,E 为人体暴露在这种危险环境中的频繁程度,C 为一旦发生事故造成的损失后果。风险分值 $D = LEC$。D 值越大,说明该系统危险性大,需要增加安全措施,或改变发生事故的可能性,或减少人体暴露于危险环境中的频繁程度,或减轻事故损失,直至调整到允许范围内。

为简化计算,将事故发生的可能性、施工人员暴露时间、事故发生后果划分不同的等级并赋值,如表 7-43～表 7-46 所示。

表 7-43　事故发生的可能性(L)

分数值	10	6	3	1	0.5	0.2	0.1
事故发生的可能性	完全会被预料到	相当可能	可能,但不经常	完全意外,很少可能	可以设想,但少可能	极不可能	实际上不可能

表 7-44　人员暴露于危险环境的频繁程度(E)

分数值	10	6	3	2	1	0.5
事故发生的可能性	连续暴露	每天工作时间内暴露	每周一次或偶然暴露	每月暴露一次	每年几次暴露	非常罕见暴露

表 7-45　发生事故的后果(C)

分数值	100	40	15	7	3	1
事故造成的后果	10 人以上死亡	数人死亡	1 人死亡	严重伤残	有伤残	轻伤,需急救

表 7-46　LEC 法风险等级划分

风险等级	5	4	3	2	1
危险分值	≥320	≥160～320	≥70～160	≥20～70	<20
危险程度	不可承受风险(极其危险,需要全过程跟踪监控)	重大风险(高度危险,需要专业监控)	中度风险(显著危险,需要跟踪监控)	可承受风险(一般危险,需要注意)	可承受风险(一般危险,需要注意)

在风险源辨识的与风险分析的基础上,运用 LEC 评价法,对特大桥各项单位作业事故类型进行逐一评价。根据现场调研及专家咨询,经过评估专家小组讨论得出桩基施工风险估测结果,具体结果见表 7-47。

表 7-47　桩基施工风险估测结果

潜在的事故类型	风险估测				危险级别	危险程度
	事故发生可能性 L	人员暴露频率 E	后果严重程度 C	风险大小 D		
坍塌	1	6	40	240	4	重大风险（高度危险）
起重伤害	3	3	15	135	3	中度风险（显著危险）
物体打击	1	6	15	90	3	中度风险（显著危险）
高处坠落	1	3	15	45	2	可承受风险（一般危险）
机械伤害	3	6	15	270	4	重大风险（高度危险）
触电	1	6	15	90	3	中度风险（显著危险）
淹溺	1	6	15	90	3	中度风险（显著危险）
车辆伤害	1	6	7	42	2	可承受风险（一般危险）
船舶碰撞	1	3	40	120	3	中度风险（显著危险）

7.6.5　风险控制措施及建议

桩基施工的风险防控应重点考虑坍塌、起重伤害、机械伤害等类型事故,主要控制措施及建议如下:

1. 应根据桩径、桩深、工程和水文地质与现场环境等状况选择适宜的施工方法和机具,并制定相应的安全技术措施。

2. 作业平台应根据施工荷载、水深、水流、工程地质状况进行施工专项设计,其高程应在施工期间的最高水位 70cm 以上。

3. 施工中应与海事部门密切沟通,确保航道运输安全。

4. 施工中应密切关注气候环境变化情况,尤其需重点关注大风、降水等不利因素。

5. 泥浆护壁成孔时,孔口应设护筒。埋设护筒后至钻孔之前,应在孔口设护栏和安全标志。

6. 护壁泥浆应满足下列要求:

（1）泥浆采用地层自造浆，并添加优质膨润土，以提高泥浆性能指标。

（2）钻孔施工中根据具体的钻孔方法和地质情况采用不同浓度泥浆悬浮钻渣进行护壁。

（3）现场循环净化泥浆，降低泥浆沉渣含量和含砂率，再循环使用。

（4）施工中，钻机技术人员每小时对泥浆的各项性能指标进行测定，并及时调整至规范要求范围内。

（5）在水上钻孔平台下游部位修建泥浆沉淀池，泥浆残渣可以及时得到妥善处理，不得随意排放，污染环境。

（6）泥浆沉淀池周围应设防护栏杆和安全标志。

7. 钻孔作业应满足下列安全要求：

（1）钻机就位前，应对钻孔前的各项准备工作进行检查，包括主要机具设备的检查和维修；现场应划定作业区，非施工人员禁止入内。

（2）钻机运行中作业人员应位于安全处，严禁人员靠近和触摸钻杆，钻具悬空时严禁下方有人。

（3）钻孔应连续作业，并作钻孔施工记录，经常对钻孔泥浆进行检测和试验，不符合要求的随时改正。

（4）钻孔过程中，应经常检查钻渣并与地质剖面图核对，发现不符时应及时采取安全技术措施。

（5）成孔后或因故停钻时，应将钻具提至孔外置于地面上，关机、断电，并应保持孔内水头和符合要求的泥浆密度与黏度，孔口应采取防护措施。

（6）钻孔作业中发生坍孔和护筒周围冒浆等故障时，必须立即停钻；钻机有倒塌危险时，必须立即将人员和钻机撤至安全位置，经技术处理并确认安全后，方可继续作业。

（7）施工中严禁人员进入孔内作业。

（8）施工现场附近有电力架空线路时，施工中应设专人监护。

8. 水上钻孔平台应满足：

（1）平台上的电气设备输电电线必须采用三相五线制和"三级配电二级保护"，电线（缆）必须按要求架设，不得随地拖拉，各类配电箱要安装在适当的位置，并进行防护。

（2）为防止过往船只及施工船只撞击施工平台，平台首尾需设置航标灯、信号及防撞装置。另外，要密切观测平台处钢管桩的冲刷情况，必要时进行二次抛石防护。

（3）水上作业平台应配置 1～2 名专职安全员，进行平台的巡回检查，包括平台钢护筒支撑、连接和钢筋砼板的完好情况，发现隐患及时整改，并保证应急通道随时畅通。

（4）平台四周安装栏杆，栏杆的高度不低于 1.1 m，平台上配有齐全的安全、消防、救生设施，有足够的燃油、淡水及副食品储藏。

（5）建立电工、焊工、危险品管理员等防火责任制，明确重点防火部位，落实安全防火措施，配备足够灭火器材。油舱和发电机房之间需有屏蔽措施，防止静电起火。

（6）为确保平台和施工人员的安全，每时每刻注意与气象部门的气象信息，如遇大风、台风等恶劣天气和海况，严禁作业。

（7）平台上的施工必须遵守有关保护环境法律法规，严禁向江上抛投和倾倒废弃用品，平台上设置油污收集设施和粪便收集装置，定期用船运到岸上，陆上建立废油和废弃用品的回收站，负责及时处理施工。

7.6.6 评估结论及建议

按照交通运输部《公路桥梁和隧道工程施工安全风险评估指南(试行)》规定要求,本桥专项评估是根据施工单位实施性施工组织设计的内容,以特大桥施工作业活动为评估对象,采用指标体系法和定性与定量相结合的评估方法进行评估,并结合以往工程经验,积极采纳专家代表的建议,针对其中的重大风险源进行量化估测,提出相应的风险控制措施(见表 7-48)。

表 7-48 重大风险源风险等级汇总表

重大风险源	事故可能性等级	严重程度等级		风险等级	评定方法
		人员伤亡	经济损失		
桩基施工	3级(可能)	1级	2级(较大)	Ⅲ级(高度风险)	指标体系法 专家调查法 风险矩阵法

工程施工安全与工程建设规模、工程地质、工程特有施工技术安全风险、施工环境、设计遗留风险等客观因素相关,更与施工单位的施工组织、技术方案、现场管理、作业人员素质(技能和意识)等项目部施工人为因素密切相关,所以工程安全管理需要重点抓好影响工程施工安全的人为因素。因此,特大桥后续施工安全管理中应充分重视本次施工安全专项风险评估的结果和风险提示,将有关风险应对措施真正贯彻到实践生产中,将相关安全风险的预警、预控措施切实得到真正的落实,这才是施工安全专项风险评估的真正目的。

第八章　城市轨道交通土建工程施工安全风险管理

8.1　概述

8.1.1　施工安全风险的认识

任何工程的实施都具有风险,它是客观存在的,不随人的主观意志而转移。当工程风险积聚超过临界时,它会以事故的形态爆发,有的会带来巨额的经济损失,甚至人员伤亡。

城市轨道交通工程不但具有地下工程所特有的不确定性,而且其多建于繁华的市区,沿线建(构)筑物密布,地下管线设施复杂,其工程风险具有鲜明的特点。单个工点的工程事故不仅造成进度的延误和经济的损失,给后续施工带来困难和隐患,还可能影响整个项目的建设,甚至会影响运营网络,具有明显放大效应。同时,由于我国城市轨道交通工程建设起步较晚,施工过程安全控制管理的经验与应对风险的能力不足,因此导致建设过程中事故频发,造成较大的人员伤亡和经济损失,同时产生不良的社会影响,如何控制城市轨道交通工程建设风险已经成为工程领域的热门课题。

城市轨道交通土建工程施工安全风险影响的主要因素极其复杂、繁多,但总结、归纳起来主要有:

1. 工程所处的水文地质条件

工程的水文地质条件是决定工程风险程度的首要条件,不同的地层决定了工程风险的程度,特别是处于承压水、微承压水等复杂水文地质条件下的工程。轨道交通工程无论是基坑工程、隧道工程,还是其他工程,90%以上的风险与工程所处水文地质条件有关。为此,在工程建设实施过程中,必须对工程所处水文地质状况进行详细了解,在此基础上制定翔实的施工方案及应急预案,才能确保工程万无一失。

2. 工程自身风险

工程自身固有的特征和工程风险程度密切相关。例如,深基坑的风险总比浅基坑风险要大,宽大基坑有立柱隆起问题,长基坑有纵向滑坡问题,区间隧道覆土深度大的施工风险总比覆土深度小的风险要小等。

3. 工程周边环境

一方面,周边环境的风险往往是工程自身的工程活动造成的,本体的事故往往连带产生环境的问题;另一方面,环境的制约提高了工程的施工难度,也加大了工程本体的风险。

4. 施工工艺、工序及施工能力

若工程受交通、管线等条件制约,需分期施工。分期施工往往会产生新老混凝土接头,这些接头、接口部位处置不当往往会引发工程风险。

5. 节气、气候对工程的影响

对城市轨道交通地下工程而言,节气对工程风险影响是非常大的。在南方地区,大部分地下工程事故是春雨诱发,夏秋高发,至冬季收尾。夏秋季节往往是暴雨、高潮位、台风多发时期,也是水文变化最为复杂的时期,施工稍有不慎,在多种不利因素条件作用下可引发工程事故。

况且,极端恶劣气候条件也不利于工程的应急抢险。若发生交通阻隔,必要的抢险设备、物资、材料和人员无法及时赶到现场,会导致险情进一步扩大。

8.1.2 施工安全风险的管控重点

城市轨道交通土建工程施工安全风险存在于工程的各个阶段,也来源于多个因素,是各个因素相互作用的结果。工程的水文地质条件、工程自身的特征、环境条件、施工的工艺和工法、参建方工程风险管理水平、气候等诸多因素对工程的风险程度有重大影响。各种工程风险源在工程建设过程中的发展、转移和变化都受各种因素的影响,工程风险控制工作的管控重点在工程的不同阶段各有不同。

一般来说,在规划和设计阶段采取避险措施是最为便利的,但由于各种原因,规划和设计阶段不能一味追求建设期的安全。而在施工阶段,不仅要确保施工过程的安全,还需要给运营阶段的风险控制提供有利条件。所以,施工阶段的工程风险管理是城市轨道交通土建工程全生命周期工程风险管理的关键。

本章着重从城市轨道交通土建工程中的地下车站工程和区间隧道工程两方面阐述城市轨道交通土建工程施工风险控制。

8.2 地下车站工程施工安全风险分析

8.2.1 地下车站工程概况

城市轨道交通地下车站主要承担乘客上下车、候车、换乘和集散的作用。同时,车站也是布置运营管理和技术设备的场所,是城市轨道交通建设中技术要求最复杂的部位之一。其主要由车站主体、出入口与通道、通风道与地面通风亭三大部分组成。

一般来说,城市轨道交通地下车站是狭长形的基坑,地下两层车站长度一般为 180 m,宽度约为 20 m,开挖深度 15~18 m。施工采用明挖法;在受交通、周边环境或其他特殊条件制约的情况下,可采用盖挖法等施工方法。无论是明挖法还是盖挖法,地下车站主体结构一般采用地下墙围护,围护完成后再进行基坑加固、降水等作业。待围护、加固等达到设计要求后再进行基坑开挖、支撑和结构施工。

地下车站施工风险的控制,除了要解决支护体系和立柱的稳定问题外,还需要控制基坑开挖施工造成的环境影响,以及承压水压相关问题,工程的风险期主要集中在开挖阶段。

8.2.2　地下车站工程施工方法

1. 明挖法

明挖法是目前我国城市轨道交通地下车站采用最多的一种施工方法,主要有放坡明挖和围护结构内的明挖(即基坑开挖)两种方法。由于明挖法具有安全可靠、技术上容易控制、经济效益高等优点,在场地环境条件允许的情况下尽量推荐采用。在城市中采用明挖法施工地下结构,在施工阶段关键是保证基坑的稳定性。对于能够放坡的敞口基坑,要根据地层地质的条件选择合适的放坡坡率。对于有围护结构的明挖基坑,选择合适的围护结构是实现基坑经济安全的关键。

采用地下连续墙做围护结构的明挖法地下车站施工流程为:地下连续墙围护结构施工→内井点降水或基坑底土体加固→开挖上层土体→设置上层钢支撑→开挖中间层土体→设置中间层钢支撑→最后开挖底层土体→浇筑底板混凝土结构→拆除中间层支撑→浇筑车站混凝土结构→拆除顶层支撑→浇筑车站顶板混凝土结构→回填土体等。

2. 盖挖法

盖挖法是先盖后挖,即先以临时路面或结构顶板维持地面畅通,然后再向下施工。具体施工技术为先用连续墙、钻孔桩等形式做围护结构,然后做钢筋混凝土盖板,在盖板、围护墙、中间桩保护下进行土方开挖和结构施工。它的主要优点是安全、占地少、对居民生活干扰少,但施工速度较慢,是车站、基坑等地下工程首选的技术之一。根据工程实际情况具体又可分为顺作法、逆作法、半逆作法。

8.2.3　地下车站工程施工安全风险分析

1. 基坑工程施工风险

(1)基坑工程降水风险

深基坑工程事故大多数与地下水有关,地下水处理不当极易引发基坑事故。基坑降水控制不当可能出现以下风险事故:

①基坑降水会使基坑内外侧形成降水漏斗,地基应力发生变化,容易造成地面开裂、下沉,邻近建筑物倾斜、开裂,道路及地下管线下沉、开裂甚至破坏。

②出现降水疏不干,地下水位降不下去。在基坑周围存在地下古河道、古水池等储水体,地下储水体和井点出现穿通现象,造成水源补给的无限性,导致降水疏不干,地下水位降不下去,严重时可能出现流沙现象。

（2）基坑开挖风险

基坑工程开挖事故可分为两类：一类是设计、施工、管理及其他原因引起的支护体系的破坏；另一类是支护体系的自身破坏，从而导致相邻建（构）筑物及市政设施破坏。

①基坑围护渗漏。渗漏破坏是由于基坑外存在保持一定水头压力的地下水、围护结构存在裂缝等缺陷共同作用的结果。

②支护结构整体失稳。支撑失稳的主要原因是支撑自身强度不足或外力作用导致支撑受力状态改变。例如，设计不合理，支护结构底端插入深度不够，施工时卸载太快且没有及时支撑，都可能造成支护结构整体失稳。

③坑底隆起破坏。在软土地基中，当基坑内土体被不断挖出，坑内外土体的高差使支护结构外侧土体向坑内方向挤压，造成基坑土体隆起，导致基坑外地表沉降，坑内侧被动土压力减少，引起支护体系失稳破坏。

④坑底管涌、流沙。在粉沙层、沙层中开挖基坑时，在不设井点或井点降水失效，或围护结构插入深度不够时，会产生管涌、流沙，严重时会导致基坑失稳。

⑤坑内滑坡。在放坡开挖时，放坡较陡、降雨或其他原因引起滑坡，冲刷基坑内先期施工的支撑及立柱，从而导致基坑破坏，称为坑内滑坡破坏。

⑥围护结构折断或大变形。施工抢进度、超量挖土或支撑架设不及时，使围护结构缺少设计上必需的水平支撑，或施工单位不按图施工、存有侥幸心理而少加支撑，致使围护结构应力过大而折断，或支撑轴力过大而破坏或产生危险的变形。

⑦内倾破坏。支撑设计强度不够，或支撑架设不及时，或坑内滑坡，围护结构自由面过大，已加支撑轴力过大，或外力撞击，或基坑外注浆、打桩、偏载造成不对称变形等可导致围护墙向内倾倒破坏。

2. 结构工程施工风险

城市轨道交通地下车站的钢筋混凝土结构工程包括钢筋工程、模板工程、混凝土工程等。

（1）钻孔灌注桩施工风险：风险事故主要包括塌孔，钻孔孔身倾斜、弯曲，扩孔和缩孔，钻孔漏浆，钻杆折断，导管进水，桩身混凝土夹泥，钢筋骨架露出、偏斜，以及其他事故。

（2）地下连续墙施工风险：风险事故主要包括导墙变形或坍塌，槽壁坍塌，钢筋笼上浮，墙体夹泥，混凝土浇筑中出现断层，槽段接头处渗漏水等。

3. 地下车站工程施工风险因素

地下车站工程施工的风险因素可参见表 8-1，表中列出部分主要风险，对具体的工程情况，需根据现场的地质情况、周边环境、结构类型、施工方法等进行针对性的分析。

表 8-1　地下车站工程施工主要风险因素

单位工程	施工方法	分部工程	分项工程	主要风险因素或事故
地下车站工程	明挖法 盖挖法 沉井法 钻爆法 浅埋暗挖法	基坑围护	水泥土搅拌桩	坍塌，渗漏水，管涌，流沙，沉陷，开裂，周围建（构）筑物倾斜或开裂，内衬墙裂缝，不均匀沉降，地下结构上浮，突沉，土体滑坡等
			钢板桩	
			预制钢筋混凝土板桩	
			土钉墙	
			钻孔灌注桩（成孔、下钢筋笼、成桩）	
			型钢水泥土搅拌桩	
			地下连续墙（导墙、成槽、下钢筋笼、成墙）	
			沉井制作、下沉和封底	
			工程防水	
		地基处理及降水、排水	注浆法	沉陷，开裂，周围建（构）筑物倾斜或开裂
			高压喷射注浆法	
			水泥土搅拌桩	
			人工地层冻结法	
			基坑明排水、轻型井点、喷射井点、管井	
		基坑开挖与回填	桩基工程（立柱桩、抗浮桩、逆作法桩）	渗漏，围护结构失稳破坏，坑底隆起，管涌，流沙，基坑内土体滑坡，机械倾覆等
			基坑开挖	
			支撑体系	
			倒滤层结构	
			土方回填	
		内部结构	模板	内衬墙裂缝，渗漏，不均匀沉降，地下结构上浮等
			钢筋	
			混凝土	
			防水混凝土	
			现浇结构	
			工程防水	

8.3 地下区间隧道施工安全风险分析

8.3.1 地下区间隧道工程概况

城市轨道交通工程地下区间隧道连接两个地铁车站,长度在中心城区一般为 1 km,中心城区外通常为 1.5 km,有的甚至超过 3 km。

处于环保节能的考虑,地铁一般采用"高站位、低区间"的形式,呈"V"字形。由于防灾的要求,当区间隧道长度超过 600 m 时,隧道区间需要设置一个旁通道,且为了满足防水要求,在旁通道处需设置防火隔断门。

8.3.2 区间隧道常见的施工方法

1. 明挖法

在地下工程区间隧道施工中,敞开段区间隧道一般采用明挖法施工,其结构主要是钢筋混凝土矩形框架结构。

2. 盾构法

在地下工程区间隧道施工中应用较为广泛,区间隧道断面为圆形。盾构法区间隧道的施工工艺主要由盾构机决定,根据盾构正面平衡方式不同,盾构机的种类分为气压平衡、泥水平衡、土压平衡等多种形式。其施工工艺一般为:盾构机从车站一侧端头井出洞,然后实施区间隧道掘进,至相邻车站一侧端头井进洞。

盾构区间的风险高度集中在盾构进洞和出洞阶段。盾构在掘进施工过程中,是一个自稳平衡的体系,但是需要注意施工质量问题诱发的运营期隧道渗漏水、隧道不均匀沉降等风险。

3. 矿山法

矿山法是一种传统的施工方法。它的基本原理是,隧道开挖后受爆破影响,岩体破裂形成松弛状态,但随时都有可能坍落。基于这种松弛荷载理论,其施工方法是按分部顺序采取分割式开挖,并要求边挖边撑以求安全,所以支撑复杂。随着喷锚支护的出现,使分部数目得以减少,并进而发展成新奥法。

4. 新奥法

"新奥法"是新奥地利隧道施工方法的简称,一般需对地层进行加固后才能开挖支护、衬砌,在有地下水的条件下必须降水后方可施工;对岩石地层可采用分步或全断面一次开挖,锚喷支护和锚喷支护复合衬砌,必要时可做二次衬砌。采用该方法修建区间隧道时,对地面干扰小,工程投资也相对较小。

8.3.3　地下区间隧道施工安全风险分析

1. 明挖法区间隧道施工风险

(1)围护结构渗漏、变形。

(2)支护体系变形、脱落。

(3)围护结构浸限。

(4)基坑放坡开挖坡面滑塌风险。

(5)基坑降水效果不佳致使开挖地层水位偏高。

(6)不良水文地质引起基坑开挖坡面失稳。

(7)主体结构施工模板支撑体系安装不当引起模板体垮塌。

(8)基坑支撑拆除引起围护结构变形。

2. 盾构法区间隧道施工风险

(1)端头加固段施工风险

盾构端头土体加固质量效果往往直接影响盾构始发或到达的成败,因此,加强盾构端头土体加固施工管理和加固效果检验是盾构施工安全管理中的一项重要任务。端头加固施工风险主要有:

①盾构端头加固方法与地层的适应性、加固效果达不到强度或防渗要求,引起渗漏、坍塌。

②端头降排水方案未充分考虑水文地质条件,不可靠,易引起周边环境沉降、变形。

③始发端加固范围不足,加固止水效果差,加固体强度不足或存在管线渗漏,导致涌水、涌砂、塌方等。

④始发端存在不明障碍物,反力架提供的反力不足,负环管片及支撑的强度、刚度或稳定性不足,造成推进困难、速度慢、沉降量大或塌方。

(2)盾构始发和到达风险

盾构始发推进时,盾构机的姿态往往不稳,盾构的合理施工参数尚需摸索,这个阶段是盾构施工的关键环节,其安全性至关重要。盾构始发期间,需时刻关注始发参数,特别是关注始发推力和出土量。盾构始发和到达的施工风险主要有:

①基座上未安装防扭转设施导致盾构机的盾体发生扭转。

②盾构机始发期间推力过大,且反力架质量不符合要求,导致反力架变形,甚至发生倾覆。

③始发端存在空洞,造成塌方。

④出土量过多、注浆量过少或未注浆从而引起沉降或塌方。

⑤始发井孔口防洪水位不足,造成设备被淹。

⑥接受端头加固范围不足,加固效果差,造成地表沉降过大或塌方。

⑦到达端洞口密封不好,进洞时造成端头井淹没,影响人员和设备安全。

(3)盾构掘进施工风险

在掘进过程中,需要时刻关注盾构施工参数(出土量、推进速度、注浆量、注浆压力等)的变化。盾构掘进施工风险主要有:

①相邻盾构隧道间距小,未对先期完成隧道采取保护、加固措施,或保护、加固措施不可靠,造成隧道偏压、变形,中间土体坍塌。

②在软土地层中进行盾构掘进,未采取地层加固措施或加固措施不可靠,造成掌子面坍塌,盾构姿态难以控制,地表沉降大。

③在岩溶发育区进行盾构掘进,未针对溶洞采取必要的充填措施或充填措施不可靠,造成开挖面坍塌。

3. 暗挖法隧道施工风险

(1)隧道降水与止水风险

暗挖法施工不允许带水作业,否则开挖面的稳定将时刻受到威胁,甚至引起塌方。降水和止水的风险主要有:

①降水井施工前未对地下障碍物、管线位置进行确认,造成管线破坏等风险。

②过量抽水造成周边建(构)筑物下沉风险。

(2)超前支护施工风险

对于围岩自稳时间小于初期支护完成时间的地段,应根据地质条件、开挖方式、进度要求等,对围岩采取锚杆或小导管超前支护,当围岩整体稳定难以控制或上部有特殊要求时,可采取大管棚超前支护。超前支护的风险主要有:

①小导管材质、规格、长度等不符合设计和方案要求。

②注浆压力未按要求分级逐步升压。

③未达到注浆终压值或注浆量标准即结束注浆。

④浆液配置或存放过程中未设专人管理。

⑤大管棚材质、规格、长度等不符合设计和方案要求。

(3)初期支护施工风险

隧道开挖时,需在开挖过程中及时施做支撑和初期支护,确保施工安全。初期支护需有足够的强度和刚度,以保持围岩的稳定性。一般初期支护形式有"锚杆+钢筋网+喷射混凝土""钢架(格栅)+钢筋网+喷射混凝土""钢架(格栅)+锚杆+钢筋网+喷射混凝土"3种。初期支护的风险主要有:

①钢架未按设计文件要求加工制作引起坍塌。

②连接板间未密贴,造成初期支护结构变形、失稳。

③连接筋间距、搭接长度及焊缝等不符合设计文件要求。

④钢筋网片之间搭接长度不符合规范要求,且未与钢架牢固焊接。

⑤未采取有效措施通风、降尘。

⑥注浆材料的配比、压力等不符合设计及施工方案要求。

(4)二次衬砌施工风险

现浇混凝土二次衬砌一般在隧道初期支护变形稳定后进行。其风险主要有:

①模板台车导轨不坚实,组装后未进行定位复核。

②衬砌强度尚未达到规范要求即进行模板拆除。

③高处混凝土施工作业缺少防护,无安全带,引发高处坠落。

④对混凝土输送未制定针对性的安全措施。

（5）隧道结构防水施工风险

隧道无论在施工期还是建成后，一直会受到地下水不同程度上的影响，这一点在建成后的隧道表现最为明显。其施工主要风险有：

①防水层材料质量不符合要求。

②开挖或衬砌作业损坏已铺设的防水层。

③防水层铺设方法不当。

④防水作业区域空气不流畅引发窒息。

⑤使用有害、有毒材料而无防护用品。

4. 区间隧道工程施工的风险因素

区间隧道工程施工的风险因素可参见表 8-2，表中列出部分主要风险，对具体的工程情况，需根据现场的地质情况、周边环境、结构类型、施工方法等进行针对性的分析。

表 8-2　区间隧道工程施工主要风险因素

单位工程	施工方法	分部工程	分项工程	主要风险因素或事故
区间隧道及附属结构	矿山法	区间隧道	钻孔	塌方，失稳，流土，流沙，涌水，瓦斯，大变形，岩爆，渗漏水，开裂破坏，不均匀沉降，设备故障等
			爆破	
			土方开挖	
	新奥法		支护	
	盾构法		洞口加固	掌子面失稳，刀头及刀具磨损，盾尾密封失效，隧道上浮、冒顶，轴线控制不当，管片破损，渗漏水，不均匀沉降，设备故障等
			进出洞	
			盾构组装、拆解	
			盾构推进	
			管片拼装	
			盾构刀具更换	
			盾构掉头、过站等	
	明挖法		可参照地下车站中的明挖法风险因素	

8.4　施工安全风险评估

8.4.1　施工安全风险评估方法概述

城市轨道交通土建工程施工的风险评估是一项复杂的系统工程，其目的主要是通过一定的手段和技术方法，量化城市轨道交通工程在施工期间，有可能造成的人身伤害、财产损失、环境损害、工程经济损失、工程延误等潜在的不利事件的发生概率和后果，明确风险程度。风险分析方法详见表 8-3。

表 8-3 城市轨道交通土建工程建设风险评估方法

分类	名称	适用范围
定性分析方法	检查表法	基于经验的方法,由分析人员列出一些项目,识别与一般工艺设备和操作有关的已知类型的有害或危险因素、设计缺陷以及事故隐患
	专家调查法(包括德尔菲法)	难以借助精准的分析技术但可依靠集体的经验判断进行风险分析。问题庞大复杂,专家代表不同的专业并没有交流的历史。受时间和经费限制,或因专家之间存在分歧、隔阂不宜当面交换意见
	"如果……怎么办"法	该方法既适用于一个系统,又适用于系统中某一环节,适用范围较广,但不适用于庞大系统分析
	失效模式和后果分析法	可用在整个系统的任何一级,常用于分析某些复杂的关键设备
定量分析方法	层次分析法	应用领域比较广阔,可以分析社会、经济以及科学管理领域中的问题,适用于任何领域的任何环节,但不适用于层次复杂的系统
	蒙特卡罗法	比较适合在大中型项目中应用。优点是可以解决许多复杂的概率运算问题,以及适用于不允许进行真实试验的场合。对那些费用高的项目或费时长的试验,具有很好的优越性。一般只在进行较精细的系统分析时才使用,适用于问题比较复杂,要求精度较高的场合,特别是对少数可行方案进行精选比较时更有效
	可靠度分析法	分析结构在规定的时间内、规定的条件下具备预定功能的安全概率,计算结构的可靠度指标,并可对已建成结构进行可靠度校核。该方法适用于对地下结构设计进行安全风险分析
	数值模拟法	采用数值计算软件对结构进行建模模拟,分析结构设计的受力与变形,并对结构进行风险评估。该方法适用于复杂结构计算,判定结构设计与施工风险信息
	模糊数学综合评价法	该方法适用于任何系统的任何环节,其适用性比较广
	等风险图法	该方法适用于对结果精度要求不高,只需进行粗略分析的项目。同时,如果只进行一个项目一个方案分析,该方法相对烦琐,所以该方法适用于多个类似项目同时分析或一个项目的多个方案比较分析
	控制区间记忆模型	该模型适用于结果精度要求不高的项目,且只适用于变量间相互独立或相关性可以忽略的项目
	神经网络方法	适用于预测问题、原因和结果关系模糊的场合或模式识别及包含模糊信息的场合;不一定非要得到最优解,主要是快速求得与之相近的次优解的场合;组合数量非常多,实际求解几乎不可能的场合;对非线性很高的系统进行控制的场合
	主成分分析法	该方法可适用于各个领域,但其结果只在比较相对大小时才有意义

续表

分类	名称	适用范围
综合分析方法	专家信心指数法	同专家调查法
	模糊层次综合评估方法	其适用范围与模糊数学综合评判法一致
	工程类比分析法	利用周边区域的类似工程建设经验或风险事故资料对待评估工程进行分析,该方法适用于对地下工程进行综合分析
	事故树法	该方法应用比较广,非常适用于重复性较大的系统。在工程设计阶段对事故查询时,都可以使用该方法对它们的安全性作出评价。该方法经常用于直接经验较少的风险辨识
	事件树法	该方法可以用来分析系统故障、设备失效、工艺异常、人的失误等,应用比较广泛。该方法不能分析平行产生的后果,不适用于详细分析
	影响图方法	该方法与事件树法适用性类似,由于影响图方法比事件树法有更多的优点,因此,也可以应用于较大的系统分析
	风险评价矩阵法	该方法可根据使用需求对风险等级划分进行修改,使其适用于不同的分析系统,但要有一定的工程经验和数据资料作为依据。其既适用于整个系统,又适用于系统中某一环节
	模糊事故树分析法	该方法适用范围与事故树法相同,与事故树法相比,更适用于那些缺乏基本统计数据的项目

8.4.2　风险等级标准

1. 风险发生可能性等级

风险发生可能性等级标准宜采用概率或频率表示,见表8-4。

表8-4　风险发生可能性等级标准

等级	1	2	3	4	5
可能性	频繁的	可能的	偶尔的	罕见的	不可能的
概率或频率值	>0.1	0.01~0.1	0.001~0.01	0.0001~0.001	<0.0001

2. 风险损失等级

风险损失等级标准宜按损失的严重性程度划分为5个等级,见表8-5。

表 8-5 风险损失等级标准

等级	A	B	C	D	E
严重程度	灾难性的	非常严重的	严重的	需考虑的	可忽略的

（1）工程建设人员和第三方伤亡等级标准宜按风险可能导致的人员伤亡类型与数量划分为 5 个等级，见表 8-6。

表 8-6 工程建设人员和第三方伤亡等级标准

等级	A	B	C	D	E
建设人员	死亡（含失踪）10 人以上	死亡（含失踪）3～9 人，或重伤 10 人以上	死亡（含失踪）一两人，或重伤 2～9 人	重伤 1 人，或轻伤 2～10 人	轻伤 1 人
第三方	死亡（含失踪）1 人以上	重伤 2～9 人	重伤 1 人	轻伤 2～10 人	轻伤 1 人

（2）城市轨道交通土建工程环境影响等级标准宜按建设对周边环境的影响程度划分为 5 个等级，并宜符合下列规定：

①造成周边区域环境影响的等级标准见表 8-7。

②造成周围建（构）筑物影响引起的工程本身和第三方直接经济损失等级标准见表 8-8。

表 8-7 环境影响等级标准

等级	A	B	C	D	E
影响范围及程度	涉及范围非常大，周边生态环境发生严重污染或破坏	涉及范围很大，周边生态环境发生较重污染或破坏	涉及范围大，区域内生态环境发生污染或破坏	涉及范围较小，临近区域生态环境发生轻度污染或破坏	涉及范围很小，临近区域生态环境发生少量污染或破坏

（3）经济损失等级标准宜按建设风险引起的直接经济损失费用划分为 5 个等级，工程本身和第三方的直接经济损失等级标准宜符合表 8-8 的规定。

表 8-8 工程本身和第三方直接经济损失等级标准

等级	A	B	C	D	E
工程本身	1000 万元以上	500 万～1000 万元	100 万～500 万元	50 万～100 万元	50 万元以下
第三方	200 万元以上	100 万～200 万元	50 万～100 万元	10 万～50 万元	10 万元以下

(4)针对不同的工程类型、规模和工期,根据关键工期延误量,工期延误等级标准可采用两种不同单位进行分级,短期工程(建设工期 2 年以内,含 2 年)采用天表示,长期工程(建设工期 2 年以上)采用月表示。工期延误等级标准宜符合表 8-9 的规定。

表 8-9　工期延误等级标准

等级	A	B	C	D	E
长期工程	延误大于 9 个月	延误 6～9 个月	延误 3～6 个月	延误 1～3 个月	延误少于 1 个月
短期工程	延误大于 90 天	延误 60～90 天	延误 30～60 天	延误 10～30 天	延误少于 10 天

(5)社会影响等级标准宜按建设风险影响严重性程度和转移安置人员数量划分为 5 个等级,并宜符合表 8-10 的规定。

表 8-10　社会影响等级标准

等级	A	B	C	D	E
影响程度	恶劣的,或需紧急转移安置 1000 人以上	严重的,或需紧急转移安置 500～1000 人	较严重的,或需紧急转移安置 100～500 人	需考虑的,或需紧急转移安置 50～100 人	可忽略的,或需紧急转移安置少于 50 人

3. 风险等级标准

(1)根据风险发生的可能性和风险损失,工程建设风险等级标准宜分为 4 个等级,并宜符合表 8-11 的规定。

表 8-11　风险等级标准

可能性等级 \ 损失等级		A	B	C	D	E
		灾难性的	非常严重的	严重的	需考虑的	可忽略的
1	频繁的	Ⅰ级	Ⅰ级	Ⅰ级	Ⅱ级	Ⅲ级
2	可能的	Ⅰ级	Ⅰ级	Ⅱ级	Ⅲ级	Ⅲ级
3	偶尔的	Ⅰ级	Ⅱ级	Ⅲ级	Ⅲ级	Ⅳ级
4	罕见的	Ⅱ级	Ⅲ级	Ⅲ级	Ⅳ级	Ⅳ级
5	不可能的	Ⅲ级	Ⅲ级	Ⅳ级	Ⅳ级	Ⅳ级

(2)针对不同等级风险,应采用不同的风险处置原则和控制方案,各等级风险的接受准则应符合表 8-12 的规定。

表 8-12　风险接受准则

等级	接受准则	处置原则	控制方案	应对部门
Ⅰ级	不可接受	必须采取风险控制措施以降低风险,至少应将风险降低至可接受或不愿接受的水平	应编制风险预警与应急处置方案,或进行方案修改或调整等	政府主管部门、工程建设各方
Ⅱ级	不愿接受	应实施风险管理以降低风险,且风险降低的所需成本不应高于风险发生后的损失	应实施风险防范与监测,制定风险处置措施	
Ⅲ级	可接受	宜实施风险管理,可采取风险处理措施	宜加强日常管理与监测	工程建设各方
Ⅳ级	可忽略	可实施风险管理	可开展日常审视检查	

8.5　施工安全风险控制

8.5.1　关键节点施工前条件验收

1. 关键节点验收条件

城市轨道交通地下结构工程关键节点是指影响地下结构建设工程安全质量的重要部位和环节。施工前,施工单位应对技术、环境、人员、设备等相关条件是否满足工程质量和安全生产要求进行自控自检,监理单位应组织建设、设计、施工、第三方监测等单位对相关条件进行验收,以加强施工现场安全预控管理。关键节点验收主要包括基坑开挖条件验收、盾构始发(到达)条件验收、矿山法条件验收、隧道防水条件验收、衬砌施工条件验收以及其他关键节点条件验收。

(1)基坑开挖条件验收

基坑开挖中的主要风险具体归并到基坑支护体系、设备机具非正常工作等方面。因此深基坑开挖主要从这些方面进行控制。具体验收条件见表 8-13。

表 8-13　深基坑开挖施工前验收条件

序号	验收条件	内容	验收要点
1	主控条件	设计文件	设计文件满足现场施工要求
2		施工方案	安全专线施工方案编审（包括应急预案）、专家论证、审批齐全有效
3		冠梁	冠梁施做完毕，混凝土强度符合规范要求
4		提升系统	提升系统已验收合格
5		支护体系	钢支撑、锚索等支护材料已进场并验收合格
6		监控量测	监测方案已审批，监测点布置符合要求，已测取初始值
7		管线保护	管线核查、针对性保护措施落实到位
8		视频门禁	视频门禁系统已安装到位，可正常使用
9		临边防护	临边防护设施符合要求
10	一般条件	材料及构配件	质量证明文件齐全，复试合格
11		设备机具	进场验收记录齐全有效，特种设备安全技术档案齐全；安装稳固，防护到位
12			
13		分包管理	分包队伍资质、许可证等资料齐全，安全生产协议已签署，人员资格满足要求
14			
15		作业人员	拟上岗人员安全培训资料齐全，考核合格；特种作业人员类别和数量满足作业要求，操作证齐全。施工和安全技术交底已完成
16			
17		降水情况	降水水位符合基坑开挖要求
		截排水系统	地面截排水系统已完善
		风、水、电	施工风、水、电满足施工需求
		应急准备	应急物资到位，通信畅通，应急照明、消防器材符合要求

（2）盾构始发和到达条件验收

盾构始发和到达阶段的风险主要包括盾构机械的吊装和安装、盾构始发、盾构到达等方面的风险事故。

①盾构机械的安装和吊装事故。发生此类事故的原因大多是现场管理不当、设备吊装过程中指挥不当、现场操作人员安全意识淡薄等。

②盾构始发事故。发生此类事故的主要原因是临时挡土墙拆除不当、地层加固不当、反力装置不牢固、盾构姿态控制不当、轴线控制不当等。

③盾构到达事故。发生此类事故的主要原因是临时挡土墙拆除不当、地层加固不当、盾构到达时推力和掘进速度不当、盾构姿态控制不当、轴线控制不当等。

在识别出盾构始发、到达的事故以后，需要对事故易发生的可能原因进行分析，经过分析之后，在盾构始发和到达施工之前进行相关的条件验收以降低类似事故的发生概率。具体验收内容见表 8-14。

表 8-14　盾构始发、到达施工前验收条件

序号	验收条件	内容	验收要点
1	主控条件	设计文件	设计文件满足现场施工要求
2		施工方案	安全专线施工方案编审(包括应急预案)、专家论证、审批齐全有效
3		测量	盾构位置测量验收完毕,高程及盾构与洞门距离复核
4		盾构机安装调试	始发前盾构机安装调试验收完成
5		始发托架、反力架及导轨	按方案施工完毕,验收合格,导轨稳固,螺栓连接及与预埋件的焊接牢固
6		洞门主体加固	加固范围、强度和渗透性参数指标符合设计要求
7		洞门密封	洞门密封止水装置安装完成,外观质量及完整性符合设计要求
8		洞门范围围护桩、混凝土凿除	凿除时间、凿除顺序、过程安全防护及效果检查符合设计要求
9		盾构管片	盾构管片已进场并验收合格
10		浆液制作	浆液制作设施已完成
11		监控量测	监测点已布置,布点具合理性,初始值数值已读取
12		应急准备	应急物资到位,通信畅通,应急照明、消防器材符合要求
13	一般条件	材料及构配件	质量证明文件齐全,复试合格
14		设备机具	进场验收记录齐全有效,特种设备安全技术档案齐全;安装稳固,防护到位
15		分包管理	分包队伍资质、许可证等资料齐全,安全生产协议已签署,人员资格满足要求
16		作业人员	拟上岗人员安全培训资料齐全,考核合格;特种作业人员类别和数量满足作业要求,操作证齐全。施工和安全技术交底已完成
17		风、水、电	施工风、水、电满足施工需求

　　注:1. 盾构始发条件验收应在桩体破除前进行。
　　　　2. 盾构到达条件验收应在进入加固段前进行。

　　(3)矿山法施工条件验收

　　由于矿山法隧道地质条件差,围岩自稳能力低,初期支护变形快,特别是开挖初期变形增长快,稍有不慎极易发生坍塌或沉降。矿山法隧道开挖风险主要体现在爆破开挖带来的风险、非对称开挖引起偏压风险、变断面开挖的风险、工序转换过多存在的风险、台阶长度的选取带来的风险等。因此,矿山法施工条件验收主要应考虑施工方案、超前支护、加固措施、

监控量测等方面,具体见表 8-15。

表 8-15　矿山法施工前验收条件

序号	验收条件	内容	验收要点
1	主控条件	设计文件	设计文件满足现场施工要求
2		施工方案	安全专线施工方案编审(包括应急预案)、专家论证、审批齐全有效
3		超前支护及加固措施	管棚或小导管打设、注浆已完成
4		超前探测	超前探测已完成
5		监控量测	作业面变形已基本稳定
6		管线保护	管线核查、针对性保护措施落实到位
7		降水情况	降水水位符合设计要求
8		视频	视频探头已安装到位并能正常使用
9		应急准备	应急物资到位,通信畅通,应急照明、消防器材符合要求
10	一般条件	材料及构配件	质量证明文件齐全,复试合格
11		设备机具	进场验收记录齐全有效,特种设备安全技术档案齐全;安装稳固,防护到位
12		分包管理	分包队伍资质、许可证等资料齐全,安全生产协议已签署,人员资格满足要求
13		作业人员	拟上岗人员安全培训资料齐全,考核合格;特种作业人员类别和数量满足作业要求,操作证齐全。施工和安全技术交底已完成
14		风、水、电	施工风、水、电满足施工需求

(4)隧道防水、衬砌施工条件验收

隧道防水、衬砌施工阶段条件验收主要考虑施工方案、模板、支架验收、临边防护等方面,具体验收要点见表 8-16。

2. 关键节点验收程序

城市轨道交通工程重要部位和环节施工前,应按照工程自身风险和周边环境风险的危险程度,分类进行条件验收,验收程序如下:

(1)施工单位根据工程特点明确需要进行条件验收的关键节点,确定验收条件、内容和要点。对于一些主控项目,施工单位不得随意删减。

(2)施工单位对关键节点的内容逐项进行自检,自检合格后,向监理单位提出重要部位和环节施工前条件验收申请。

(3)监理单位收到施工单位验收申请后,应对施工前条件验收项目进行预验。

(4)施工单位应按要求参加重要部位和环节施工前条件验收,并按照验收组意见进行整改。未进行施工前条件验收或验收未通过的,施工单位不得进行相应重要部位和环节的施工。

表 8-16　隧道防水、衬砌施工条件验收

序号	验收条件	内容	验收要点
1	主控条件	施工方案	安全专线施工方案编审(包括应急预案)、专家论证、审批齐全有效
2		仰拱处理	需要处理或加固的仰拱已通过验收
3		模板、支架验收	支撑体系已验收合格
4		施工监测	监测点布置符合方案要求
5		临边防护	作业平台临边防护到位
6	一般条件	材料及构配件	质量证明文件齐全,复试合格
7		设备机具	进场验收记录齐全有效,特种设备安全技术档案齐全;安装稳固,防护到位
8		分包管理	分包队伍资质、许可证等资料齐全,安全生产协议已签署,人员资格满足要求
9		作业人员	拟上岗人员安全培训资料齐全,考核合格;特种作业人员类别和数量满足作业要求,操作证齐全。施工和安全技术交底已完成
10		应急准备	应急物资到位,通信畅通,应急照明、消防器材符合要求
11		配电箱	电箱完整无损坏;箱内配置符合规范,并附线路图,无带电体明露、一闸多用等

(5)监理单位应按要求组织重要部位和环节施工前条件验收,严把重要部位和环节施工前条件验收预审关、验收关和整改复查关。对未进行施工前条件验收或验收未通过,施工单位擅自施工的,监理单位应下发书面通知,要求施工单位停工;施工单位拒不停工的,监理单位应向建设单位报告。

8.5.2　工程施工过程风险监测

城市轨道交通地下工程是一项高风险的地下施工作业,施工过程对周围土体和周边环境的影响有一定的范围,不同的地质条件反映的速度有较大的差异,造成的损害也是一个累积的过程。我们对定性的影响是明了的,然而最初的变化(内部、外表)人们一般察觉不了,一旦发现,损害已实现。所以我们用工程监测来发现其定量的变化,预测变化趋势,指导施工,防范突发事故。

根据《城市轨道交通工程监测技术规范》的基本要求,应在城市轨道交通地下工程的施工阶段对支护结构、周围岩土体及周边环境进行监测,在施工单位监测的同时,建设单位应委托有资质的单位实施第三方监测,第三方监测单位应根据委托内容及要求开展监测工作。

1. 工程影响分区及监测范围

工程影响分区应根据基坑、隧道工程施工对周围岩土体扰动和周边环境影响的程度及范围划分,可分为主要、次要和可能 3 个工程影响分区。

（1）基坑工程影响分区

基坑工程影响分区见表 8-17 和图 8-1。

表 8-17　基坑工程影响分区

基坑工程影响区	范围
主要影响区（Ⅰ）	基坑周边 $0.7H$ 或 $H\tan(45°\sim\varphi/2)$ 范围内
主要影响区（Ⅱ）	基坑周边 $0.7H\sim(2.0\sim3.0)H$ 或 $H\tan(45°\sim\varphi/2)\sim(2.0\sim3.0)H$ 范围内
主要影响区（Ⅲ）	基坑周边 $(2.0\sim3.0)H$ 范围外

注：1. H——基坑设计深度（m），φ——岩土体内摩擦角（°）。

2. 基坑开挖范围内存在基岩时，H 可为覆盖土层和基岩强风化层厚度之和。

3. 工程影响分区的划分界线取表中 $0.7H$ 或 $H\tan(45°\sim\varphi/2)$ 的较大值。

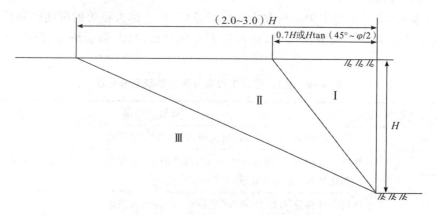

图 8-1　基坑工程影响分区

（2）隧道工程影响分区

隧道穿越基岩时，应根据覆盖土层特征，岩石坚硬程度、风化程度，岩体结构与构造等地质条件，综合确定工程影响分区界线，见表 8-18 和图 8-2。

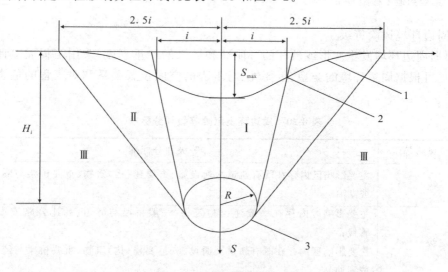

图 8-2　隧道工程影响分区

表 8-18　土质隧道工程影响分区

隧道工程影响区	范围
主要影响区（Ⅰ）	隧道正上方及沉降曲线反弯点范围内
主要影响区（Ⅱ）	隧道沉降曲线反弯点至沉降曲线边缘 2.5i 处
主要影响区（Ⅲ）	隧道沉降曲线边缘 2.5i 外

注：i——隧道地表沉降曲线 Peck 计算公式中的沉降槽宽度系数(m)。

2. 工程监测等级划分

宜根据基坑、隧道工程自身风险等级、周边环境风险等级和地质条件复杂程度进行工程监测等级的划分。

（1）工程自身风险等级

宜根据基坑、隧道工程支护结构发生变形或破坏、岩土体失稳等的可能性和后果的严重程度，采用工程风险评估的方法确定，也可根据基坑设计深度、隧道埋深、断面尺寸等按表8-19 划分。

表 8-19　基坑、隧道工程自身风险等级划分标准

工程自身风险等级	等级划分标准
一级	基坑设计深度 $H \geqslant 20$ m；超浅埋隧道，超大断面隧道
二级	基坑设计深度 10 m$\leqslant H <$20 m；浅埋隧道，近距离并行或交叠的隧道，盾构始发与到达区段，大断面隧道
三级	基坑设计深度 $H <$10 m；深埋隧道，一般断面隧道

注：1. 超大断面隧道是指断面尺寸大于 100 m² 的隧道；大断面隧道是指断面尺寸在 50～100 m² 的隧道；一般断面隧道是指断面尺寸在 10～50 m² 的隧道。
　　2. 隧道深埋、浅埋和超浅埋的划分根据施工工法、围岩等级、隧道覆土厚度与开挖宽度（或直径），结合当地工程经验综合确定。

（2）周边环境风险等级

宜根据周边环境发生变形或破坏的可能性和后果的严重程度，采用工程风险评估的方法确定，也可根据周边环境的类型、重要性、与工程的空间位置关系和对工程的危害性按表8-20 划分。

表 8-20　周边环境风险等级划分标准

周边环境风险等级	等级划分标准
一级	主要影响区内存在既有轨道交通设施、重要建（构）筑物、重要桥梁与隧道，河流或湖泊
二级	主要影响区内存在一般建（构）筑物、一般桥梁与隧道、高速公路或重要地下管线； 次要影响区内存在既有轨道交通设施、重要建（构）筑物、重要桥梁与隧道、河流或湖泊

续表

周边环境风险等级	等级划分标准
三级	主要影响区内存在城市重要道路、一般地下管线或一般市政设施 次要影响区内存在一般建(构)筑物、一般桥梁与隧道、高速公路或重要地下管线
四级	次要影响区内存在城市重要道路、一般地下管线或一般市政设施

（3）工程监测等级

工程监测等级可按表 8-21 划分。

表 8-21　工程监测等级

工程自身风险等级 ＼ 工程监测等级　周边环境风险等级	一级	二级	三级	四级
一级	一级	一级	一级	一级
二级	一级	二级	二级	二级
三级	一级	二级	三级	三级

注：工程监测等级应根据当地经验结合地质条件复杂程度进行调整，最高为一级。

3. 监测项目

（1）明(盖)挖法监测项目，见表 8-22。

表 8-22　明(盖)挖法基坑支护结构和周围岩土体监测项目

序号	监测项目	工程监测等级 一级	二级	三级
1	支护桩(墙)、边坡顶部水平位移	√	√	√
2	支护桩(墙)、边坡顶部竖向位移	√	√	√
3	支护桩(墙)体水平位移	√	√	○
4	支护桩(墙)结构应力	○	○	○
5	立柱结构竖向位移	√	√	○
6	立柱结构水平位移	√	○	○
7	立柱结构应力	○	○	○
8	支撑轴力	√	√	√
9	顶板应力	○	○	○
10	锚杆拉力	√	√	√
11	土钉拉力	○	○	○
12	地表沉降	√	√	√
13	竖井井壁支护结构净空收敛	√	√	√

续表

序号	监测项目	工程监测等级		
		一级	二级	三级
14	土体深层水平位移	○	○	○
15	土体分层竖向位移	○	○	○
16	坑底隆起(回弹)	○	○	○
17	支护桩(墙)侧向土压力	○	○	○
18	地下水位	√	√	√
19	空隙水压力	○	○	○

注:"√"应测项目,"○"选测项目。

(2)盾构法监测项目,见表8-23。

表8-23　盾构法隧道管片结构和周围岩土体监测项目

序号	监测项目	工程监测等级		
		一级	二级	三级
1	管片结构竖向位移	√	√	√
2	管片结构水平位移	√	○	○
3	管片结构净空收敛	√	√	√
4	管片结构应力	○	○	○
5	管片连接螺栓应力	○	○	○
6	地表沉降	√	√	√
7	土体深层水平位移	○	○	○
8	土体分层竖向位移	○	○	○
9	管片围岩压力	○	○	○
10	孔隙水压力	○	○	○

注:"√"应测项目,"○"选测项目。

(3)矿山法监测项目,见表8-24。

表8-24　矿山法隧道支护结构和周围岩土体监测项目

序号	监测项目	工程监测等级		
		一级	二级	三级
1	初期支护结构拱顶沉降	√	√	√
2	初期支护结构底板竖向位移	√	○	○
3	初期支护结构净空收敛	√	√	√

续表

序号	监测项目	工程监测等级		
		一级	二级	三级
4	隧道拱脚竖向位移	○	○	○
5	中柱结构竖向位移	✓	✓	○
6	中柱结构倾斜	○	○	○
7	中柱结构应力	○	○	○
8	初期支护结构、二次衬砌应力	○	○	○
9	地表沉降	✓	✓	✓
10	土体深层水平位移	○	○	○
11	土体分层竖向位移	○	○	○
12	围岩压力	○	○	○
13	地下水位	✓	✓	✓

（4）周边环境监测项目，见表 8-25。

表 8-25　周边环境监测项目

监测对象	监测项目	工程影响分区	
		主要影响区	次要影响区
建（构）筑物	竖向位移	✓	✓
	水平位移	○	○
	倾斜	○	○
	裂缝	✓	○
地下管线	竖向位移	✓	○
	水平位移	○	○
	差异沉降	✓	○
高速公路与城市道路	路面路基竖向位移	✓	○
	挡墙竖向位移	✓	○
	挡墙倾斜	✓	○
桥梁	墩台竖向位移	✓	✓
	墩台差异沉降	✓	✓
	墩柱倾斜	✓	✓
	梁板应力	○	○
	裂缝	✓	○

续表

监测对象	监测项目	工程影响分区	
		主要影响区	次要影响区
既有城市轨道交通	隧道结构竖向位移	√	√
	隧道结构水平位移	√	○
	隧道结构净空收敛	○	○
	隧道结构变形缝差异沉降	√	√
	轨道结构(道床)竖向位移	√	√
	轨道静态几何形位(轨距、轨向、高低、水平)	√	√
	隧道、轨道结构裂缝	√	○
既有铁路(包括城市轨道交通地面线)	路基竖向位移	√	√
	轨道静态几何形位(轨距、轨向、高低、水平)	√	√

注:1."√"应测项目,"○"选测项目。

2. 对主要影响区内的高层、高耸建(构)筑物应进行倾斜监测。

3. 支护结构发生较大变形或土体出现坍塌、地面出现裂缝迹象,并对地下管线可能造成危害时,应对地下管线进行水平位移监测。

4. 桥梁自身安全状态差、墩台差异沉降大或设计要求时,应进行梁板结构应力监测。

5. 既有城市轨道交通高架线和地面线的监测项目可按照桥梁和既有铁路的监测项目选择。

4. 监测频率技术要求

(1)明(盖)挖法基坑工程施工中对支护结构、周围岩土体和周边环境的监测频率可按表8-26确定。

表 8-26 明(盖)挖法基坑工程监测频率

基坑工况		基坑设计深度(m)				
		≤5	5~10	10~15	15~20	>20
基坑开挖深度(m)	≤5	1次/1 d	1次/2 d	1次/3 d	1次/3 d	1次/3 d
	5~10	—	1次/1 d	1次/2 d	1次/2 d	1次/2 d
	10~15	—	—	1次/1 d	1次/1 d	1次/1 d
	15~20	—	—	—	(1或2次)/1 d	(1或2次)/1 d
	>20	—	—	—	—	2次/1 d

注:1.基坑工程开挖前的监测频率应根据工程实际需要确定。

2. 底板浇筑后可根据监测数据变化情况调整监测频率。

3. 支护结构的支撑从开始拆除到拆除完成后 3 d 的这段时间监测频率应适当增加。

(2)盾构法隧道工程施工中隧道管片结构、周围岩土体和周边环境的监测频率可按表8-27确定。

表 8-27　盾构法隧道工程监测频率

监测部位	监测对象	开挖面至监测点或监测断面的距离	监测频率
开挖面前方	周围岩土和周边环境	$5D<L\leqslant8D$	1 次/(3～5 d)
		$3D<L\leqslant5D$	1 次/2 d
		$L\leqslant3D$	1 次/1 d
开挖面后方	管片结构、周围岩土体和周边环境	$L\leqslant3D$	(1～2 次)/1 d
		$3D<L\leqslant8D$	1 次/(1～2 d)
		$L>8D$	1 次/(3～7 d)

注:1. D——盾构法隧道开挖直径(m),L——开挖面至监测点或监测断面的水平距离(m)。

2. 在衬砌环脱出盾尾且能通视时进行管片结构位移、净空收敛监测。

3. 监测数据趋于稳定后,监测频率为 1 次/(15～30 d)。

(3)矿山法隧道工程施工中在隧道初期对支护结构、周围岩土体和周边环境的监测频率可按表 8-28 确定。

表 8-28　矿山法隧道工程监测频率

监测部位	监测对象	开挖面至监测点或监测断面的距离	监测频率
开挖面前方	周围岩土和周边环境	$2B<L\leqslant5B$	1 次/2 d
		$L\leqslant2B$	1 次/1 d
开挖面后方	初期支护结构、周围岩土体和周边环境	$L\leqslant1B$	(1 次或 2 次)/1 d
		$1B<L\leqslant2B$	1 次/1 d
		$2B<L\leqslant5B$	1 次/2 d
		$L>5B$	1 次/(3～7 d)

注:1. B——矿山法隧道或导洞开挖宽度(m),L——开挖面至监测点或监测断面的水平距离(m)。

2. 当拆除临时支撑时应增大监测频率。

3. 监测数据趋于稳定后,监测频率为 1 次/(15～30 d)。

5. 监测项目控制值

(1)明(盖)挖法基坑支护结构和周围岩土体监测项目控制值:应根据工程地质条件、基坑设计参数、工程监测等级、当地工程经验等确定,当无地方经验时,可按表 8-29 确定。

(2)盾构法隧道管片结构竖向位移、净空收敛和地表沉降控制值:应根据工程地质条件、隧道设计参数、工程监测等级、当地工程经验等确定,当无地方经验时,可按表 8-30 和表 8-31 确定。

表 8-29 明(盖)挖法基坑监测项目控制

监测项目	支护结构类型、岩土类型	工程监测等级一级 累计值(mm) 绝对值	相对基坑深度(H)值	变化速率(mm/d)	工程监测等级二级 累计值(mm) 绝对值	相对基坑深度(H)值	变化速率(mm/d)	工程监测等级三级 累计值(mm) 绝对值	相对基坑深度(H)值	变化速率(mm/d)
支护桩(墙)顶竖向位移	土钉墙、型钢水泥土墙	—	—	—	—	—	—	30~40	0.5%~0.6%	4~5
	灌注桩、地下连续墙	10~25	0.1%~0.15%	2~3	20~30	0.15%~0.3%	3~4	20~30	0.15%~0.3%	3~4
支护桩(墙)顶水平位移	土钉墙、型钢水泥土墙	—	—	—	—	—	—	30~60	0.6%~0.8%	5~6
	灌注桩、地下连续墙	15~25	0.1%~0.15%	2~3	20~30	0.15%~0.3%	3~4	20~40	0.2%~0.4%	3~4
支护桩(墙)体水平位移	型钢水泥土墙 坚硬~中硬土	—	—	—	—	—	—	40~50	0.40%	6
	型钢水泥土墙 中软~软弱土	—	—	—	—	—	—	50~70	0.70%	6
	灌注桩、地下连续墙 坚硬~中硬土	20~30	0.15%~0.2%	2~3	30~40	0.2%~0.4%	3~4	30~40	0.2%~0.4%	4~5
	灌注桩、地下连续墙 中软~软弱土	30~50	0.2%~0.3%	2~4	40~60	0.3%~0.5%	3~5	50~70	0.5%~0.7%	4~6
地表沉降	坚硬~中硬土	20~30	0.15%~0.2%	2~4	25~35	0.2%~0.4%	2~4	30~40	0.3%~0.4%	2~4
	中软~软弱土	20~40	0.2%~0.3%	2~4	30~50	0.3%~0.5%	3~5	40~60	0.4%~0.6%	4~6

续表

监测项目 支护结构类型、岩土类型	工程监测等级一级			工程监测等级二级			工程监测等级三级		
	累计值（mm）		变化速率（mm/d）	累计值（mm）		变化速率（mm/d）	累计值（mm）		变化速率（mm/d）
	绝对值	相对基坑深度（H）值		绝对值	相对基坑深度（H）值		绝对值	相对基坑深度（H）值	
立柱结构竖向位移	10~20	—	2~3	10~20	—	2~3	10~20	—	2~3
支护墙结构应力	(60%~70%)f			(70%~80%)f			(70%~80%)f		
立柱结构应力									
支撑轴力	最大值：(60%~70%)f 最小值：(80%~100%)f_y			最大值：(70%~80%)f 最小值：(80%~100%)f_y			最大值：(70%~80%)f 最小值：(80%~100%)f_y		
锚杆拉力									

表 8-30　盾构法隧道管片结构竖向位移、净空收敛监测项目控制值

监测项目及岩土类型		累计值（mm）	变化速率（mm/d）
管片结构沉降	坚硬～中硬土	10～20	2
	中软～软弱土	20～30	3
管片结构差异沉降		0.04%L_s	—
管片结构净空收敛		0.2%D	3

注：L_s——沿隧道轴向两个监测点间距，D——隧道开挖直径。

表 8-31　盾构法隧道地表沉降监测项目控制值

监测项目及岩土类型		工程监测等级					
		一级		二级		三级	
		累计值（mm）	变化速率（mm/d）	累计值（mm）	变化速率（mm/d）	累计值（mm）	变化速率（mm/d）
地表沉降	坚硬～中硬土	10～20	3	20～30	4	30～40	4
	中软～软弱土	15～25	3	25～35	4	35～45	5
地表隆起		10	3	10	3	10	3

注：本表主要适用于标准断面的盾构法隧道工程。

（3）矿山法隧道支护结构变形、地表沉降控制值：应根据工程地质条件、隧道设计参数、工程监测等级、当地工程经验等确定，当无地方经验时，可按表 8-32 和表 8-33 确定。

表 8-32　矿山法隧道支护结构变形监测项目控制值

监测项目及区域		累计值（mm）	变化速率（mm/d）
拱顶沉降	区间	10～20	3
	车站	20～30	
底板竖向位移		10	2
净空收敛		10	2
中柱竖向位移		10～20	2

表 8-33　矿山法隧道地表沉降监测项目控制值

监测等级及区域		累计值（mm）	变化速率（mm/d）
一级	区间	20～30	3
	车站	40～60	4
二级	区间	30～40	3
	车站	50～70	4
三级	区间	30～40	4

注:1. 表中数值适用于土的类型为中软土、中硬土及坚硬土中的密实砂卵石地层。

　　2. 大断面区间的地表沉降监测控制值可参照车站执行。

（4）周边环境监测控制值可按表 8-34 确定。

表 8-34　周边环境监测项目控制值

监测项目		沉降	
		累计值（mm）	变化速率（mm/d）
管线	燃气管道	10～30	2
	雨污管道	10～20	2
	供水管道	10～30	2
路基	高速公路、城市主干道	10～30	3
	一般城市道路	20～40	3
既有城市轨道交通	隧道结构沉降	3～5	1
	隧道结构上浮	5	1
	隧道结构水平位移	3～5	1
	隧道差异沉降	$0.04\%L_s$	—
	隧道结构变形缝差异沉降	2～4	1
既有铁路路基	整体道床	10～20	1.5
	碎石道床	20～30	1.5

8.5.3　工程风险预警

根据城市轨道交通工程建设相关标准、规范,以及有关安全风险技术管理文件的要求,应进一步规范和加强轨道交通工程建设中的风险预警、响应工作。

1. 工程风险预警分类

工程风险预警一般分为监测预警、巡视预警和综合预警 3 类。工程实施中应依据风险工程级别、风险等级与类型不同,实施分层响应和处置管理。

（1）监测预警

根据实测的监测数据与监测项目控制指标的比较而实现预警。

①轨道交通工程监测分为施工监测和建设单位直接委托的第三方监测。施工单位应按相关法规、规范及合同要求进行施工监测，监测数据到达（预）报警值应及时上报。第三方监测对施工监测工作进行复核并独立开展监测工作。监测数据到达（预）报警值也应及时上报并对施工单位的监测预警进行复核。

②设计单位应在设计文件中明确报警值、极限值等技术要求，并应在设计交底中给予充分说明，监测报警值应满足基坑工程设计、地下结构设计以及周边环境中被保护对象的控制要求。

（2）巡视预警

施工过程中通过巡查，发现安全隐患或不安全状态而进行的预警。城市轨道交通工程施工单位、第三方监测单位、监理单位等主体应根据工程特点和工作需要开展现场巡视工作。施工单位和第三方监测单位宜同时开展巡视工作，并与监理单位的巡视工作相协调。

（3）综合预警

施工过程中根据现场参与各方的监测、巡查信息，并通过现场核查、综合分析、参建各方会商、专家论证等，及时综合判定出过程分析不安全状态而进行的预警。

综合预警主要考虑的因素有：①监测预警的个数；②监测预警等级；③巡视预警个数；④巡视预警等级；⑤监测预警与巡视预警的关联关系和对风险的影响。同时考虑：①施工处理情况；②工程施工队伍素质；③现场施工管理组织状况；④应急和事故处理能力；⑤对巡视预警事务的响应状况等。

2. 工程风险预警分级

（1）监测预警分级

根据设计单位提出的监控量测控制指标，将施工过程中监测点的预警状态按严重程度由小到大分为3级，即黄色、橙色和红色监测预警。

①黄色监测预警："双控"指标（变化量、变化速率）均超过监控量测控制值的70%时，或"双控"指标之一超过监控量测控制值的85%时。

②橙色监测预警："双控"指标（变化量、变化速率）均超过监控量测控制值的85%时，或"双控"指标之一超过监控量测控制值时。

③红色监测预警："双控"指标（变化量、变化速率）均超过监控量测控制值，或实测变化速率出现急剧增长时。

（2）巡视预警分级

巡视预警按严重程度由小到大分为3级，即黄色、橙色和红色巡视预警。

①黄色巡视预警：工程存在轻度安全隐患或不安全状态。

②橙色巡视预警：工程存在较严重安全隐患或不安全状态。

③红色巡视预警：工程存在严重安全隐患或不安全状态。

（3）综合预警

施工过程中根据现场参与各方的监测、巡查信息，并通过现场核查、综合分析、参建各方会商、专家论证等，及时综合判定出工程风险不安全状态而进行的预警。综合预警分级按严重程度由小到大分为3级：黄色、橙色和红色综合预警，可参考表8-35。

表 8-35 综合预警级别

预警级别	判定条件		
	监测预警	巡视预警	风险状况评价
黄色	橙色或红色	黄色	存在风险隐患,基本可控
橙色	橙色或红色	橙色	存在较严重风险隐患,且出现危险征兆,风险基本不可控,需采取处理措施
红色	橙色或红色	红色	出现严重危险征兆或险情,风险不可控,需立即采取措施和启动应急预案

3. 工程风险预警流程

依据不同预警分类及预警级别,预警流程是不同的,各类预警相应流程详见图 8-3～图 8-5。

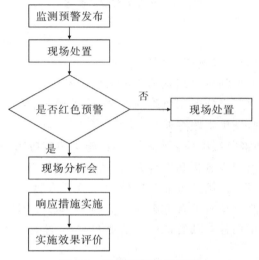

图 8-3 监测预警响应流程

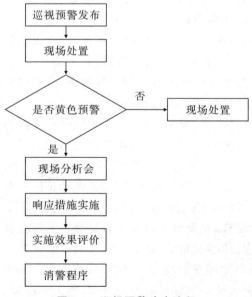

图 8-4 巡视预警响应流程

图 8-5　综合预警响应流程

4．风险预警响应

（1）黄色监测、巡视预警分级响应：预警发布后，施工单位应第一时间采取处置措施进行响应，监理单位专业监理工程师应组织施工单位项目技术负责人、第三方监测单位标段负责人等人员进行分析，立即制定措施遏制风险的发展，施工单位、第三方监测单位加强对预警部位的监测和巡查，驻地监理负责跟踪监督。

（2）橙色监测、巡视预警分级响应：预警发布后，施工单位应第一时间采取处置措施进行响应，施工及设计单位提出初步分析和处理方案，随后监理单位项目总监代表根据风险大小组织施工单位项目技术负责人、第三方监测单位标段负责人、设计单位设计代表、建设单位代表参加预警分析会议，制定预警处置方案并督促施工单位立即组织实施，消除安全隐患；施工单位、第三方监测单位加强对预警部位的监测和巡查，监理单位专业监理工程师负责跟踪监督。

（3）红色监测、巡视预警分级响应：预警发布后，施工单位应第一时间采取处置措施进行响应，施工及设计单位提出初步分析和处理方案，随后监理单位项目总监或总监代表应立即组织召开由施工单位项目经理和项目技术负责人、第三方监测单位项目技术负责人、设计单位设计代表、勘察单位工点负责人、咨询单位技术负责人、建设单位代表、建设分公司相关部门负责人参加的预警分析会议，制定预警处置方案，督促施工单位立即组织实施，消除安全隐患；施工单位、第三方监测单位应增大监测和巡视频率，必要时应增加监测项目和监测点；建设分公司土建部负责协调处理和跟踪监督。

（4）黄色综合预警分级响应：预警发布后，施工单位应第一时间采取处置措施进行响应，施工及设计单位提出初步分析和处理方案，监理单位项目总监代表组织召开参建相关方会议，施工单位项目技术负责人负责制定风险处理方案，施工单位项目经理主持并组织风险处理，项目驻地总监代表、第三方监测项目技术负责人、设计单位专业负责人、咨询单位技术负责人和建设单位代表参与风险处理方案的制定和风险处理过程的监督、管理；施工单位、第三方监测单位加强监测和巡查，建设分公司安全质量部加强督查和协调处理。

（5）橙色综合预警响应：预警发布后，施工单位应第一时间采取处置措施进行响应，施工及设计单位提出初步分析和处理方案，监理单位项目总监理工程师组织召开参建相关方会议，施工单位项目技术负责人负责制定风险处理方案，施工单位项目经理主持并组织风险处理,项目总监理工程师、第三方监测项目技术负责人、设计单位和勘察单位的项目负责人、咨询单位项目负责人和建设单位相关部门负责人参与风险处理方案的制定和风险处理过程的监督、管理;建设单位安全质量监督部加强督查和协调处理。

(6)红色综合预警响应:预警发布后,施工单位应第一时间采取处置措施进行响应,施工及设计单位提出初步分析和处理方案,监理单位项目总监理工程师应组织专家论证,启动应急预案。施工单位和建设单位主管领导主持并组织风险处理,施工监测单位主管技术负责人、监理单位技术负责人、第三方监测单位主管技术负责人、设计单位和勘察单位的项目负责人、咨询单位专家及建设单位分管领导、相关部门负责人参与风险处理方案的制定和风险处理过程的监督、管理;建设单位分管领导直接督促和协调处理。

(7)发布预警后,相关各方应在规定时间内进行响应,一般情况下红色预警 4 h 内响应、橙色预警 6 h 内响应、黄色预警 8 h 内响应,特殊情况下响应时间可适当延长,但最晚不得超过 24 h。

8.5.4　不同类型突发事故预防及应急抢险措施

1. 基坑失稳类型

(1)基坑纵向滑坡

①预防措施:

a. 严格控制基坑开挖坡度。

b. 在开挖前和开挖过程中均采用具有针对性的降水措施,保证该层土的降水效果。

c. 暴雨来临之前所有边坡应铺设塑料膜防止暴雨冲刷,同时在坡脚设置大功率水泵抽水,防止坡脚浸水。

d. 如遇特殊情况,基坑需要停工较长时间,应在平台、基坑边和坡脚设置排水明沟和排水集水坑,并派专人抽水值班,必要时对基坑边坡喷射素混凝土进行护坡。

e. 在进度允许的条件下尽量采用少开工作面的形式,避免暴露太多的基坑开挖工作面。

f. 坡顶严禁堆积荷载,坡顶决不允许设置便道。

g. 紧贴基坑四周临边应预先设置砖砌或混凝土挡水墙,散水坡四周设排水沟,防止积水向基坑内渗泄。

②抢险措施:

a. 一旦发生险情,立即组织现场人员疏散,同时对可能造成影响的周边单位或住宅内的人员进行疏散。

b. 如果纵向滑坡后基坑没有坍塌,应在具备条件和不危及人员安全的前提下补强支撑,并对坡脚处进行土方回填;如果不能补强支撑,则立即组织对坡脚处进行回填土方或沙。

c. 如果纵向滑坡后基坑发生坍塌,应立即组织对基坑塌方处进行回填土方或沙。

d. 进行坡顶卸载。

e. 尽量减少动载。

f. 杜绝任何水源流入基坑边坡内。

（2）基坑支撑失稳

①预防措施：

a. 钢支撑失稳前有拱起侧弯或下沉的先兆，发现情况要迅速采取加固或补强支撑措施，在基坑开挖期间要加强对支撑的观察。

b. 对监测报表中的数据要进行认真的分析，如支撑轴力和位移变化值。

c. 对支撑材料要严格把关，杜绝使用有缺陷、不合格的支撑材料。

d. 对支撑施工要严格按要求架设、施工、复加预应力等，对安装轴力传感器的支撑要有特殊措施进行保护。

e. 要根据立柱桩上格构柱的沉降情况，及时调整支撑，防止支撑因立柱桩上格构柱的沉降或上抬而造成偏心，影响支撑受力。

②抢险措施：

a. 一旦发生险情，立即组织现场人员疏散，同时对可能造成影响的周边单位或住宅内的人员进行疏散。

b. 如果发生钢支撑失稳，基坑未坍塌，应在失稳的钢支撑旁加设钢支撑，并施加预应力，同时对周围支撑复查，查找是否有支撑松弛；如果发现有支撑松弛，应立即采取复加预应力加固措施；如果支撑松弛而发生支撑失稳，则应立即查找周边超载、围护结构背土是否流失、支撑材质等原因，防止失稳现象扩散。

c. 如由于支撑失稳已经引起基坑坍塌，应立即对基坑坍塌处回填土方，并清理基坑周边的超载，如果围护结构背土发生土体流失，要立即填充砂或砼。同时对周围支撑复查，查找是否有支撑松弛，如果发现有支撑松弛，应立即复加预应力，防止失稳现象扩散。

（3）基坑坑底隆起

①预防措施：

a. 基坑开挖过程中加强基坑底隆起监测。

b. 对地基加固、井点降水等措施严格按要求施工，并要有书面记录资料。

c. 基坑周边防止超堆、超载。

d. 围护结构插入比例要符合设计要求。

e. 开挖前对围护结构质量验收、观察，对可能会发生渗漏的部位做必要的先期技术处理。

②抢险措施：

a. 一旦发生险情，立即组织现场人员疏散，同时对可能造成影响的周边单位或住宅内的人员进行疏散。

b. 一旦发现坑底隆起迹象，应立即停止开挖，并应立即加设基坑外沉降监测点。

c. 对小型基坑（如出入口等），可及时采用回灌土方、水的方法，对大型基坑则应立即回填土，直至基坑外沉降趋势收敛方可停止回灌和回填。

d. 如果采用回灌水的方法，应马上与消防部门联系，从附近消防栓中取水回灌。另外，由于回灌水用水量较大。如消防栓水量不够，可同时与自来水公司联系，从附近供水管道中取水。

（4）承压水突涌

①预防措施：

a. 施工前针对工程水文地质情况，科学计算承压水降低标准，合理布设井点，按照专项方案施工。

b. 在基坑开挖施工过程中,对承压水的水位进行仔细、认真的观测、记录和控制。

c. 为防止井点损坏,应布设一定数量的承压水预备井点。

②抢险措施:

a. 一旦发生险情,立即组织现场人员疏散,同时对可能造成影响的周边单位或住宅内的人员进行疏散。

b. 开启所有承压水抽水泵,降低承压水水位。

c. 对小型基坑(如出入口等),可及时采用回灌水、填土等方法,对大型基坑则应立即进行回填土方(以黏性土为佳)。

d. 如果采用回灌水的方法,应马上与消防部门联系,从附近消防栓中取水回灌。另外,由于回灌水用水量较大,如消防栓水量不够,可同时与自来水公司联系,从附近供水管道中取水。

e. 加强对基坑及周边建筑物的沉降观察。

f. 在采取降水措施的同时,寻找涌水源,对其采取必要的技术措施。

g. 对以型钢水泥土搅拌墙(soil mixed wall,SMW)和搅拌桩作围护的基坑,慎用双液浆,一定要对注浆压力有严格控制,防止压力过大破坏围护结构。

(5)基坑围护结构流沙

①预防措施:

a. 严格控制地下连续墙、钻孔灌注桩等围护结构的垂直度、水平位移等,避免开叉、踢脚、流水、漏砂、涌泥、塌方。

b. 地下连续墙施工时,增加刷壁次数,保证刷壁效果及止水性。

c. 混凝土浇筑时必须连续,避免出现堵管、导管拔空等现象。

d. 对地下连续墙进行墙趾注浆,防止出现不均匀沉降。

e. 基坑开挖中先撑后挖、随撑随挖,严禁超挖,防止围护结构因支撑不及时出现大的变形,造成地墙连接渗漏。

f. 加强施工监测,实施动态信息化施工管理。

g. 基坑开挖期间 24 h 值班,及时对地墙质量和渗漏情况进行检查,发现问题及时处理。

②抢险措施:

a. 查清漏点后,先用棉被封堵,用基坑土方回填覆压,在基坑漏点附近增设临时支撑和复加轴力。

b. 在围护结构漏点外侧打孔,压注聚氨酯溶液进行封堵。当漏点被彻底封堵,不再涌砂后,再压注双液注浆,对地基进行加固。

c. 当漏砂严重,封堵无效有可能导致周围环境破坏时,用土方、砂或水泥等材料回填基坑。

d. 对周围建筑物、管线和道路进行监控,当变形较大时,采取双液跟踪注浆措施,调整变形速率,对流失的土体进行填充。

2. 盾构法区间隧道特殊段施工事故

(1)建筑物、构筑物、管线变形过大

①预防措施：

a. 施工前先对临近周边建筑物、构筑物、管线进行调查，并根据需要采取必要的建筑结构物加固措施。

b. 严格控制压力平衡及推进速度，避免波动范围过大。

c. 施工时保持盾构机进出土顺畅。

d. 正确确定注浆量和注浆压力，及时、同步地进行注浆。

e. 注浆应均匀，根据推进速度的快慢适当地调整注浆的速率，尽量做到与推进速率相符。

f. 采取措施提高搅拌浆的质量，保证压入注浆液的强度。

g. 推进时，经常压注盾尾密封油脂，保证盾尾钢丝刷具有密封功能。

h. 根据建筑物及周边地面状况，合理地布置地面注浆管，及时进行地面注浆跟踪。

i. 加强施工监测，实施动态信息化施工管理。

②抢险措施(变形可控状态)：

a. 对建筑物进行必要的预先结构加固、地基加固。

b. 根据地面监测情况，及时调整盾构机施工参数，如推进速度、平衡压力、出土量等。

c. 根据建(构)筑物、周边地面变形情况及时调整注浆量、注浆部位，对沉降大的部位可采用补压浆的措施。

d. 及时更换损坏的盾尾，或在盾尾内垫海绵，对盾尾进行堵漏。

e. 从管片上进行壁后注浆，减少盾尾漏浆。

f. 加强监测频率和监测要求。

③抢险措施(变形达非可控状态)：

a. 盾构停止推进，同时根据变形情况及时调整注浆量、注浆部位，对沉降大的部位进一步采取补压浆的措施，减缓或制止地层的进一步变形。

b. 紧急组织所有应急人员到位，根据指令快速调集足够的应急物资到场，紧急向上级部门汇报，启动抢险救援预案。

(2)盾构机进出洞

①预防措施：

a. 加强操作规程交底、加强现场土体监测和观察，避免门洞钢筋混凝土在凿除过程中不合理形成水土压力过高，发生漏水、涌砂、地面坍塌现象。

b. 控制进出洞时掘进速度、压力，加强周边建筑物、管线、道路沉降监测，增加监测频次。

②抢险措施：

a. 组织技术人员和相关专家迅速查明现场的实际情况。

b. 根据现场事故情况以及现场工程环境情况，由技术负责人召开技术会议确定采取的应急措施(如临时排水、注浆、封堵等)。

c. 工程管理人员、技术人员密切关注事故的发展趋势和出现的新情况，及时沟通并根据现场情况对应急措施进行优化和调整。

d. 救援施工时密切注意周围环境的变化,采取相关应急措施,防止事态的进一步发展。

e. 加强对周边环境的监控。

（3）突发隧道进水

①预防措施：

a. 对周边地下承压水、暗涌等地质采取相应加固技术手段。

b. 临近江河边采取有效的防水措施及防管涌措施。

c. 加强对灾害性天气的监控。

②抢险措施：

a. 事故发生后,事故现场负责人必须在第一时间赶赴现场,施工现场的抢险救援小组成员必须接受统一指挥,投入抢险救援工作。

b. 组织技术人员迅速查明现场的实际情况。

c. 根据现场提供的各种资料,通过简短的会议决定应采取的应急措施（如临时抽水、排水、封堵、注浆等）。

3. 矿山法区间隧道施工事故

（1）拱顶坍塌

①预防措施：

a. 施工前对隧道通过和影响地段进行施工勘察。

b. 选择适宜的降水、排水方案,确保隧道无水作业。

c. 加强超前支护施工质量,保证超前导管或管棚的数量、长度、外插角和搭接长度,严格控制注浆和注浆压力,并根据岩（土）层特性调整注浆参数及工艺。

d. 拱部采用人工开挖,预留核心土,保证在加固范围内开挖,严谨挖"神仙土"（只挖底下部分,使上面的土在底部的土挖空后塌方）;台阶长度不得超过一倍洞径;上台阶开挖时拱脚应垫牢、垫实,严格按设计要求打设锁脚锚管,保证锁脚锚管的长度及角度,保证纵向连接筋和钢筋网的焊接和搭接质量;下台阶接腿和仰拱施工要一次形成,保证技术封闭成环;开挖完成后及时架设钢支撑,喷射混凝土。

e. 及时加强背后回填注浆。

f. 开挖过程中如出现小范围的局部坍塌,应立即停止开挖,并封堵开挖面,根据地质情况、坍塌范围和部位,待制定可行的防止继续坍塌措施后方可继续施工。

g. 加强监控量测,根据检测结果调整施工工艺和参数。

②应急措施：

a. 疏散险情现场闲杂人员,必要时,对地面影响范围内的周边单位或住宅内的人员进行疏散。

b. 如塌方范围内地层存在管线,应通知相关产权单位,并配合对其监护和处置。

c. 必要时,会同属地公安交通部门对影响到的周边道路进行封闭,疏导调整事故路段内的交通。

d. 组织经验丰富的抢险人员采取堆土、沙袋或木支撑、格栅钢架等手段封闭掌子面。

e. 加强和地面的联系和检测,观察坍塌的发展情况。

f. 从已支护好的部位钻孔,对坍塌处采取泵送混凝土、注浆等措施将坍塌处填充密实,必要时可结合地面回填等手段。

g. 根据坍塌情况和发展趋势确定成立公司或项目管理公司现场施工指挥领导小组,进行现场施工管理。

(2)隧道突泥涌水

①预防措施:

a. 隧道开挖施工前,对沿线地层和管线进行一次普查,若发现有管线渗漏的情况应立即通知相关单位进行修补和加固,同时采取可靠的保护措施。

b. 对不良地质提前采取加固措施。

c. 详细调查地下水的补给来源,采取多种措施切断其补给。

d. 进行隧道开挖的预降水及开挖过程中的洞内疏排水工作,确保隧道开挖无水作业。

e. 在打设超前小导管时,如发现管内大股流水等异常情况,应立即封闭掌子面,待制定可靠措施后方可继续施工。

f. 加强地质素描和超前地质预报工作,一旦发现围岩发生变化,立即改变超前支护和加固措施。

g. 其他措施同管线变形过大预防措施。

②应急措施:

a. 准备好足够的沙袋,一旦发生突发情况,立即用沙袋封堵。

b. 待封堵稳定后喷射混凝土封闭掌子面,进行全断面超前注浆,并对注浆效果进行检查,直至达到开挖要求方可继续施工。

c. 突泥后及时进行注浆。

d. 准备足够的抽水设备及时排除涌水,如可能,第一时间切断水源补给来源,加强注浆堵水,加强围岩。

e. 根据情况确定成立公司或项目管理公司现场指挥领导小组,进行现场施工管理。

(3)隧道初支失稳

①预防措施:

a. 从超前支护、格栅间距、开挖步序、开挖台阶长度等方面严格按设计文件要求组织施工,对有临时支撑的工法施工时,应严格控制每步的开挖断面尺寸。

b. 保证钢格栅和纵向连接筋,特别是临时支撑的连接和焊接质量。

c. 施工过程中防止临时仰拱堆载过大和动载。

d. 在二次衬砌施工前,严格按设计及施工组织设计要求的方式、时间和顺序拆除临时支撑。

e. 加强拱顶沉降、收敛和应力应变的监控量测工作,并加强对检测数据的整理分析,如发现异常立即停止施工,对初支进行加固。

f. 进行背后回填注浆时,随时检测初支的变化情况,严格控制注浆压力。

g. 对需要爆破施工的区段严格按照专业设计单位提供的爆破参数作业。

②应急措施:

a. 立即停止施工。

b. 紧急组织所有应急人员到位,根据指令快速调集足够的应急物资到场。

c. 采用木方或工字钢立即对初支进行加固,加固范围为失稳段两侧各延长一倍洞径。

d. 对于构成隧道永久结构的初支,根据其失稳破坏情况,在专家的指导下,采用锚杆补强、加密钢支撑、增加喷射混凝土厚度等综合处理措施。

  e. 加固的同时，同步进行监控量测，根据检测结果指导加固施工。

  f. 检测地面、管线和建筑物的变形情况。

  g. 待加固完成并稳定后方可继续施工。

第九章 公路工程总承包项目风险管理

9.1 概述

9.1.1 公路工程总承包的含义及优缺点

1. 公路工程总承包含义

工程总承包是项目管理中的一种组织实施方式,或叫作一种承发包模式。建设部 2005 年颁布的《建设项目工程总承包管理规范》(GB/T 50358-2005)对工程总承包的定义为:"工程总承包企业受业主委托,按照合同约定对工程建设项目的设计、采购、施工、试运行等实行全过程或若干阶段的承包。"工程总承包企业按照与业主签订的工程总承包合同,对承包工程的质量、安全、工期、造价全面负责。工程总承包企业可依法将所承包工程中的部分工作发包给具有相应资质的分包企业,分包企业按照分包合同的约定对总承包企业负责。

工程总承包主要有如下方式:

(1)设计采购施工(engineering procurement construction,EPC)/交钥匙工程总承包,即工程总承包企业按照合同约定,承担工程项目的设计、采购、施工、试运行服务等工作,并对承包工程的质量、安全、工期、造价全面负责。交钥匙工程总承包是设计采购施工总承包业务和责任的延伸,最终向业主提交一个满足使用功能、具备使用条件的工程项目。

(2)设计-施工(design-build,D-B)总承包,即工程总承包企业按照合同约定,承担工程项目的设计和施工,并对承包工程的质量、安全、工期、造价全面负责。

(3)根据工程项目的不同规模、类型和业主要求,工程总承包还可采用设计-采购(design-procurement,E-P)总承包、采购-施工(procurement-construction,P-C)总承包等方式。

交通部在《关于开展公路工程项目设计施工总承包试点工作的通知》文件中指出,公路工程总承包是将工程项目的设计和施工合并招标,由中标人对工程的设计和施工实行总承包的一种工程项目管理模式。中标企业(即总承包企业)应具备招标文件规定级别的公路工程勘察综合类资质、设计资质和公路工程施工总承包资质(如不具备以上全部资质,也可以是联合体)。总承包企业承担的公路工程勘察设计工作一般包括初勘、详勘、定测等外业工作,也包括初步设计、技术设计(如需要)、施工图设计等内业工作;承担的公路工程的采购和施工工作包括土建工程(路基、桥涵、隧道工程,房建工程)施工、路面及交通安全设施施工、机电工程施工、相关的材料采购、设备的采购及安装。

参照建设部和交通部的有关规定,本书对公路工程总承包的定义阐述如下:公路工程总承包是指在公路工程可行性研究报告批复之后,将公路工程的勘察设计、施工(含设备的采购)等工作一起委托给具有相应资质的工程总承包企业完成,最终达到合同约定的质量、安全、工期、造价目标的工程承包模式。

2. 公路工程总承包的优缺点

在传统的设计-招标-建造(design-bid-build,DBB)承发包模式下,业主分别与设计承包商和施工承包商签订合同,设计承包商和施工承包商之间没有合同关系而是工作关系,他们分别根据各自的合同向业主负责。而在工程总承包模式下,由唯一的一个总承包商对设计、施工和采购负责,这种建设模式与传统模式相比既有优点也有缺点。

(1)公路工程总承包的主要优点

①使工程设计与施工结合更协调、更紧凑,设计单位在施工图设计时要充分考虑施工单位的技术优势、设备优势和人力资源优势,使施工图真正成为指导施工单位的图纸,有利于减少后期的设计变更。

②可以充分调动总承包单位内部的资源配置,最大限度地优化设计方案,减少资源浪费,既可增加承包商的利润空间,又可以减少业主投资风险。

③有利于减少工程建设招投标环节,节约社会成本。

④业主的管理相对简单,协调工作减少,在施工过程中通过动态设计、动态施工,缩短工期和减少工期延误。

⑤有利于推进公路建设勘察、设计、施工企业调整经营结构、整合单位资源,培育具有国际竞争力的大型企业。

(2)公路工程总承包的主要缺点

①对总包而言,招标发包工作难度大,合同条款不易准确确定,容易造成较多的合同争议,成本风险大,因此合同管理的难度一般都较大。

②由于总承包商同时负责设计与施工,业主对工程的控制比在传统模式下要弱一些,总承包企业为了追求项目利润的最大化,可能会采取降低结构安全系数或其他途径来减少工程成本,从而造成工程质量和安全隐患。

③业主择优选择承包方范围小。由于承包范围大,介入时间较早,工程信息未知较多,因此承包方要承担较大的风险,而有此能力的承包单位数量较少,这往往导致承包价格较高。

9.1.2　公路工程总承包项目风险管理

1. 公路工程总承包项目风险的主要特征

公路工程总承包项目风险,就是指在公路工程总承包项目的实施过程中,由于不确定因素的影响,造成工程项目达不到预期的质量、进度、投资、环境、安全等目标的可能性。

公路工程总承包项目的实施是一个复杂的系统工程,工程风险是在总承包项目建设这一特定环境下发生的。项目风险是与项目建设活动的内容紧密相连的,项目总体风险是由相互作用甚至是相互依存的若干子项目的风险按一定规律复合而成的。公路工程总承包项目风险具有以下特征：

（1）工程环境复杂，利益相关方多，社会关系错综交织。工程总承包项目在实施过程中，项目所在地的政治、法律、社会经济环境、资金、劳务状况等的不确定因素较多，使风险发生的概率增加；而且还可能遇到不同的业主、不同的技术标准和规范、不同的地理和气候条件；又由于总承包建设涉及工程的整体设计、土建、安装、设备采购、运输、营运等多方面的工作，因此对总承包商的综合管理水平要求很高。

由于整个承包工作环节多，牵扯面广，履行合同所面临的各种主客观不确定因素较多，各种风险发生的可能性也必然增加，加上在履行过程中，承包商不但要处理好与业主的关系、与监理工程师的关系、与业主其他承包商的关系，而且要处理好与联合体各合作伙伴、分包商、供货商的关系。因此，工程总承包商经常处于纷繁复杂、变化多端的环境中，承担的风险比一般项目要大，风险管理的难度也相应增大。

（2）工期长。公路工程总承包项目合同工期一般都较长，主客观不确定因素发生变化的概率较大，如各种自然灾害，以及原材料、劳动力等影响价格变动的各种不确定性因素发生变化带来的各种风险，使企业的工程管理，尤其是风险管理增加了一定难度。例如，福建省武夷山至邵武高速公路设计施工总承包项目（以下简称武邵高速公路项目），设计期 10 个月，施工期 36 个月，收费期 25 年，投标人要根据测算的项目总投资、运营养护费用、项目预期经营收入等，提出设计施工总承包的包干总报价，总承包商要承担的风险是一般项目无法比拟的。

（3）造价高。总承包项目本身由于系统复杂、技术含量高，所以成本相对较高，无论是业主还是承包商都无法承担项目失败带来的损失。例如，武邵高速公路项目估算总投资 40.5 亿元人民币，设计施工总价在 2600 万元/千米～3200 万元/千米，同时要求投标人投资的项目资本金至少为项目总资本金的 40%。这就要求总承包商要有一定的财力和风险抵抗力。

2. 公路工程总承包项目风险管理的含义及程序

（1）公路工程总承包项目风险管理的含义

工程总承包项目的风险管理是工程总承包项目管理的重要组成部分，项目管理的内容包括项目综合管理、项目范围管理、项目进度管理、项目费用管理、项目质量管理、项目人力资源管理、项目信息沟通管理、项目风险管理、项目采购管理等。《建设项目工程总承包管理规范》指出："项目风险管理是对项目风险进行识别、分析、应对和监控的过程。它包括把正面事件的影响概率扩展到最大，把负面事件的影响概率减少到最小。"

公路工程总承包项目风险管理是公路工程总承包项目管理班子通过对风险的识别、评估分析、应对和监控，以最小代价，在最大程度上实现项目目标的科学和艺术。

（2）公路工程总承包项目风险管理的程序

一般来说，承包商对公路工程总承包项目的风险管理程序分为风险识别、风险评价、风险应对 3 个主要阶段。

①风险识别。风险识别是风险管理的第一步，也是最重要的一步。风险识别，是指承包商的风险管理人员在收集资料和调查研究之后，运用各种方法对所承包的公路工程总承包项目可能遇到的各种风险进行全面判断、系统归类的过程。这个阶段的风险管理的主要任

务是判断工程总承包项目存在什么风险,找出导致风险发生的因素。

承包商对工程总承包项目风险的识别应包括承包商在工程总承包项目中所面临的各种风险和风险成因的总体识别以及具体项目所面临的风险及其成因的识别。

②风险评价。风险评价是指采取科学方法对经辨识及分类的风险进行综合分析,确定项目风险整体水平和各种风险对项目的影响程度。

通过分析评价工程总承包项目中存在的风险,不但可以更好地认识风险,了解其性质及风险量的大小,而且可以在此基础上,制定合理的风险对策,从而进行有效的风险管理。风险评价的主要作用表现在:a. 把握项目的整体风险水平,以确定项目是否要继续进行下去;b. 对各种风险事件后果进行评价,并确定其严重程度顺序,以便于开展项目风险管理。所以,风险评价是风险识别和风险应对之间的桥梁,是决策的基础。

③风险应对。公路工程总承包项目风险应对是指在进行了风险辨识、评价后,根据风险评价结果,针对具体存在的风险因素,有针对性地选择风险处理策略,采取应对措施,以把风险降至理想程度为目标的计划和执行过程。公路工程总承包中常用的风险应对策略主要有风险回避、风险转移、风险缓解和风险自留,以及这些策略的组合。

9.2　公路工程总承包项目风险评估与应对

9.2.1　FIDIC"银皮书"中的承包商风险

FIDIC 于 1999 年出版了《FIDIC 设计采购施工(EPC)/交钥匙合同条件》(简称"银皮书")、《施工合同条件》(简称"红皮书")、《生产设备和设计、施工合同条件》(简称"黄皮书")和《简明合同格式》(简称"绿皮书")4 本合同条件,其中"银皮书"适用于工程总承包的发包项目。在"银皮书"下,承包商承担的各类风险比"红皮书""黄皮书"及"绿皮书"中规定的多得多,具体如表 9-1 所示。

表 9-1　"银皮书"中承包商的风险识别

编号	条款号和标题	风险因素
1	1.1.1〔合同〕	1. 合同文件规定不严谨,措辞不当或有歧义
2	1.4〔法律与合同〕	1. 法律变更; 2. 承包商与业主之间产生误会、分歧以及承包商的翻译不够专业、不懂合同产生的各种误述、曲解
3	1.3〔通信〕	1. 通信不畅,承包商难以与业主、材料与设备供应商之间进行沟通
4	1.4〔保密〕	1. 承包商对合同条件的保密不当,在未经业主同意的情况下,擅自披露或出版了工程的某些细节,侵犯了知识产权
5	1.13〔遵守法律〕	1. 业主的国家政府办事效率低,政府官员腐败; 2. 工程所在国对外国承包商所实施的种种歧视性政策

续表

编号	条款号和标题	风险因素
6	1.14〔共同及各自责任〕	1. 合作伙伴资金周转困难; 2. 利润与损失的分配意见不一致; 3. 合作伙伴间不信任; 4. 合作伙伴的母公司对该联营体的政策变化或干涉行为; 5. 合作伙伴缺少管理能力和资源
7	2.2〔许可、执照和批准〕	1. 业主在承包商申请各种许可、执照和批准时协助不力
8	2.4〔业主的资金安排〕	1. 业主的资金安排不一定得到兑现,存在业主拖延付款的可能
9	3.4〔指示〕、3.5〔决定〕	1. 业主代表工作效率低,拖延签署各种指令、决定和支付; 2. 业主过于苛刻,有意拖延支付,或找各种借口减扣支付的工程款
10	4.1〔承包商的一般义务〕	1.《业主任务书》中存在不确定性或歧义; 2. 材料质量不合格,没有质检证明,因而引起返工或由于要换材料而拖延工期,或材料供应不及时,因而引起停工、窝工以及其他连锁反应; 3. 设备供应中同样可能存在质量不合格和供应不及时的问题;另外,还有设备不配套的问题
11	4.2〔履约保证〕	1. 业主无理保函取款
12	4.4〔分包商〕	1. 分包商违约; 2. 分包商不能按时完成分包工程而使整个工程进展受到影响; 3. 协调、组织分包商的工作做得不好而影响全局
13	4.6〔合作〕	1. 与业主人员、其他承包商和任何合法机构的成员合作过程产生了不可预见的费用
14	4.7〔放线〕	1. 业主提供的参照系不准确
15	4.10〔现场数据〕	1. 业主提供的现场数据(5.1款中的数据除外)不准确、不充分或不完整; 2. 承包商对现场数据的证实和解释有错误,没有发现地质地基、水文气候、地下管线中的问题
16	4.12〔不可预见的困难〕	1. 不可预见的困难、意外事件均由承包商负责
17	4.13〔道路及设施权〕	1. 无法获得或以很大的代价才能获得道路及设施的使用权
18	4.15〔进场路线〕	1. 业主提供的进场路线不适用或不可获得
19	4.12〔货物运输〕	1. 制裁与禁运; 2. 海关清关手续复杂; 3. 进出口管理制度和报复性关税
20	4.17〔承包商设备〕	1. 设备维修不足,或者备用件购置困难
21	4.18〔环境保护〕	1. 施工或项目运行环境破坏了生态平衡或造成了污染,导致居民的抗议、投诉或干扰以及政府的干预
22	4.19〔电、水、气〕	1. 无法或只能高价获得工程所需的电、水、气

续表

编号	条款号和标题	风险因素
23	5.1〔一般设计任务〕	1. 设计标准过高或过低; 2. 设计(包括业主提供的设计)中出现了错误
24	6.4〔劳动法〕	1. 承包商按照当地劳动法必须雇用当地劳工,而当地劳工工作效率低下,薪金水平高
25	7.5〔拒收〕	1. "拒收"与"再检验"使业主发生了费用
26	7.6〔补救工作〕	1. 因为承包商未能按照业主"指示"完成工作,业主雇用其他承包商完成此工作并产生了由承包商承担的费用
27	8.4〔竣工工期的延长〕	1. 异常不利的气候造成的工程拖期,如特大暴雨、洪水、泥石流、塌方; 2. 由于传染病或其他政府行为导致的人员或货物的不可预见的短缺
28	8.6〔进度计划〕	1. 承包商修改后的进度计划使业主产生了额外的费用
29	8.8〔工程暂停〕	1. 因为承包商的原因造成了暂停,暂停中造成了材料、设备或工程的损失或缺陷
30	9.2〔延误的检验〕	1. 承包商的原因造成了检验的延误
31	9.4〔未能通过竣工验收〕	1. 工程或其某一区段未能通过9.3款中的"重复检验",业主收回了为该工程所支付的所有费用以及相应的融资费
32	10.1〔工程或区段的接收〕	1. 由于承包商未及时提交文件而延误业主对工程的接收
33	10.2〔修补缺陷的费用〕	由下列原因造成缺陷而需修补: 1. 材料、设备或工艺不符合合同要求; 2. 承包商的原因造成了不正确操作或维修; 3. 承包商未能遵守其他规定
34	13.8〔费用变化引起的调整〕	1. 物价上涨或汇率浮动
35	16.2〔承包商终止合同〕	1. 政府项目废弃合同,拒付债务
36	17.1〔免责〕	1. 承包商的疏忽或失误造成业主的人员或财产损失
37	17.2〔承包商照看工程〕	1. 在承包商照看期间,"业主的风险"以外的原因造成了工程的损失或损坏; 2. 在接受证书颁发后,承包商行为造成了工程的损失或损坏; 3. 在接受证书颁发后,承包商在此之前的某些行为引起了损失或损坏
38	17.3〔业主风险〕	在下列情况下,承包商很难得到完全赔偿: 1. 工程所在国发生内战、暴动、军事政变等; 2. 国有化、没收与征用
39	17.5〔知识产权和工业产权〕	1. 承包商对工程的设计、制造、施工侵犯了知识产权或工业产权

　　不同的工程总承包项目由于具体情况和边界条件存在差异,所表现出来的风险也多种多样,但主要的风险存在着共性。因此,公路工程总承包项目承包商的风险因素可在表 9-1 的基础上结合公路工程总承包项目的特点来具体确定。

9.2.2　风险识别

　　公路工程总承包项目同其他行业的工程总承包一样,在项目的整个生命周期内存在着众多的风险,体现于项目的整个实践过程。本书基于承包商的角度,按照风险的来源,结合公路工程总承包的过程,对项目的风险按照项目投标、实施(含设计和施工)两个阶段进行纵向分析。

1. 投标阶段的风险

(1)总承包商方面的风险

　　①贸然进入市场的风险。由于公路工程总承包模式的综合性特征,总承包商中标签订合同后需要对项目的设计、采购和施工全面负责,如果在情况不清晰的条件下盲目投标,必将带来极大的风险。由于总承包项目合同金额大,具有很强的诱惑力,有些公司为了获取总承包项目,不注重了解工程所在地的政治、经济和地理环境因素,不分析招标条件、自身实力,在没有充分准备的情况下仓促投标,往往投入大而收益小,并且在项目执行过程中存在更多的困难和风险。

　　贸然进入市场的主要风险因素有信息来源不确切、项目不落实、工程所在地情况不明、对竞争对手现状不了解、进入新市场等。

　　②联合体合作伙伴的选择风险。由于总承包项目工程规模大,技术专业多,既包括设计,又包括施工。加之,目前我国的大型建筑业企业(包括交通建筑业)无论是大型勘察设计院还是大型施工企业,都不可能将其一步到位改造成具有工程总承包全功能的工程公司。因此,在从施工总承包向工程总承包转变的过程中,建筑业企业的联合体或企业战略联盟的组织形式将普遍存在。通常联合体的产生总是由一个各方面实力较强的企业(核心企业)根据当前出现的建设市场机遇首先发起。它要完成组织联合体的初步设计并负责管理整个联合体的运行。加入到联合体中的那些具备特殊专业能力的企业通常被称作合作伙伴。

　　在建立联合体时,核心企业选择好合作伙伴无疑是非常重要的。若合作伙伴实力不足,没有抵御风险的能力,将核心企业(或总承包商)拖入困境,就会加大总承包商承担的风险。

　　联合体合作伙伴的选择主要风险因素有合作伙伴的专业能力差、财务状况不好、类似工程经验不足、难以有效沟通等。

　　③总承包商的技术与管理风险。如果总承包商没有承担类似工程的经验,在技术上不能胜任,这必将导致在总承包项目实施过程中设计和施工失误过多,增大了项目实施成本,同时也降低了总承包企业的信誉。另外,总承包项目不同于一般的承包项目,项目管理水平要求较高,因此,在决策是否投标时也应考虑自身的管理水平。

　　④商务报价的风险。在总承包项目报价时,承包商常常处于进退两难的境地:报价过高难以中标,报价过低成本和利润又难以保证。由于总承包商在投标前对工程所在地的市场行情以及工程现场条件的了解十分有限,业主提供的"工程可行性研究报告"等资料可能比

较粗略,设计条件不足或可能改变,设计方案和施工方案可能频繁变化,预估的工程量可能和实际的工程量相差甚远,预测的材料、设备、劳力费用上涨可能估计不足,施工中可能发生工程变更或出现不可预见情况等。在众多的不确定因素下,总承包商以固定总价方式签订总承包合同,总承包的风险要大得多。因此,在总承包项目投标中,承包商将承担失去获得工程的机会和可能获得工程的同时制造了潜在的财务风险的双重压力。

商务报价的主要风险因素有招标文件分析不够、现场考察失误、对实施阶段预测有误(如对设计工作量估计不足)、报价失误等。

(2)项目与招标条件方面的风险

①项目定义不准确的风险。在工程总承包项目的招标阶段,业主往往只给出项目的预期目标、功能要求、设计基准等。例如,武邵高速公路项目,业主在招标文件中提供的基础资料仅有"工程可行性研究报告",总承包商要根据招标文件和"工程可行性研究报告"来完成项目的工程勘察、初步设计、技术设计(如需要)、施工图设计、工程施工等相关工作的费用测算并报价。因此,项目范围较难确定,计价项目及工程量还不很清楚,总承包商将面临较大的风险。

项目定义不准确的主要风险因素有业主前期工作不足、招标要求不清楚、设计基础资料短缺等。

②合同风险。工程承包合同是执行一个工程项目的法律性文件,在工程项目的执行中任何程序和工程环节都要在合同环境下予以实施。工程承包合同的重要作用之一是对工程风险进行分配,尽可能全面、明确地将所有的工程风险分配给参与工程项目的各方。按照合同的计价方式,可将工程承包合同分为总价合同、单价合同、成本加酬金合同。不同种类的合同有不同的应用条件,对合同双方会产生不同的风险,承包商在投标时应充分考虑这种风险,即合同类型的风险。此外,由于招标文件是由业主准备的,加上业主在工程项目中的特殊地位,因此,一般来说,合同条款对业主有特殊的保护作用,相应地,总承包商在投标时也应考虑合同条款的风险。

③项目技术风险。在工程建设项目投标中,项目的技术要求和施工难度是影响投标的重要因素,涉及企业的技术水平、机械设备和生产资源的投入。通常工程技术要求越高,施工难度越大,复杂性越高的,不确定性因素就越多。因此,在项目投标时需要对这些因素进行认真分析,在此基础上决定是否投标。

④业主的信誉风险。业主的信誉包括业主在执行合同过程中能否及时支付工程款、能否及时审批承包商文件、应当由业主提供的设备材料能否及时到位或是否符合合同要求等方面,无论是哪种情况出现差错,都会给承包商带来损失。因此,业主的信誉也是决定中标后是否盈利的关键。原则上讲,对于信誉差的业主,承包商应该考虑放弃投标。

⑤业主的管理风险。在工程的投标及今后的项目实施过程中,业主的技术管理水平的高低会在一定程度上影响承包商的工作能否顺利进行,因此,投标时需要认真考虑,以免今后遇到不必要的麻烦。

(3)环境风险

①政策法律风险。国家法制不健全,政策多变,或者有章不循、有法不依等政策法律因素均会对项目实施的成败产生重大影响,在投标决策时需慎重考虑。

②经济环境风险。经济风险指在经济领域潜在或出现的各种可导致整个工程遭受损失

的不确定性。经济风险主要有通货膨胀率居高不下、国家经济形势恶化、金融风险、税收政策变化、物价上涨等,这些风险都会影响建设项目的总成本。因此,在投标决策时必须考虑经济环境的影响。

③自然环境风险。自然环境风险是指由自然力的作用造成的与工程相关的财产损失或人员伤亡的风险,包括不利地质条件,具体包括地震、滑坡、地质情况复杂等;不利的气象条件,如高温、暴雨、雷电、台风等;不利的水文条件,如洪水、泥石流、地下水等。

④竞争对手风险。在工程项目投标中,竞争对手的数量和实力是投标决策时要考虑的因素。竞争对手越多、实力越强,对某个承包商而言中标的概率越小。

2. 实施阶段的风险

(1)合同条款的风险

合同条款是招标文件的重要组成部分,一旦投标人中标,即构成合同文件。而工程承包合同是执行一工程项目的法律性文件,在工程项目的执行过程中,任何程序和工作环节都要在合同环境下予以实施。由于招标文件是由业主准备的,加上业主在工程项目中的特殊地位,因此,一般来说,合同条款对业主有特殊的保护作用。相应地,对总承包商来说存在潜在的风险。

①合同文件中的错误、遗漏和不一致。对于工程总承包,合同文件往往很多,涉及内容也很多,如合同条款、技术规范、设备材料、基础数据、基础设计文件等。但这些合同文件中,可能会出现技术要求、规定和工程量在不同的合同文件中的表述不一致,以及存在这样或那样的疏漏和错误。而业主一般在合同中都规定自己对合同中的遗漏、错误等免责,这样就构成了承包商的潜在合同风险。主要风险因素包括合同数据错误、承包商应当预见的合同遗漏、承包商不能预见的合同遗漏。

②合同的解释。鉴于合同双方当事人所处地位和利益关系不同,对合同的理解也不尽相同,因此,有必要明确合同文件的合理解释顺序。但是,由于承包商与业主之间在实质上并不是平等的关系,业主往往利用其特殊的合同地位,对合同做出不利于承包商的解释,从而对承包商造成不利影响,特别是某些技术性强的问题,如果解释有偏差,将对承包商成本造成较大的影响。

③业主审批承包商文件。业主为了确保总承包商能够按照合同要求执行项目,往往在承包合同中规定业主对承包商的项目文件具有审批权力,如业主可审批承包商的技术规范、初步设计或施工图设计文件、设备材料采购文件、竣工文件等。

FIDIC-EPC合同条件第5.2条规定,承包商有义务提交项目文件供业主审批。在工程总承包中,业主审核批准承包商文件本身是无可厚非的,但在工程实施过程中,如果业主重复多次修改审批承包商的文件,或者反复提出审批意见,则会给承包商执行项目带来很大的风险,尤其是对项目工期的影响。如果是承包商的设计错误造成这种情况,则承包商肯定会由于业主的重复多次审批或反复提出审批意见而受到损失,这就要求承包商对那些业主规定审批的设计文件应非常精心去设计。因此,业主分次提出审批意见和反复提出审批意见均是业主审批承包商文件的风险因素。

(2)来自业主的风险

①设计基础资料不规范、“要求”不明确的风险。业主提供的设计基础资料不规范,很可能造成设计不充分、设计错误或设计进度拖延;业主的“要求”不明确,易使承包商对设计的

内容范围不清楚。例如,"工程可行性研究报告"过于简单,可执行性差,一些原则性的问题没有解决,不能为设计阶段提供基本的设计环境,造成设计工作不应有的反复。

②业主禁止设计分包与指定设计分包。由于工程总承包涉及的过程较为复杂,相关的专业较多,业主为了保证工程项目质量,在合同中禁止承包商设计分包;而有的业主考虑到承包商的设计能力,要求甚至指定承包商必须把项目设计分包给一些知名的设计公司。

尽管业主的出发点是好的,希望工程项目能够在设计这个环节不要出现质量问题,或者说希望设计能够做到优化设计方案、节约投资,但如果业主不顾承包商的客观实际情况,强行干预承包商的设计,则可能导致承包商在工程项目的总体安排上出现脱节,影响项目的进度;若承包商对设计分包控制不严或两者配合不到位,则可能影响到工程项目的质量;如果设计分包商在工程实施过程中经常出现设计修改,则可能会造成总承包商无所适从,甚至会出现返工现象。

③业主的信誉风险。业主的信誉风险是指业主履行合同的能力及态度和信誉质量等对总承包商造成的风险。在我国的工程建设中,业主由于筹资渠道某些环节受阻,不能及时筹集到足额资金,导致拖欠工程款的现象时有发生。信誉差的业主为了达到少支付或缓支付工程款的目的,在施工过程中有意刁难承包商或有意拖欠工程款。他们的行为影响了承包商的资金周转,造成了种种损失,并且打乱了工程计划,影响了材料和设备订货、施工机械租赁、工资发放等,进而影响工期和工程质量。

④业主的管理能力风险。工程涉及面广,各方面关系复杂。工程要顺利进行就必须做好各个方面的协调工作,其中很多工作都必须由业主来完成或配合,如征地拆迁、供水供电、当地居民的沟通与协调等。很多工程在实施过程中,可因业主协调不力而受到影响。

(3)来自监理的风险

①监理管理能力风险,主要有关键监理岗位人员更换频繁、监理工作效率低、责任心不强。

②监理技术经济风险,主要有有些监理人员技术水平不高,发出错误指令;不及时签署支付证书或发出指令;变更、索赔费用确定不合理。

(4)来自总承包商的风险

设计作为建设工程的龙头,在公路工程项目实施过程中自始至终都有着不同程度的影响,尽管设计费占工程总承包合同价格的比例不大,一般只有百分之几,但设计对项目投资的影响极为重要。在初步设计阶段,影响项目投资的可能性为 75%~95%;在技术设计阶段,影响项目投资的可能性为 35%~75%;在施工图设计阶段,影响项目投资的可能性为 5%~35%。由此可见,总承包商应充分重视设计工作可能对工程项目产生的风险。

在施工阶段,客观因素引起的各种各样的风险,在许多情况下承包商可以免责,或从业主那里得到工期或费用的补偿,而承包商自身主观原因引起的风险,其损失往往难以得到弥补。

设计阶段和施工阶段来自承包商自身的风险因素都将在不同程度上影响和干扰总承包商执行工程项目,进而影响总承包商执行总承包工程的预期经济目标。

①设计技术风险。设计技术风险的主要风险因素有:缺少相应专业的专家、错误理解业主提供的设计基础资料(如"工程可行性研究报告")、沿线地形地质条件勘察不细、路线方案设计不合理(如主要控制点选择不当)、施工图设计不详细或有遗漏、未进行优化设计、概预

算编制不准等。

②设计管理风险。管理风险的主要风险因素有设计人员责任心不强、各专业设计部门之间配合和协调不好等。

③总承包商施工项目管理风险。公路工程总承包项目对总承包商的管理能力和经验有较高的要求,总承包商对工程项目的管理工作比具体实施工作更为重要。总承包商通过对工程项目的管理,保证项目符合合同质量要求并按照合同规定的期限顺利完工,以此来实现总承包商的预期经济目标。通常,总承包商项目管理风险因素主要包括:施工管理人员、技术人员和工人责任心不强;施工现场管理不当;项目分包不适当或分包商有问题;建筑材料供应不及时或不合格;机械设备效率低或经常出现故障;出现质量或安全事故。

④总承包商施工技术风险。在项目施工中,由于总承包商的技术能力薄弱、施工机具设备的局限、施工方法的相对落后等,承包商风险发生的概率增加了,从而影响承包商的预期经济目标。总承包商技术风险因素主要有:施工方案不当;施工人员生产效率低;施工工艺不合理或落后;现场施工人员不熟悉设计图纸,不了解设计意图;一般技术人员的素质不过硬。

⑤总承包商资金状况与项目资金运作经验。在公路工程总承包项目中,所需要投入的资金量和现金流量是非常巨大的,在项目执行过程中,需要承包商自有资金也较多。同时,由于业主支付的工程进度款具有一定的滞后性,因此,承包商自有资金不足或项目资金运作不科学将在不同程度上影响项目的进展,也会影响承包商的预期收益。

工程总承包项目的利润率较低,从理论上说,承包商只要依赖于项目工程款就可以完成工程,但由于业主支付进度款具有一定的滞后性,因此,承包商在执行项目时需要动用自有资金,如果承包商的自有资金不足并且过多依靠贷款来运作项目,则承包商执行项目的预期经济效益无疑会受到影响。而项目的资金运作是个非常复杂的问题,尽管项目资金运作是无形的,但其运作得好坏将直接影响承包商的经济收益,甚至影响到项目的进展与运行。项目资金运作包括项目应收款与项目进度衔接问题、项目收入与项目支出衔接问题、资金汇兑、银行业务和贷款等。

⑥分包商选择风险。由于总承包项目工程规模大,技术专业多,既包括设计,又包括施工,因此一般由一家公司总承包或采用联营体方式总承包后再进行分包。分包商的实力直接关系到总承包工程的实施、质量、进度和成本。若分包商实力不足,没有抵御风险的能力,将总承包商拖入困境,就会加大总承包商承担的风险。来自分包商的风险主要有:分包商能力不足从而导致经常拖延工期或因质量的问题而返工;分包商由于各种原因中途违约;与分包商协调组织工作不顺而影响全局。

(5)环境风险

①政策法律风险。虽然在投标决策时已经分析了国家的政策法律因素对项目实施的影响,但是在项目施工阶段仍然需要充分评估国家的政策法律因素,以进一步采取防范措施。

②经济环境风险。在项目施工时如遭遇通货膨胀、国家经济形势恶化、物价上涨等经济环境恶化的情况,则项目的成本目标必然受到重大影响。因此,在项目的施工阶段需要重新评估项目的经济环境对项目的影响。

③自然环境风险。在投标阶段,承包商已经考虑了自然环境对项目的影响,并将其反映

在投标报价中。但是,公路工程项目施工中经常会出现一些承包商在投标时无法预见的不利的地质条件、气象条件和水文条件,如出现软土地基、地下水、文物、自然灾害等。这些因素可引起工程的设计变更、施工方案调整、对工程本身的破坏,有些因素一旦发生往往是致命性的。因此,在项目施工阶段除对政策法律风险、经济环境风险要重新评估外,更应充分重视自然环境风险对项目的影响,并相应地采取工程保险等应对措施。

9.2.3　风险评价

系统而全面地识别公路工程总承包项目风险只是风险管理的第一步,对认识到的风险还要进行充分的分析评价,在此基础上制定合理的风险对策,从而进行有效的风险管理。

公路工程总承包项目与一般的施工总承包项目相比,项目工程环境复杂,利益相关方多,社会关系错综交织,工期长,造价高,具有高风险的特点。但承包商不能就此放弃对公路工程总承包项目的投标而失去良好的机会,同时也不能对公路工程总承包项目的复杂性和特殊性一无所知,毫无顾忌,每标必投。因为从经济方面考虑,大量无效的投标消耗人力、物力,可使其在经济上受到一定的损失;从技术上考虑,如果自身的设计施工技术及管理水平有限,即使中标,项目的具体实施也存在巨大的风险。所以,如何对拟投标项目的总体风险进行客观的评价,做出是否投标的决定,是企业首先要解决的问题。

企业决定投标后,便组织有关人员按业主的要求编制和递交投标文件,如中标便与业主签订合同,进入项目的实施阶段(包括设计阶段和施工阶段)。公路工程总承包项目在实施过程中受到各种可控和不可控因素的影响,存在着各种各样的风险,从而使项目目标的实现受到影响。因此,有必要对公路工程总承包项目实施阶段出现的风险因素进行分析评价,寻找出主要风险因素,以进一步提出针对性的风险管理措施,进行事前控制,以实现项目的预期目标。

因此,公路工程总承包项目风险评价可分为项目投标风险评价和项目实施风险评价两个阶段。无论哪个阶段的风险评价,均需要选择一个相对合适的评价方法。

1. 风险评价的关键环节

公路工程总承包项目风险评价的实质是一个多指标综合评价方法在风险管理中的应用。所谓多指标综合评价,就是指通过一定的数学模型将多个评价指标值"合成"为一个整体性的综合评价值,再据此择优或排序。多指标综合评价方法的总体思路大致可分为熟悉评价对象、确立评价的指标体系、确定各指标的权重、选择评价方法(建立评价的数学模型)、分析评价结果等几个环节。其中确立指标体系、确定各指标权重、选择评价方法(建立评价的数学模型)是综合评价的关键环节。

(1)确立指标体系

①指标体系的含义:所谓指标是指根据研究的对象和目的,能够确切地反映研究对象某一方面情况的特征依据。每个评价指标都是从不同侧面刻画对象所具有的某种特征。所谓指标体系(也称为评价指标体系)是指由一系列相互联系的指标所构成的整体(或指标群)。它能够根据确定的对象和目的,综合反映出对象各个方面的情况。

②指标体系的构建原则:风险评价的核心问题是构建评价指标体系,要求科学、客观、合理以及能尽可能全面地反映影响评价对象的实际情况和影响评价目标的因素。一般来说,

在构建评价指标体系时,应遵循的原则有:指标宜少不宜多,宜简不宜繁;指标应具有独立性;指标应具有代表性与差异性;指标可行。

（2）指标权重的确定

指标的权重是指以某种数量形式对比和权衡被评价事物总体中诸因素相对重要程度的量值。为了体现各个评价指标在评价指标体系中的作用地位以及重要程度,在指标体系构建后,必须对各指标赋予不同的权重系数。不同的权重系数将导致不同的结果,这样评价指标构建将失去意义。因此,合理确定权重对评价有着重要意义,应根据实际情况,选用合适的方法,灵活确定指标的权重。常用的权重确定方法主要有层次分析法（AHP）、德尔菲法（专家调查法）、熵值法。

德尔菲法和 AHP 与熵值法比较,优点是:不需要具备样本数据,专家仅凭对评价指标的内涵与外延的理解即可做出判断。因此,使用范围较广,特别是对一些定性模糊指标,仍可做出判断,且在判断过程中可以吸纳更多的信息。AHP 与德尔菲法适用范围相同,但由于 AHP 对各指标之间重要程度的分析更具逻辑性,刻画得更细,再加上进行了数学处理,其可信度高于德尔菲法。这两种方法的缺点是:在一定程度上具有主观性,如专家选择不当则可信度更低。

熵值法由于深刻地反映了指标信息熵值的效用价值,其给出的指标权值较德尔菲法和 AHP 可信度高,但它缺乏各指标之间的横向比较,又需要样本数据,所以在应用上受到限制。

（3）评价方法的选择

评价方法是实现评价目的的技术手段,评价目的与方法的匹配是体现评价科学性的重点方面。综合评价的方法较多,在选择评价方法时应满足综合评价对象和综合评价任务的要求,根据现有资料状况,做出科学的选择。也就是说,评价方法的选取主要取决于评价的目的和被评价对象的特点。

2. 公路工程总承包项目风险评价方法的选择

（1）对几种综合评价方法的评析。综合评价的方法主要有专家评分法、层次分析法、模糊综合评价法、人工神经网络法、灰色综合评价法。以上几种方法的特点如表 9-2 所示。

表 9-2　各种风险评价方法的对比分析

风险评价方法	特点
专家评分法	优点:使用简单,节约时间,直观性强 缺点:理论性与系统性不强,一般情况下难以保证评价结果的客观性和准确性
层次分析法	优点:与风险管理者的思维程序、分析解决问题的步骤一致,有较广泛的应用性,易于理解和操作;所需数据量较少,花费的时间较短;既有定性分析,又有定量结果,能更系统地综合专家经验,更全面地看待项目风险 缺点:专家的知识、经验和判断对评价结果的影响较大
模糊综合评价法	优点:利用模糊数学将模糊信息定量化,有利于处理一些难以定量化的风险事件、语义信息及风险偏好问题 缺点:确定隶属度比较困难

续表

风险评价方法	特点
人工神经网络法	优点:具有适应能力、可容错性,能尽可能消除评价指标权重确定的人为影响,保证权重的有效性和实用性 缺点:需要大量的训练样本,精度不高,应用范围有限
灰色综合评价法	优点:较好地解决了评价指标难以准确量化和统计的问题,排除了人为因素带来的影响,使评价结果更加客观准确;计算过程简单,通俗易懂,易于掌握;不必对数据进行归一化处理,可用原始数据进行直接计算,可靠性强;不需要大量的样本,只要有代表性的少量样本即可 缺点:要求样本数据具有时间序列特性

(2)公路工程总承包项目风险评价方法的选择。通过分析,我们可以知道每种风险综合评价方法都有自身的优点和缺点,不存在一种能够放之四海而皆准的“正确”的风险评价方法,方法的好坏在很大程度上取决于项目独特的性质和风险评价要求。一般来讲,可参考以下几条原则来选择评价方法:

①选择评价者最熟悉的评价方法。
②所选择的方法必须有坚实的理论基础,能为人们所信服。
③所选择的方法必须简洁明了,尽量降低算法的复杂性。
④所选择的方法必须能够正确地反映评价对象和评价目的。

综合前面的分析,同时考虑到公路工程总承包项目风险影响因素具有层次性与模糊性,本书将层次分析法与模糊综合评价法结合起来,将其称为基于 AHP 的模糊综合评价法,利用此方法对公路工程总承包项目风险进行综合评价。该方法的具体步骤前面章节已有详细阐述。

9.2.4 项目风险应对

公路工程总承包项目风险应对是指在进行了风险辨识、评价后,根据风险评价结果,针对具体存在的风险因素,有针对性地选择风险处理策略,采取应对措施,以把风险降至理想程度为目标的计划和执行的过程。

在对公路工程总承包项目投标阶段的风险进行评价后,存在两种情况:一种是项目风险超过了可接受水平,决定不投标;另外一种情况是项目风险在能够接受的范围内,决定参加此项目的投标。决定投标后,尽可能争取使用有效的风险应对策略和措施在投标阶段把风险发生的概率降低到可控范围内,有效预防风险。

中标后便进入了项目的实施阶段,此时必须重新对项目风险进行再次识别、评价。针对不同的风险,选择不同的风险应对策略和具体的措施,有侧重地加强工程管理,预防风险的发生,如图 9-1 所示。

公路工程总承包项目风险应对的主要内容是选择风险应对策略,根据项目的具体情况实施相应的具体应对措施。

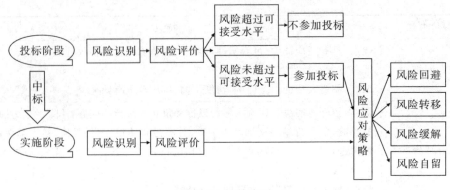

图 9-1　风险应对

9.3　高速公路总承包项目风险管理案例

9.3.1　项目概况

1. 工程概况

武邵高速公路是海峡西岸经济区高速公路规划网中浦城至建宁联络线的组成部分,也是联系国家高速公路网京台线和福银线的重要路段。武夷山至邵武高速公路起于武夷山市,接宁德至武夷山高速公路,经武夷山市、建阳市、邵武市,止于邵武市西南部,接福建省邵三高速公路,路线全长 94.40 km。新建公路全线采用双向四车道高速公路标准设计,起点至和平互通(K0+000～K90+980),设计速度 100 km/h,路基宽度为 26 m;和平互通至终点(K90+980～K94+454)设计速度 80 km/h,路基宽度为 24.5 m。全线新建桥梁共8182 m/27座,其中大桥 7969 m/24 座,中小桥 213 m/3 座;新建隧道共 7721 m/8 座;涵洞217 道;互通立交 7 处(含预留 1 处),分离式立交 7 处;服务区 2 处,收费站 7 处。

工程估算总投资约 40.5 亿元,项目设计期 10 个月,施工期 36 个月,收费期 25 年。

2. 招标范围

项目招标范围为武邵高速公路建设项目的工程勘察、初步设计、技术设计(如需要)、施工图设计和工程施工以及投资参股项目公司。按《中华人民共和国公司法》及其他相关法律和政策规定,中标人与招标人共同组建项目建设、经营等管理企业(即项目公司)并依法办理公司注册。项目公司代表中标人和各投资参股东对项目的策划、资金筹措、勘察设计管理、建设工程施工管理、运营管理、养护维修、债务偿还和资产管理实行全过程负责,自主经营,自负盈亏,并在协议规定的特许经营期满后,将该项目及其全部设施无偿移交给政府指定的机构。

项目特许经营期分为建设期和收费期两阶段,包括该项目的前期准备工作、勘察设计、征地拆迁、工程施工、工程验收、运营养护、移交等全部工作所需的时间。

3. 资金来源

项目"工程项目可行性研究报告"估算总投资约 40.5 亿元,其中项目资本金按国家规定应不少于项目总投资的 35％。项目资本金部分,除本项目资本金总额的 40％ 以上(含40％)由中标人投资参股,其余部分为申请交通部投资和省、市地方自筹。本项目资本金以外部分的其他建设资金由项目公司申请银行贷款。项目公司各股东将按照《中华人民共和国公司法》的有关规定享有相应权利和承担相应责任,并按照现代企业制度进行合作公司的管理。省政府及有关部门若出台鼓励社会投资办法,本项目可享受其优惠政策。

4. 评标办法

项目评标采用经评审的综合评分法,评标委员会对通过初步评审和详细评审的投标文件及其投标人的投资能力、财务状况、融资能力、高速公路设计经验、高速公路建设经验、设计施工总承包及其项目设计施工管理部组建方案、项目设计与建设方案、项目运营与移交方案等方面进行综合评估评分,分值分配为:投资能力 35 分(投资项目资本金 20 分、投资的履约担保 15 分)、建设经验 10 分(勘察设计经验 5 分、建设施工经验 5 分)、设计施工总承包报价 30 分、设计施工总承包实施方案 20 分(勘察设计与工程施工方案的合理性及可行性 10 分、质量目标及保障措施 5 分、项目实施进度及保障措施 5 分)、运营养护目标 5 分。

5. 招标文件组成

武邵高速公路项目招标文件由 9 篇及 2 个附件组成,具体为:第一篇招标公告,第二篇投标须知,第三篇资格后审强制条件,第四篇专用和通用条款,第五篇投标文件格式,第六篇合同协议书格式与履约保函格式,第七篇评标办法,第八篇项目公司组建,第九篇特许经营协议,附件一工程可行性研究报告(另册),附件二现行福建省联网高速公路通行费分配收入计算公式。

第四篇专用和通用条款共分 8 个部分:(1)设计施工总承包单位与项目公司的关系;(2)设计施工总承包联合体的责任与义务;(3)设计施工总承包单位职责;(4)勘察设计要求;(5)工程施工要求;(6)对"工程可行性研究报告"的确认;(7)设计施工总承包专用和通用条款;(8)技术通则。

6. 总承包专用和通用条款

武邵高速公路项目设计施工总承包专用和通用条款分为勘察设计合同专用条款、工程施工合同条款两部分。

(1)勘察设计合同专用条款主要内容

①项目的业主。本合同的业主为南平市高速公路有限责任公司与中标的设计施工总承包单位共同组建的"项目公司"。

②勘察设计主要工作内容。主要工作内容为:K0＋000～K91＋000 公路(含路线、路基、路面、桥梁、隧道)、交通工程(含收费、监控、通信等)、沿线设施(含安全、养护、服务、房屋建筑等)等勘察设计。

③不可抗力和业主风险。

不可抗力:指业主与承包人不能预见或不能采取措施避免且不能克服的自然灾害或社会政治因素等。

业主风险:因不可抗力或应由业主单方承担责任而产生的风险。

④一般责任和义务。

安全、保卫与环境保护：设计人在进行外业勘察时，应采取相应的安全、保卫和环境保护措施，因设计人员未能采取有效的措施而发生与外业勘察活动有关的人身伤亡、罚款、索赔、损失赔偿、诉讼费用及其他一切责任应由设计人负责。

保险：设计人为实施本项工程，应参加业主风险以外的其他有关的雇主责任保险，以使本项工程顺利进行。

道路维护：设计人在进行外业勘察时，造成原有道路和桥梁的损坏或损伤而引起的一切索赔、赔偿、诉讼费用和其他费用，由设计人自行承担。

附着物保护：设计人在进行外业勘察时，应尽量保持路线经过范围内地上附着物的完好，造成损坏而引起的一切索赔、赔偿、诉讼费和其他费用，由设计人自行承担。

⑤项目公司的责任与义务。业主应向设计人提供开展勘察设计工作所需要的经国家有关部门审查批准的前一阶段（工程项目可行性研究报告或初步设计）的全部勘察设计文件、资料及附件、有关的协议、文件等，并对提供的原始资料的可靠性负责。

由于执行业主的书面指令而造成的勘察设计质量事故应由业主承担责任，但不免除设计人根据本合同规定应负的责任。

⑥设计施工总承包单位的责任与义务。设计施工总承包单位应根据本合同工程项目的具体情况，按照国家有关工程建设标准、强制性条文和交通部关于勘察设计方面的现行技术标准、规范、规程、定额、办法等有关规定，完成本合同工程的勘察设计工作。在勘察设计过程中，如果国家或有关部门颁布了新的标准或规范导致勘察设计的工作量增加，由此发生的勘察设计费用的增加，包含在投标报价中。

⑦勘察设计的投标报价。设计施工总承包单位的投标报价应包括勘察设计全过程的费用；洪水（在设计频率之内）等灾害引起的设计修改或重新进行勘察设计及因施工质量引起的修改或重新进行勘察设计，其费用应视为已包含在投标报价中；设计施工总承包单位必须接受工程可行性研究报告和初步设计正式批复后路线方案、工程数量、征地拆迁等可能发生的改变。

⑧业主的违约。项目公司变更勘察设计项目、标准、规模、条件，或提供的资料不准确，或对其所提交资料做较大修改，或未按期提供勘察设计必需的资料、工作条件造成的勘察设计的返工、停工、窝工或修改设计，或项目公司要求提前完成勘察设计工作而导致增加的人员和费用，除招标文件另有规定外，项目公司应按设计施工总承包单位实际消耗的工作量和增加的费用另行支付。

⑨勘察设计的费用支付。在合同实施期间，本项目勘察设计费用不随国家政策或法规、标准及市场因素变化进行调整。

（2）工程施工合同条款主要内容

①项目的业主。本合同的业主为南平市高速公路有限责任公司与中标的设计施工总承包单位共同组建的"项目公司"。

②工程分包的规定。事先未报经监理工程师审查并取得项目公司的批准，设计施工总承包单位不得将本合同工程的任何部分分包出去。不允许小标段施工单位或分包人将其承接的工程再次分包。

设计施工总承包单位取得批准分包并不解除合同规定的设计施工总承包单位应承担的任何责任或义务，且其应对分包人的工程质量及其职工的行为、违约和疏忽完全负责，分包人就分包项目向项目公司承担连带责任。项目公司对设计施工总承包单位与分包人之间（含联合体各成员之间）的法律与经济纠纷不承担任何责任和义务。

设计施工总承包单位或下属的各施工单位、分包人不得将本合同工程转包给其他单位或个人，亦不得将本合同工程肢解之后以分包的名义转给其他单位或个人。

③设计施工总承包单位的一般责任。根据合同的各项规定，设计施工总承包单位就本合同工程的质量、工期、造价、安全、廉政向项目公司负责，并对本合同的工程质量负终身责任。

④参考资料。项目公司或项目公司委托的设计单位根据对本合同工程的勘察所取得的水文、地质、气象、料场分布、取（弃）土场、便道、水、电等资料汇编一册《参考资料》，提供给设计施工总承包单位，但不构成合同文件。设计施工总承包单位则应对其自己就上述资料的解释或推论负责。

⑤现场考察。应认为，设计施工总承包单位在送交投标文件之前，已进行了现场考察，对现场和其周围环境以及可得到的有关资料进行了察看和核查，已经查明了以下方面内容：现场的地形地貌和特征；水文、地质和气象条件；取土场、弃土场位置与状况；进场道路和水、电、食宿供应条件；当地的乡规民约和风俗习惯。

还应认为，设计施工总承包单位已取得可能对投标有影响或起作用的风险、意外等的必要资料。

⑥投标报价。设计施工总承包单位的投标报价应包括合同中规定的设计施工总承包单位的全部义务（包括提供货物、材料、设备、服务的义务）以及为实施和完成本合同工程和其缺陷修复必需的一切工作和条件。

⑦施工定线与放样。设计施工总承包单位负责对本工程进行准确的放样，并对本工程各部分的位置、标高、尺寸及线形的正确性负责。监理工程师对放样、线形或标高的核查，均不应解除设计施工总承包单位对其上述工作准确性所负的责任。

⑧项目公司的风险。属于项目公司的风险包括：战争、入侵；暴乱、骚乱（但纯属设计施工总承包单位或其分包人派遣与雇用的人员根据本合同工程施工引起者除外）；里氏7级以上地震对本工程造成的灾害损失（应由保险公司理赔的损失除外）。

⑨工程的保险。设计施工总承包单位应以项目公司和设计施工总承包单位双方的名义为本合同工程投保足额的工程一切险和第三方责任险。

工程一切险的投保金额为报价清单第100章（不含工程一切险及第三方责任险的保险费）至700章的合计金额，以及必要的场地清理费投保额；第三方责任险的投保金额不得低于人民币10000万元，但事故次数不限。上述两项保险费由设计施工总承包单位报价时列入清单100章内，并包干使用。项目公司在接到保险单后，将保险单的费用予以计量并直接向设计施工总承包单位支付。

⑩文物。在工程现场发掘出的所有文物、古迹以及具有地质研究或考古价值的其他遗迹、化石、钱币或物品，均属于国家所有。设计施工总承包单位应遵照文物管理和有关规定，妥善办理各项手续，除文物迁移的费用由项目公司承担（若有）外，其余费用均由设计施工总承包单位承担，且除非影响整个项目的实施，否则不考虑延长工期。

⑪避免损坏道路。设计施工总承包单位应选定运输线路，选用运输车辆，限制和分配载运重量，采取其他合理措施，防止设计施工总承包单位或其分包人的任何运输车辆因超过载重限制而损坏或损伤所通行的道路或桥梁。设计施工总承包单位应自行与当地有关部门协

商各种地方道路、桥梁的使用,并承担使用各类道路、桥梁等产生的补偿。

⑫临时道路。设计施工总承包单位为出入现场和施工运输,应自费养护维修由他人修建和使用的所有临时道路和桥梁(包括利用和加固的村镇道路),并承担恢复原貌的费用,并应保证项目公司免于承担因上述道路和桥梁的使用所引起的补偿费、诉讼费、损害赔偿、指控费及其他开支。

⑬永久用地的征用。永久用地的征用以及有关的拆迁赔偿手续均由项目公司负责办理并承担其费用;永久用地产生的边角地征迁由项目公司负责人办理,费用由设计施工总承包单位承担,包含在风险补偿金报价中,不单独进行报价;除互通变更外,所有变更引起的永久用地征迁费用与其他各种土地费用均由设计施工总承包单位承担。

⑭临时用地的租用。临时用地一切费用均含在报价中,临时用地年租费、复耕费、使用期限由设计施工总承包单位自行调查确定。临时用地中如有地面附着物,也由设计施工总承包单位自行调查并予以赔偿,赔偿费用含在报价中。取(弃)土场的防护、环保等费用均含在投标报价中。

⑮变更勘察设计费用。变更勘察设计费用已包含在设计施工总承包合同总价报价中。

⑯变更费用增减。除互通数量增减及其规模变化、国家征地价格调整、人工价国家政策性调整、路基施工遇地下重要文物古迹保护而改线,应增减合同总价外,其他各项变更均不增减合同总价。

⑰风险补偿金。设计施工总承包单位风险补偿应在投标清单中报价,并以投报价清单100章~700章的投标报价(含暂定金)合计为基数,费率及合价由投标人自行测算确定。风险补偿金作为本工程(含暂定金项目)在实施期间所有各种可能发生的设计完善,工程变更,材料设备(货源、运输、规格等)变化,价格波动,永久用地产生的边角地及拆迁,人、畜饮用水,保险理赔不足的各项损失,以及除项目公司风险之外的各种风险的费用包干补偿。风险补偿金作为包干总价的一部分,按工程进度款同比例支付。

⑱特殊风险。项目公司的风险中,划归为特殊风险的有:战争、入侵;暴乱、骚乱(但纯属设计施工总承包单位或其分包人派遣与雇用的人员根据本合同工程施工引起者除外);里氏7级以上地震对本工程造成的灾害损失。除非终止合同,项目公司应偿还施工总承包单位因特殊风险在施工方面产生的附加费用。

⑲费用和法规的变更。不管什么原因,在合同执行期间,人工和材料的价格涨落因素都不对合同总价进行调整。在建设期间,任何政策的调整均不考虑。

9.3.2 风险识别

在前面的分析中,我们从总体上识别了总承包商在公路工程总承包项目上所面临的各种风险。武邵高速公路项目的风险具有一般公路工程总承包项目风险的共性,但由于其具体情况不同,需做进一步的识别。

由于武邵高速公路项目的招标范围为项目的工程勘察、初步设计、技术设计(如需要)、施工图设计和工程施工以及投资参股项目公司。因此,总承包商中标后,在项目实施阶段(含设计、施工),又同时扮演着业主(即项目公司)的角色。这样,总承包商除了要承担自身的风险外,还必须同时承担一部分本属于业主(项目公司)的风险。

为了便于总承包商在项目的各个阶段进行风险管理,结合武邵高速公路项目的具体情况,将总承包商在武邵高速公路项目上所面临的风险划分为投标阶段和实施阶段(含设计阶段和施工阶段)并进行分析。

1. 武邵高速公路项目投标阶段的风险

总承包商中标后即成为项目公司的股东之一,项目公司要对项目的策划、资金筹措、勘察设计管理、建设工程施工管理、运营管理、养护维修、债务偿还和资产管理实行全过程负责,自主经营,自负盈亏,并在协议规定的特许经营期满后,将该项目及其全部设施无偿移交给政府指定的机构。

武邵高速公路项目招标文件要求中标人必须投入不少于5.67亿元(估算)人民币作为项目资本金的一部分,而大部分工程的投资需要通过收费予以偿还。因此,要求工程在运营阶段产生社会效益的同时,还要产生足够的经济效益,用以支付生产经营费用和偿还债务,并为投资者提供理想的收益。但是,由于工程运营条件与公路工程可行性研究报告中的相关分析资料存在差异,而且项目参与各方的行为可能造成运营目标实现的不确定,这些大量的不确定性因素影响预期目标的实现。因此,总承包商在投标决策时,必须考虑项目运营阶段的风险,以决定是否参加该项目的投标。

(1)高速公路经营阶段的风险:分为不可抗力风险、市场风险、政府部门公共管制风险和高速公路公司内部经营风险4类。

①不可抗力风险。不可抗力风险是指地震、洪水、台风、海啸、雷击、火山爆发、意外事故等造成的损失。损失可分为直接损失和间接损失两类。直接损失是指高速公路设施本身的损失,间接损失是指高速公路设施失去功能无法通车而造成的收益损失。不可抗力风险不以人的意志为转移,一旦发生往往造成巨大损失。

②市场风险。市场风险是指高速公路公司在经营活动中,交通量预测偏差、通货膨胀、市场竞争引起的价格波动、供求关系发生变化等所导致经济损失的风险。

高速公路参与运输市场竞争,主要体现在交通量的分流。由于市场上存在着同一地区范围内相同走向的其他公路及其他交通运输方式(如高速铁路)的竞争,竞争者的运价确定与价格浮动,在很大程度上影响了顾客运输线路和运输方式的选择。另外,随着竞争对手运输方式平均时速的提高、运输成本的降低、运输服务质量的改善,高速公路运输服务质量与效率也会影响高速公路建设经营效益,造成风险。

③政府公共管制风险。政府公共管制风险是指政府有关公路收费政策的变动、收费标准限制、法律法规不健全、交通执法力度不够等所导致的经营风险。

首先,国家政策和地方法规也许不能为高速公路公司提供所需的可靠性保障,政策的变动也可能给高速公路公司带来风险。其次,高速公路收费标准限制,如企业无权制定收费标准、收费标准是否能随物价水平的变化而调整、不利的调价措施出台等直接影响高速公路公司的经营收益。同时,法律法规健全程度和交通执法力度,能够影响高速公路故障排除的及时性和有效性,从而影响高速公路的正常运营。

④高速公路公司内部经营风险。高速公路内部经营主要包括收费、养护、路政、服务区经营等。由于高速公路为线性工程,地理跨度区域大,导致经营场所相对分散,沿线收费站相互之间距离较远。如果公司内部管理制度管理不完善或管理不严,就会增加公司的经营风险,如收费服务设施的不完善、养护投入偏少或不及时、服务区的服务态度恶劣、路障排除的不及时等都会给高速公路公司带来损失。

（2）总承包商方面的风险：包括贸然进入市场风险、联合体合作伙伴的选择风险、总承包商的技术与管理风险、商务报价的风险。

（3）项目与招标条件方面的风险：包括项目定义不准确风险、合同风险、项目技术风险、业主的信誉风险、业主的管理风险。

（4）项目环境风险：包括政策法律风险、经济环境风险、自然环境风险、竞争对手风险。

2. 武邵高速公路项目实施阶段的风险

武邵高速公路项目设计施工总承包合同实施阶段指从总承包商和项目公司（即业主）就有关总承包项目签订合同至项目完工，交付使用并最终由项目公司签发缺陷责任终止证书的全过程，包括项目勘察、设计、施工等过程。

总承包商在经过投标风险分析决定投标后，就需组织有关人员编制标书，按规定时间和要求递交标书。如中标，便在规定时间内与项目公司签订设计施工总承包合同，之后便进入了合同的实施阶段。为了便于管理和事前控制，需要对项目总承包合同实施阶段的风险进行识别。经过对一般公路工程总承包项目实施阶段（含设计阶段和施工阶段）风险的分析，结合武邵高速公路项目的具体情况，可以识别出武邵高速公路项目在实施阶段应考虑的主要风险。

（1）合同条款风险

①设计施工总承包合同条款的错误、遗漏和不一致。武邵高速公路项目设计施工总承包合同条款包括勘察设计合同专用条款、工程施工合同条款两部分。由于我国公路工程总承包管理模式正处于探索阶段，武邵高速公路项目是福建省公路行业先行开展公路工程总承包的第一个试点项目。因此，业主对总承包合同条款的设置及总承包商对合同条款的理解均经验不足，这样就构成了承包商的潜在合同风险。

②项目公司审查勘察设计文件的风险。本项目勘察设计合同专用条款规定："项目公司可按进度安排中间验收（如初勘、初测验收，详勘、定测验收）和设计审查（包括初步设计、技术设计、施工图设计审查）。""在交工日前的任何时候，国家有权对已经有关部门批准的设计方案进行适当的修改。由于上述原因导致勘察设计费用的增加，应该认为已经包含在勘察设计报价中，由设计施工总承包单位负责。"因此，总承包商应考虑项目公司或上级主管部门对勘察设计文件的重复多次审批或反复提出审批意见所带来的风险。

③新标准、规范颁布的风险。本项目勘察设计合同专用条款规定："在勘察设计过程中，如果国家或有关部门颁布了新的标准或规范而进行勘察设计，由此发生勘察设计费用的增加包含在投标报价中。"公路勘察设计相关新标准或新规范的颁布，技术指标的提高、设计内容的要求深化等因素势必影响勘察设计工作的进度、成本。

（2）来自业主的风险

①业主要求不明确的风险。由于本项目采用设计施工总承包，业主仅提供"工程可行性研究报告"，不像施工总承包那样有详细的施工图设计文件。本项目"工程可行性研究报告"主要的内容为交通量预测、技术标准（公路等级、路基宽度、桥梁设计荷载）、路线总体走向、主要控制点及建设规模（主要项目工程数量估算）。但是，具体的方案（如路线的具体位置、桥梁结构形式、隧道进出口、立体交叉口的形式等）和工程量（如路线长度、桥梁长度、隧道长度、交叉口数量等）不明确，因而导致勘察设计工作量不明确，难以确定设计的具体项目有哪些，造成设计工作的反复，容易引起进度延误、费用增加。

②业主的信誉风险。

③业主的管理能力风险。

（3）来自监理的风险

①监理管理能力风险。

②监理技术经济风险。

（4）总承包商自身条件风险

①设计或施工分包合同类型选择不当。就目前而言，我国还没有具有总承包全功能的工程公司，多数是以一个大型勘察设计院（或大型施工企业）为核心企业（或联合体主办人）代表联合体参加公路工程总承包项目投标。例如，武邵高速公路项目要求"联合体成员应签订联合体协议书，并应委托其中具有公路施工总承包一级资质或以上资质的一个成员为联合体主办人，代表联合体在投标、中标、参与组建项目公司及项目公司管理、工程设计和施工总承包等过程中承担其义务和法律责任。"因此，作为核心企业，除了在投标时要慎重选择联合体企业伙伴外，还要考虑中标后与各成员签订的设计分包合同或施工分包合同所选择的合同类型。按照合同的计价方式，可将工程总承包合同分为总价合同、单价合同、成本加酬金合同。不同种类的合同，有不同的应用条件，对合同双方有不同的风险，因而总承包商（或联合体主办人）应根据本项目的具体情况选择设计或施工分包的合同类型。

②总承包商勘察设计技术风险。如果总承包商勘察设计技术出现失误，如对《公路工程技术标准》《公路路线设计规范》等有关标准、规范的技术指标理解有误、运用不当，对现场的勘察深度不足等，则可造成初步设计或施工图设计未通过专家审查，需重新进行野外勘测工作和室内设计。另外，由于本项目的中标人需投资参股组建项目公司负责公路运营，因此应关注工程方案不合理、设计深度不足等对公路建成通车后的运营和养护成本的影响。

③总承包商勘察设计管理风险。设计分包商的勘察设计人员责任心不强，如现场勘察不细、勘测资料有误、设计出现失误，可造成实际情况与设计偏差较大而需要进行设计变更，进而影响施工进度，增加了总成本。

④总承包商施工项目管理风险。

⑤总承包商施工技术风险。

⑥总承包商资金状况与项目资金运作经验风险。

⑦分包商选择的风险。

（5）环境风险

①国家政策风险。本项目勘察设计合同专用条款规定："在合同实施期间，本项目勘察设计费用不随国家政策或法规、标准及市场因素变化进行调整。"同时，本项目工程施工合同条款第 70.2 款"后继的法规"规定："项目在建设期间，任何政策的调整均不考虑。"国家政策的变化影响着项目的实施。

②经济风险。本项目设计期 10 个月，施工期 36 个月，时间长，因此，钢筋、水泥、沥青、砂石等建筑材料及人工单价可能发生变化，从而影响项目资金的周转。

③自然环境风险。武邵高速公路项目位于闽北山区，山高、水急，地质情况复杂，不利的地质条件、气象条件、水文条件等均会给项目的施工带来困难，而这些不利因素在勘察设计时往往难以准确预估。

9.3.3　风险评价

1. 项目投标阶段风险评价

在对武邵高速公路项目投标阶段的风险识别的基础上,运用基于 AHP 的模糊综合评价法对武邵高速公路项目进行投标阶段的风险评价。具体评价过程参见本书 4.3.2 节。

2. 项目实施阶段风险评价

在对武邵高速公路项目实施阶段的风险识别的基础上,运用基于 AHP 的模糊综合评价法对武邵高速公路项目实施阶段的风险进行评价。

(1)指标体系结构设计

根据指标体系的构建原则,运用层次分析法建立如表 9-3 所示的武邵高速公路项目实施阶段风险评价指标体系。

表 9-3　武邵高速公路项目实施阶段风险评价指标体系

目标层	主准则层	次准则层
武邵高速公路项目实施阶段风险评价	合同条款风险 U_1	设计施工总承包合同条款的错误、遗漏和不一致 U_{11}
		项目公司审查勘察设计文件的风险 U_{12}
		新标准、规范颁布的风险 U_{13}
	来自业主的风险 U_2	业主要求不明确的风险 U_{21}
		业主的信誉风险 U_{22}
		业主的管理能力风险 U_{23}
	来自监理的风险 U_3	监理管理能力风险 U_{31}
		监理技术经济风险 U_{32}
	总承包商自身条件风险 U_4	设计或施工分包合同类型选择不当 U_{41}
		总承包商勘察设计技术风险 U_{42}
		总承包商勘察设计管理风险 U_{43}
		总承包商施工项目管理风险 U_{44}
		总承包商施工技术风险 U_{45}
		总承包商资金状况与项目资金运作经验风险 U_{46}
		分包商选择的风险 U_{47}
	环境风险 U_5	国家政策风险 U_{51}
		经济风险 U_{52}
		自然环境风险 U_{53}

(2)确立因素集

第一级评判因素:$U=\{U_1,U_2,U_3,U_4,U_5\}$。

第二级评判因素：$U_1=\{U_{11},U_{12},U_{13}\}$，$U_2=\{U_{21},U_{22},U_{23}\}$，$U_3=\{U_{31},U_{32}\}$，$U_4=\{U_{41},U_{42},U_{43},U_{44},U_{45},U_{46},U_{47}\}$，$U_5=\{U_{51},U_{52},U_{53}\}$。

各因素的具体含义如表9-3所示。

（3）确定评价集

同样，将每个风险因素的风险程度定为"很大""较大""一般""较小""很小"5个等级，即评价集为：$V=\{$很大，较大，一般，较小，很小$\}=\{V_1,V_2,V_3,V_4,V_5\}$。

（4）确定各级指标权重，建立权重集

用层次分析法，建立本项目实施阶段的风险评价指标权重集：

$\boldsymbol{W}=\{0.0865\quad 0.0720\quad 0.0777\quad 0.4571\quad 0.3067\}$

$\boldsymbol{W}_1=\{0.4126\quad 0.2599\quad 0.3275\}$

$\boldsymbol{W}_2=\{0.7258\quad 0.1722\quad 0.1020\}$

$\boldsymbol{W}_3=\{0.2500\quad 0.7500\}$

$\boldsymbol{W}_4=\{0.0330\quad 0.2072\quad 0.1394\quad 0.1316\quad 0.3648\quad 0.0514\quad 0.0726\}$

$\boldsymbol{W}_5=\{0.0936\quad 0.2797\quad 0.6276\}$

（5）单因素评价

请10位专家分别就每个风险评判因素属于哪个等级发表意见，得到指标 U_1,U_2,U_3,U_4,U_5 的模糊判断矩阵：

$$\boldsymbol{R}_1=\begin{bmatrix}0 & 0 & 0.5 & 0.3 & 0.2\\ 0 & 0 & 0.4 & 0.5 & 0.1\\ 0 & 0 & 0.3 & 0.2 & 0.5\end{bmatrix} \qquad \boldsymbol{R}_2=\begin{bmatrix}0.1 & 0.5 & 0.4 & 0 & 0\\ 0 & 0 & 0.3 & 0.5 & 0.2\\ 0 & 0 & 0.4 & 0.5 & 0.1\end{bmatrix}$$

$$\boldsymbol{R}_3=\begin{bmatrix}0 & 0 & 0.5 & 0.4 & 0.1\\ 0 & 0 & 0.6 & 0.3 & 0.1\end{bmatrix} \qquad \boldsymbol{R}_4=\begin{bmatrix}0 & 0.1 & 0.4 & 0.5 & 0\\ 0 & 0.4 & 0.5 & 0.1 & 0\\ 0 & 0.1 & 0.7 & 0.2 & 0\\ 0 & 0.2 & 0.8 & 0 & 0\\ 0 & 0.3 & 0.7 & 0 & 0\\ 0 & 0 & 0.5 & 0.4 & 0.1\\ 0 & 0.2 & 0.5 & 0.3 & 0\end{bmatrix}$$

$$\boldsymbol{R}_5=\begin{bmatrix}0 & 0 & 0.3 & 0.7 & 0\\ 0 & 0.2 & 0.7 & 0.1 & 0\\ 0 & 0.4 & 0.4 & 0.2 & 0\end{bmatrix}$$

（6）对实施阶段风险进行模糊综合评判

①进行第一级模糊综合评价：

$\boldsymbol{B}_1=\boldsymbol{W}_1\cdot\boldsymbol{R}_1=\{0\quad 0\quad 0.4085\quad 0.3192\quad 0.2723\}$

$\boldsymbol{B}_2=\boldsymbol{W}_2\cdot\boldsymbol{R}_2=\{0.0726\quad 0.3629\quad 0.3828\quad 0.1371\quad 0.0446\}$

$\boldsymbol{B}_3=\boldsymbol{W}_3\cdot\boldsymbol{R}_3=\{0\quad 0\quad 0.5750\quad 0.3250\quad 0.1000\}$

$\boldsymbol{B}_4=\boldsymbol{W}_4\cdot\boldsymbol{R}_4=\{0\quad 0.2504\quad 0.6370\quad 0.1075\quad 0.0051\}$

$\boldsymbol{B}_5=\boldsymbol{W}_5\cdot\boldsymbol{R}_5=\{0\quad 0.3066\quad 0.4746\quad 0.2188\quad 0\}$

按最大隶属度原则可知，以上各评价结果均对评语集中 V_3 的隶属度最大，该项目实施阶段"合同条款风险""来自业主的风险""来自监理的风险""总承包商自身条件风险""环境风险"的风险程度均评价为 V_3(一般)。

②对项目实施阶段的风险进行第二级综合评价,得出结论。

$$R = \begin{bmatrix} B_1 \\ B_2 \\ B_3 \\ B_4 \\ B_5 \end{bmatrix} = \begin{bmatrix} 0 & 0 & 0.4085 & 0.3192 & 0.2723 \\ 0.0726 & 0.3929 & 0.3828 & 0.1371 & 0.0446 \\ 0 & 0 & 0.5750 & 0.3250 & 0.1000 \\ 0 & 0.2504 & 0.6370 & 0.1075 & 0.0051 \\ 0 & 0.3066 & 0.4746 & 0.2188 & 0 \end{bmatrix}$$

$$B = W \cdot R = \{0.0052 \quad 0.2346 \quad 0.5443 \quad 0.1790 \quad 0.369\}$$

按最大隶属度原则可知,评价结果对评语集中 V_3 的隶属度最大,该项目实施阶段的总体风险评价为 V_3(一般)。

另外,可以得到武邵高速公路项目实施阶段的风险总排序权重值,如表 9-4 所示。

表 9-4　武邵高速公路项目实施阶段风险总排序权重值

指标	权数	子指标	权数	子指标总排序权重	序号
合同条款风险 U_1	0.0865	设计施工总承包合同条款的错误、遗漏和不一致 U_{11}	0.4126	0.0357	9
		项目公司审查勘察设计文件的风险 U_{12}	0.2599	0.0225	14
		新标准、规范颁布的风险 U_{13}	0.3275	0.0283	12
来自业主的风险 U_2	0.0720	业主要求不明确的风险 U_{21}	0.7258	0.0523	8
		业主的信誉风险 U_{22}	0.1722	0.0124	17
		业主的管理能力风险 U_{23}	0.1020	0.0073	18
来自监理的风险 U_3	0.0777	监理管理能力风险 U_{31}	0.2500	0.0194	15
		监理技术经济风险 U_{32}	0.7500	0.0583	7
总承包商自身条件风险 U_4	0.4571	设计或施工分包合同类型选择不当 U_{41}	0.0330	0.0151	16
		总承包商勘察设计技术风险 U_{42}	0.2072	0.0947	3
		总承包商勘察设计管理风险 U_{43}	0.1394	0.0637	5
		总承包商施工项目管理风险 U_{44}	0.1316	0.0602	6
		总承包商施工技术风险 U_{45}	0.3648	0.1667	2
		总承包商资金状况与项目资金运作经验风险 U_{46}	0.0514	0.0235	13
		分包商选择的风险 U_{47}	0.0726	0.0332	10
环境风险 U_5	0.3067	国家政策风险 U_{51}	0.0936	0.0287	11
		经济风险 U_{52}	0.2797	0.0858	4
		自然环境风险 U_{53}	0.6267	0.1922	1

9.3.4　风险应对措施

1. 项目投标阶段的风险应对措施

通过前文的分析,我们基本确定了可以参加武邵高速公路项目的投标,但决定投标并不意味着不需要对风险加以防范和控制。对于公路工程总承包项目投标阶段的风险,一定要慎重考虑以避免风险的发生,不然就意味着项目尚未开始实施就已经注定会遭受损失的命运。

根据表 4-18 的分析,将武邵高速公路项目投标阶段的主要风险因素相对应的具体风险应对措施及应对策略列于表 9-5。

表 9-5　武邵高速公路项目投标阶段的风险应对措施

序号	风险类型	风险应对具体措施	风险应对策略
1	项目定义不准确风险	1. 慎重报价,避免漏项 2. 仔细研读招标文件、"工程可行性研究报告",发现问题时要求业主澄清	风险缓解
		1. 索赔(预防措施)	风险自留
2	贸然进入市场风险	1. 深入调研工程所在地的政治、经济和地理环境因素 2. 自身优势、劣势分析 3. 深入了解业主的资金支付情况	风险缓解
3	项目技术风险	1. 自身设计、施工技术水平分析	风险缓解
		1. 寻找合作企业,组建联合体参加投标。选择有信誉、有实力的合作伙伴	风险转移 (非保险转移)
4	总承包商的技术与管理风险	1. 寻找合作企业,组建联合体参加投标。选择有信誉、有实力的合作伙伴	风险转移 (非保险转移)
5	合同风险	1. 认真审查研究合同条款。重点从工程范围、合同价款、支付方式、误期罚款、承包商违约罚款、业主与承包商责任条款等方面把握 2. 慎重报价,避免总价合同带来的风险	风险缓解
		1. 索赔(预防措施)	风险自留
6	经济环境风险	1. 投标报价时考虑应急费用	风险自留
7	商务报价风险	1. 仔细研读"工程可行性研究报告",深入现场考察,估算好设计和施工工作量 2. 考虑设备、材料、劳力费用上涨因素 3. 充分考虑成本因素和不可预见的费用,避免报价过低的风险	风险缓解

续表

序号	风险类型	风险应对具体措施	风险应对策略
8	政策法律风险	1. 加强收集调研工作,了解政府的有关规定	风险缓解
		1. 索赔(预防措施)	风险自留
9	市场风险	1. 充分论证"工程可行性研究报告"中的交通量预测数据,对通行费收入进行测算 2. 对营运养护成本进行测算	风险缓解
10	联合体合作伙伴的选择风险	1. 慎重选择合作伙伴,充分评估其专业能力、财务状况、协作能力,了解其是否有承担类似工程的经验	风险缓解

2. 项目实施阶段的风险应对措施

项目实施阶段的风险管理是整个项目风险管理的关键环节,对整个项目风险管理的成败起着决定性的作用。在重新对项目风险进行识别、评价后,应用有针对性的风险应对措施,有侧重地加强管理,预防风险的发生。同时,工程管理人员应在项目实施全程对风险进行监控,及时发现风险隐患,适时化解、分散和转移风险。

根据表 9-4,将武邵高速公路项目实施阶段的主要风险因素相对应的风险应对具体措施及应对策略列于表 9-6。

表 9-6 武邵高速公路项目实施阶段的风险应对措施

序号	风险类型	风险应对具体措施	风险应对策略
1	自然环境风险	1. 购买工程保险:科学制定项目的保险计划,指定专门人员负责保险管理,对工程出险及时索赔	风险转移 (保险转移)
		1. 索赔:有效利用索赔手段,敢于、善于索赔	风险自留
		1. 根据实际情况进行变更设计 2. 在施工过程中,加强现场监控,预防事故发生	风险缓解
2	总承包商施工技术风险	1. 采用有较高施工技术、管理能力的施工班组 2. 优化施工方案,采用先进的施工工艺 3. 加强业务培训,提高施工人员的技术水平	风险缓解
		1. 购买工程保险:在项目施工过程中应密切注意风险发生的征兆,做好风险损失程度的预测,加强风险防范管理;在风险发生后,善于分析情况,根据合同条款与保险公司交涉,尽量减少或转嫁风险损失	风险转移 (保险转移)

续表

序号	风险类型	风险应对具体措施	风险应对策略
3	总承包商勘察设计技术风险	1. 对现场进行详细勘察,全面调查、收集沿线的地形地质条件等设计基础资料 2. 加强标准、规范的学习;合理选用技术标准,灵活运用技术指标;合理确定工程设计方案 3. 对设计方案反复对比认证,听取专家意见,优化设计细节,加大设计深度,加强总体设计	风险缓解
		1. 对于专业技术较强的项目,进行设计分包	风险转移 (非保险转移)
4	经济风险	1. 控制成本,制定成本控制目标	风险缓解
		1. 与分包商签订合适的分包合同,如总价合同	风险转移 (非保险转移)
5	总承包商勘察设计管理风险	1. 明确设计人员的质量责任、成本控制责任和进度责任 2. 树立全寿命周期成本理念,尽量减少施工后的设计变更	风险缓解
6	总承包商施工项目管理风险	1. 建立和健全质量保证体系,在组织和制度上落实质量管理工作,全面推行质量管理 2. 选派经验丰富、管理水平高的项目经理	风险缓解
		1. 严格施工分包合同条件,加强合同管理 2. 选择总价分包合同	风险转移 (非保险转移)
		1. 选择信誉较好的材料供应商	风险回避
		1. 制定各项预防措施 2. 向分包商索赔(预防措施):有效利用索赔手段,敢于、善于索赔,包括对分包商及材料设备供应商的索赔	风险自留
7	监理技术经济风险	1. 索赔:有效利用索赔手段,敢于、善于索赔	风险自留
		1. 与监理保持良好的合作关系,保持畅通的沟通渠道	风险缓解
8	"业主要求"不明确的风险	1. 索赔:有效利用索赔手段,敢于、善于索赔	风险自留
		1. 控制成本,减少损失	风险缓解

续表

序号	风险类型	风险应对具体措施	风险应对策略
9	设计施工总承包合同条款的错误、遗漏和不一致	1. 索赔(预防措施):有效利用索赔手段,敢于、善于索赔	风险自留
10	分包商选择的风险	1. 要求分包商提交履约保函	风险转移(非保险转移)
		1. 对分包商进行资格预审,充分调查分包商的资金和信誉情况,调查其设备和技术能力,调查是否有同类工程经验	风险回避
		1. 向分包商索赔(预防措施)	风险自留

参考文献

[1]中华人民共和国交通运输部.公路水运工程施工安全风险评估指南第 1 部分:总体要求(JT/T 1375.1-2022)[S].北京:中华人民共和国交通运输部,2022.

[2]中华人民共和国交通运输部.公路工程标准施工招标文件(2018 年版)[M].北京:人民交通出版社股份有限公司,2018.

[3]北京安捷工程咨询有限公司.城市轨道交通土建工程建设安全风险评估与控制[M].北京:中国建筑工业出版社,2017.

[4]董锡明.轨道交通安全风险管理[M].北京:中国铁道出版社,2014.

[5]交通运输部工程质量监督局.公路桥梁和隧道工程施工安全风险评估制度及指南解析[M].北京:人民交通出版社,2011.

[6]交通运输部安全与质量监督管理司.高速公路路堑高边坡工程施工安全风险评估指南(试行)[M].北京:人民交通出版社,2015.

[7]李素鹏.ISO 风险管理标准全解[M].北京:人民邮电出版社,2012.

[8]沈建明.项目风险管理[M].北京:机械工业出版社,2013.

[9]孙成双,韩喜双.建设项目风险管理[M].北京:中国建筑工业出版社,2013.

[10]中华人民共和国国家质量监督检验检疫总局,中国国家标准化管理委员.风险管理风险评估技术(GB/T 27921-2011)[S].北京:中国标准出版社,2012.

[11]杜栋,庞庆华,吴炎.现代综合评价方法与案例精选[M].3 版.北京:清华大学出版社,2015.

[12]吴宏建,刘宽亮.城市轨道交通工程建设风险与保险[M].北京:北京大学出版社,2012.

[13]潘延平.城市轨道交通工程施工风险控制技术[M].北京:中国建筑工业出版社,2011.

[14]中华人民共和国住房和城乡建设部,中华人民共和国国家质量监督检验检疫总局.城市轨道交通地下工程建设风险管理规范(GB 50652-2011)[S].北京:光明日报出版社,2011.

[15]中华人民共和国住房和城乡建设部,中华人民共和国国家质量监督检验检疫总局.城市轨道交通工程监测技术规范(UB 50911-2013)[S].北京:中国建筑工业出版社,2014.

[16]王洪林.城市轨道交通项目施工风险管理研究[D].北京:中国矿业大学,2014.

[17]罗富荣.北京地铁工程建设安全风险控制体系及监控系统研究[D].北京:北京交通大学,2011.

[18]轩宁,赖应良.某高速公路路堑高边坡施工安全总体风险评估的应用[J].价值工程,2018(11):49-52.

[19]俞素平.公路工程设计施工总承包项目投标风险评价[J].中外公路,2010,30(6):

261-267.

　[20]俞素平.基于 Fuzz-AHP 的公路工程总承包项目实施风险分析[J].福建工程学院学报,2012,10(3):297-301.

　[21]俞素平.公路施工安全风险评估的网络分析法研究[J].地下空间与工程学报,2013,9(1):216-222.

　[22]俞素平,刑喜乐.基于本质安全的桥梁支架安全风险评估[J].长春工程学院学报(自然科学版),2013,14(4):17-22.

　[23]俞素平.现浇桥梁施工安全风险评估的模糊层次分析法[J].四川理工学院学报(自然科学版),2014,27(3):70-74.

　[24]俞素平,李素梅.基于集对分析的隧道设计安全风险评估研究[J].重庆交通大学学报(自然科学版),2014,33(4):38-43.

　[25]俞素平,徐行军.公路高边坡施工安全风险动态评估研究[J].福建工程学院学报,2015,13(1):15-21.

　[26]俞素平.基于风险矩阵法的公路高边坡风险评估[J].长春工程学院学报(自然科学版),2018(1):85-89.

　[27]俞素平,池传树.基于突变级数法的高速公路路堑高边坡施工安全风险评价[J].湖南城市学院学报(自然科学版),2019(1):12-17.